Minerva Shobo Librairie

現代ドイツ政治

統一後の20年

西田 慎／近藤正基
［編著］

ミネルヴァ書房

はしがき

　東西統一以降,ドイツの政治はどのように変化してきたのだろうか。本書は,政治力学と個別政策の両面から,変化の諸相を探り,ドイツ政治の現地点を明らかにしている。タイトルは現代ドイツ「政治」であるが,政治学者だけでなく,社会学者や歴史学者も執筆に参加している。学問の垣根を越えて各政治アクターおよび政策の専門家が集まり,ドイツ政治を多面的に捉えているところに,本書の特長がある。

　第Ⅰ部では,まず,キリスト教民主・社会同盟から自由民主党まで,ドイツの主要政党が論じられる(第1～5章)。当然ではあるが,政党抜きに現代の民主主義を理解することは難しい。「政党国家」とも呼ばれるドイツは尚更そうである。また,政党ばかりでなく,強力な団体が活発に活動していることや,国際関係の中でドイツ政治が動いていることを考慮して,労使関係(第6章)と EU とドイツの関係(第7章)に関する章を設けている。第Ⅱ部の第8,9章では,外交政策と福祉政策という,統一以前からドイツで主要争点となっている政策が論じられる。加えて,近年,国内外で注目を集め,中心的な争点となりつつある政策群も取りあげられている。第10～12章を読むことで,家族政策,脱原子力政策,移民政策の展開をつかむことができるだろう。そして,序章では,政治アクターをとりまく環境や政策が展開してきた背景(歴史的経緯や政治制度)について解説している。序章を除く各章の冒頭に「この章で学ぶこと」を載せており,総じて文体は平易である。初学者でも無理なく読み進めることができると思う。

　政治力学と個別政策を明確に分けて,2つの側面からドイツ政治の動きを捉える試みは,これまで日本ではあまり見られなかった。だが,ドイツ現地では盛んに行われており,編著が継続的に刊行されている。C. Egle, T. Ostheim, R. Zohlnhöfer が編んだ *Das rot-grüne Projekt : Eine Bilanz der Regierung Schröder 1998-2002* (VS Verlag, 2003年) を嚆矢として,C. Egle と R. Zohlnhöfer 共編の *Ende des rot-grünen Projektes : Eine Bilanz der Regierung Schröder 2002-2005*

(VS Verlag, 2007年) と *Die zweite Große Koalition: Eine Bilanz der Regierung Merkel 2005-2009* (VS Verlag, 2010年) が刊行されている。また、M. G. Schmidt と R. Zohlnhöfer の共編著、*Regieren in der Bundesrepublik Deutschland: Innen- und Außenpolitik seit 1949* (VS Verlag, 2006年) も同様の構成を採用している。これらの著作は、政治学を中心として様々な学問分野の研究者によって作られており、広い視野からドイツ政治の動向を捉えるのに役立つ。どれも良書であり、本書のモチーフとなっている。

　日本でも、統一以後のドイツ政治を理解する上で重要な著書が刊行されている。コンパクトにまとめられており、目配りの利いた教科書として、森井裕一の『現代ドイツの外交と政治』(信山社、2008年) を挙げておきたい。河崎健編『21世紀のドイツ──政治・経済・社会からみた過去・現在・未来』(上智大学出版、2011年) もわかりやすい教科書である。本書とあわせて読めば、より理解が深まるだろう。

　編者がドイツ政治研究を進めていく過程で、多くの方々からご助言を頂いてきた。1人ひとりのお名前を挙げることはできないが、ドイツ現代史研究会の皆さんからは、例会での活発な議論を通じていつも研究上の刺激を頂いている。会員、研究報告者、事務局スタッフの皆さんに謝意を表したい。編者は、ドイツ現代史学会、中部ドイツ史研究会、日本比較政治学会、日本政治学会、日本国際政治学会で発表する機会を得た。そこで頂戴したコメントは、本書を仕上げるにあたってたいへん有益であった。この場を借りて、感謝申し上げる次第である。

　ミネルヴァ書房編集部の堀川健太郎さんには、最初から最後までたいへんお世話になった。ここに無事出版することができたのも、堀川さんが粘り強く編集作業に取り組んでくださったおかげである。原稿提出や校正が遅れ、ご心労をおかけしたことをお詫びするとともに、ここに記してお礼申し上げたい。

　本書を通じて、多くの方がドイツ政治にさらなる関心を持ち、統一後の政治の動向について理解を深めることを願っている。

　　　2014年9月2日

　　　　　　　　　　　　　　　　　　　　　　　　　西田　慎・近藤正基

現代ドイツ政治
―― 統一後の20年 ――

目　次

はしがき

序　章　現代ドイツ政治とは何か………西田　慎・近藤正基…1
　　　　──歴史と政治制度──

　1　本書の目的 …………………………………………………… 1
　2　歴史的経緯 …………………………………………………… 2
　3　政治制度 ……………………………………………………… 13
　4　2013年連邦議会選挙とその結果 …………………………… 17
　5　本書の構成 …………………………………………………… 22

第Ⅰ部　ドイツの政治力学

第1章　キリスト教民主・社会同盟………………近藤正基…30
　1　戦後ドイツ政治とキリスト教民主・社会同盟 …………… 31
　2　結党から統一までのキリスト教民主・社会同盟 ………… 32
　3　政党研究の論点 ……………………………………………… 33
　4　コールの党指導 ……………………………………………… 34
　5　メルケル体制の強化 ………………………………………… 44
　6　統一ドイツのキリスト教民主・社会同盟 ………………… 54

第2章　社会民主党………………………………………妹尾哲志…57
　1　階級政党から国民政党へ …………………………………… 58
　2　統一後のドイツと政権奪取への道 ………………………… 60

　　　　　　　　　　　　　　　　　　　　　　　　　目　次

　　3　シュレーダー政権の内政と外交……………………………66
　　4　大連立政権の内政と外交……………………………………74
　　5　党の危機と再生への展望……………………………………79

第3章　緑の党……………………………………西田　慎…83
　　1　68年運動から緑の党へ………………………………………84
　　2　党の支持層……………………………………………………93
　　3　綱領の変遷……………………………………………………97
　　4　党内組織構造………………………………………………100
　　5　党内潮流……………………………………………………104
　　6　党のブルジョア化？………………………………………108

第4章　左翼党……………………………………小野　一…110
　　1　民主社会党から左翼党への発展…………………………111
　　2　綱領および組織構造………………………………………117
　　3　政治的再編成の中でのシステムとの相互作用…………122
　　4　ポスト赤緑連立時代の展望………………………………127

第5章　自由民主党………………………………安井宏樹…130
　　1　自由主義の党………………………………………………131
　　2　外交・ドイツ政策の党……………………………………133
　　3　政党間競争の構造…………………………………………136
　　4　「野党病」とポピュリスト政党化…………………………139

第6章　労使関係 ……………………………… 大重光太郎 … 146

　1　ドイツ労使関係モデルの伝統的特徴 …………………… 147
　2　1990年以前の労使関係 …………………………………… 152
　3　1990年以降の労使関係の変容 …………………………… 158
　4　1990年以降の労使関係と国家 …………………………… 168
　5　自由主義化，多元化する労使関係 ……………………… 172

第7章　EUとドイツ ………………………………… 板橋拓己 … 174

　1　統一ドイツと拡大EU ……………………………………… 175
　2　「ドイツ問題」の解としてのヨーロッパ統合 ………… 177
　3　「ヨーロッパ化」するドイツ …………………………… 182
　4　EUの制度改革とドイツ …………………………………… 185
　5　ユーロ危機への対応 ……………………………………… 187
　6　日常化するEUの中で ……………………………………… 190

第Ⅱ部　ドイツの政策展開

第8章　外交政策 ……………………………………… 葛谷　彩 … 200

　1　統一ドイツ外交政策を学ぶ視点 ………………………… 201
　2　前提としての戦後西ドイツ外交の基本路線 …………… 202
　3　コール政権の外交政策 …………………………………… 204
　4　シュレーダー政権の外交政策 …………………………… 208

5　メルケル政権の外交政策……………………………………214
　　6　「継続」と「変化」の考察…………………………………219

第9章　福祉政策………………………………近藤正基…225
　　1　統一までの福祉国家と政治…………………………………226
　　2　コール政権後半期の福祉国家と政治………………………229
　　3　シュレーダー政権期の福祉国家と政治……………………233
　　4　第1・2次メルケル政権期の福祉国家と政治……………237
　　5　ドイツ福祉国家の組み直し…………………………………244

第10章　家族政策………………………………白川耕一…248
　　1　2つの国家，2つの家族政策………………………………249
　　2　ドイツ統一と家族政策………………………………………250
　　3　社会国家転換への起点………………………………………253
　　4　メルケル政権下の家族政策…………………………………256
　　5　家庭と仕事の両立……………………………………………258
　　6　家族政策の効果………………………………………………262
　　7　家族政策の行方………………………………………………267

第11章　脱原子力政策…………………………西田　慎…269
　　1　ドイツにおける原子力政策の展開…………………………270
　　2　メルケル政権の脱原発決定…………………………………275
　　3　メルケル政権の脱原発計画…………………………………282

  4 脱原発計画の抱える問題……………………………… 284
  5 脱原発は既定路線へ…………………………………… 289

第12章 移民政策………………………………佐藤成基…293
  1 統一以前の移民政策…………………………………… 294
  2 ドイツ統一と庇護権問題……………………………… 301
  3 国籍法の改定…………………………………………… 306
  4 移民法の制定…………………………………………… 309
  5 「統合の国」としてのドイツ………………………… 314
  6 「移民国」へ…………………………………………… 318

現代ドイツ政治関係資料……321
索 引……330

序　章

現代ドイツ政治とは何か
―― 歴史と政治制度 ――

西田　慎・近藤正基

1　本書の目的

　欧州連合（EU）で存在感を強め，脱原発へと舵を切り，福祉国家の再編に取り組むことによって，注目を集める国・ドイツ。いまでこそ，その動向に国際的な関心が寄せられるようになっているものの，これまでドイツが歩んできた道のりは決して平坦なものではなかった。

　特に1990年の東西ドイツ統一以後，ドイツは数多くの問題に直面することになった。時の政権の楽観的な見通しに反して，東ドイツ地域の経済復興は遅々として進まず，統一から数年もすると景気は大きく落ち込んだ。産業立地の立て直しが急務となり，福祉再編と絡み合って重要な政治問題となった。排外主義的な暴力が顕在化したのも統一後のことであった。さらに，秘密警察（シュタージ）問題は東ドイツ独裁政権下での市民抑圧の実態を白日の下にさらすことになり，これに関わった政治家が多数いたことで政界は動揺した。統一後の問題群はこれらに尽きないが，ともかくも多様な問題が立ち現われたことによって，統一ドイツの政治は隘路に入り込むことになる。

　ドイツは，この難局をどう乗り切ってきたのだろうか。そして，どのような問題が残されているのだろうか。統一から20年以上の歳月が過ぎたいま，ドイツ政治の歩みを振り返り，その全体像を描き出すことに本書の目的がある。

2　歴史的経緯

西ドイツ建国

　最初に戦後ドイツの歴史を簡単に概観しておこう。第2次世界大戦後，連合国であるアメリカ・イギリス・フランス・ソ連4か国に分割占領されたドイツは1949年，東西に分裂して建国することになった。5月に西側3国の占領地区を基礎にして成立したドイツ連邦共和国（以下西ドイツ）と，10月にソ連占領地区を基礎にして発足したドイツ民主共和国（以下東ドイツ）である。

　まず西ドイツの歩みから見ていきたい。49年5月に基本法（憲法）が公布・発効し，連邦共和国が発足した後，8月に第1回連邦議会選挙が行われた。社会民主党（SPD）を抑えて僅差で第1党になったのはアデナウアー率いるキリスト教民主・社会同盟（CDU/CSU）である。選挙後，同党は自由民主党（FDP）とドイツ党（保守系の地域政党）で保守中道連立を組み，アデナウアーが初代首相に就任した。

　我が国の吉田茂とも比肩されるアデナウアーは，「首相民主主義」と呼ばれる強力なリーダーシップで政権を運営したことで知られる。外交政策でもビスマルクからシュトレーゼマンまでの「東西間のブランコ政策」に訣別して「西側統合路線」を採り，「ハルシュタイン原則」を掲げて，東ドイツを承認する国とは国交を断絶した（ソ連は除く）。一方63年には独仏友好条約（エリゼ条約）を結んでフランスとの長年の敵対関係に終止符を打ち，「ボン＝パリ枢軸」と呼ばれるほどの蜜月関係を築いた。今や欧州連合（EU）の柱とされる独仏関係はここに始まったのである。

　55年5月にはパリ諸条約の一環としてドイツ条約が発効した。これにより立法・軍事・外交で一定の制約はあるが西ドイツはほぼ完全な主権を回復したことになる。アデナウアーは西ドイツの再軍備も同時に進め，同年5月にはNATO加盟も実現させた。翌56年6月には国防省が設置され，7月には徴兵制が導入されている。これに対し野党の社会民主党はドイツの再統一に固執して，アデナウアーが進める西側統合路線を批判し，ドイツの再軍備やNATO加盟にも反対した。

一方この時期，西ドイツは奇跡の経済復興を遂げた。アメリカの経済援助マーシャル・プランと社会的市場経済原理（社会国家的配慮とバランスをとった自由市場経済）が機能したとされる。例えば工業生産は1950年を100とすると，1958年は209と倍増した。同様に50年から58年の間に，国民総生産は名目で2.4倍，実質で1.8倍，1人当たり国民所得も2.2倍になった。失業率は10.4％から3.6％にまで減少し，完全雇用を達成している（出水 1978：85-86）。

55年9月には，アデナウアー首相がソ連を訪問して国交を樹立する一方，ソ連に抑留されているドイツ人の釈放も実現させた。こうした実績はアデナウアー率いる与党のキリスト教民主・社会同盟にプラスに働き，57年の連邦議会選挙では同党が得票率50.2％を得て，単独過半数を獲得している。この記録はいまだに破られていないほどである（選挙後は選挙協力関係にあったドイツ党との連立を継続）。

結果として守勢に追い込まれたのが社会民主党である。そこで59年11月，新たにゴーデスベルク綱領を制定し，マルクス主義を事実上放棄して，現実路線に転じた。翌60年6月にはヴェーナー副党首が連邦議会の演説で「共通の外交政策」を宣言し，同党がこれまで反対してきた西ドイツのNATO加盟と徴兵制を認めたのである。

こうして政権担当能力をアピールして攻勢に転じた社会民主党に対し，アデナウアーは長期政権の疲れもあって，末期は失策が目立つようになってきた。特に61年8月，東ドイツが東西ベルリン間の交通を遮断して「ベルリンの壁」を建設すると，社会民主党の首相候補ブラントはすぐに現場に駆けつけて有権者に素早い対応を印象づけたのに対し，アデナウアーは10日近く経ってからベルリンへやって来るという鈍い対応で批判を浴びた。直後の連邦議会選挙で社会民主党が得票率を伸ばす一方，キリスト教民主・社会同盟は単独過半数を失い，再び自由民主党との連立を強いられることになったのも当然と言えよう。この選挙では，小党が淘汰されて議席を得たのがキリスト教民主・社会同盟，社会民主党，自由民主党の3党に集約され，3党制が確立したことでも特筆される。

63年10月，首相はアデナウアーから同じキリスト教民主同盟のエアハルトに交代した。65年9月の連邦議会選挙では，キリスト教民主・社会同盟は，社会民主党との得票率の差は縮まったものの，第1党を維持した。しかし66年秋から西ドイツは初の不況に見舞われるようになる。66年末の失業者は30万人を超え，地方

自治体選挙ではネオナチの国民民主党（NPD）が躍進していた。

「第2の建国」期

1966年11月，財政赤字対策を巡って連立与党内で対立が生じ，エアハルトは退陣した。自由民主党に代わって政権入りすることになったのが社会民主党である。こうして12月にキージンガー首相（キリスト教民主同盟），ブラント副首相兼外相（社会民主党）のコンビで大連立政権が発足した。社会民主党の政権参加も，2大政党が連立を組む大連立も国政レベルでは戦後初である。キージンガー政権では，ケインズ主義を採るシラー経済相（社会民主党）の下で67年6月に経済安定成長促進法が制定され，賃金を労使協調で決定する「協調行動」が採られた。また68年5月には「非常事態」の場合，連邦軍の治安出動や基本法に定められた諸権利の制限等を可能にする非常事態法も成立した。他方，外交でもブラント外相の下，東欧諸国との国交樹立政策が推進され，67年1月にはルーマニア，68年1月にはユーゴスラヴィアと国交を回復し，ハルシュタイン原則は破棄された。後の東方外交の端緒と見なせよう。

一方で与党が議席の9割を占めるキージンガー大連立政権は，「議会外反対派」（APO）と呼ばれる68年運動の高揚を招いた。キージンガーが戦前ナチ党員であったことへの反発，非常事態法やベトナム戦争への反対，大学の民主化要求などが契機とされる。しかし68年5月に非常事態法が連邦議会で可決されると，議会外反対派は目標を失って解体の途を辿ることになる。その後，議会外反対派を担った活動家は社会の中に拡散して，活動を続けていった。特に大都市において左翼サブカルチャー・ミリュー（生活圏）を形成し，70年代以降，新聞の「ターツ」（taz）発刊や緑の党結党に関わっていく。反原発運動，反核・平和運動，フェミニズムといった70年代以降の「新しい社会運動」もルーツを辿れば，68年運動に行き着く。それゆえ西ドイツの「1968年」は政治や社会を大きく変えた転換点として，「第2の建国」としばしば言われる。

ブラント，シュミットの時代

1969年の連邦議会選挙では，キリスト教民主・社会同盟は第1党を守ったものの，第2党の社会民主党と第3党の自由民主党が多数派を形成し，連立政権を組

むことになった。こうして社会民主党のブラントが首相，自由民主党のシェールが副首相兼外相として，中道左派連立政権が発足する。社会民主党主導の政権は戦後初である。

ブラント政権は何よりもその東方外交で特徴づけられよう。ブラントは，当面は現状を承認した上で東西間の対話・交流を促進するという「接近による変化」を唱え，ソ連・東欧諸国との和解外交を進めていった。70年8月にソ連との間で東西ドイツ間の国境を含めたヨーロッパ国境の現状尊重を誓ったモスクワ条約を結び，12月にはポーランドとの間でオーデル・ナイセ川をポーランド西部国境として承認したワルシャワ条約を締結した。国内の保守派は激しく反発したが，72年12月には両独基本条約を結んで東西ドイツ間の国交を樹立し，翌73年9月には両国の国連同時加盟を果たした。その間の72年11月に連邦議会選挙が行われたが，社会民主党は戦後初めて第1党になっている。ブラントの東方外交は国民の信任を得たと言えよう。

しかし74年，ブラントは突然辞任する。秘書に東ドイツのスパイがいた責任を取ってのことであった。後任の首相となったのが同じ社会民主党のシュミットである。理想主義者ブラントと異なり，党内右派のシュミットは改革より現実路線を採った。「危機管理の政治」を唱えて，当時高まりつつあったテロとの対決姿勢を採り，エネルギー政策では原発を推進した。ソ連の中距離核ミサイル配備についてソ連に交渉を申し入れ，不調に終わればアメリカの中距離核ミサイルを西ドイツなどに配備するというNATOの「二重決定」にも深く関わった。結果として反原発運動や反核・平和運動を高揚させ，80年の緑の党誕生につながっていく。さらに高福祉政策が国家財政を圧迫し，インフレと不況が進行すると，社会保障費を抑制した。特に79年の第2次石油ショックを経て，80年代初頭には西ドイツ経済の危機が深刻化し，82年には1.0%のマイナス成長に見舞われ，失業率も7.6%まで上昇している。

最終的にシュミット首相の経済運営を見限った自由民主党が，キリスト教民主・社会同盟との連立に鞍替えし，82年10月にコール（キリスト教民主同盟）を首班とする保守中道政権が成立する。そして議会任期途中の政権交代であったために民意を問う必要があるとして，83年3月に連邦議会選挙が行われた。結果はキリスト教民主・社会同盟が48.8%という戦後2番目に高い得票率を得る一方，社

会民主党は38.2％と敗北した。また緑の党が5.6％の得票率を得て連邦議会入りに成功したことも特筆されよう。以後ドイツの政党制は3党制から，緑の党も加えた4党制へ移行する。

コール政権は内政面では税制改革，医療改革，年金改革等に着手する一方，外交面では中距離核ミサイル配備の受け入れ，東方外交などシュミット前政権との継続性も見られた。87年1月の連邦議会選挙ではコール政権が再選されたものの，89年に入ると与党キリスト教民主・社会同盟の支持率は低迷し，与党内からはコールを引きずりおろす工作まで進められつつあった。

東ドイツの歩み

次に東ドイツの歴史を見ていこう。1949年に民主共和国が発足後，社会主義統一党（SED，事実上の共産党）の1党独裁体制が確立していく。他党は社会主義統一党の「指導的役割」を受け入れて衛星政党となり，選挙は単一候補者名簿方式で実施されたため，政権選択の余地はなかった。50年2月には秘密警察（通称シュタージ）が設立されて，国内に監視網を張り巡らし，反対分子の摘発に当たるようになる。

50年7月の社会主義統一党大会で党書記長（53年以降は第1書記）に選出され，最高指導者となったのがウルブリヒトである。ソ連の厚い信頼の下，筋金入りのスターリン主義者である彼によって，スターリン主義化と中央集権化が急速に進められていく。52年には州制度が廃止され，手工業，小売業や農業でも集団化政策が採られた。53年6月に東ベルリンで建設労働者がノルマ引き下げを求めてストに入ると，ソ連軍戦車の出動を要請してこれを鎮圧した。西ドイツの再軍備に対抗するかのごとく，55年5月にはワルシャワ条約機構に加盟し，翌56年1月には国家人民軍を発足させている。そして60年9月にピーク大統領が死去すると，大統領制を廃止して，立法と行政を掌握する国家評議会（国の最高指導機関）を設け，ウルブリヒト自らが議長に就任した。

その一方，50年代後半の東ドイツは比較的順調な経済成長を遂げたとされる。57年には東ドイツの工業生産は約8％，翌58年の上半期ではさらに12％上昇し，59年には工業生産が世界9位になっている。国民の生活水準も次第に改善し，58年には食糧配給制が廃止された。しかし59年末から強化された農業集団化や労働

強化は，農民・手工業者・労働者を西側に大量亡命させる結果となった。そこで61年8月には東西ベルリン間の交通を遮断して，ベルリンの壁を構築した（図序-1）。

壁構築は非人道的な行為であったが，他方で西ベルリンを経由した西側への人口流出にストップをかけ，国民の多くは体制と折り合いをつけて生活するようになったことも事実である。こうしたことは経済成長に

図序-1 現在も残るベルリンの壁（2006年1月）
出所：筆者（西田）撮影。

はプラスに作用し，東ドイツは66〜67年頃まで急速な経済成長を遂げた。62年から66年までの間に東ドイツの工業生産は25％増え，国民所得も64年，65年に各々5％成長した。テレビの保有率は55年が1％だったのが66年は54％，洗濯機は0.5％が32％，冷蔵庫は0.4％が31％といったように，耐久消費財も普及した。自信を持ったウルブリヒトは東ドイツがソ連の先を行こうとしているかのような独自の社会主義モデルを提示したり，西ドイツの進める東方外交を妨害するかのような姿勢を示したりして，ソ連の不興を買うようになる。最終的に71年5月，ソ連の圧力もあり，ウルブリヒトは党第1書記を辞任した。代わって後を継いだのがホーネッカーである。彼は東方外交を受け入れる一方，東西のドイツ人は異なった社会体制の結果，社会主義的民族と資本主義的民族という異なった民族になったとする「2つの民族論」を唱え，74年に採択された新憲法では，ドイツ民族の一体性やドイツ再統一を示唆するような叙述が削除された。

しかし東ドイツは80年代半ば以降，経済の悪化に悩まされるようになる。中央指令型経済の行き詰まりであった。経済における生産性は西ドイツの3分の1とされ，とりわけ部品類や日常雑貨の供給不足が深刻化した。それにもかかわらず，ホーネッカーはソ連共産党のゴルバチョフ書記長が進めるような改革路線を拒んだ。時代の変化に柔軟に対応できず，中国の天安門事件を支持するような体制に国民は希望を失い，国外へ逃れる者も出てくるようになった。

コールと東西ドイツ統一

　誰も予想しえなかったドイツ統一という事態の発端は，1989年5月に東ドイツで行われた地方自治体選挙にある。反体制派はこれを不正選挙と厳しく批判した。やがて反体制市民運動が盛り上がり，「新フォーラム」をはじめ次々と組織化されていく。9月からはライプツィヒのニコライ教会を拠点に毎週月曜にデモが開催されるようになり，「月曜デモ」と呼ばれるようになった。

　こうしたデモが他都市にも波及し，大規模化していくことになる。中でも10月9日にライプツィヒで行われた7万人の大デモは，市民側と当局側双方の抑制で平和的に推移し，東ドイツ情勢の流れを決めたとされる。

　最終的に10月18日，ホーネッカーは党書記長兼国家評議会議長を辞任した。事実上の解任である。書記長を継いだのはクレンツだが，ホーネッカーの子飼いと言われ，5月の不正選挙の責任者でもあった。市民は満足せず，デモはますます大規模化していった。

　事態を掌握できない東ドイツ指導部は11月9日にベルリンの壁を開放して東西ベルリン間の自由な通行を認め，13日には改革派のモドロウを首相に選出した。モドロウ首相の下，12月1日には憲法から社会主義統一党の「指導的役割」が削除されて1党独裁体制が崩壊し，7日には新フォーラムなど市民勢力と政府が協議を行う円卓会議が発足している。

　一方西ドイツでは，党内で造反の動きが出る等窮地に立たされていたコール首相が素早く動いた。11月28日には連邦議会で「10項目プログラム」を発表し，東西ドイツの国家連合を提案して，政局の主導権を握ったのである。

　やがて東西ドイツ統一の機運が高まっていく中，90年3月に東ドイツで人民議会選挙が行われた。ここで早期のドイツ統一を訴えるキリスト教民主同盟主体の「ドイツ連合」が得票率40.9%で圧勝し，統一までに一定の経過期間を求めた社会民主党は21.8%，社会主義統一党の後継・民主社会党（PDS）は16.3%，新フォーラムら市民運動を糾合した「90年連合」は2.9%に終わった。選挙後の4月，キリスト教民主同盟のデメジエール首相率いる大連立政権が発足する。ドイツ連合，自由民主同盟（自由民主党系），社会民主党の連立である。

　ドイツ統一の実現にあたっては，いくつかのハードルがあった。まず憲法上の問題である。西ドイツの憲法である基本法の第146条による統一か，第23条によ

る統一かが争点になった。前者なら，新憲法を制定する必要性があり，時間はかかるが社会民主党はこの立場であった。後者なら，東ドイツが西ドイツに加入する形を取るため，早期統一が可能であり，キリスト教民主・社会同盟はこの立場を採った。最終的に人民議会選挙でキリスト教民主同盟らのドイツ連合が圧勝したため，第23条に基づく統一が決定する。

また国際関係上の問題もあった。特に統一ドイツのNATO帰属が争点になり，ソ連は強硬に反対していた。しかし長い交渉を経て，ドイツのソ連への経済援助と引き換えに，ソ連は統一ドイツのNATO帰属を承認するに至る。9月にはドイツ統一が米英仏ソの戦勝4か国によって認められるドイツ条約が調印されている。

最後に西ドイツマルクと東ドイツマルクの交換比率も争点となった。東ドイツ市民は1対1の交換を望んでいたが，実勢レートは1対4ぐらいであったため，東ドイツ企業の競争力を大きく削ぐことにもなりかねず，強い反対論があった。コール首相は結局，一定金額までの交換比率を1対1とし，7月には東西ドイツ間の経済通貨同盟（正式には通貨・経済・社会保障同盟）が発足した。政治的統一に先立って，経済的統一がまず実現したのである。

そして10月3日，ドイツ統一が実現し，形式的にも法律的にもドイツ統一が完成した。しかし実態は，統一という名の下で西ドイツが東ドイツを吸収合併したに等しい。

12月には，統一後初の連邦議会選挙が行われ，キリスト教民主・社会同盟が得票率43.8％で圧勝した。一方社会民主党は33.5％に終わり，早期のドイツ統一に消極的だった緑の党に至っては，（旧西ドイツ地域では）全議席を失った。国民はキリスト教民主同盟のコールが進めた早期のドイツ統一を支持したのである。選挙後に，コール保守中道政権が発足し，後に首相となるメルケルが女性・青少年問題相として初入閣している。

しかしドイツ統一の高揚感は長くは続かなかった。統一には大きな負担が伴うということがやがて明らかになったのである。例えば東ドイツ時代の国有企業は，信託公社の手により次々売却，民営化されたが，企業閉鎖が相次ぎ，失業者が急増した。旧東ドイツ地域の環境汚染やインフラ整備の遅れも浮上した。そこでコール政権は91年から統一に伴う財政負担を賄うために「連帯付加税」として所

得税と法人税増税に踏み切り，旧西ドイツ市民にも重い経済的負担を強いることになった。

さらに90年代初頭から問題になったのが，ネオナチによる外国人襲撃事件の続発である。背景にはユーゴ内戦で難民庇護申請者が急増したことや，ソ連や東欧諸国からドイツへの移住者が増えたことがあった。そこでコール首相は野党第1党の社会民主党と協議の上，93年に基本法を改正して難民受け入れを大きく制限している。

94年の連邦議会選挙では，僅差で保守中道連立の勝利に終わり，コール政権の続投が決まった。しかし96年にはドイツの失業者は397万人，失業率は10.4％にも達し，失業問題を解決できないコール政権に対し，変革を求める国民の声が強まりつつあった。

赤緑連立政権の誕生

1998年の連邦議会選挙はドイツにとって転機となった。社会民主党が第1党となり，緑の党（正式名称は「90年連合・緑の党」）と多数派を形成して，初の両党の連立政権（赤緑連立政権）を成立させたのである。その結果16年間続いたコール保守中道政権は幕を閉じた。

連立の組み替えでなく，初めて国民の投票で政権交代が行われたこと，シュレーダー首相（44年生まれ）やフィッシャー副首相兼外相（48年生まれ）に代表されるように，68年運動の時期に政治的社会化した68年世代が中心を占める政権が誕生したことも特筆されよう。

さてシュレーダー政権の実績をいくつか見てみよう。まず国籍法の改正である。トルコなどから労働者としてドイツに移住した外国人が増えたこともあり，2000年に発効した新しい国籍法では，従来の血統主義を大きく変更した。具体的には両親のどちらかがドイツに合法的に8年以上継続して滞在し，ドイツで出生した子供はドイツ国籍を取得できるようになった。

そして脱原発への転換である。2000年6月，シュレーダーは，建設後32年で原発を停止させるとともに，新規原発の建設禁止で原発稼働企業と合意した。結果として2022年頃までにドイツの全原発が停止することになった。

論議を呼んだのはユーゴスラヴィアやアフガニスタンに対する空爆への参加で

ある。ドイツも NATO が武力行使する際にはドイツ連邦軍を派遣することを決定し，実際に軍事行動に参加することになった。

　しかし失業率が下がらないこともあり，02年の連邦議会選挙では，赤緑連立政権の再選は絶望的と言われていた。しかし選挙戦でシュレーダーがイラクへの軍事行使にドイツは参加せずと明言して，アメリカの単独主義を批判し，国民から支持を得たこと，直前に起きた洪水でシュレーダーの迅速な対応が評価されたこともあり，辛くも再選を果たした。得票率で見ると社会民主党38.5％，キリスト教民主・社会同盟38.5％でほぼ並んでおり，連立相手の緑の党の善戦で赤緑連立政権が継続したと言える。

　こうして発足した第2次シュレーダー政権は，とりわけ「アジェンダ2010」と呼ばれた経済・社会・労働市場改革で記憶されよう。これはドイツ経済を再活性化するための包括的な政策パッケージであり，職業紹介システムの改革（ハルツⅠ）から失業保険システムの改革（ハルツⅣ）まで含んでいた。具体的には労働市場に柔軟性を取り戻すとして，小規模企業が社員を容易に解雇できるようにしたり，パート労働やアルバイトに対する規制なども緩和されたりした。さらに社会保障給付の削減や条件の厳格化に踏み切り，失業給付と社会保障給付の一元化も実施した。これに反発したのが社会民主党の伝統的支持層である労働者である。「弱者に冷たい」と政府への不満が強まり，04年夏以降，旧東ドイツ地域を中心に「月曜デモ」が組織されていく。さらに社会民主党最左派の一部は離党し，民主社会党と合流して左翼党を結成する道を選んだ。分裂的様相を呈する社会民主党は州議会選挙で連敗し，追い込まれたシュレーダーは連邦議会選挙の1年前倒しを決定した。

大連立政権から保守中道政権へ

　こうして行われた2005年の連邦議会選挙は，社会民主党34.2％，キリスト教民主・社会同盟35.2％と再び2大政党が得票率ではほぼ並ぶ状態になった。社会民主党と緑の党も，キリスト教民主・社会同盟と自由民主党も多数派を形成することが出来なかったため，キリスト教民主・社会同盟と社会民主党の2大政党による大連立が選択された。05年11月にはメルケルがドイツ初の女性首相に選ばれ，大連立政権が発足している。

メルケル大連立政権下では付加価値税率の引き上げや，連邦参議院の同意を必要とする政策領域を全体の4割程度まで削減する連邦制度改革がなされた。しかし総じて政策の大枠は，脱原発に見られるようにシュレーダー前政権から継続したと言えよう。一方変化したのが，ドイツの政党制である。83年の連邦議会選挙まではドイツの政党制は2大政党と自由民主党からなる3党制，以後は緑の党が加わる4党制となっていた。ドイツ統一後も，民主社会党は旧東ドイツ地域にしか影響力を持ちえなかったため，それは変わらなかった。しかし同党と，社会民主党最左派が離党して結成した「選挙オルタナティヴ・雇用と社会的公正」（WASG）が合同して左翼党が誕生した（正式な結党は2007年）ことにより，変化が生じた。左翼党が07年5月のブレーメン州議会選挙を皮切りに旧西ドイツ地域でも次々と州議会進出に成功し定着したことで，ドイツの政党制は左翼党を加えた5党制へ移行したのである（森井 2008：193）。

　大連立政権を経た09年の連邦議会選挙では，2大政党が歴史的大敗を喫した。特に社会民主党は得票率わずか23.0％（前回比11.2％減）と，戦後最悪の敗北となった。一方躍進したのが，小政党である。自由民主党が14.6％（同4.7％増），左翼党が11.9％（同3.2％増），緑の党が10.7％（同2.6％増）と軒並み2桁の得票率を得た。選挙後，キリスト教民主・社会同盟と自由民主党によるメルケル保守中道政権が発足している。

　このメルケル保守中道政権では，外交面ではギリシャに端を発した欧州経済危機への対応に追われたと言えよう。メルケルはギリシャなど南欧諸国を支援する見返りに厳しい財政緊縮策を要求し，その結果，各国の失業率は軒並み2割を超えて，冷酷な「鉄の女」と呼ばれた。一方内政面では，好調な経済が政権を支えた。「アジェンダ2010」の結果，産業競争力が回復し，05年に11.2％だった失業率は13年9月には5.2％まで下がっている。税収も伸びて財政健全化が進み，歳入と歳出が均衡する財政均衡も視野に入ってきた。他方，目まぐるしく変わったのがエネルギー政策である。シュレーダー赤緑連立政権下で決定した脱原発は，メルケル大連立政権下でも守られていたが，メルケル保守中道政権発足後に修正された。10年10月，原発稼働期間の平均12年間延長を決定し，原発を活用する方向へ転じたのである。しかし翌11年3月の日本における福島第1原発事故を機に，再度脱原発へ戻る結果となった（本書第11章参照）。

3 政治制度

ヴァイマルの教訓と政治制度

　前節でみたように，ドイツでは民主主義の定着が遅れた。第2次世界大戦前，当時もっとも民主的な憲法を持っていたヴァイマル共和国が崩壊し，民主主義を否定するナチスが台頭した。ヴァイマル共和国が失敗したという教訓を踏まえて，戦後ドイツの政治制度が設計されることになる。なお，統一ドイツの政治制度は基本的に西ドイツのそれを継承していることから，ここでは西ドイツに焦点を絞って検討することとする。

　ヴァイマルの教訓から引き出された政治制度としては，第1に，建設的不信任を挙げることができる。連邦議会による首相の解任は，次の首相が選出されて初めて可能になる。たとえ野党が不信任案を提出して，過半数の賛成を得ることができたとしても，それだけでは現首相を更迭することはできない。過半数でもって新しい首相を選出しなければ，現首相は続投することになる。ヴァイマル共和国では，倒閣だけを目的とした政党連合が組まれ，首相を更迭しても，次の首相が決まらないことが多々見られた。これは，政治混乱を招き，議会を迂回した政治決定を根拠づけることになった。そうした出来事を繰り返さないためにも，戦後ドイツでは，首相の更迭は難しく，更迭できたとしても，「政治的空白」をできるだけ作らずに，次の首相が引き継ぐことができるような建設的不信任が採用されているのである。

　第2に，阻止条項である。これは，全国で合計して5％以上の得票を挙げていないと，比例代表の議席を与えないという制度である。5％を満たしていなくとも，3つ以上の小選挙区で当選者を出せば議席配分が行われるものの，実際には小政党が3つの小選挙区で勝利することは難しい。この制度があるために，小政党が躍進することはきわめて困難である。ヴァイマル共和国では，小政党が乱立しており，多数派を形成することは難しく，結果として初期を除けば内閣は短命であった。これが，ヴァイマルの民主制を機能不全に導き，その崩壊の契機になったと見なされた。これを克服するため，小政党が乱立するのを防ぐために，阻止条項が設けられたのである。

第3に，大統領の権限の縮小である。上述のとおり，ヴァイマル共和国では議会が機能不全を露呈したのだが，これに代わって実権を握ったのは大統領だった。ヴァイマル憲法には大統領緊急権が規定されており，大統領はこれを発動して，議会を迂回しながら政治決定を行った。次第に議会の迂回は当然視されるようになり，これがナチス独裁への地ならしをしたといえる。この教訓を踏まえて，戦後ドイツでは，大統領の権限は大幅に縮小され，名誉職の色彩が強まった。大統領は国家元首と位置づけられ，国民から直接選ばれるのではなく，議会によって選出されることになった。もちろん，大統領緊急権は削除されることになった。
　第4に，戦闘的民主主義である。ドイツ基本法が定める「自由で民主的な秩序」を破壊する目的を持った政党には，政治的自由を認めないというものである。これは，連邦政府の申請を受けて，連邦憲法裁判所が判断を下すという手続きをとる。実際に禁止された政党の例は多くないものの，民主主義を守るためにこのような制度が整備されているのである。ヴァイマル共和国では，議会主義を否定するナチスが，憲法の保障する政治的自由を利用して，いわば合法的に権力を掌握した。こうした出来事を未然に防ぐための制度といえよう。
　このように，戦後ドイツの政治制度は，ヴァイマル共和国の失敗を繰り返さないために設計されており，民主主義を守るための仕掛けが組み込まれているのである。

議会制度と連邦制
　次にドイツの政治決定の中心となる議会について説明しておきたい。ドイツは，2院制を採用しており，連邦議会と連邦参議院が存在する。
　まず連邦議会について簡潔に述べておく。連邦議会は，法案の先議権を持ち，首相の選出と不信任を行う権限を持つ。任期は4年であり，議会解散は容易でないため，多くの場合は任期満了まで務める。連邦議会の議員は，国民の直接選挙によって選ばれる。選挙制度は，小選挙区比例代表併用制である。定数は598議席であり，その半数の299議席が小選挙区に割り当てられる。有権者は2票を持っており，小選挙区と比例代表に投票する。ドイツの小選挙区比例代表併用制は，日本の小選挙区比例代表並立制とは異なり，比例代表制が基本となる。まず，議席配分は，比例代表において獲得した票数に基づいて行われる。ここで阻止条

項が働き,ドイツ全体で5％以上の票を獲得しているか,もしくは3つの小選挙区で勝利していなければ,議席配分計算から外される。その後,各州で当選者が決まることになる。まずは小選挙区で得票率1位になったものが当選となる。比例で獲得した議席数から小選挙区当選者数を引いた数が,各党の比例名簿（州ごとに提出）の上位から順に選出される。その場合,小選挙区当選者数が比例

図序-2 ドイツ連邦議会議事堂（2006年1月）
出所：筆者（西田）撮影。

で獲得した議席数を上回ることがあるが,それでも小選挙区での当選は無効にはならない。これは超過議席として認められ,その政党は比例で獲得した議席数を上回る議席を得ることになる。

　一方,連邦参議院は,各州の意思・利益が表現される場である。連邦議会のように国民が直接投票して議員を選ぶのではなく,各州政府の代表者（州首相や州閣僚など）によって構成されている。連邦参議院は,州の財政や執行権に関わる法案について審議・議決する権限を有する。各州は,規模に応じた票を持っており,一括して投票する。「同意法」の場合,連邦議会での議決は連邦参議院での同意を必要とする。連邦参議院で同意が得られない場合,両院協議会が開催され,政策のすり合わせが行われる。これが失敗すれば,廃案となる。同意法でなくとも,連邦参議院は,連邦議会が議決した法案に対して異議を表明する権限を持つ。この場合は,連邦参議院が過半数で異議を議決したのであれば,連邦議会は過半数で議決することで異議を退けることができる。連邦参議院が3分の2で異議を議決したのであれば,連邦議会は3分の2の再議決が必要になる。

　連邦参議院はいわばドイツの連邦制を体現しているといえる。ドイツには16の州があり,それぞれが州政府を持っている。連邦が専属的立法権を有する領域は,外交や安全保障などに限定されており,州の権限は大きい。例えば,教育制度,文化政策,警察行政に関わる立法は,州の権限である。そのほかにも,広範な競合的立法権が設定されており,ここでも州が立法することは可能である。財政収

入の面でも州の比重は大きい。州は主に付加価値税と個人所得税から収入を得ており、16州の総収入を合計すると、連邦のそれをわずかに下回る程度である。もっとも、州の間で財政収入に大きな開きがあり、バイエルン州やバーデン・ヴュルテンベルク州などは経済的に豊かで、税収も多いが、その一方で、ザクセン州やメクレンブルク・フォアポンメルン州などは厳しい財政状況にある。そのため、財政調整制度が設けられており、豊かな州から貧しい州への財政移転が行われることになっている。

連邦首相、連邦大統領、連邦憲法裁判所

そのほかの主要な国家機関についても簡単に説明しておこう。

ドイツの連邦首相は、大きな政治権限を握っている。大臣の任命と罷免、省庁の数と統括範囲、政治方針の決定は連邦首相の権限である。先に述べた建設的不信任によって容易には交代させられないために、ドイツの首相は任期を満了することが多い。1949年の建国以来、2013年まで連邦首相は8名しかいない。なお、連邦首相は連邦議会の過半数によって選出される。

連邦首相がドイツ政治を実質的に指導するのに対して、連邦大統領は政治的実権を持っていない。先に述べたように、ヴァイマル共和国の教訓を踏まえて、このような制度設計になった。連邦大統領は、連邦議会議員と、同数の各州の代表者によって選出される。任期は5年であり、1回のみの再選が許されている。政治過程においては、立法手続きを終えた法案に対して大統領が署名することで、立法過程は完結することになっている。実質的権限を持たない大統領が署名を拒否することはほとんどないものの、違憲性を理由に署名を留保したこともある。

最後に、連邦憲法裁判所に触れておきたい。連邦憲法裁判所は、法律の合憲性を審査する権限を持つ。連邦議会、連邦参議院、連邦政府などの国家機関や、院内会派、州政府が連邦憲法裁判所に申し立てを行う権限を持つが、これに限らず、一般の国民も連邦憲法裁判所に「憲法異議」の申し立てを行うことができる。政治的に重要な法案は、連邦憲法裁判所に持ち込まれる場合もあり、連邦憲法裁判所が違憲判決を下すこともある。例えば、2010年にはシュレーダー政権が行ったハルツⅣが違憲とされ、失業手当Ⅱの給付額引き上げが求められたのである。

序　章　現代ドイツ政治とは何か

4　2013年連邦議会選挙とその結果

連邦議会選挙の結果

　本書の各章は2013年9月に行われた連邦議会選挙直前までを対象とし，選挙そのものは含めていない。そこで同選挙とその結果について簡単に触れておきたい。
　ドイツの連邦議会選挙は，通常4年ごとに実施される。13年の連邦議会選挙は9月22日に投票が行われ，即日開票された。選挙管理委員会発表の最終結果から主な政党の得票率を挙げておくと，キリスト教民主・社会同盟41.5％（前回比7.7％増），社会民主党25.7％（同2.7％増），左翼党8.6％（同3.3％減），緑の党8.4％（同2.3％減），自由民主党4.8％（同9.8％減），「ドイツのためのオルタナティヴ」（AfD）4.7％（同4.7％増），海賊党2.2％（同0.2％増）である。議席を得たのは得票率5％を越えたキリスト教民主・社会同盟，社会民主党，左翼党，緑の党の4党のみであった。
　なおメルケル首相の続投が早くから予想されたこともあり，投票率は下がるという観測もあったが，戦後最低となった前回の70.8％より0.7ポイント上回って71.5％となった。

選挙戦と争点

　ドイツの連邦議会選挙では，2大政党が首相候補を立てて戦うのが一般的である。保守系与党であるキリスト教民主・社会同盟の首相候補は現職のメルケル首相，中道左派の野党・社会民主党の首相候補はシュタインブリュック前財務相であった。メルケルは国民を優しく守る「お母さん」イメージで高い人気を誇る一方，シュタインブリュックは「首相の給料は少なすぎる」といった失言癖がメディアをたびたび賑わせ，精彩を欠く感が強かった。首相にふさわしいのはどちらかを聞く世論調査でも，投票日1週間前の時点でメルケルを挙げたのは回答者の53％に上り，シュタインブリュックの26％を圧倒していた。
　選挙戦で争点になったのは，高所得者への課税や最低賃金制度の導入といった格差是正の問題や，欧州経済危機に伴うギリシャ支援策の是非などである。一方，脱原発も含めたエネルギー政策の転換などは大きな争点にはならなかった。

ドイツの経済はシュレーダー前政権の構造改革の成果もあって，好調を維持している。失業率は13年9月時点で5.2％であり，ここ20年間でもっとも低い水準となった。しかしその裏で，低賃金労働や非正規の労働者が増え，所得格差が拡大したとの批判も強い。そこで野党は「社会的公正」を訴え，高所得者への増税や最低賃金制度導入を求めた。例えば社会民主党や緑の党は所得税の最高税率の42％から49％への引き上げ，左翼党は53％への引き上げを要求した。財産税の導入が必要だという点でも野党は一致する。最低賃金制度の導入では，社会民主党と緑の党は全国一律に8.5ユーロの時給，左翼党は10ユーロ（将来は12ユーロ）の時給を主張した。一方，与党のキリスト教民主・社会同盟や自由民主党は，最低賃金制度が導入されれば賃金水準が上がり，競争力が落ちて雇用が失われると反対した。さらに増税や財産税の導入も与党は強く拒否した。

　ギリシャ支援策では，社会民主党のシュタインブリュック首相候補が財政再建が遅れるギリシャへの資金支援は避けられないとメルケル政権を追及した。これに対しショイブレ財務相が来年再びギリシャ救済策が必要になると認めたが，メルケル首相は有権者の反発を恐れ，明確な発言を避けた。具体的な支援策でも社会民主党と緑の党は，ギリシャに厳格な緊縮財政を要求するメルケル政権よりは寛容な支援策を公約に掲げ，ユーロ圏諸国において共同で債券を発行するユーロ圏共同債にも理解を示す。一方，与党のキリスト教民主・社会同盟や自由民主党は，ドイツが他国の借金を事実上保証し，負担増につながるとして共同債の導入は断固否定した。

　総じて野党は格差の拡大や国民の不満が根強いギリシャ支援策を争点にすることを狙ったが，与党は「メルケル続投」を前面に押し出して，政策の違いを見えにくくする戦術を採り，政策論争は低調だった。世論でも好調な経済を追い風に現状維持を望む空気が強く，個人的人気の強いメルケル首相を野党は攻めあぐねたと言えよう。

選挙結果の特徴

　選挙結果の特徴としては，以下の4点がまとめられよう。第1に，メルケル首相率いる与党のキリスト教民主・社会同盟が圧勝したことである。1990年代のコール政権以来ほぼ20年ぶりに得票率を4割台に乗せ，超過議席や調整議席も含

序　章　現代ドイツ政治とは何か

表序-1　2013年連邦議会選挙における政党間の票の移動

（前回2009年選挙との対比，単位：千票）

	CDU／CSU	SPD	緑の党	左翼党	FDP	AfD
CDU／CSUから流入		−210	−420	−120	−2110	290
SPDから流入	210		−550	−370	−530	180
FDPから流入	2110	530	170	90		430
緑の党から流入	420	550		−40	−170	90
左翼党から流入	120	370	40		−90	340
AfDから流入	−290	−180	−90	−340	−430	
前回棄権者から	1130	360	−40	−320	−460	210

出所：Infratest dimap 調査，*Der Spiegel*, 2013年9月25日，2013年連邦議会選挙特集号，12頁より筆者（西田）作成。

めて全631議席のうち311議席を得て単独過半数に5議席まで迫った。勝因の1つは手堅い手腕を発揮し，ドイツ経済の好調を維持するメルケル首相の個人的人気にあることは疑いえない。事前の世論調査でもメルケル首相と野党・社会民主党の首相候補シュタインブリュックの支持率では，終始メルケルが上回った。世論調査機関インフラテストの分析によるとキリスト教民主・社会同盟の高い得票率は，211万票を自由民主党から奪い，さらに113万の前回の棄権者を動員することに成功したことにあるという（表序-1）。メディアでは今回の選挙をアデナウアー首相が与党のキリスト教民主・社会同盟に得票率50.2％で単独過半数をもたらした1957年の連邦議会選挙になぞらえる議論も見られた。

　第2に，それとも関連するが2大政党が復調したことである。2大政党のキリスト教民主・社会同盟が得票率を大幅に伸ばしただけでなく，社会民主党も若干だが伸ばしている（それでも戦後2番目に悪い結果ではあったが）。キリスト教民主・社会同盟ほどではないものの，社会民主党も自由民主党から差し引き53万票，緑の党から55万票，左翼党から37万票を奪っている（表序-1）。前回09年の連邦議会選挙では，それまで大連立を組んでいた2大政党が歴史的大敗を喫し，小政党が軒並み躍進したのが特徴だった。以後も小政党の躍進が続き，特に緑の党に至っては一時期支持率が28％にまで上って社会民主党を上回ったり，バーデン・ヴュルテンベルク州議会選挙で第2党となって初の州首相を出したりした。それゆえ緑の党の国民政党化が語られたり（本書第3章参照），『国民政党は終わった？』『上昇気流に乗る小政党』といったタイトルの研究書が次々と出版された

りしたほどだった。しかし今回の選挙では，2大政党への復調傾向が見られたと言えよう。

　第3に，小政党は逆に軒並み1桁台の得票率に転落し，退潮したことである。とりわけ大敗したのが，連立与党の一角を占める自由民主党である。前回は得票率14.6％を得たのが，今回は4.7％にとどまり，議席獲得に必要な5％を下回ったため，連邦議会から姿を消すことになった。49年の結党以来，初めてのことである。前回選挙では大幅な減税を公約したが実現できなかったこと，付加価値税の減額の恩恵を受ける企業から多大な献金を受け取っていたスキャンダル，党の内紛が続いたこと等が敗因として指摘されている。インフラテストの分析では，自由民主党支持層はキリスト教民主・社会同盟だけでなく，社会民主党にも流れている。前述のように社会民主党は自由民主党から53万票を奪っているし，43万票はユーロ批判の新党「ドイツのためのオルタナティヴ」へ流れた。また前回自由民主党に投票した46万人は，今回は棄権している（表序-1）。

　第4に，近年新たに設立された「ドイツのためのオルタナティヴ」と海賊党の連邦議会入りも注目されたが，結局両党共かなわなかったことである。しかし明暗は分かれたと言えよう。「ドイツのためのオルタナティヴ」は得票率4.7％に終わり，議席獲得に必要な5％にあと一歩で届かなかったものの，比較的健闘して存在感を示せた。同党はキリスト教民主同盟の元党員である経済学者ルッケが中心となって，13年2月に創設された反ユーロ政党である。当初は泡沫政党扱いだったが，ドイツのユーロ圏脱退等を訴え，ギリシャなど南欧諸国支援に対する有権者の不満の受け皿として注目されるようになった。連邦議会選挙では，キリスト教民主・社会同盟から29万票，自由民主党から43万票を奪うだけでなく，左翼党からも34万票を奪っていることから，既存政党に対する批判票の受け皿としても機能したとみられる（表序-1）。同党は今後も地方自治体選挙や欧州議会選挙に挑戦する意向を示している。

　一方，海賊党は，前回とほとんど変わらない得票率2.2％に終わり，議席獲得はならなかった。同党は元々06年1月にスウェーデンで誕生した。「海賊」とは著作権や知的財産権に無断でコピーした時の「海賊版」から来ている。その後，ドイツをはじめとするヨーロッパ各国に次々と設立されていった。主にインターネットでの規制や著作権強化への反対を訴え，既存政治へのアンチテーゼとして

若者に支持された。ドイツでは06年9月に設立後，11年9月のベルリン州議会選挙で得票率8.9％を得て，15議席を獲得したのを皮切りに，次々と州議会選挙で勝利を収め，センセーションを巻き起こした。一時は2大政党に迫る2桁台の支持率を得て，4つの州議会に議席を獲得し，党員数もピーク時の12年5月には3万5,000人に達していたほどである。しかしその後，内紛が相次ぎ，党の顔だった女性幹事長ヴァイスバントが辞任したこともあって支持を失ってしまったようだ。

図序-3 首相府（2012年8月）
出所：筆者（近藤）撮影。

結局13年の連邦議会選挙結果をまとめると，有権者はメルケル首相の続投は支持したものの，保守中道連立の継続は拒否したということになろうか。メルケル首相の支持率は野党・社会民主党の首相候補シュタインブリュックの支持率を終始上回り，メルケル首相与党のキリスト教民主・社会同盟も首相の個人的人気で圧勝したことから，有権者はメルケルに首相としての次の4年間を託したと言える。一方投票日に行われたインフラテストの世論調査によると，望ましい連立として大連立が57％でトップ，次いで社会民主党と緑の党の赤緑連立が43％，キリスト教民主・社会同盟と自由民主党の保守中道連立は41％と3位だったことからも，保守中道連立継続への期待は低かった（*Der Spiegel*, 2013/9/25：21）。

選挙後の連立交渉と政権発足

選挙後は，第1党になったキリスト教民主・社会同盟がどの党と連立を組むかに焦点が集まった。社会民主党と組む大連立か，緑の党と組む黒緑連立かである。社会民主党とは第1次メルケル政権（2005～09年）で連立を組んだ経験があるし，また両党が連立を組めば圧倒的議席数を持つことになり，政権の安定性は増す。一方で高所得者への増税を唱える社会民主党に対して，キリスト教民主・社会同盟は警戒感があり，また社会民主党も前回の大連立政権を経た09年の連邦議会選

挙で大敗した経験があることから，必ずしも大連立に乗り気というわけではなかった。他方，緑の党とはメルケル首相が脱原発に踏み切ったことで，キリスト教民主・社会同盟との政策面での最大の障害はなくなった。しかし緑の党内にはキリスト教民主・社会同盟と連立を組むことに抵抗を覚える左派が存在し，逆に保守的なキリスト教社会同盟も緑の党へのアレルギーが強い。

結局キリスト教民主・社会同盟は，社会民主党および緑の党とそれぞれ連立に向けた予備交渉を繰り返した後，社会民主党と正式な連立交渉に入ることを決定した。5週間にわたる交渉を経て，11月27日にキリスト教民主・社会同盟と社会民主党は大連立政権の樹立で合意し，185頁に及ぶ連立協定に署名した。両党で対立していた点では，社会民主党の求めていた増税は断念される一方，15年から原則として全国一律に時給8.5ユーロの最低賃金制度が導入されることになった。また「エネルギー政策の転換（Energiewende）」では，脱原発を堅持し，35年までに再生可能エネルギーの割合を55～60％にすることを目指す。さらにキリスト教社会同盟の求めていた外国人が乗用車でドイツの道路を通行する際の料金徴収も盛り込まれた。その後社会民主党が12月6日から12日にかけて行われた党員投票で約76％の賛成を得て結果を承認し，2大政党による大連立政権発足が正式に決まった。12月17日に連邦議会はメルケルを首相に選出し，社会民主党からは副首相兼経済・エネルギー相にガブリエル党首，外相に連邦議会議員団長だったシュタインマイヤーが就任して第3次メルケル政権が発足している。

5　本書の構成

本書は，2部から構成される。第Ⅰ部では政治力学に焦点があてられる。政党や労使団体などの政治アクターについて，政策決定のあり方にも目配りしながら論じられる。第Ⅱ部では個別政策が取り上げられる。外交政策から移民政策まで，様々な分野の政策がどのように変容したのかが論点となる。以下では，各章の概要について述べておきたい。

第Ⅰ部の政治力学においては，キリスト教民主・社会同盟，社会民主党，緑の党，左翼党，自由民主党，労使関係，EUとドイツの関係が考察の対象となる。

第1章ではキリスト教民主・社会同盟が検討される。1990年代，キリスト教民

主・社会同盟の党勢は次第に後退していった。コールのワンマン党運営や内政政策が批判にさらされ，キリスト教民主・社会同盟は1998年連邦議会選挙で敗北する。野党に転落したキリスト教民主・社会同盟は，1999年の不正献金スキャンダルによってさらなる打撃を受けることになる。その後，党指導部が刷新され，新自由主義へと傾斜していく。しかし，これは目立った成果を挙げることはできず，その後，メルケルを中心とした党刷新の試みが行われる。メルケルは，育児の社会化や人権外交といった新路線を提示することで，若年層や女性の支持を取り付け，党勢の回復に貢献したのだった。

第2章では，社会民主党の展開について述べられる。統一後，ラフォンテーヌなど多くの社会民主党議員はコール政権の改革路線を厳しく批判していた。だが，新自由主義に呼応するグループが拡大しつつあり，社会民主党内部に地殻変動が起こり始めていた。政権を奪取した後，シュレーダー首相が「アジェンダ2010」によって福祉縮減を前面に押し出し，コソヴォ紛争への連邦軍派兵を決めると，党内の路線対立はますます激化していく。党の一部議員が左翼党に合流し，2005年連邦議会選挙で左翼党に票を奪われるなどの苦難が続き，党首が頻繁に交代するという異常事態が発生することになる。メルケル政権下ではキリスト教民主・社会同盟との違いを明確に打ち出せず，外交・内政で改革を進めるメルケルの影に隠れてしまった。以後も党勢は復調したとは言えず，険しい道のりが続いている。

第3章では，緑の党が検討される。統一後，緑の党は東ドイツの「緑の党」や「90年連合」と合同し，路線を穏健化させていく。その後，1998年に初めて国政レベルで与党となったが，原発停止や二重国籍の問題をめぐって連立パートナーである社会民主党に譲歩せざるを得ず，党内対立が激しさを増していく。緑の党は，この難局を党指導部の刷新とフィッシャーの国民的人気によって乗り切ることになる。一方，2002年には新綱領が発表され，「非暴力」や「反政党的政党」といった従来の党の原則から距離をとり，市場経済の擁護という新しい路線が打ち立てられた。また，党内人事に事実上のプロポルツ制を導入した効果もあり，現実派（レアロス）と左派による党内対立も沈静化していった。2005年に再び野党に戻ってからは，党員数が回復し，選挙でも好調だったことから，同党の国民政党化すら語られるようになっている。

第4章では，左翼党が検討される。1990年，東ドイツの政権党である社会主義統一党の党名が民主社会党に変更され，その後，民主社会党は連邦議会選挙だけでなく，旧東ドイツ地域での州議会選挙で着実に議席を確保していく。それでも，他党が民主社会党との協力を拒んだことから，野党の地位に甘んじるケースが多く見られた。一方，2004年には「選挙オルタナティヴ・雇用と社会的公正」が発足し，シュレーダー政権の政策に批判的だった一部の社会民主党議員を取り込んだ。民主社会党もまたこの流れに合流する。そして，2005年に「左翼党／民主社会党」，2007年に左翼党へと変更される。こうして，左翼党は旧東ドイツばかりでなく，旧西ドイツにも基礎を築くことに成功する。2009年のザールラント州議会選挙での躍進がその証左である。左翼党の内部を見ると，ラディカル左派から政権獲得志向の強いグループまで様々な潮流があり，一枚岩の政党とはいえない。だが，統一後の政界再編（5党制への移行）の中で次第に足場を固め，政党システムの一角に定着したのである。

　第5章では，自由民主党が検討される。統一後，自由民主党は困難な時期を迎える。州議会選挙で敗北を繰り返し，もともと強くなかった地方組織はますます弱体化していった。そのため，党を担う政治家を育成することが困難になり，長期的に党に打撃を与えることになった。そして，1998年に連邦レベルで野党に転落したのを契機として，党勢の挽回のための戦略もあり，新自由主義へと傾斜していく。結果として，2009年連邦議会選挙では，自由民主党は政権復帰したものの，その新自由主義的主張（特に大規模な減税）は現実味に乏しく，結局のところ実現できない政策が多かった。統一後，自由民主党は外交政策に代わる党の看板を探し続けてきたといえよう。しかし，この試みは成功したとは言えず，2013年連邦議会選挙で5％のハードルを越えることはできなかった。

　第6章では，労使関係について論じられる。統一以前のドイツ労使関係の特徴について概観した後，統一後に使用者側の組織率が低下し，団体内部対立が強まってきたことが指摘される。労組については，産業別労組の合併によって権力関係に変化が生じたこと，独自に行動する産業別労組が増えてきたことなどが挙げられる。労使団体と国家との関係も変容しつつある。コーポラティズムは失敗を繰り返し，労使団体が継続的に政策決定の場にアクセスすることができなくなった。同時に，労働協約システムにも変化が観察される。労働協約の適用率の

低下や企業別労働協約の増加などによって，従来のシステムが大きく揺らいでいるのである。

　第7章では，EUとドイツが論じられる。従来，ヨーロッパ統合は，ドイツを西側に組み込み，その「脅威」を取り除くものとして捉えられ，ドイツもこれを積極的に推進してきた。統一後，いっそう強力になったドイツが「独り歩き」を始めるのではという懸念が存在したが，コール政権はヨーロッパ統合への積極的姿勢を堅持し，マーストリヒト条約を機にドイツ政治の「ヨーロッパ化」が進むことになった。その後，欧州憲法条約が頓挫することで統合の停滞期が到来するが，メルケルは欧州議会の権限強化などを盛り込んだリスボン条約を推進し，この停滞を打破しようと試みた。ユーロ危機においては，メルケルは公的資金の投入には批判的であり，消極的姿勢を見せたといえる。対EU政策の政治に目を向けると，ドイツ国内世論がEUへの懐疑を強めていること，コール以後の首相のリーダーシップが変化していること（シュレーダーの国益強調やメルケルの仲介・実務的役割），連邦憲法裁判所や州政府など国内アクターがヨーロッパ統合への影響力を強めていること，拡大EUの中で独仏関係の重みが相対的に軽くなってきていることが重要である。変化する国際・国内政治の中で，EUとドイツの関係もまた変貌しつつある。

　第II部では個別政策の展開が検討される。外交政策，福祉政策，家族政策，脱原子力政策，移民政策が分析対象となる。

　第8章では，外交政策が論じられる。統一後，強大なドイツが誕生することに対して，隣国や同盟国からの懸念が存在していた。コールは，原則的に従来の外交路線（西側統合や多国間主義）を堅持することで，こうした懸念を払拭しようとした。その一方で，ドイツ連邦軍の域外派遣を進めたため，この点では従来の外交路線から逸脱していった。シュレーダーはアフガニスタン派兵によって域外派遣を進め，イラク戦争反対を表明することによって米国との協調という外交路線からも逸脱した。メルケル第1次政権では伝統的な外交路線へと回帰したものの，続く第2次政権では，リビア介入決議に対する棄権によって多国間主義という路線から離れ，「ドイツの利益」を強調しつつ，ギリシャ問題に対して消極的姿勢を示した。統一後，ドイツの外交政策は明らかに変化しており，国内世論や関係国に配慮しながら，国際社会において新たな役割を引き受ける段階に入っている。

第 9 章では，福祉政策が検討される。統一以降の基調は，福祉縮減とケア労働（育児・介護）の社会化の 2 点にまとめることができる。コール政権は，年金や医療保険のカットバックだけでなく，介護保険の創設によって介護の社会化を進めた。シュレーダー政権は積立方式の個人年金を導入し，ハルツ改革によって失業時の所得保障を大幅に削減した。メルケル政権は，年金改革に見られるような福祉縮減だけでなく，部分的な最低賃金の導入や児童助成法などの家族政策を実施した。福祉縮減のみならず，貧困対策や育児の社会化にも取り組んだといえる。

　第10章では，家族政策が検討される。ドイツ統一に伴い，西ドイツの家族政策が東ドイツ地域に適用されることになる。東ドイツでは西より高い密度で幼稚園が存在したが，この特徴は残ることとなった。その後，シュレーダー政権は育児手当を改革し，男性の育児参加を進めると同時に，同性婚法によって家族の多様化を容認する姿勢を見せた。メルケル政権は両親手当の創設と託児所の増設を通じて育児の社会化を推し進めた。世論調査を見ると，家庭と仕事の両立という目標が達成されたとはいえず，ドイツ市民の多くは依然として不満を抱えているものの，両方をサポートする制度自体は着々と整えられつつある。

　第11章では，脱原子力政策が検討される。統一後，旧東ドイツの原発 6 基が停止されたものの，まずは原子力政策に大きな変化はなかった。だが，1998年の政権交代によって，事態が大きく動き出す。シュレーダー政権は2022年頃までの国内の全原発（19基）停止を決め，原発の新設も禁止した。その後，メルケル政権は原発稼働期間を平均12年間延長し，原発活用の方向へと再び転換した。そして，「3.11」の福島原発事故がドイツの原子力政策に衝撃を与えることになる。反原発運動の興隆やバーデン・ヴュルテンベルク州での緑の党の躍進が背景となって，2011年 8 月にメルケル政権は2022年までの段階的原発停止へと再び舵を切ったのだった。再生可能エネルギーの拡大，高圧送電網の整備，電力コスト増大の懸念の払拭などの課題はあるものの，ドイツは脱原子力へと進んでいるのである。

　第12章では，移民政策について論じられる。ドイツ統一により庇護権請求者と帰還者が増加し，極右暴力事件にみられるような反外国人運動が高揚した。コール政権は基本法16条の改訂によって，庇護権を制限するという政策を打ち出した。シュレーダー政権は移民政策の転換を実行した。つまり，新たな国籍法を制定して出生地主義を導入したのである。さらに，新移民法によって高度専門技術者な

どに定住許可が付与されるようになり，ドイツ語やドイツの歴史・文化について教える統合コースが設置されることになった。メルケル政権は統合サミットやイスラム会議を開催し，統合コースを強化する方針を打ち出した。移民問題をめぐる保守と社民・緑の対立，国民の反イスラム主義感情の高まり，重国籍承認の問題など，課題は山積しているものの，統一ドイツにおいて移民統合政策は大きく進展したといえる。

　以上が各章の概要である。では，次章から政治力学と個別政策の両面に着目して，統一ドイツ政治の展開を見ていくことにしよう。

参考文献
井関正久（2005）『ドイツを変えた68年運動』白水社。
出水宏一（1978）『戦後ドイツ経済史』東洋経済新報社。
ヘルマン・ヴェーバー（1988＝1991）『ドイツ民主共和国史』（斎藤哲・星乃治彦訳）日本経済評論社。
野田昌吾（2009）「ドイツ」網谷龍介・伊藤武・成廣孝編『ヨーロッパのデモクラシー』ナカニシヤ出版，53-90頁。
浜本隆志（2013）『海賊党の思想――フリーダウンロードと液体民主主義』白水社。
平島健司（1994）『ドイツ現代政治』東京大学出版会。
森井裕一（2008）『現代ドイツの外交と政治』信山社。
森井裕一（2012）「ドイツ」森井裕一編『ヨーロッパの政治経済・入門』有斐閣，33-54頁。
Der Spiegel, Bundestagswahl 2013 SPEZIAL, 25.9.2013.

第 I 部

ドイツの政治力学

第1章

キリスト教民主・社会同盟

近藤正基

---　この章で学ぶこと　---

　キリスト教民主同盟（CDU）とキリスト教社会同盟（CSU）は，戦後ドイツにおいてもっとも成功を収めた政党である。姉妹政党という関係にあり，連邦議会で統一会派を組む両政党は，ドイツ連邦共和国（西ドイツ）が建国されて以来，総計で44年もの間，与党の座についてきた（2013年時点）。ヴァイマル時代の中央党の系譜を継いでいるものの，第2次世界大戦後に結成された政党としては，異例なほどに強力な政党である。

　1990年のドイツ統一以降，キリスト教民主・社会同盟は多くの試練に直面した。コール政権は東ドイツ経済の立て直しに失敗したと見なされ，長引く不況の中で「改革の停滞」から抜け出すことができなかった。その結果として，1998年にキリスト教民主・社会同盟は政権与党の座から滑り落ちることになる。さらに党幹部を巻き込んだ不正献金スキャンダルが明るみに出ることによって，党勢は後退し，その後7年間も野党の座に甘んじた。党員数の減少や支持団体の弱体化は覆うべくもなく，得票率は次第に低下していった。

　苦境の中，キリスト教民主・社会同盟は様々な党改革を行ってきた。育児や介護の社会化，人権外交，脱原発といった新しい路線を次々と打ち出して，若者や女性を党にひきつけ，より広範な社会層からの支持を得るようになった。特にメルケル政権になってからは大胆な党改革を実施してきたといえる。このような党再生の取り組みを通じて，伝統的支持層を超えた幅広い支持層を獲得したことによって，2013年連邦議会選挙では党勢を回復させることになったのである。

1　戦後ドイツ政治とキリスト教民主・社会同盟

　キリスト教民主同盟とキリスト教社会同盟は，第2次世界大戦後に発足した政党である。敗戦から間もない1945年，ドイツ各地で別個の政治組織としてスタートし，そのうちバイエルン州の組織がキリスト教社会同盟になり，そのほか西ドイツ地域の組織がキリスト教民主同盟になっていった。ただし，両政党ともまったく新しい政党というわけではない。戦前に活動していた政党を母体としている。両政党がもっとも大きな遺産を受け継いだのは，ヴァイマル期に有力だった中央党である。中央党はカトリックの政党であり，いわゆる「ヴァイマル連合」の一翼を担った。そのほかにも，地域によっては，キリスト教民主・社会同盟はドイツ国家人民党やナチスの党員を巻き込みながら結成されたのだった。

　キリスト教民主・社会同盟は戦後に結党されたにもかかわらず，戦後ドイツにおいてもっとも成功を収めた政党だといえる。ドイツ連邦共和国が建国されて以来，キリスト教民主・社会同盟は総計でおよそ44年もの間，政権の座についてきた（2013年時点）。これは，戦後の3分の2の期間，与党だったことを意味する。世界の国々を見渡しても，戦後に創設され，保守陣営に属する政党が，これほどの成功を収めた例は多くない。日本の自由民主党に並ぶほどの成功事例だといえるだろう。

　なお，キリスト教民主同盟とキリスト教社会同盟は「姉妹政党」という関係にある。原則的に，キリスト教社会同盟がバイエルン州で活動し，それ以外の州ではキリスト教民主同盟が活動するというかたちで，棲み分けがなされてきた。州議会選挙においても，連邦議会選挙でも，同様である。お互いの州に踏み込み，競争相手になることはなく，その一方で，連邦議会では統一会派を組んで行動を共にしている。

　本章では，ドイツ統一以降のキリスト教民主同盟とキリスト教社会同盟の発展と変容について論じる。本論に入る前に，まず，統一までの展開について簡単に振り返っておきたい。

2　結党から統一までのキリスト教民主・社会同盟

　1945年から1990年までのキリスト教民主・社会同盟の展開は3つに時期区分できる。

　1945年から1963年の期間が，第1期である。1949年のドイツ連邦共和国の誕生までは，キリスト教民主主義勢力はドイツの各地で活動していた。これは，最終的にキリスト教民主同盟とキリスト教社会同盟の2党に収斂していく。一方，同じく1949年に建国されたドイツ民主共和国（東ドイツ）では，キリスト教民主主義政党は社会主義統一党（SED）の衛星政党と化していく。その後，西ドイツでは，キリスト教民主同盟の初代党首であるアデナウアーが強力なリーダーシップを発揮し，キリスト教民主・社会同盟を指導した。1949年までは地域・宗派間の対立があったが，第2次世界大戦前に中央党が活発に活動していたラインラント（ドイツ中西部）を抑えたアデナウアーが，北ドイツなどの政敵に勝利することになる。アデナウアーは，教育政策や社会政策では党内左派に対して柔軟な姿勢を示し，彼らの支持を取り付ける一方で，外交・安全保障政策を主導して，キリスト教民主・社会同盟における指導的立場を確かなものにする。また，ヴァイマル期まで中央党を支持してきたカトリックだけでなく，プロテスタントを包摂していくことで，キリスト教民主・社会同盟は宗派を超えた政党に変わり始める。こうして，アデナウアーの指導のもとでキリスト教民主・社会同盟は国民政党への第一歩を踏み出すことになる。

　1963年から1982年が，第2期である。この時期，アデナウアーの時代にキリスト教民主・社会同盟に吸収されてきた勢力が対立し，キリスト教民主・社会同盟は混乱状況を呈する。アデナウアーから首相を引き継いだエアハルトとキージンガーのリーダーシップは弱く，続いて党首に選ばれたバルツェルも党改革に失敗することで，党内対立はますます激しさを増していく。その後，登場するのがコールを中心とした若手グループである。若手グループの党改革により，次第に党内は落ち着きを取り戻していく。1975年にマンハイム宣言が，1978年にキリスト教民主同盟史上初となる原則綱領が採択されることで，ドイツ社会民主党（SPD）とは異なるものの，福祉拡充路線が明示されることになる。こうして，

キリスト教民主同盟は社会民主主義へとウイングを伸ばしていく。一方，キリスト教社会同盟ではシュトラウス党首が影響力を拡大し，コールと対立することになる。一時は，キリスト教民主同盟とキリスト教社会同盟は姉妹政党を解消するまでに険悪な関係に陥ることになる。ただ，シュトラウスは，首相候補として戦った1980年連邦議会選挙で敗れてからは，急速に影響力を失っていく。その後，キリスト教民主同盟とキリスト教社会同盟は再び良好な関係を築くことになる。また，第2期には，党員数も大幅に増加し，党内が混乱する中で，さらなる国民政党化が達成されたといえる。

1982年から1990年までが，第3期である。この時期は，「コール・システム」が作動して，まずはキリスト教民主・社会同盟がコールに従属するようになる。だが，1984年頃を境にして，戦後最大規模のストや政党助成金スキャンダルが起こったために，コールは党運営に支障をきたすようになる。さらに，政権の成立直後に経済的自由主義へ転向したと見られたことによって，主として党内左派からの攻撃にあう。この動きは，1989年党大会でのコールおろしとなって現れ，いわゆる「ブレーメン一揆」につながる。だが，ドイツ統一への強い意志を見せつけたコールは，ガイスラーらの目論見を挫き，党首の座を辛うじて守ると同時に，反コール活動を行った政治家を党中央から追い出していくのである。一方，キリスト教社会同盟では，コールの親友であるヴァイゲルが力を付けていく過程にあった。1988年にシュトラウスが死去し，党首の座を引き継いでからは，ヴァイゲルはキリスト教社会同盟において唯一無二の存在になっていく。コールとヴァイゲルの親密な関係もあって，キリスト教社会同盟はキリスト教民主同盟と緊密な協力関係を築いていくのである。また，この時期，党員の減少が目につくようになる。1982年の段階で89.8万人を数えたキリスト教民主・社会同盟の党員は，統一前夜の1989年には84.9万人であった。戦後，増加を続けてきた党員数が減少へと転じたのであり，いわゆる「国民政党の危機」がキリスト教民主・社会同盟に忍び寄りつつあったといえよう。

3　政党研究の論点

以上がドイツ統一までのキリスト教民主・社会同盟の展開である。以下では

第 I 部　ドイツの政治力学

1990年以降について検討を加えていくが，その前にどのようなポイントに着眼して議論を進めるのかについて，簡潔に述べておきたい。

　従来の政党研究には3つの着眼点があり，そこから様々な政党モデルが創り出されてきた。第1の着眼点は，政党の運営である。党組織の構造やリーダーシップのあり方に着目して，どの党内組織や人物に権力が集中しているのかが分析されてきた。例えば，ホプキン／パオルッチの「企業政党」は，党の運営の様式から導き出された政党モデルである (Cf. Hopkin / Paolucci 1999)。第2の着眼点は，政党の政策・路線である。政党がどのような政策を掲げ，どのような路線を立て，その背景にはどういったイデオロギーが存在しているのかが分析されてきた。例えば，政策・路線に着目しつつ政党を類型化したキッチェルトの研究が挙げられる (Cf. Kitschelt 1994)。第3の着眼点は，党と社会の関係である。党がどのような社会団体や社会層から支持を受けており，その利益の表出に成功しているかどうかについて分析がなされてきた。例えば，カッツ／メアーの「カルテル政党」は，党と社会の関係に注目しつつ生み出された政党モデルである (Cf. Katz / Mair 1995)。

　本章では，これまでの政党研究の注目点を引き継いで，これら3つのポイントに着目しながら分析を進めることにする。

4　コールの党指導

　本節では，1990年のドイツ統一から2000年の不正献金スキャンダルまでのキリスト教民主・社会同盟の展開について論じる。この時期は，コールの強力な党指導体制，すなわち「コール・システム」の発展と瓦解を特徴としている。

党の運営

　ドイツ統一に伴って，東と西のキリスト教民主主義政党を統合する必要が生まれた。1990年10月1日，ドイツ統一の2日前に，ハンブルクで党大会が開催され，750名のキリスト教民主同盟の代議員に加えて，250名の東部キリスト教民主同盟の代議員が招集された。そこで，東部キリスト教民主同盟代表のデメジエールがキリスト教民主同盟の副党首に就任することが決まった。また，党協議会10名の

うち3名,連邦幹部会26名のうち6名が東部キリスト教民主同盟のメンバーに割り当てられることになった。当時,東部キリスト教民主同盟の党員は13万5,000人に過ぎず,西部の65万5,000人に遠く及ばなかったものの,これだけのポストを得ることができたために,党指導部では東部キリスト教民主同盟が過度に代表されていたと評価してよいだろう

図1-1 コール
出所:コンラート・アデナウアー財団のホームページ。

(Schmitt 2002: 97-99)。速やかなキリスト教民主同盟の統合のためだけでなく,東の議員たちがコールに忠誠を誓うようにするためにこのような方策を採用したのであり,彼の権力基盤を強化するという意味もあった。

　1990年連邦議会選挙では大勝利を収めることはできなかったものの,統一を達成した首相として名声をほしいままにしていたコールは,キリスト教民主同盟への統制を強めようとしていた。例えば,党協議会の反コール・グループを批判したり,党委員会の開催頻度を下げたりした。また,幹事長の影響力を削ごうともした。1989年までは,党の最重要ポストの1つだったが,ガイスラーが解任されたことによって,その影響力は大きく低下する。しかし,新幹事長のリューエはコールが望んだような忠誠心に篤い人物ではなかったため,コールは1992年にヒンツェを後任にすることを決める。ヒンツェは,コールのイエスマンであった。ヒンツェだけでなく,いまや党史に残る政治家となったコールの周辺にはイエスマンが集まるようになっていた。その一方で,党内有力者,例えばヴァイツゼッカーに対しては大統領交代を迫るなど,ますます厳しい態度で臨むようになっていった。

　統一後,コールが強大な権力を掌握するに至った背景として,姉妹政党のキリスト教社会同盟が弱体化していったことも挙げられるだろう。特に,コールのライバルだったシュトラウスがドイツ統一以前の1988年に死去したことは大きな意義を持った。また,新党首で,コール内閣の閣僚でもあったヴァイゲルがコールを強く支持したことも大きい。彼は,コールと親交があり,財務相である彼がキ

リスト教社会同盟内部で政府方針を説明することで，政権運営が容易になったのである。キリスト教社会同盟の議員の間では不人気だったヨーロッパ統合についても，ヴァイゲルがコールを支えてキリスト教社会同盟を統御していたのであった。

　また，コールの権力基盤が固まっていったことを理解するためには，州組織にも目を向ける必要があるだろう。有力な敵対者が州レベルにいないことが，コールに有利に働いたといえるからである。とりわけ，旧東ドイツ地域の州組織は混乱が続いており，組織の維持で精一杯だった（Bösch 2002: 139-142）。例えば，ザクセン・アンハルト州では，ギース州首相が，旧東ドイツのシュタージに絡んだ問題で1991年に辞職に追い込まれ，その後継者のミュンヒもスキャンダルに巻き込まれた。彼は，給与基準額となる過去の所得を誤魔化しており，1993年に退任した。新たに代表となったデーレは，ベルクナー州首相との権力闘争に突き進んでいき，その後もヨステンのスキャンダルが発覚するなど，州組織内は混乱を極めた。結局，1998年10月の州議会選挙で敗北したことを契機として，州幹部会が総辞職することになり，新代表のベーマーの下でようやく安定するのである。このほか，ブランデンブルク州，テューリンゲン州，メクレンブルク・フォアポンメルン州でも，類似のスキャンダルと度重なる要職者の交代が起こった。比較的安定していたといえるのは，ザクセン州のみだったのである。

　統一直後は順風満帆に見えたが，統一から数年も経つと，難題がコール政権を襲った。難民の受け入れ，介護保険の導入，経済成長の鈍化，高止まりする失業率，東西の心の壁などである。旧東ドイツ地域の経済復興が予想以上に困難な作業であることがわかるにつれて，統一の熱気は急速に冷めていき，東部復興を目的とする連帯付加税の導入については西側の強い反発があった。外交政策でも，湾岸戦争やユーゴ紛争へのドイツ連邦軍の派兵をめぐって，激しい党内対立が巻き起こった。加えて，スキャンダルや脱税行為を理由とした大臣辞職も相次いだ。一方，介護保険の導入がなかなか実現されないことに苛立っていたブリューム労働社会相が，これに反対する経済派と対立し，党内では再び社会委員会派と経済派が睨み合いを続けていた。

　党内で混乱が続く中，選挙が近づくにつれて，キリスト教民主・社会同盟は1994年連邦議会選挙で敗北するのではないかという危機感が高まっていた。国民

に人気のあった社会民主党のエングホルムが首相候補を断念したこともあって，予想されたような大敗北は回避されたが，1994年連邦議会選挙での結果は予想以上に厳しいものであり，24議席も減らしたために，党改革への要求は高まる一方だった。こうして，1994年を境にして，コールの影響力は次第に低下していく。その上，1995年冬に失業者が遂に大台の400万人に達しており，コール政権の経済政策に対して批判が強まっていた。また，1995年，社会民主党の党首にラフォンテーヌが電撃的に躍り出たこともコール政権にとっては打撃であった。社会民主党は連邦参議院で多数派を形成しており，同意法案を可決するためには社会民主党の協力が必要だったが，社会民主党は，ラフォンテーヌのブロック戦略のもとで，もはや大政党間合意に重きを置かなくなっていた。1999年年金改革の政治過程がその証左である（近藤 2009）。

　この点と並んで問題となったのは，1998年連邦議会選挙での首相候補だった。焦点となったのは，自他ともにコールの後継者と認めるショイブレが出馬するのかどうかだった。ヨーロッパ統合政策をめぐる党内調整が強引過ぎたこともあり，党内でのショイブレ評は高くなかったことを考慮して，結局，コールは自らが出馬することを決める。1997年4月21日，コールは党に諮ることなく，首相候補として1998年連邦議会選挙を戦うことを発表したのだった。党と相談がないままにキリスト教民主・社会同盟の重要事項を独断で決定し，公表するというコールの姿勢に非難が集まったのは当然と言えよう（Schwarz 2009：198-199）。そして，1998年連邦議会選挙でキリスト教民主・社会同盟は歴史的な大敗北を喫することになる。

　1998年連邦議会選挙の結果，社会民主党は1972年以来となる第1党の座に返り咲き，16年ぶりにキリスト教民主・社会同盟から政権を奪い返した。選挙結果の責任をとるかたちで，コールはキリスト教民主同盟の党首を，ヴァイゲルはキリスト教社会同盟の党首を辞任した。これにより党指導部の顔触れは大きく変化していく。1998年11月のボン党大会では，議員団長のショイブレがキリスト教民主同盟の党首に選出される。副党首の顔触れも変わったものの，コールの影響力は減じていたわけではなく，キリスト教民主・社会同盟の「新しい出発」とはいえない側面があった。というのは，名誉党首に選出されたコールには党協議会や連邦幹部会への参加が認められていたからである。1998年連邦議会選挙での惨敗を

もってしても，コールの影響力は決定的には損なわれなかった。それどころか，連邦議会選挙での敗戦を，反コール・グループの責任にしようという動きすらあった。「コールの皇太子」と呼ばれたショイブレは，コールの影響力を維持しつつ，若手世代とともに新しいキリスト教民主・社会同盟を築いていこうと試みたのであるが，これは困難な作業だったのは言うまでもない。

　ショイブレの党運営の成否について議論するのは，難しい。というのは，彼の在任期間があまりに短いからである。1998年11月から2000年2月までであり，1年3か月ほどであるが，実際にはさらに短く，実質的に党を指導したのは1年余りに過ぎない。先述の通り，彼の人気は必ずしも高くはなかった。だが，1998年連邦議会選挙直後は，キリスト教民主同盟は州議会選挙で連勝していたために，ショイブレを批判する声は小さく，党運営は成功していた。

　だが，ショイブレによる党指導はあっけなく幕を閉じる。その契機となったのは，1999年11月からの不正献金スキャンダルだった（Schwarz 2009：208 ff.）。コールが，出所不明の200万マルクもの大金を受け取っていたことが発覚し，連邦議会調査委員会が調査を始めることになる。そして，長らく党会計局長を務めていたキープを含めて，組織的な裏金作りやマネーロンダリングが行われていたことが明らかになる。ショイブレは，1994年，武器商人のシュライバーから不正献金を受け取っていた。これが彼の政治家としての信頼を大きく傷つけたのは言うまでもない。しかし，それだけではなかった。不正献金スキャンダルを受けて，党協議会はコールに献金の出所を明示するよう迫っており，ショイブレもコールに同様の要求を申し入れたが，コールがこれに応えることはなかった。こうして，コールは名誉党首を解任されるのだが，党首にもかかわらず，コールを動かすことができなかったショイブレには強い非難が寄せられた。このような展開の末，2000年2月16日，ショイブレは党首と議員団長を辞任すると発表したのであった。ここに，コールを中心としたキリスト教民主・社会同盟の党運営は終わりを告げることになる。

　キリスト教民主・社会同盟には未曾有の危機が到来していた。キリスト教民主・社会同盟の政治家が恐々とする中，勇気ある発言で注目を集めたのがメルケルであった。彼女は，1999年12月22日，『フランクフルター・アルゲマイネ』紙に寄稿し，キリスト教民主・社会同盟はコールと決別して新たな路線を進むべき

だとの意見を表明したのだった（*FAZ*, 1999/12/22）。多くの議員が批判を控える中で，メルケルは評判を高めることになる。そして，混乱の渦中で，メルケルはショイブレの後任として党首に選ばれる。議員団長と幹事長には，ともに連邦議員としてわずか6年しか活動していないメルツとポレンツが選ばれた。キリスト教社会同盟の新党首・シュトイバーを除けば，政治家としての経験が乏しい面々をトップに頂いて，キリスト教民主・社会同盟は新たな一歩を踏み出そうとするのである。

党の路線

　ドイツ統一は成就したものの，当面は，キリスト教民主同盟が新しい路線を採択することはなかった。ようやく1991年後半になって，キリスト教民主同盟に新しい原則綱領を作るべきだとの見解が見られるようになる。1994年はスーパー選挙年であり，連邦議会選挙だけではなく，18の州・自治体選挙やヨーロッパ議会選挙があることから，それまでには新たな原則綱領を採択し，新しいキリスト教民主同盟の姿を国民にアピールしようという思惑もあった。

　その作成過程では，東部キリスト教民主同盟の元党首であるデメジエールは綱領委員会の委員も兼ねていたことから，彼が議論をリードするかと思われた。デメジエールはカイザーのキリスト教社会主義を基礎とした構想を提案したのだが，キリスト教民主同盟の綱領委員会では議題にすらならなかった。そして，この提案にコールは不快感を露わにし，デメジエールの後任にゲーナーを据えることを発表したのである。彼は，コールの側近であり，綱領委員会の経験はなく，38歳と若い。従って，首相の思うように動かせるという意図が働いたことは，間違いのないところであろう。ゲーナー新委員の下，綱領をめぐる議論は西部キリスト教民主同盟の路線へと転轍されていく。

　1994年原則綱領は，端的に言って，新しい路線を明示しているとは言い難い内容だった。しかし，キリスト教民主同盟の自己理解を知るという観点から眺めるなら，いくつか見るべき点はある。第1に，キリスト教民主同盟は環境政策を重視する姿勢を見せた。第6章が環境政策に割かれることになり，環境政策の重要性が党内で認識されつつあったといえるだろう。第2に，経済における「自由」が前面に押し出されたことである。これは連帯と公正によって補完されると述べ

られているが，経済において「自由」がもっとも強調された点は注目されてよいだろう。第3に，限定的ではあるものの，多様な家族像を容認する姿勢が盛り込まれた点である。確かに，家族は社会の基礎単位という特別な地位を付与され，この点で従来の路線を踏襲するような文言も見受けられる。だが，同時に，非婚姻家族や単親家族を容認する姿勢も打ち出されている。

では，綱領から離れて，キリスト教民主・社会同盟が実際にどのような政策を実施したのかについて見ていきたい。内政でコールがリーダーシップを発揮することは稀であったが，ここでは2つの目標があった。第1が，財政赤字を削減することである。ドイツ鉄道や郵便事業の民営化がこれに当てはまる。第2が，失業問題を解決することである。このための政策は，マクロ・コーポラティズムである「産業立地と雇用のための同盟」において策定されるはずだった。しかし，雇用創出が先か，賃金付随コストを引き下げるのが先かで労使団体が対立しており，キリスト教社会同盟のヴァイゲルもマクロ・コーポラティズムの実施に難色を示していた。そのため，「産業立地と雇用のための同盟」は1996年には事実上終了しており（近藤 2009），目立った政策は実施されてこなかった。

外交政策では，内政とは異なって，コールが指導力を発揮した。たとえば，ユーゴスラヴィア紛争へのドイツ連邦軍の派兵について，コールは党内左派や青年部の反対を押し切るかたちで党内をまとめていった。北大西洋条約機構（NATO）域外であること，平和活動だけではなく軍事行動を認めることについては社会民主党を中心に強い反対が見られた。しかし，ゲンシャーから合意を得たコールが最終的な決断を下したのだった（Schwarz 2009：194-198）。

しかし，1990年代半ば以降，コール政権はヨーロッパ統合以外に見るべき成果をあげることはできなかった。内政政策では，減税，労働市場の柔軟化，福祉縮減，福祉拡充，ケア労働の社会化を実施していった。しかし，介護保険の創設を除けば，そのどれもが緩慢な改革であった。換言するなら，危機に瀕するドイツをどのような方向に導いていこうとするのかが不明確だった。キリスト教民主同盟の原則綱領と同様に，キリスト教社会同盟の1993年原則綱領もまた総花的で，目新しい点はほとんどなかった。1997年末の時点で，キリスト教民主・社会同盟が新たな政治指針を出すことに期待していたのは，国民の14％に過ぎなかった。1998年連邦議会選挙を目前にして，情勢はきわめて厳しく，今回は，ドイツ統一

のような外交政策上の大成果を上げるチャンスもなかった。その結果，コール政権は16年にわたる長期政権に幕を下ろすのである。

　キリスト教民主・社会同盟が野党に転落したことによって，ショイブレは新しい路線を明示しようとした。「偉大な国民政党」を目指すとしたショイブレの意向を受けて，キリスト教民主同盟は1999年党大会でエアフルト方針を採択した。そこでは，自由，連帯，公正という1978年原則綱領の理念は据え置かれ，「価値保守主義的，キリスト教社会的，自由主義的な信念を結びつけること」が何よりも重要だと説かれたのだった。エアフルト方針には新しい提案もあり，「市民政党」という概念が提起されている。それは，「党活動を柔軟で開かれたかたち」にしていくということを意味していた。換言すると，市民活動をサポートし，これと連帯していくということである。例えば，当時ヘッセン州で盛り上がりを見せていた二重国籍に関する反対署名運動も，支持を掘り起こす方法として重視された。また，市民との「開かれた討論」を求め，「タブーなしに」今後のキリスト教民主同盟について決めていくという提言は，確かにコール政権期にはなかった姿勢であり，新たなキリスト教民主同盟を予感させるものであった。ショイブレの指導の下，キリスト教民主同盟は新たな一歩を踏み出そうとしていた。だが，わずか一歩の地点で，ショイブレは不正献金スキャンダルで躓いたために，新しい路線を定着させることはできなかった。

党と社会の関係

　ドイツ統一は，短期間ではあるが，キリスト教民主・社会同盟の党員の減少や支持団体の衰退といった現象を覆い隠した。なぜなら，東から11万1,248名の新たな党員がキリスト教民主同盟に加わったからである。それにより，キリスト教民主・社会同盟の党員数は史上最多となる。その数は，1990年には97万5,807人にのぼったのである（表1-1参照）。

　キリスト教民主同盟の党員構造に目を転じると，次の3つの点で変化したことがわかる。第1に，労働者の割合が増加した。1989年には，全党員に占める労働者層の割合は9.5％だったが，1991年には12.7％になった。これは，結党以来，もっとも高い値だった。その一方で，自営業者のそれは1989年の23.7％から20.8％に下落した。第2に，プロテスタントが増加したことである。プロテスタ

表1-1 キリスト教民主・社会同盟の党員数

(単位:人)

年	キリスト教民主同盟	キリスト教社会同盟
1990	789,609	186,198
1991	751,163	184,513
1992	713,846	181,758
1993	685,343	177,289
1994	671,497	176,250
1995	657,643	179,647
1996	645,786	178,573
1997	631,700	178,457
1998	626,342	178,755
1999	638,056	183,569
2000	616,722	181,021
2001	604,135	177,661
2002	594,391	177,705
2003	587,244	176,989
2004	579,526	172,892
2005	571,881	170,117
2006	553,896	166,928
2007	536,668	166,392
2008	528,972	162,232
2009	521,149	159,198
2010	505,314	153,890
2011	489,896	150,585
2012	476,347	147,965
2013	467,076	148,380

出所:O. Niedermayer (2014) *Parteimitglieder in Deutschland: Version 2014*, Arbeitshefte aus dem OSZ 20, FU Berlin.

ントは,統一前から4.4％増加し,1991年には党員の38.6％を占めるようになった。もっとも,脱宗教化はますます進行しており,コンラート・アデナウアー財団の調査によると,教会と強く結びついていると自己評価する党員は,全体のわずか14％に過ぎなかった。第3に,女性の割合が増えた点が挙げられる。1989年に女性が党員全体に占める割合は22.8％だったが,これは2年後には25.6％となった。

しかし,統一直後を除けば,次第にキリスト教民主・社会同盟への支持は減少していった。とりわけキリスト教民主・社会同盟に大きな打撃となったのは,旧東ドイツ地域の失業問題だった。ドイツ統一基金による総額5,700億マルクの東

への投資が功を奏して，東側の経済成長は高かったが，失業率は一向に下がらなかった。失業率は，1992年に14.4％，1993年に15.1％，1994年に15.2％と，高水準で推移していたのである。失業問題が解決しないことによって，キリスト教民主・社会同盟の支持率は大きく下がっていく。旧東ドイツ地域の党員数も，急速に減少していった。ドイツ統一からキリスト教民主・社会同盟が下野するまでの8年間のうちに，旧東ドイツ地域で約6万人程度が党を離れたのであり，この地域では党員がほぼ半減した。一方，キリスト教社会同盟の党員数も減少傾向にあり，統一から8年の間に約8,000人の党員を失った。

　また，ドイツ統一は，旧西ドイツ地域のキリスト教民主・社会同盟にとってマイナスの効果をもたらすことが次第に明らかになってきた。東ドイツが消滅したことによって，キリスト教民主・社会同盟への糾合を後押ししていた反共主義が国民に共感されにくくなったからである。キリスト教民主・社会同盟は，東ドイツの代替として，民主社会党（PDS）を取り上げ，これに共産主義の恐怖を結びつけて，支持者を束ねようとした。1994年連邦議会選挙での「赤い靴下」というキャンペーンは，共産主義の恐怖を煽るものであり，1998年連邦議会選挙でも「赤い手」という同様のキャンペーンが張られたのであった。だが，共産主義の恐怖を打ち出しても，もはやドイツ国民に真剣に受け取られなくなっていた（Bösch 2002：228）。

　追い打ちをかけるように，キリスト教民主同盟とカトリック教会の対立が再燃した。発端は，ドイツ統一後に，キリスト教民主同盟が刑法第218条を再検討すると発表したことにある。中絶を容認しようとするキリスト教民主同盟の態度に，カトリック教会が反発したのは当然の成り行きだった。1990年，ドイツ・カトリック中央委員会が公式にキリスト教民主同盟への不信感を露わにしており（SZ, 1990/5/4），例えばケルンのカトリック大司教であるマイスナーは口をきわめてキリスト教民主同盟を非難した。マイスナーは第218条を改正して，中絶を容認するようなことがあれば，キリスト教民主同盟は「キリスト教という自己規定をやめるべき」であると主張して，圧力をかけたのだった。一方，プロテスタント教会との関係が改善したかといえば，そうとも言えなかった。発端となったのは，介護保険の創設に伴って，ブリュームが贖罪の日を祝日から外そうと動いていたことだった。この問題を契機として，1990年代半ばになると，カトリック教

会とともに、プロテスタント教会は公式にキリスト教民主同盟を批判するようになっていった。1994年に公表された文書では、「勝者と敗者によって社会が分断され」ている現状を批判し、大量失業を「人間性への脅威」とした上で、これに有効な対策を打てていないコール政権を糾弾していた。この批判に、キリスト教民主同盟は黙っておらず、教会関係者を党幹部会から締めだすという対抗措置をとったのだった。

同時に、党と経済団体との関係も、1990年代半ばから急速に悪化していった。1998年、雑誌『フォーカス』のアンケートで、44％の経営者が、キリスト教民主同盟が経営者の利益から離れていったと答えている（FOCUS, 1998/1/12）。ドイツ商工会議所代表のシュティールは、キリスト教民主同盟の経済政策を「社会的すぎる」と評していた。もはや、社会民主党と変わりがないというのが彼の批判のポイントだった（DPA, 1997/10/29）。同じく、ドイツ産業連盟のヘンケル代表は、ブリューム労働社会相を敵視し、彼の福祉拡充路線に苦言を呈していた。

労組もキリスト教民主同盟への攻勢を強めていた。ドイツ労働総同盟（DGB）のシュルテ委員長は1995年党大会に出席するなどして、コールに接近しようとしていたが、コール政権がいわゆる「財政緊縮パッケージ」を可決したことから、キリスト教民主同盟との関係は悪化していく。1996年6月、シュルテは、党の地域組織に意見書を送り、賃金継続支払の見直しなどの政策は社会的公正を掘り崩し、「社会平和を脅かす」ものだとして、強く非難したのだった。「財政緊縮パッケージ」は基本的にヴァイゲル財相の指導の下で採択されたため、批判の矛先はキリスト教社会同盟にも向かった。そして、コール政権に圧力をかけ、福祉縮減を阻止すべく、ドイツ労働総同盟はデモを呼びかけ、戦後最大の35万人がこれに参加したのだった。

以上で見てきたように、党と社会の関係は希薄になりつつあった。党員数は減少し、得票率も漸減し、支持団体との軋轢も強まっていたのであった。

5　メルケル体制の強化

次いで、2000年のメルケルの党首就任から、2013年の連邦議会選挙までの時期について論じる。この時期は、メルケルの党指導の強化を特徴としている。

第1章　キリスト教民主・社会同盟

党の運営

メルケルは，2000年4月のエッセン党大会で，正式に党首に就任することになった。897票のうち，852票の賛成を得たため，予想以上に多くの支持を集めたといえよう。新しい党首を頂いたキリスト教民主同盟は，新しい一歩を踏み出そうとしていた。名誉党首を辞任していたコールが党大会に出席していなかったことも，キリスト教民主同盟の新しい将来を予感させるものだったといえよう（FAZ, 2000/4/11）。そして，議員団長には，メルツが着任することになった。彼は政治経験に乏しく，党内では無名だったが，キングメーカーのシュトイバー・キリスト教社会同盟党首の支持を取り付けることで，キリスト教社会同盟はもとより，キリスト教民主同盟の保守政治家たちの支持を獲得していた。

図1-2　ベルリンのキリスト教民主同盟の党本部（2013年2月）
出所：筆者撮影。

メルケルとメルツは，党をまとめていくためにも，互いに協力する必要があったので，当初は結束していた。ショイブレ党首の下で短いながらも幹事長を務め，調整役を務めてきたメルケルは，引き続き党運営に携わることになった。一方，メルツはシュレーダー政権を攻撃し，政策の問題点を暴いて，国民の批判を引き出すという役目を担うことになったのである。

しかし，メルケルとメルツの2頭制は，次第に綻びを見せるようになる。その背景には首相候補のノミネートをめぐる駆け引きがあった。選挙が近づくと，両者は互いを批判し合うようになっていくが，この争いはメルケルがまず勝利した。だが，党内外で，彼女の人気は決して高くなかった。キリスト教民主同盟の資金難を理由に党官僚を削減しようとしたことが反感を買っていたし，マケドニアへのドイツ連邦軍派兵問題で立場を二転三転させたことも彼女の評価を下げていた。その結果，2001年党大会で，両者ともにキリスト教民主・社会同盟の首相候補にはなりえないとされた（FAZ, 2001/12/4）。メルケルはこれをすんなりと受け入れたわけではなかったが，2002年1月11日，キリスト教民主同盟の党協議会がシュ

トイバー・キリスト教社会同盟党首を首相候補に選出したことを発表したため，彼女は決定に従うほかなかった。

　しかし，2002年連邦議会選挙で，キリスト教民主・社会同盟は政権を奪還することはできなかった。2002年9月22日，キリスト教民主・社会同盟はシュトイバー首相候補の下で，史上3番目に悪い選挙結果で敗れたのである。シュトイバーは南ドイツ，男性，高齢者，カトリックという伝統的なキリスト教民主・社会同盟の支持者から票を集める一方で，北ドイツ，女性，若者，プロテスタントから票を得ることができなかったのである（横井 2003）。連邦議会選挙での敗北を契機として，シュトイバーは求心力を失っていく。選挙での敗北が明らかになった2002年9月23日の晩，キリスト教民主同盟の党協議会が開催され，敗北のショックの中で，急遽，党指導部を刷新することが決まった。その目玉となったのは，メルケル党首が議員団長を兼ねるというプランであった。

　しかし，その後もメルケルの党内基盤は弱いままだった。政敵に塩を送ってでも挙党態勢を作りあげようとしたが，イラク戦争への支持を打ち出したことや，キリスト教民主・社会同盟の議員の失言問題(4)などで評判を下げた。窮地に追い込まれたメルケルは，足元を固めるために，次の一手を打つ。ヘアツォーク委員会の提案やメルツの主張を取り込んで，医療保険をはじめとする社会政策や税制の改革を目指すことを表明したのである。これは，2003年のライプツィヒ決議につながっていく。つまり，彼女は，経済派や中間層派を味方につけて，自己の党内基盤を強化しようとしたのである。しかし，ライプツィヒ決議は，メルケルの政治的立場をさらに不鮮明にさせた。女性協会や青年部に近く，党内左派と見なされてきたメルケルだったが，一転して，メルケルは新自由主義者と見られるようになった。ライプツィヒ決議にはキリスト教民主同盟左派だけでなく，キリスト教社会同盟の重鎮たち（例えばゼーホーファー）も反対していた。

　2006年に予定されていた連邦議会選挙がシュレーダー政権によって前倒しされたため，党内基盤は脆弱なままだったが，メルケルは幸運にも首相候補に選ばれることになった。2005年の連邦議会選挙では，キリスト教民主・社会同盟は226議席を獲得し，再び第1党の座に返り咲いた。選挙後，紆余曲折を経て，ともかくメルケル政権を樹立することで2大政党が合意する。メルケルは，これまでのキリスト教民主同盟の首相に倣って，首相府で少人数の会合を開いた。「朝会」

と呼ばれるもので，そこに呼ばれたのはデメジエールなどの腹心たちだった。また，「朝会」とは別に，女性だけで会合を持つこともあった。その場には，フォン・デア・ライエン家族相やシャヴァン教育相などが招集された。これらは，メルケルの党内基盤を強めることになった。また，社会民主党との連立によって力を増した党内在派にも接近し，リュトガースやキリスト教社会同盟のゼーホーファーを重用したのだった。党内の重鎮であるショイブレにも内相のポストを与えて，和解することに成功した。このように，政権交代を境にして，メルケルの党内基盤は強化されていく。

しかし，メルケル大連立政権の政策決定の中心が連立委員会だったため，メルケルに対する議員の反発は止むことはなかった。とりわけ，内政についてはそうだった。連立委員会の構成員は時とともに変化していったが，2007年になると，メルケル，シュトイバー，ベック，ミュンテフェリング，両党の議員団長，副首相の7人で開催されることが多くなる。トップダウンの決定に対して，反発を強めるキリスト教民主・社会同盟の議員は，例えば最低賃金の部分的導入を巡って20人が反対票を投じた。相続税改革の採決に際しては，28名が反対票を投じた。2007年の公的医療保険競争強化法の採決にあたっては，23もの反対票が投じられた。このように数多くの反対票が出ることは，歴代のキリスト教民主・社会同盟政権を見ても稀なことである。一方，外交政策については，メルケルに対する反対の声は大きくなかった。シュタインマイヤー外相がクルナツ事件で身動きができないことを利用して，メルケルは矢継ぎ早に外交政策を打ち出す。例えば，「新しい東方外交」と呼ばれる旧東欧諸国への接近，トルコとの特権的パートナーシップ構想，ロシアとのエネルギー外交などが打ち出された。さらには，中国やロシアと経済重視の関係を築くだけでなく，人権問題について積極的に発言するという毅然とした態度を示した。これらもまた，メルケルの求心力を高めることにつながったのである。

2009年連邦議会選挙で勝利してから，メルケルの党内基盤はよりいっそう強化されていく。連立パートナーである自由民主党（FDP）が支持率を低下させ，レスラーが党首に着任してからは，メルケルのリーダーシップは強まる。外交政策では，ユーロ危機を克服する意思を国内外に見せることで，メルケルはキリスト教民主・社会同盟の議員や党員から強い支持を受けた。ギリシャへの財政的支援

は，一般の国民にとっては不人気な政策だったが，これを断行したのはメルケルのリーダーシップがあったからにほかならない。もちろん，ショイブレ財務相が一貫して彼女を支えたことの意義は大きく，元党首の彼の影響力によって彼女の指導力は増強されていたといってよい。その一方で，福島の原発事故を受けて，脱原発への転換を打ち出したことは，キリスト教民主・社会同盟の議員や党員からは反対の声があがったものの，多くの国民からは一定の評価を得た。このように大規模で，かつ迅速な政策転換も，メルケルのリーダーシップによって可能になった。そのほかの内政政策，例えば保育手当や家族介護時間の設定などでは，メルケルがリーダーシップを発揮したわけではなく，彼女の指導力は限られた範囲で観察されたのであった。ともあれ，第2次メルケル政権下で，キリスト教民主・社会同盟はますますメルケルの「首相政党」と化していったことは間違いない。

党の路線

　キリスト教民主・社会同盟は，コール後の新たな出発のためにも，路線を明確化しなければならなかった。しかし，これは容易な作業ではなかった。ベーアの価値委員会が「キリスト教的人間像のアクチュアリティ」を提出し，党をキリスト教的価値観重視の方向へとけん引していったのだが，このことからもわかるように，キリスト教民主・社会同盟はまずは保守回帰の方針を定めた。シュトイバー・キリスト教社会同盟党首の首相候補選出は，その延長線上にある。しかし，1998年連邦議会選挙の敗因となった大都市での得票率の低さは，このような戦略では克服しようがなかった。シュトイバーは保守政治家の領袖ともいえる人物であり，国民から広範な支持を得ることはできなかったのである。こうして，2002年連邦議会選挙でもキリスト教民主・社会同盟は敗北するのである。

　2002年の連邦議会選挙で負けてから，新しい路線の必要性がより強く認識されることになる。そして，党首と議員団長を兼任したメルケルが議論の主導権を握るようになる。彼女は，新自由主義の拡がりと党内情勢に配慮しつつ，ヘアツォーク委員会を組織し，ライプツィヒ決議を策定する。これは，キリスト教民主・社会同盟が新自由主義に傾いたことを示すものであった。年金の支給開始年齢の引き上げ，医療保険の構造改革，労働市場の規制緩和など，福祉縮減計画が

目白押しの内容であった。

　しかし，2005年連邦議会選挙では，キリスト教民主・社会同盟は予想していたような選挙結果を得ることができなかった。第一党に返り咲いたものの，社会民主党の思わぬ猛追により，キリスト教民主・社会同盟の議席は社会民主党をわずか4議席上回ったに過ぎなかった。選挙の過程では，シュレーダーが，ライプツィヒ決議以降のキリスト教民主・社会同盟を「社会性」を欠いた政党であるとして批判し，これが痛手となった。そして，メルケルは，社会民主党との大連立を組むという状況にも配慮して，ライプツィヒ決議の路線から大きく舵を切っていく。それは，新自由主義を前面に押し出すのではなく，社会的公正を重視し，新しい外交路線を掲げるというものであった。

　では，第1次および第2次メルケル政権の内政を見てみよう。福祉政策の分野では，貧困対策，縮減，拡充など，様々な政策が実施された。貧困対策として，一部の産業に最低賃金が導入された。また，シュレーダー政権の目玉だった失業保険改革に関しては，失業手当Ⅰについて，高齢労働者については支給期間を12か月から延長することになった。そのほか，年金の支給開始年齢を67歳に引き上げるという改革もあった。一方，メルケル政権の目玉となった家族政策では，大改革が行われた。フォン・デア・ライエン家族相の主導の下，両親手当が導入されたのである。これは，育児期間の現金給付を中間層にまで広げることや，パパ・クォータを導入することを主眼としていた。また，2013年までに75万人の3歳未満児を受け入れるだけの保育施設を建設するとした児童助成法も可決された。これには，キリスト教社会同盟を中心とした保守政治家やカトリック教会関係者が，これまで党が掲げてきた家族像からの転換を目論んでいるのではないかと反発したが，社会民主党もこの提案に賛成していたことから，既定路線となっていった。しかし，2009年に第2次メルケル政権が発足してからは，目立った改革はなくなっていった。年金改革はペンディングされ，医療保険における一律保険料制度の導入も後景に退いていった。確かに一律保険料制度は部分的に2008年医療保険改革で導入されたのだが，これは追加保険料に関してのみであった。一方，家族政策では，保育手当が導入され，社会サービスの拡充によって保育の社会化を推し進めた第1次メルケル政権期とは違って，家族への現金給付が再び強化されたのだった。脱原発政策でも，メルケルはキリスト教民主・社会同盟に大きな

転換をもたらした。もともと，キリスト教民主・社会同盟は原発の維持を掲げていた。だが，2011年3月に福島原発事故が起き，ドイツ世論が大きく脱原発に傾くと，これに乗じてメルケルは脱原発へと舵を切った。2022年までの国内原発の稼働停止を打ち出して，国民から高い評価を得たのである。もちろん，この背景には緑の党の躍進があり，政治的判断があったことは言うまでもない。

外交政策では，メルケルが主導権を発揮した。第1次メルケル政権下では，シュレーダー政権で悪化した対米関係を「正常化」することが重要な目標とされた。政権発足直後，メルケルはワシントンでブッシュ大統領と会談し，ドイツ外交が変わったことを印象づけることになった。また，メルケルは，ドイツがヨーロッパ統合の動力源となるために尽力した。政権発足当時，イラク戦争への対応が割れていたことや，ヨーロッパ憲法条約がフランスとオランダの国民投票で否決されたことによって，ヨーロッパ統合は難しい局面にあった。メルケルは，ヨーロッパ憲法条約を新たに締結するのではなくて，現存の基本条約を改正するという手順を踏むことを提案した。2007年にドイツが欧州連合議長国となることで，この基本路線にそってヨーロッパ統合は段階的に進んでいくことになる。そして，彼女は独自の人権外交を推し進めた。政権発足当初から，メルケルはグアンタナモ収容所でテロの容疑者たちが長期間拘束されていることに苦言を呈していたが，これはまさに人権保護の観点から発せられた言葉だった。訪中の際には，人権問題に関する講演を開き，中国でも言論の自由や報道の自由が認められることを希望すると表明した。ロシアに対しても，チェチェン問題を取り上げて，ロシア政府による人権抑圧があることに憂慮の念を示した。中国やロシアと経済協力やエネルギー政策の側面から協力するだけでなく，ときに人権問題に踏み込んで意見を表明したのである。これは，党内外から高い評価を得たし，緑の党も支持するほどであった。2010年のギリシャの財政破たん問題とこれに伴うユーロ危機においては，メルケルは従来のキリスト教民主・社会同盟の姿勢を貫いた。つまり，欧州連合（EU）の主導国として国際社会で名誉ある地位を占めるという目標を追い続けたといえる。メルケルは，素早い財政支援を実行に移すために，サルコジとの粘り強い交渉で合意を取り付け，緊縮財政路線を採るようにギリシャに圧力をかけるという巧みな外交術を披露した。

総じていえば，メルケルは，2005年から2013年までの政権期において，キリス

ト教民主・社会同盟にとって重要な路線転換をいくつも実施した。すなわち，育児の社会化，脱原発への傾斜，人権外交である。

党と社会の関係

2002年連邦議会選挙での敗北は，キリスト教民主・社会同盟の選挙戦略上の問題点を浮き彫りにした。シュトイバー・キリスト教社会同盟党首が打ち出した，保守主義への回帰を強く印象づけるような選挙戦略では，政権奪還は難しいことがわかったのである。シュトイバーは，南ドイツで7.2％も得票率を上昇させる一方で，北ドイツでは0.4％しか票を上積みできなかった。また，中部ドイツでも1.6％の上昇であり，ここでも成績は芳しくなかったのである。1998年連邦議会選挙で大敗北したことを考えるなら，北部と中部での得票は記録的に少ないままだったといってよいだろう。シュトイバーはキリスト教社会同盟党首であったから，南部以外の地域で苦戦したのは言ってみれば当然のことだった。また，東西での支持の相違も明らかになった。キリスト教民主同盟は旧東ドイツ地域で期待したように得票を伸ばすことができなかった。旧東ドイツ地域の有権者の20％しか，キリスト教民主同盟を支持しなかったのである。その反面，社会民主党は3％得票率を伸ばし，旧東ドイツ地域での第1党の座を守ったのだった。また，キリスト教民主・社会同盟は大都市より農村で支持されるという構図にも変化はなかった。特に問題だったのは，若者がキリスト教民主・社会同盟から離れていっていることだった。その一方で，教会との強い結びつきを示す人々からは相変わらず高い得票率を示した。旧西ドイツ地域のカトリックについては，教会に定期的に通う有権者の79.6％，信仰心が篤い有権者の64％から票を集めた。プロテスタントからの支持はそれほどではないが，教会に定期的に通う有権者の37.7％，信仰心が篤い有権者の32.9％の支持を得たのである。キリスト教民主・社会同盟は，全体的に見て，これまでの伝統的な支持層から票を集めることには成功したといえる。しかし，この戦略ではもはや赤緑に勝利できなくなっていたのである。キリスト教民主・社会同盟は党と社会の関係を組み直す必要に迫られていたといえよう。

また，この時期，キリスト教民主同盟の党員も大きく変化したことが報告されている。コンラート・アデナウアー財団の党員意識調査は，キリスト教民主同盟

の党員が以下の4つのタイプに分けられると指摘している (Neu 2007)。第1は，社会政治的自由主義者である。この集団は，党員の17％を占め，ジェンダー平等を支持し，ほとんど教会に通わないタイプである。第2は，伝統主義者である。このタイプの党員は，全党員の26％を占める。社会政治的な立場は，明確に保守主義的である。同性婚について強く反対しており高齢者が多い。第3が，市場志向グループである。これが，4つの党員タイプの中でもっとも多く，全党員の32％を占めている。このタイプの党員は，自己責任を強調し，国家による経済介入を忌避する。年金の改革や労働市場の規制緩和にも積極的である。第4は，キリスト教的社会公正グループである。これは，全党員の25％を占める。彼らは，社会国家の擁護者である。ほかのどの集団よりも積立年金に反対しており，国家が雇用を保障すべきだと考えている。

　以上の調査結果に示されるように，党員レベルでもキリスト教民主同盟は大きく変化していた。市場志向グループがもっとも多く，これまでキリスト教民主同盟を支持してきた伝統主義者は4分の1に過ぎないことが明らかになったのである。また，緑の党支持者のような社会的自由主義者が党内にも一定数存在していることがわかったのである。これは，キリスト教民主同盟が社会の変化に適応して，国民政党としての性格を保っていることを示すと同時に，選挙戦略でもこうした状況に対応していくことが求められることを意味していた。

　それでは，メルケル大連立政権期に，キリスト教民主・社会同盟と社会との関係は，どのように変化していったのだろうか。2005年連邦議会選挙では，キリスト教民主・社会同盟は，特に高学歴者，カトリック，官吏，自営業者からの票を失った（野田 2006：283 ff.）。それが得票率の低下にあらわれたといってよい。大連立が成立した後は，キリスト教民主同盟は州議会で得票率を減らし続けることになる。メルケル大連立政権期には，2006年3月のバーデン・ヴュルテンベルク州の州議会選挙を皮切りに，15の州議会選挙が行われたのだが，得票率を伸ばしたのは2回だけであった。ほとんどの州議会選挙で票を失ったばかりか，テューリンゲンやザールラントでの州議会選挙では，前回選挙より10％以上も票を減らしたのだった。一方，キリスト教社会同盟はバイエルン州の州議会選挙で，大敗北を喫した。2008年選挙では前回選挙と比べて得票率が17.3％減少するという未曾有の事態が生じるのである。州政権与党の座は維持したものの，きわめて大

な問題を抱えていた。ただ，社会民主党も同様の傾向にあり，その低落はキリスト教民主・社会同盟をこえるほどに急激だったために，キリスト教民主・社会同盟の動向はさほど注目を浴びることはなかった。

第2次メルケル政権下では，キリスト教民主同盟は州議会選挙でさらに敗北を重ねていった。痛手だったのは，ドイツ最大州であるノルトライン・ヴェストファーレン州で大敗

図 1-3　メルケル
出所：キリスト教民主同盟のホームページ。

北を喫し，赤緑に州政府を奪われたことである。また，戦後を通じてキリスト教民主同盟が州政府の一翼を担ってきたバーデン・ヴュルテンベルク州で敗北したことも，ショッキングな出来事であった。これは，福島の原発事故の余波を受けての選挙であり，緑の党が初めて第1党となった。それ以外の州でもキリスト教民主同盟は敗北を繰り返し，ザクセン・アンハルト州でも得票率を6％ほど低下させ，2012年のノルトライン・ヴェストファーレン州の州議会選挙では前回選挙からさらに8％以上も得票率を下げたのだった。キリスト教民主同盟が敗北を重ねたこともあり，2013年2月に行われたニーダーザクセン州議会選挙を境にして，連邦参議院では野党が多数派を形成することになる。野党は35議席を確保し，これに対して与党の議席数は15にまで後退したのだった。

　2009年連邦議会選挙でのキリスト教民主・社会同盟の支持を見てみよう。そこには，看過できない変化があった。もっとも重要な変化は，得票率が前回選挙と比べて1.4％低下する中，女性からの得票率を高めたことであろう。また，東ドイツ地域での支持率も上昇した。他方，支持層のシフトが見られる中で，失った支持層もある。それは，職業別にみれば，自営業者，官吏，年金生活者であり，宗派でみれば，カトリックであった。従来のキリスト教民主・社会同盟の支持層からの支持を減らして，新たな支持層を獲得したといえる。

　直近の2013年連邦議会選挙では，キリスト教民主・社会同盟は歴史的な大勝利を収めた。41.5％の得票率で議席数は311であり，過半数にわずかに及ばなかっ

たものの，統一以降でもっとも良い結果であった。華々しい結果の背景で，支持層にも変化が見られた。キリスト教民主・社会同盟はますます女性と若年層から支持を得るようになっていた。女性有権者の44％がキリスト教民主・社会同盟に投票し，社会民主党の25％を大きく上回った。19〜29歳の有権者のうち，34％がキリスト教民主・社会同盟に票を入れており，社会民主党に10ポイントも差をつけた。

　最後に，この時期の最大の問題，すなわち「国民政党の危機」について簡単に触れておきたい。メルケル政権は，確かに従来の支持層を超えて，より幅広い層から支持を得ようと試み，それはある程度は成功した。だが，1980年代半ばから続く「国民政党の危機」に歯止めをかけることは難しかった。「国民政党の危機」には，2つのポイントがある。1つは得票率の低下であり，いま1つは党員数の減少である。第1のポイントについて述べると，1990年連邦議会選挙で43.8％だったキリスト教民主・社会同盟の得票率は次第に低下していき，2009年連邦議会選挙では33.8％となった。その後，2013年連邦議会選挙では41.5％と持ち直したものの，これで得票率低下の傾向に歯止めがかかったかどうかは慎重に判断する必要があるだろう。次に，第2のポイントについて触れたい。メルケル政権下でも党員数は減り続けており，1990年から2012年の間に約35万2,000人の党員が脱退し，党員数は36％も低下することになった。確かに，統一直後より幅広い社会層から支持を受けており，とりわけ若年層と女性の支持を獲得しつつあるものの，党の社会的基盤が弱体化しているのは疑いようがないのである。

6　統一ドイツのキリスト教民主・社会同盟

　ドイツ統一以降，キリスト教民主・社会同盟には「国民政党の危機」が忍び寄っている。党員数は減少し，これまでの支持層は融解し，支持団体は弱体化しつつある。2013年連邦議会選挙まで得票率は漸減する傾向にあった。キリスト教民主・社会同盟には結党以来の危機が忍び寄っているといえよう。

　このような苦境にあって，キリスト教民主・社会同盟が何も手を打ってこなかったかというと，そうではない。コール政権後半期には，キリスト教民主・社会同盟はコールの「個人の政党」となり，明確な政策方針を失い，社会民主党の

ブロックやコーポラティズムの失敗もあって「改革の停滞」を招き，結果として国民からの支持を失った。その後，メルケルやメルツといった若い面々によって，世代交代を実行し，新自由主義を受け入れながら，野党期を乗り切った。2005年に政権に返り咲いてからは，キリスト教民主・社会同盟は新機軸を打ち出していく。これまで手を付けてこなかった社会サービスの充実（特に育児の社会化），人権外交，脱原発に取り組むようになったのである。同時に，これまでのように福祉政策を推し進め，ギリシャ危機への迅速な対応を通じて欧州連合の中心国としての役割も果たした。このような政策の実施もあって，メルケル政権以降，キリスト教民主・社会同盟は従来の支持層（高齢者，男性，農村居住者，官吏，自営業，熱心なキリスト教信者）から，都市部の若者や女性へとウイングを伸ばしていくことになる。一方，党の運営について言えば，野党期にはシュトイバーやメルツなど複数のリーダーがいたのだが，次第にメルケルによるトップダウンの決定が多く見られるようになった。第2次メルケル政権が発足してからは，党内にライバルになりうる人物はおらず，メルケルは盤石の体制を築き上げたと言ってよいだろう。

　以上で見てきたように，ドイツ統一以降，キリスト教民主・社会同盟の党運営，政策・路線，支持層は変化を遂げてきた。2013年の連邦議会選挙はキリスト教民主・社会同盟の歴史的勝利に終わり，その結果，キリスト教民主・社会同盟と社会民主党の大連立政権が発足することが決まった。第3次メルケル政権という新しい政治環境の中で，キリスト教民主・社会同盟はどのように変貌していくのだろうか。今後もドイツ政治の中心であり続けるであろうキリスト教民主・社会同盟の動向を注視しなければならない。

注
(1) キリスト教社会同盟は，カトリック保守であり，バイエルンの地域政党でもあったバイエルン人民党を基礎として発足した。
(2) そのスキャンダルとは，社会民主党や自党の同志の身辺調査をするため，探偵を依頼していたことや，東ドイツ時代に，債権者をソ連の情報機関に売り渡して，殺害させたというものであった。
(3) 社会民主党の主導している州政府は，連邦参議院で35票を持っていた。これは，連邦参議院全体の69票の半分以上を占めていた。

(4) いわゆるホーマン事件である。ホーマンは，ドイツ統一の日に，ドイツの財政が厳しい現状にあって，欧州連合（EU），ユダヤ人，強制労働従事者に予算を持ち出していることを再考すべきだと主張し，物議をかもした。その後，彼の処分をめぐってキリスト教民主・社会同盟の内部で議論が白熱したのだった。
(5) ブレーメン生まれのトルコ人・クルナツは，イスラム原理主義に関わっていたとして，グアンタナモ収容所に4年以上も拘留されていた。しかし，彼がテロリストである証拠は発見されなかった。そのため，2002年にアメリカはドイツへの引き渡しを申し出た。だが，ドイツの関係省庁がこの申し出を断り，彼のドイツ再入国を阻んだという疑惑が浮上していた。シュタインマイヤーは関与を疑われており，調査が始まっていた。

参考文献

近藤正基（2009）『現代ドイツ福祉国家の政治経済学』ミネルヴァ書房。

近藤正基（2013）『ドイツ・キリスト教民主同盟の軌跡――国民政党と戦後政治 1945～2009』ミネルヴァ書房。

野田昌吾（2006）「2005年ドイツ連邦議会選挙とメルケル大連合政権の成立――キリスト教民主・社会同盟（CDU/CSU）はなぜ「敗れた」か？」『法学雑誌』（大阪市立大学）第53巻第2号，277-305頁。

横井正信（2003）「シュレーダー政権の改革政策と2002年連邦議会選挙」『福井大学教育地域科学部紀要』第59号，9-38頁。

F. Bösch (2002) *Macht und Machtverlust : Die Geschichte der CDU*. Stuttgart : Deutsche Verlags-Anstalt.

J. Hopkin / C. Paolucci (1999) "The Business Firm Model of Party Organisation : Cases from Spain and Italy," *European Journal of Political Research* 35 (3) : 307-339.

R. S. Katz / P. Mair (1995) "Changing Models of Party Organization and Party Democracy : the Emergence of the Cartel Party," *Party Politics* 1 (1) : 5-31.

H. Kitschelt (1994) *The Transformation of European Social Democracy*. Cambridge : Cambridge University Press.

V. Neu (2007) *Die Mitglieder der CDU. Eine Umfrage der Konrad-Adenauer-Stiftung*. Zukunftsforum Politik 84.

K. Schmitt (2002) "Historische Überblicke 1990-2000," in : W. Becker / G. Buchstab / A. Doering-Manteuffel (Hrsg.) *Lexikon der Christlichen Demokratie in Deutschland*, Paderborn : Ferdinand Schöningh, 97-108.

H.-P. Schwarz (2009) "Turbulenzen : Die zweite Oppositionszeit, 1998-2005," in : H. P. Schwarz (Hrsg.) *Die Fraktion als Machtfaktor : CDU/CSU im Deutschen Bundestag 1949 bis heute*, München : Pantheon, 201-226.

第2章

社会民主党

妹尾哲志

― この章で学ぶこと ―

　本章は，ヨーロッパにおいて代表的な社会民主主義政党の1つであるドイツ社会民主党（SPD，以下社会民主党）について，とりわけ1990年の東西ドイツ統一後の動きを中心に見ていく。19世紀にまで遡る歴史を持つ社会民主党は，苦難のナチスの時代を経て，第2次世界大戦後に成立したドイツ連邦共和国（当時西ドイツ）では野党として再出発した（本章ではことわりのない限り西ドイツの社会民主党について記述する）。1969年にはブラントを首相とする社会民主党主導の政権を成立させるなど，キリスト教民主・社会同盟（CDU/CSU）とならぶ2大政党としてドイツ政治の一翼を担ってきた。

　東西ドイツ統一後の社会民主党は，連邦レベルでしばらく党勢が伸び悩んだものの，1998年に緑の党と組んで18年ぶりに政権奪取する。首相シュレーダーは，長引く失業問題などの経済改革のために，伝統的な社会民主主義的政策とは別の観点から様々な施策に取り組んだが，それは戦後ドイツの築いてきた社会構造に再検討を迫るものであった。また，冷戦終結後の国際社会において統一ドイツの担う責任が次第に増していく中で，戦後ドイツ外交の基本路線を逸脱するかのような外交政策を試みたのも特徴である。しかし，それゆえにこのシュレーダー路線は，党内外に激しい論議を巻き起こし，党のアイデンティティの危機すら招いたと言われる。結局社会民主党は，2005年のシュレーダー政権の退陣後，キリスト教民主・社会同盟との大連立政権を経て，2009年の連邦議会選挙の敗北後に再び下野した。この2009年の選挙では，第2次世界大戦後最低の得票率を記録したが，2013年9月の選挙で若干得票率を回復させ，キリスト教民主・社会同盟と再び大連立を組むことになった。

　本章では，まず第2次世界大戦後から東西統一前までの社会民主党の動きを簡単に振り返った後に，内政面においては，グローバル化が進行する中でどのように改革を模索したのか，そして外交面では，統一ドイツを取り巻く安全保障環境の変容にいかに対応しようとしたのかに注目して，統一後の社会民主党の20年を見ていきたい。

1　階級政党から国民政党へ

　社会民主党は，1875年から労働者を支持層の中心に活動していたドイツ社会主義労働者党が1890年に改称して成立した。第2帝政下の弾圧の時期を乗り越え次第に支持を広げ，1913年には党員100万人を超える有力政党となった。しかし第1次世界大戦後のヴァイマル共和国期を経てナチス時代に再び活動を禁止されるなど苦難の時を過ごす。第2次世界大戦後に再出発した社会民主党は，1949年の第1回連邦議会選挙では野党の座に甘んじ，政権奪取を目指していくことになる。党首シューマッハーは，首相アデナウアーへの対決姿勢を鮮明にした。内政面では計画経済，基幹産業の国有化などを標榜し，外交面では西側統合や再統一政策，再軍備などの問題で政府の政策への批判を強めた。しかし西ドイツ経済が復興から高度成長を遂げていくと，アデナウアー率いるキリスト教民主・社会同盟は国民からの支持を確固たるものにしていく。一方シューマッハーの死後，社会民主党の党勢は伸び悩み，執行部は党の立て直しを図ることになった。その転機となったのは1959年のゴーデスベルク綱領と1960年の「共通の外交政策」の提唱であろう。これにより従来の労働者層を支持母体とする階級政党から，より広範な層に支持を訴える国民政党への脱皮を図った。そして1966年にはキリスト教民主・社会同盟との大連立政権で戦後初めて政権に参加し，1969年には遂に社会民主党主導の政権が誕生したのである。

　こうした社会民主党の政権奪取は，まず大連立政権で政権担当能力を示した後に「政権交代」を果たした点などからサクセス・ストーリーとして語られることも多い。首相となったブラントは，それまで停滞していたソ連・東欧諸国との関係改善を図る「東方政策」によって東西間の緊張緩和に貢献し，1971年にはノーベル平和賞を受賞するなど国際的に高い評価を得た。またポーランドとの条約調印のためワルシャワを訪れた際に，ユダヤ人ゲットーの記念碑の前で跪いた姿は，「過去の克服」に取り組むものとして語り継がれている。1974年5月にブラントは秘書のスパイ事件の責任を取って辞任するものの，その後を継いだシュミット政権は，石油危機や国内テロなど内外の危機管理に手腕を発揮し，とりわけ経済面では「モデル・ドイツ」と呼ばれるほどの成果を上げた。この「モデル・ドイ

ツ」は，戦後復興から経済成長を支えた「社会的市場経済」と「社会国家（福祉国家）」を柱とし，質の高い労働力と，経営者・多数の株主・労働組合による混合ガバナンスで支えられた成功モデルとも評された。

ただ2度の石油危機などから経済状況が厳しさを増すと，物価高（インフレーション）と経済成長の停滞によるいわゆるスタグフレーションや，失業増大に伴う社会福祉関連支出の増加による巨額の財政赤字といった問題に苦しむことになる。1980年代初頭にはマイナス成長に転じ，4％以下を維持してきた失業率もついに7％台に突入した。こうした状況を克服するべく政府支出の切り詰めや市場重視の立場を強めた連立相手の自由民主党（FDP）との関係も悪化し，やがて政権内の対立の激しさから，1982年に建設的不信任によってシュミット政権は崩壊してしまう。とはいえブラント政権からシュミット政権が野に下るまで，「社会民主主義の時代」と称されるほど西ドイツ政治を引っ張ったのは社会民主党であった。

シュミット政権の後には，コール首相が率いるキリスト教民主・社会同盟と自由民主党の連立政権が成立した。この時代は「新冷戦」と呼ばれる新たな米ソ対立の激化や，米大統領レーガンや英首相サッチャーによる新自由主義の経済政策が席巻した時代であった。社会民主党は，まず外交政策の分野では，ヨーロッパへの核ミサイル配備に反対する平和運動などとの連携を強めるなど，「平和政党」として有権者にアピールしようとした。ただ一方でミサイル配備を決定したのは前首相シュミットであり，他方で党内左派をはじめ平和主義的な主張を唱える勢力が台頭するなど，党内は分裂傾向を示すようになる。また内政問題では，コールが進めようとする福祉国家政策の縮減に歯止めをかけようとした。しかしコール政権自体，先立つ社会民主党主導政権の政策から大幅な変更をしたわけではなく，むしろ福祉国家の安定化を志向していた。一方社会民主党は，80年代に入ると連邦議会に進出した緑の党によって，その支持層の一部を奪われていくことになる。党内では緑の党が提起した新しい問題領域への積極的な対応を模索する動きも見られたものの，それが連邦政治レベルで実現するにはまだ機が熟していなかった。

第Ⅰ部　ドイツの政治力学

2　統一後のドイツと政権奪取への道

内政──グローバル化と社会民主主義

　こうした政党政治の中での社会民主党の立ち位置をめぐる危機的状況を受けて30年ぶりの1989年12月に発表されたのが，ベルリン綱領である。そこでは，「新しい社会運動」にも連なる地球環境問題などエコロジーの観点から産業の競争力の強化を目指すと同時に，両性間の平等や世代間の連帯を進め，また労働の概念を見直し，時短を促進することなどが謳われた。しかし外交分野では，冷戦構造を前提にした内容となっていたため，1989年11月のベルリンの壁の開放から翌90年10月の東西ドイツ統一に至る国際政治史上の大きな節目において，社会民主党はその目まぐるしく展開する状況に迅速に対応できなかった。同年12月に統一後はじめて行われた連邦議会選挙で，首相候補ラフォンテーヌは統一プロセスのテンポの速さを問題視し，また東西統一のコストを強調したが，有権者の支持を集めることができずコールに敗北を喫した。ベルリン綱領後の社会民主党は，冷戦終結後に新たに直面する課題にいかなる立場をとっていくのか模索を続けていく。

　まず内政面に目を向けると，統一後のドイツでは，当初旧東ドイツ地域の経済再建に伴う大規模な需要から「統一ブーム」が巻き起こった。しかしやがて旧東ドイツ経済の問題や加速化するグローバル化の波にのまれる中で，コール政権は苦しい経済運営を余儀なくされる。旧東ドイツ地域では，統一後の経済自由化に晒され競争力の乏しい企業の倒産が相次ぎ，失業者が大量に生まれた。新たな東西「格差」を埋めるべく，政府主導で西から東への大規模な資金移転が行われたが，これは一定の成果を上げたものの，少子高齢化などの問題を抱えていたドイツ全体の財政状況の悪化に拍車をかけてしまう。さらに経済停滞の一因となっていた産業構造の転換など，グローバル化への対応にも迫られる中で，年金や失業保険等の改革を通じた経済立て直しが喫緊の課題となった。かつて「モデル・ドイツ」を支えてきた福祉政策の充実や労働者の権利保護でさえ，今や改革すべき構造的問題に指摘されるようになったのである。

　社会民主党はこうした統一後に抱える内政問題に対してどのような姿勢をとっ

たのだろうか。連邦議会では野党の立場にあった社会民主党は，経済運営に苦しむコール率いるキリスト教民主・社会同盟に対し多くの州議会選挙で勝利を収め，連邦参議院では過半数を占める勢力となった。そして政府による新自由主義的な流れに沿った改革案に反対し，連邦レベルでの政策の遂行の多くを妨げた。こうした連邦参議院と連邦議会の「ねじれ」状態のため，遅々として進まない改革に有権者の不満が高まったことが，1998年の連邦議会選挙で社会民主党の勝利を導いた一因と言われる。

図2-1　手前右からシャーピング，ラフォンテーヌ，シュレーダー
出所：http://www.tagesschau.de/multimedia/bilder/schroeder288.html
picture-alliance／dpa

　しかしこの間の党内での路線対立は激しいものがあった。ベルリン綱領以降，統一の膨大なコストにグローバル化の進展による圧力が重なり，綱領に反映されていたエコロジーなど脱物質主義的な価値観への関心が退潮する一方，従来からの労働者を代表する伝統的な社会民主主義的勢力とは別に，新自由主義的な流れに呼応する勢力も台頭した。統一後の政治の焦点は，大量に発生した失業者や社会保障費の増大といった争点に集まっていたが，社会民主党は党内での意見の衝突が激しく，こうした諸問題に対する明確なコンセプトを提示できずにいた。また州レベルでの勝利は連邦レベルでの政党としての統一性の低下を招き，さらに次に見る人事面でも党首が相次いで交代するなど混迷を深めたのである。

　党首の座には，長年務めたブラントの跡を継いだフォーゲルが1991年に辞任した後，シュレースヴィヒ・ホルシュタイン州首相のエングホルムが就任していた。しかし党内は湾岸戦争後の外交方針（後述）などをめぐって混乱し，エングホルムは自身のスキャンダルもあって93年5月に党首と州首相の職を辞する。党の信頼回復を企図して，党史上初めての党員投票で新党首に選出されたのがラインラント・プファルツ州首相シャーピングであった。だがシャーピングは，94年の連邦議会選挙に向けて，経済不振に苦しみ排外暴力事件の続発などに揺れるコール

第2章　社会民主党

61

政権への対決姿勢をはっきりと打ち出すことができなかった。選挙の結果，政権奪還を果たすことができず，党首シャーピングへの不満が募っていくことになる。

こうした不満を背景に1995年のマンハイム党大会でシャーピングに代わって党首の座に躍り出たのが，90年の選挙での首相候補ラフォンテーヌであった。この交代劇は，党大会でラフォンテーヌが電撃的に立候補を表明し現党首を投票で打ち破った点などにおいて禍根を残すことになる。ラフォンテーヌは，党内でリーダーとして期待される「ブラントの孫」の筆頭格に目され，党内左派を中心に支持を集めていたが，他方で反発も少なくなかった。党首就任後にラフォンテーヌはコール政権への対決姿勢を強めていく。例えば，ドイツ国外への投資や雇用の流出を招いた，高い労働コストや企業への社会的規制の厳しさを改革するために，規制緩和を進めようとコール政権が提出した改革法案は，連邦参議院で多数を占める社会民主党によって否決された。ラフォンテーヌが改革に強硬に反対する姿勢を示す一方，コール政権の「改革の停滞」に国民の不満が高まったのである。

ただグローバル化が進行しドイツ経済が試練に立たされる中で，党内ではラフォンテーヌとは別の意見も存在した。例えば1990年からニーダーザクセン州首相を務めるシュレーダーは，社会扶助の縮減などを通じて州財政を再建したことで名を挙げており，企業活動のダイナミズムを活かした経済の活性化を目指す立場だった。州首相としての実績をアピールし個人的人気の高かったシュレーダーは，1998年9月に控える連邦議会選挙前の州議会選挙でも勝利を収め，首相候補としてコールに挑むことになる。

外交政策——「小切手外交」のトラウマ
一方東西冷戦構造が崩壊してソ連の脅威がなくなり，統一ドイツが国際政治で新たな役割を模索する中で，社会民主党はどのような姿勢を打ち出したのだろうか。コール首相が統一を達成し高い評価を得たのとは対照的に，社会民主党は統一の実現に消極的な態度を示したため有権者の信頼を得られなかった。そして誕生した統一ドイツの外交政策で浮上した問題が，ポスト冷戦時代に顕在化した地域紛争や民族紛争の激化などに対して，軍事行動を含む国際貢献にいかなる形で関与するかである。

第 2 章　社会民主党

　まずその試金石となったのがイラクでの湾岸戦争であった。ドイツ統一へのプロセスが加速度的に進行していた1990年8月にイラク軍がクウェートに侵攻したことを受け，翌年1月に国連安保理決議に沿って，アメリカを中心とする多国籍軍によるイラクに対する軍事行動が始まった。コール政権はNATOの要請を受け連邦軍をトルコに派遣し，さらに戦闘停止後にはペルシャ湾への掃海艇船隊派遣やクルド人の難民問題への対応などで連邦軍のNATO域外への派遣も行った。しかしそれ以外は財政支援に徹したため，同盟国から「小切手外交」と非難されることになる。

　この軍事行動に対する慎重な姿勢は，近代以降のドイツが歩んできた歴史と無縁ではない。とりわけ第2次世界大戦において，ナチス・ドイツがヨーロッパにおいて侵略主義的な政策を展開し多大なる被害を与えたために，ドイツは近隣諸国に強い警戒感を抱かれてきた。こうした過去への反省から，戦後の西ドイツは連邦軍の軍事行動を自国およびNATO加盟国の領土防衛に限定してきた。そして前節でも見たように，東西冷戦下の社会民主党は平和主義を外交政策の1つの柱としてきたのである。これは一方で可能な限り非軍事的な手段で紛争解決を目指してきた点で信頼を得てきたが，他方で西側同盟内での負担分担などをめぐって，ドイツのより積極的な貢献を求めるアメリカなどとの関係を乱すと批判されることもあった。冷戦時代にも度々表面化したこのジレンマに，統一後のドイツはあらためて直面することになったのである。

　湾岸戦争に続きこうしたジレンマを端的に示すのが，90年代前半に激化したユーゴスラヴィアでの民族紛争への対応である。冷戦構造の崩壊と東欧諸国での政治変動は，紆余曲折を経つつも多民族共存を維持してきた連邦国家ユーゴスラヴィアを揺るがすことになった。91年春にはスロヴェニア，クロアチア両共和国が相次いで独立を宣言，これを阻止するために，セルビア人武装組織やユーゴ人民軍が軍事行動で応じたことから内戦状態に陥った。国連や欧州共同体（EC）が事態の収拾を図ろうとしたが，ドイツは同年12月に先駆けて両共和国の独立を承認する。「民族自決権」を優先したドイツの単独行動に対して，アメリカなど国際社会から非難の声が上がったものの，翌年1月には西欧諸国が協調した行動をとるべきとする理由から，ECも後を追うように独立を承認した。そこには独立を承認することで混乱を収めたい狙いもあったが，ボスニア・ヘルツェゴヴィ

ナ（以下，ボスニア）も独立を宣言するなど，事態はますます混迷を深めていく。

とりわけボスニアでは，ボスニア人（ムスリム人），セルビア人，クロアチア人の間の戦闘が約3年半にも及んだ。国連やECによる仲介も難航し，1995年7月上旬には国連がボスニア人の「安全地区」に指定していたスレブレニツァをセルビア人が攻撃，各地に連行された多数の市民が虐殺される。これは「民族浄化（エスニック・クレンジング）」という言葉が広く知れ渡る1つのきっかけになった。ナチスの過去を背負うドイツにとって，ヨーロッパ周辺地域でこうした非人道的な出来事が再び起こったことのショックは大きかった。同年8月にはNATOが大規模な空爆をセルビア側に実施し，11月にアメリカが仲介する「デイトン合意」によってようやく停戦に至った。

このようにユーゴ情勢が混迷を極める中，先の湾岸戦争での「小切手外交」との批判に懲りたコール政権は，NATO域外への連邦軍の派兵を進めるなど，アメリカをはじめとした同盟国の軍事作戦に協力した。これに対して社会民主党は，コール政権が旧ユーゴスラヴィアだけでなくソマリアなどでもなし崩し的に実施する域外派兵に対し，これらを基本法違反ではないかと連邦憲法裁判所に提訴した。社会民主党は「小切手外交」への国際社会からの批判を受け，すでに1991年のブレーメン党大会で，基本法を改正した上で，国連の平和維持活動でのみ域外派兵を認めることを明言していた。これは換言すれば，非武装を前提とする平和維持活動での派兵に限定して法的承認を与える一方で，NATOや多国籍軍などによる域外派兵への参加を拒否することを意味する。その点で平和主義的な方向性を踏襲したとも言えるが，党内は国際貢献を目的としたより積極的な軍事行動への関与を認める意見も出るなど，決してまとまっていたわけではなかった。

注目された1994年の連邦憲法裁判所による判決は，NATO域外への連邦軍の派兵について，連邦議会における過半数の事前の同意を前提として，基本法に違反するものではないとした。コール政権が進めた議会の同意なしでの域外派兵については，基本法の規定に反するとし，事前の同意を必要とする点を強調したものの，議会の承認を得た上での派兵を認めたのである。これに対して社会民主党では，判決で議会承認の必要性を確認した点を高く評価する声が聞かれた。しかし国際的には，この判決が域外派兵に法的保障を与えるとして，ドイツの積極的な軍事貢献を期待する向きが大勢を占めた。とりわけヨーロッパ統合の文脈にお

いて，EU加盟国が共通の安全保障政策を進める上で障害になってきたドイツの消極的な姿勢が転換し，この分野での統合を一層促進すると歓迎されたのである。

確かに連邦議会での同意の必要性を確認できた点で，一定数以上の議席を保有する野党が域外派兵にブレーキを掛けうる制度的保障を得たと言うこともできる。しかしその後の派兵をめぐる動きをみると，社会民主党がそのブレーキ役を十分に果たしたとは言い難い。例えば，ボスニアではデイトン和平合意の成立後，NATO主導の平和履行部隊（IFOR）やそれを引き継いだ平和安定化部隊（SFOR）においてドイツ連邦軍の域外派兵が行われたが，社会民主党からは，平和に資するための責任を共に担うべきといった理由などから大多数の議員が賛成に回っている。

この間党内では，合憲と判断されたNATO域外派兵に対しどのような立場をとるべきか激しく議論された。党内には国連の枠内ですら域外派兵を容認しない立場から，平和維持活動を超えて武力行使を含む国際貢献を認める声まであった。しかしコール政権が次第に軍事貢献への積極姿勢に傾斜する中で，域外派兵に慎重なラフォンテーヌが党首に選出されると，紛争への関与を基本的にPKOに限定することを求めるなど，政府との姿勢の違いを際立たせた。ただ党内では，外交分野の専門家らが中心となって，党全体の外交方針を取りまとめる作業に継続して取り組んでいた。また先述のように，実際にはボスニアへの関与に関する社会民主党の態度は政府の政策に接近していた。専門家らによる報告書をベースとし，連邦憲法裁判所の判決を踏まえつつ，国連の委任という条件付きで軍事的強制措置への連邦軍の参加を容認したのは，1997年12月のハノーファー党大会でのことである（中谷 2002：43-45）。

このように連邦軍の域外派兵を容認した背景には，1990年代に入りヨーロッパ・レベルでの外交・安全保障協力の促進が目指されたことがあった。1993年に発効したマーストリヒト条約は，新たに共通外交安全保障政策（CFSP）を掲げ政府間協力の推進を謳っていた。ただボスニア紛争がアメリカ主導で収束に向かったことは，ヨーロッパの周辺地域の安全保障に関してEUレベルで対応することの限界を痛感させた。社会民主党は，冷戦終焉後に国連や欧州安全保障協力機構（OSCE）の強化を通じた安全保障体制の構築を志向する傾向にあった。しかしこうした安全保障環境の変容を受け，上述のプロジェクトグループの報告書

ではCFSPの整備に言及すると同時に，武力紛争勃発の予防や和平プロセスの強化に重点を置くなど外交政策の枠組みを幅広く構想していた。CFSPやその一翼を担う欧州安全保障防衛政策（ESDP）が本格化するのはシュレーダー政権に入ってからになる。

3　シュレーダー政権の内政と外交

内政——改革の模索と挫折

　1998年の連邦議会選挙で勝利し誕生したシュレーダー政権は，社会民主党としては1982年以来16年ぶりの政権復帰となった。それは緑の党との連邦レベルでの初めての連立であり，キリスト教民主・社会同盟と自由民主党によるコール政権からの政権交代を果たした点で，ドイツ政治史上画期をなすものであった。

　「イノベーションと公正」や「新しい中道」といったスローガンを掲げて登場したシュレーダー政権が直面した重要課題は，経済・社会保障システムの構造改革を行うことであった。そこには，先立つ1997年にイギリスで政権交代を果たしたブレア労働党政権が打ち出した「ニュー・レーバー」や「第三の道」の影響が色濃く出ていた。伝統的な支持層である労働者の権利を代表する社会民主党が，従来とは異なる観点から，コール前政権がなしえなかった経済政策や社会政策などの分野で改革に取り組むことが期待されたのである。

　シュレーダーは，政府・経済界・労働組合が一体となって改革にのぞむために，ドイツ労働総同盟（DGB）やドイツ使用者団体全国連合（BDA）などの主要団体を含む「雇用のための同盟」を作り，政労使の三者間の協議を進めた。この「雇用のための同盟」は，すでにコール政権が一度試みた際には，政府と労働組合の衝突を主因として構想倒れに終わっていた。シュレーダーは新たにこの同盟の設置を通じて，労働市場改革や福祉国家改革，失業問題の解決を目指したのである。

　しかし労使間の対立は激しく，結果的に「雇用のための同盟」は具体的な成果をほとんど残せなかった。グローバル化の中で国際競争力を強化したい経営者側と，雇用の維持・拡大を目指す労働者側の衝突に加え，政権内でも改革派と伝統的な左派が対立した。そもそも前者を代表するシュレーダーと，後者を率いるラ

フォンテーヌのコンビは，政権交代を導いた原動力であった。だが財務相として政権入りしたラフォンテーヌが，大幅な企業減税など企業活動の活性化を優先するシュレーダーとの確執を深め，早くも政権成立の約半年後に辞任する。

その後ラフォンテーヌに代わり党首も兼任したシュレーダーは，党内で地盤を固め，さらに1999年6月にはブレア英首相との共同声明「第三の道／新しい中道」を発表した。そこでは，雇用市場の柔軟化や個人の責任が強調され，公正や社会正義など伝統的な社会民主主義的価値観だけでなく，経済のダイナミズム，創造性，職業訓練，技術革新などの新しい価値を追求していくことなど，ヨーロッパの社会民主主義の新たな方向性が提示された。しかしすべてのヨーロッパの社民勢力に「刷新」を呼びかけたその内容は，社会民主党内からも批判の声があがるなど決して主流になることはなかった（藤井 2006）。シュレーダー自身も，党内で多岐に渡る潮流をまとめるのは容易でなく，さらに州議会選挙でも敗北を重ねた。そのため今度はキリスト教民主・社会同盟が連邦参議院で多数派になり，コール前政権時と立場が逆転する形で「ねじれ」状態に苦しむことになる。また1999年から2000年にかけての景気回復で一旦持ち直した経済成長率も，翌2001年にアメリカで起きた同時多発テロの影響もあって景気が減退し，2002年には雇用状況も再び悪化に転じるなど停滞に陥ってしまう。

このようにシュレーダー政権は，改革路線が行き詰まりを見せる中で，2002年の連邦議会選挙に向け新たな方策を模索することになる。その1つが，後に「アジェンダ2010」と称される雇用市場の抜本的な構造改革プランである。シュレーダーは，旧知の仲でフォルクスワーゲン社の人事担当取締役のペーター・ハルツを長とする専門家委員会（通称ハルツ委員会）を設置し，その委員会が作成した報告書では，社会給付の削減，失業者の求職活動の義務強化，職業斡旋の強化などによって失業対策に取り組むことを目標に掲げた。そして2002年9月の選挙に辛勝し（後述）首相の座を死守したシュレーダーが，ハルツ委員会による報告書をもとに，翌2003年3月の施政方針演説で発表した改革案が「アジェンダ2010」である。

この「アジェンダ2010」は，戦後ドイツの築き上げてきた福祉国家の解体を導き，また社会民主党の伝統的な支持層である労働者を犠牲にするとして，党内左派や労働組合などから強い反発を招いた。2003年11月には首都ベルリンで，旧東

ドイツの共産党の後継政党である民主社会党（PDS）や，グローバルに席巻する新自由主義を批判する市民団体 ATTAC によって，「アジェンダ2010」に反対するデモが行われた。このデモには全国から約10万人が駆けつけたといわれ，中には社会民主党の一部の地域支部組織の姿もあった。またすでにシュレーダーと袂を分かっていたラフォンテーヌも ATTAC に参加している。その後左派系党員の一部が離党し「選挙オルタナティヴ・雇用と社会的公正」（WASG）が結成され，州議会選挙でも敗北を重ねるなど，社会民主党は党としての基盤を揺るがされることになる。

　シュレーダーは「アジェンダ2010」の法制化を目指す中で，こうした党内外の反発から若干の路線修正を余儀なくされたものの，2003年から約1年かけて「ハルツⅠ」から「ハルツⅣ」までを成立させた。これによって失業扶助の給付水準を引き下げ，給付期間も64か月から36か月に短縮，さらに失業保険長期給付の下限年齢を45歳から55歳に引き上げるなど，これまで手厚く保護してきた失業扶助を大幅に縮減したのである（鳩澤 2011：61）。これは個人の自己責任と自助努力を促し，失業者の就業へのインセンティブを高めると同時に，雇用市場の規制緩和によってドイツ産業の国際競争力を強化することも目的としていた。

　ただこうした構造改革への取り組みがすぐに成果を出したとは言い難い。まず財政面では，2002年以降4年にわたって EU の設定する財政赤字基準（マーストリヒト基準）を遵守できず，また連邦の累積債務も政権発足当初の7,430億ユーロから2005年には8,810億ユーロに拡大した。経済成長率も上向かず，2003年にはわずかだがマイナス成長に陥ってしまった。そして失業者も1998年の428万人から2005年には475万人に増加したのである（横井 2006）。確かにその後ドイツ経済は復調し，この改革路線が輸出産業の国際競争力の回復や EU 経済の牽引車としての復活に寄与したと自賛する声も党内にはあった。しかし貧富の差を拡大し国内消費を冷やしたため，結果としてユーロ圏内の不均衡を促進したという批判があることも無視できない（ファン＝トレーク 2010）。

　さらには，シュレーダーの改革の方向性に基本的には同調しうる野党のキリスト教民主・社会同盟からも，その内容が不十分との声が上がった。シュレーダーは，政府とキリスト教民主・社会同盟の間で「景気・雇用対策サミット」を開き

協議するなど改革のさらなる円滑化に努めたが，具体的な成果は乏しかった。党内の結束も「ハルツⅣ」以降ますます乱れており，シュレーダーは，混乱収拾のために2004年3月に党首を退き，党内調整が期待できるミュンテフェリングにその座を譲っていた。2005年5月に行われたノルトライン・ヴェストファーレン州議会選挙での大敗によって，連邦参議院でのキリスト教民主・社会同盟の優位がさらに増すと，シュレーダーは改革遂行が困難と判断し，あらためて国民に信を問うため連邦議会の解散を決断する。社会民主党議員に自身の信任投票を棄権させ，2005年9月に連邦議会選挙が行われる運びとなった。その狙いは、選挙を通じて自らの政策への国民の支持を確認すると同時に、「メディア宰相」シュレーダーの下で党内の結束を固めることにもあった。

　以上に見てきたようにシュレーダー政権の改革路線は，党内や従来の支持層から反発を招くものを含む一方で，緑の党との「赤緑連立」政権だからこそ可能となった政策があったことも見逃せない。例えば環境分野では，緑の党が重視していた環境税の導入や原子力発電所の段階的廃止を実現した。また外国人政策に関して，2000年から施行された改正国籍法が条件付きであれ二重国籍を容認し，2004年の新移民法で滞在許可の簡素化や移民融合コースの設置といった施策に取り組んだ。確かに2001年のアメリカでの同時多発テロを契機とした，国内の治安対策の強化などにおいて，野党との共闘関係が進んだ点も無視できない。しかし同性婚の承認など，いわゆる「68年世代」であるシュレーダーらが中心となった政権が「新しい価値観」を取り込み「赤緑プロジェクト」に取り組んだことは，ドイツ政治に新たな1ページを刻んだと言えよう。

外交——対米関係の動揺と国際貢献への自覚

　政権成立後にシュレーダーがまず直面した外交問題が，コソヴォ紛争への対応であった。前節で見たように1990年代に入りユーゴ情勢が混乱する中，92年4月に新たに結成されたユーゴスラヴィア連邦のセルビア共和国の南部に位置するコソヴォ自治州では，民族的多数派のアルバニア人が少数派のセルビア人との対立を深めていた。セルビア共和国の指導者でユーゴ連邦大統領ミロシェヴィッチは，アルバニア人の武装組織であるコソヴォ解放軍の組織的なテロなどに対して，警察部隊に掃討作戦を命じた。こうした状況の中で1998年には米露英独仏伊の6か

国によるコンタクト・グループが結成され，ミロシェヴィッチに対し，セルビア側がアルバニア人へ行っている攻撃を控えるよう圧力をかけた。国連安保理は同年9月に即時停戦を求める決議を可決したが，交渉は難航し12月には武力衝突が激化してしまう。1999年1月にはセルビア治安部隊によるアルバニア人虐殺事件が明らかになり，ミロシェヴィッチへの非難はますます強くなった。コンタクト・グループによる仲介も限界に達し，遂に3月24日未明より，コソヴォのセルビア側拠点やセルビアの各所に対するNATOによる空爆作戦が行われた。この軍事作戦にドイツ連邦軍は初めて参加したのである。

　この武力攻撃への参加は，NATO域外の主権国家に対する，しかも国連安保理の承認もないままの軍事行動に協力する点でドイツ外交において新たな節目となった。その背景には，首相シュレーダーと外相フィッシャー（緑の党）が率いる新政権の外交政策に対し，前政権からの路線変更を懸念する同盟国への配慮もあった。また，1995年にスレブレニッツァで起きたような残虐行為（前節参照）が再び起きるのを防止するには，軍事力の行使が不可避との認識も強まっていた。さらにシュレーダー政権が強調した参加理由の1つに，当該地域からドイツへの難民の流入を防ぐというのがあったことも見逃せない。党内では左派を中心に，軍事攻撃が安保理の承認なしで行われることへの反発や，空爆の目的や効果に対する疑念も根強かったが，一方で有効な代替案を提示できずにいた。空爆は6月に停止され，NATOを中核とするコソヴォ平和維持部隊や安保理決議による国連コソヴォ暫定ミッションが設置されたが，これらにはドイツからも人員が派遣された。

　このコソヴォへの軍事行動は，実質的にアメリカの軍事力や指揮命令系統に依存した点で，ボスニア紛争同様，EUによる軍事的な手段の必要性をあらためて明らかにした。シュレーダー政権は，1999年前半のEUの理事会議長国という立場を利用して，ESDPの整備に向けて積極的に取り組み，軍事的緊急展開能力の整備計画であるヘルシンキ・ヘッドラインゴールの設定によって具体化させていく。またこれと並行して，ドイツ連邦軍の役割が，領域防衛から国際的な義務を果たすための危機回避や危機管理にシフトしてきたことを鑑み，それに見合う連邦軍の改革にも着手している。

　2001年9月11日にアメリカで発生した同時多発テロと，それを受けて同年10月

7日に米英両国がアフガニスタンへ攻撃を開始したことは，ドイツを取り巻く国際環境が大きく変容する契機の1つとなった。アメリカは「対テロ戦争」を掲げ，国際テロ組織アルカイダとのつながりがあるとされたアフガニスタン政権の打倒を目指す「不朽の自由」作戦を実行する。これに対してシュレーダー首相は，アメリカとの「無条件の連帯」を唱え，連邦軍兵士約3,900名を派遣したが，党内の一部や支持団体などからは武力行使に反対する声が高まった。こうした反対論を封じ込めるために，シュレーダーは自身の信任案と派兵承認を一体化させた議案を議会に提出する。シュレーダーの目論見通り，僅差であったが議案を通すことに成功し派兵を実現したものの，こうした手法への非難も強まった。

このようにシュレーダーは，アフガニスタンへのアメリカの軍事行動に関して苦心の末に国内の同意を取りつけたが，これと対照的だったのが対イラク戦争への対応である。アメリカは「対テロ戦争」の一環として，大量破壊兵器を保有している疑いのあるイラクへの圧力を強めていた。これに対してシュレーダーは，連邦議会選挙を1か月前に控えた2002年8月，仮にアメリカがイラク攻撃を行ってもドイツは参加しないことを表明し，フランスとともにアメリカの姿勢を批判したのである。さらに翌9月には，イラクへの軍事行動に国連決議が付されたとしても不参加であることを明言した。

9月22日の連邦議会選挙では，社会民主党は得票率を下げたものの38.5％を獲得し，連立相手の緑の党が票を伸ばしたこともあって辛うじて政権を維持することができた。当初予想されたキリスト教民主・社会同盟に対する劣勢を挽回しほぼ並んだ背景には，夏に中欧を襲った洪水への対応が高く評価されたことに加え，対イラク戦争不参加の態度が，アメリカの外交姿勢に反発を感じていた有権者の支持を集めたことも一因とされる。しかしこうしたシュレーダー外交の方向性は，これまで国連やアメリカをはじめとした西側同盟など多国間の枠組みを重視してきたドイツ外交からの逸脱であるとして批判に晒されることになった（こうしたシュレーダーのいわゆる「ドイツの道〔Der Deutsche Weg〕」については第8章を参照）。

ただこのシュレーダーの方針に対して，党幹部が全面的に賛同していたわけではない。シュレーダーの政策は，例えば2002年6月の臨時党大会でも発表された多国間主義や国連強化などの目標との矛盾を孕んでいた。こうしたことから，選挙戦で起死回生を図る目的が先行し，結果として従来のドイツ外交の原則に反す

る政策をとったことは否定できないだろう。とはいえ，シュレーダーの方針が党内で激しく拒絶されることがなかったのも事実である。例えば党内左派は，シュレーダーが対イラク戦争不参加を表明する以前から「対テロ戦争」への違和感を示していた。こうした党事情の背景には，内政問題で激しい内部分裂を引き起こしていた党の団結が要請されたことに加え，「平和の首相（Friedenskanzler）」と呼ばれたシュレーダーが，1970年代にブラントが東方政策で示した存在感を，30年を経て再び発揮したことへの期待があったのかもしれない（Herkendell 2012：221）。

　第2次シュレーダー政権は対米関係の修復に努めたが，対イラク戦争を契機にアメリカとヨーロッパの安全保障観の違いがしばしば指摘されるようになった。すなわち，2000年に成立したブッシュ政権下で顕著になったアメリカの単独行動主義に対して，国際関係の制度化や国際組織を通じた国際協調の促進を標榜するドイツをはじめEUを中心としたヨーロッパが対比される。そもそも両者の違いは，例えばシュレーダー政権が重視していた地球温暖化防止のための京都議定書をめぐる問題や国際刑事裁判所の設立などへの姿勢にも見ることができた（森井 2012：203）。そして対イラク戦争では，ラムズフェルド米国防長官が，アメリカに非協力的なフランスやドイツを「古いヨーロッパ」と揶揄して批判するなど，より先鋭化した形で現われたのである。

　しかしこうした対米関係の動揺を受けて，むしろ党内には，シュレーダーが2003年に非常任理事国になった国連安保理で姿勢を転じ，アメリカに配慮して武力攻撃への反対を取り下げることを懸念する声もあった。結局アメリカは決議を経ずに武力攻撃に踏み切ったが，アメリカを支持するイギリス，スペイン，イタリアといった諸国と異なり，シュレーダーはシラク仏大統領らとともにアメリカに批判的で最後まで戦争回避に向けた外交努力をした。ただ一方で，開戦後にはアメリカにドイツ国内の基地使用や領空通過を認めている。また2003年3月に11年ぶりに発表された国防省の防衛政策指針でも，ドイツの安全保障政策の根幹は大西洋関係にあると明示した。シュレーダー自身も，NATO枠内におけるアフガニスタンや旧ユーゴなど様々な地域での国際貢献を強調した。その後対米関係は表面上平穏に向かったが，その修復の試みはメルケル政権でも続くことになる。

一方対イラク戦争への対応をめぐりヨーロッパ諸国の間で大きな亀裂が走ったことは，EU の共通の外交政策に課題を投げかけるものであった。この分野を重視していたシュレーダーはその亀裂の修復にも努め，ESDP を強化し危機管理能力を高めることに尽力した。こうした EU レベルでの協力推進の背景には，EU が「ひとつの声」としてまとまることで，アメリカとより対等な立場で対話できるようにする狙いがあった。2004年5月に中東欧諸国10か国が新たに加盟し，25か国を数えるようになった EU は，同年6月に欧州憲法条約の採択を決定するなど統合の新たな段階に歩みを進めた。シュレーダー政権はドイツの財政的貢献を時折アピールしつつ，最終的に様々な譲歩も重ねながら加盟国全体の合意形成に寄与したのである（森井 2012：206-208）。とはいえヨーロッパ統合の推進や ESDP の強化は，決して対米関係や NATO を軽視するものでないことも強調された。

　ESDP は，2003年のマケドニア，コンゴ，2004年のボスニアをはじめ，それ以外にも様々な警察ミッションなども通じて活動範囲を広げていった。また2004年5月に発表された政府の行動計画「非軍事的紛争の防止，紛争解決，平和の確立」では，こうした軍事的な危機管理や連邦軍の派遣を相互補完するように平和構築なども挙げられており，軍事・非軍事の両面での EU レベルの協力を促進することが目指された。社会民主党内でも，グローバル・アクターとして EU が果たすべき役割がますます重要になったことを踏まえ，連邦軍の派遣を含む EU レベルでの積極的な国際貢献に対して概ね共通理解が得られていった。野党時代に ESDP に批判的で EU の軍事化を危惧した声は，ほとんど聞かれなくなっていたのである（Herkendell 2012：233-235）。

　こうした国際社会でのドイツの役割への自覚は，国連安保理の常任理事国入りへの働きかけにも見ることができる。シュレーダー政権は，対イラク戦争では国連の安保理決議を含む武力行使に批判的な立場をとったものの，国連の枠組みを通じた平和構築や紛争予防といった国際貢献に意欲的な姿勢を示していた。日本，インド，ブラジルと「G4 諸国」を構成し，さらなる国連の機能強化のためにも常任理事国入りを目指した。こうした国際社会での存在感の増大を目指す方向性は，ドイツが再び「普通の国」になったとするシュレーダーの認識を反映したものでもあった。

その他シュレーダー政権下の外交政策では，対ロ関係の深化が注目される。シュレーダーは，豊富な資源をバックに成長を続けるロシアとの関係を重視し，当時のプーチン大統領と個人的な友好関係を築いた。シュレーダーは，かつてブラント首相が推進した東方政策のスローガンである「接近による変化」に模して，「貿易による変化」を唱え，経済関係の強化を通じた良好な対ロ関係の構築を目指したのである。しかしそこではロシアのチェチェン問題などが等閑視され，したがって人権問題を軽視しているとの非難された。なおシュレーダーは，首相退任後に政界を引退する一方，ロシア国営天然ガス会社のガスプロムの子会社の役員に就任したが，首相在任中から癒着があったのではないかと問題になっている。

4　大連立政権の内政と外交

内政──シュレーダー路線の遺産

　シュレーダー政権の任期満了を待たず前倒しされる形で，2005年9月18日に行われた連邦議会選挙の結果，キリスト教民主・社会同盟も社会民主党も得票を減らし，連立交渉の末，議席総数614のうち448を占める大連立政権が発足することになった。シュレーダーは首相の座に拘ったが叶わず，議席数でわずかながら社会民主党を上回ったキリスト教民主・社会同盟からメルケルが首相に選出された。

　大連立政権については，議会で圧倒的多数を有する政府に対して，健全で政権交代可能な野党が存在しないことを批判される。しかし一方で，本格的な改革遂行を求める当時のドイツ国民の期待に合致していた側面もあった。閣僚16名中社会民主党からは8名が入閣し，内政面では新たに副首相兼雇用社会相にミュンテフェリング，蔵相にシュタインブリュック前ノルトライン・ヴェストファーレン州首相，環境相にガブリエル前ニーダーザクセン州首相らが就いた。だがシュレーダー政権末期により顕在化していた改革路線をめぐる党内対立の激しさは，ミュンテフェリングが党内左派の抵抗から党内人事で行き詰まり党首の座を降りたことにも看取できる。新党首はブランデンブルク州首相のプラツェックが後継した。

　大連立政権を率いたメルケルは，前政権に引き続き雇用や経済問題に注力する

ことになった。前述のようにシュレーダー政権の改革に目ぼしい成果が少なく，失業者がさらに増加する状況をいかに打開できるかが焦点となった。メルケルは，経済活性化と雇用促進，財政再建などの諸問題について，前政権の路線を基本的に継承したと言える。ここでは個別の政策を詳しく取り上げられないが，とりわけ医療保険制度や家族政策の改革などでのキリスト教民主同盟の「社会民主主義化」（近藤正基 2013：204）に見られるように，社会民主党の意向を汲み取りながら手堅い政権運営が行われた。連邦議会と連邦参議院の「ねじれ」も解消され，キリスト教民主・社会同盟と社会民主党の間で合意に至れば政策の遂行は容易になっていた。ただ反面，政策内容が両者の主張を折衷した形になることが多かったのも否めない。

　2006年頃になると世界的な景気回復などを受けてドイツの経済状況も上向き始めた。サッカー・ワールドカップがドイツで開催されたこともあり，同年の2.9％，翌2007年も2.5％と予想を上回る高い経済成長率を見せ，失業者数も2005年の年平均490万人から2007年には380万人に低下した。また後述する外交舞台での活躍もあってメルケル首相への国民の評価は高まった。一方社会民主党は，シュレーダー政権の進めた路線が伝統的支持基盤への配慮に苦しみ行き詰まるなど，アイデンティティ危機に見舞われていた（小野 2012：38）。上述のように「社会民主主義」的な内容に歩み寄りを見せるメルケル首相に対して独自性を出しにくくなる状況もあった。加えて2005年の選挙で，シュレーダー路線に反発する党内左派の一部などが合流した左翼党に大量の票が流出したことも危機感を募らせた。その上党員数の減少傾向や高齢化も深刻の度を増し，また党首が頻繁に交代する（2006年4月にプラツェックは病気治療を理由にわずか数か月で退き，ラインラント・プファルツ州首相のベックが後継した）など，党は混迷の極みを見せていたのである。

　こうした混乱の打開策として，ベルリン綱領に代わる新たな綱領策定の必要性が認識されてきた。すでに1990年代末から中断を挟みつつも党内論議が重ねられ，2007年10月の党大会で採択されたのがハンブルク綱領である（小野 2012：42-45）。そこでは伝統的な社会民主主義の立場を強調する一方で，シュレーダーが進めた改革路線は放棄されず，政権与党としてむしろその改革路線を追認していると評されるなど，党としての明確な方向性を示すには至らなかったと言われる。

2008年秋に顕在化したアメリカ発の世界金融危機によって，貧富の差の拡大などの問題がよりクローズアップされる中で，2009年の連邦議会選挙に向けて，どのように社会民主党の独自色を打ち出せるかが焦点となった。首相メルケルが積極的な財政出動によってドイツ経済へのダメージを食い止めるなど柔軟な対応を見せる一方（鳩澤 2011：52），社会民主党内ではより社会民主主義的な側面を強調することでキリスト教民主・社会同盟との差異化を訴える声もあがった。それもあって党首ベックは一時「左旋回」する向きもあったが，そのベックが2008年9月に党首を辞任，代わってミュンテフェリングが再び党首に就任し，首相候補には外相のシュタインマイヤーを立てて選挙戦に臨むことになる。こうした動きをマスメディアは「シュレーダー派の復帰」と取り上げたが（近藤潤三 2009：15），党内の混乱は誰の目にも明らかであった。ただシュレーダーの改革路線の積極的評価は，貧富の差の拡大に対応し社会民主主義的要素を打ち出すことと齟齬をきたす。キリスト教民主・社会同盟が首相メルケルを前面に立て，景気刺激のための大規模減税などを訴えつつ社会的弱者への配慮も含むメッセージを曖昧に語ったことも（三好 2010：146），社会民主党が独自性を出すのを困難にした。選挙戦では400万人雇用創出計画をアピールしたものの，そのインパクトは弱かったと言わざるを得ない（三好 2010：148）。そして本章の冒頭で触れたように選挙結果は戦後最低の得票率しか獲得できず，シュレーダー政権成立後11年の時を経て，社会民主党は再び野党に転落したのである。

外交――首相の陰に隠れた外相？

　このように内政面でキリスト教民主・社会同盟との違いを出しにくかったことも，2009年の連邦議会選挙で社会民主党が大敗する要因であったが，大連立政権下での外交政策はどのように推移したのだろうか。少し時計の針を戻すと，その4年前の2005年9月の連邦議会選挙で社会民主党は，外交分野で有権者にアピールしようとしていた。この分野においてキリスト教民主・社会同盟に比して高い評価を得ていたからである。しかし選挙戦では内政問題への関心が高く，外交政策は後景に退いてしまう。ただこの外交政策の分野では，2大政党の姿勢に微妙な違いがあったのも事実であり，首相シュレーダーは「世界におけるドイツの重要性を増すことができた」とその実績を強調し，アメリカとの関係修復を唱える

対立候補メルケルとの姿勢の違いを際立たせていた。

選挙後に成立した大連立政権において，社会民主党から外交分野では，第 2 次シュレーダー政権で首相府長官を務めたシュタインマイヤーが外相に就任した。シュタインマイヤーは，シュレーダーの側近で実務家肌であり，また党内で確かな権力基盤を持たず議席もなかったため，イニシアチブを発揮するには制約があった。政権発足当初には，前政権で秘密情報機関担当であったことから批判に晒されたが，その後は決して派手さはないものの堅実な手法で次第に国民の支持を集めるようになる（森井 2006：31）。

図 2-2 左から，日本の小泉純一郎首相，フランスのジャック・シラク大統領，シュレーダー，ロシアのウラジミール・プーチン大統領，アメリカのジョージ・W・ブッシュ大統領（2005年5月9日，ロシアで行われた戦勝60周年記念式典）
出所：ロシア大統領府サイト（www.kremlin.ru）．（Wikipedia のシュレーダー首相の項）

連立交渉では，外交政策に関して 2 大政党は比較的スムーズに合意に至ったといえる。ただその中でも対立の種となったのは，トルコの EU 加盟問題であった。キリスト教民主・社会同盟がトルコの EU 加盟に否定的で，加盟の範疇から外れる「特権的パートナーシップ」関係を締結しようとしたのに対し，社会民主党は加盟交渉に積極的な立場をとった。結局連立協定では，ドイツは「トルコとの関係深化と同国の EU への関わり（Anbindung）に特別の関心を持つ」という折衷案でまとまった。こうした点からも，外交分野において少なくとも当初は前政権からの「継続性」が確認される（Herkendell 2012：247）。

しかし実際に政権が発足した後，いくつかの外交問題をめぐって 2 大政党間や社会民主党内で意見の相違が表面化した（以下の 3 つの例については Herkendell〔2012：249-253〕に基づく）。まずアフリカのコンゴでの選挙支援のための連邦軍派兵問題では，国防相のユング（キリスト教民主同盟）が賛同する一方で，前政権で国防相を務めた社会民主党議員団長シュトルックが疑問を呈した。ただそこで

は，かつて域外派兵問題をめぐって争われた原則的争点に関する論争は下火で，ミッションとしての有効性などあくまで実際的な論点が中心になった。2006年6月1日のコンゴ派兵に関する連邦議会の決議では，社会民主党からは14名の反対する議員が出るにとどまった。

次に中東地域において，2006年夏にレバノン南部へのイスラエルの攻撃が激化したことが問題になったが，安保理決議に沿った国連レバノン暫定駐留軍（UNIFIL）にドイツ連邦軍も参加することになった。この連邦軍の参加については，党首ベックが早々に賛同の意を示したことに党内から不満が出た。一方の当事者がドイツとの「歴史的背景」から深く関わりのあるイスラエルだったため，当事者間で中立を保つという活動の原則を遵守できるか，そしてこの活動自体が当該地域の長期的な安定に寄与するのか疑問視されたのである。結局連邦議会の議決では，この活動が安保理決議に則っているにもかかわらず，社会民主党から32名が反対票を投じた。

そしてアフガニスタンでは，NATOによる国際治安支援部隊（ISAF）の枠組みで，比較的安全と思われる北部に，復興支援や治安維持を目的として連邦軍が駐留していた。ドイツのさらなる軍事貢献を求めるNATOの要請を受け，政府は連邦軍のトルネード戦闘機6機を派遣する方針を示した。この派遣については，新たな議会決議の必要の有無や軍事的有効性，さらには偵察目的で収集した情報を将来の軍事行動には使用しないという政府の説明などに疑問が投げかけられた。実際に現地では治安状態が再び不安定化しており，駐留している連邦軍も事実上戦闘行為に巻き込まれていた。さらに政府が反戦意識の強い国民感情を配慮するあまり，戦死者を隠蔽し「事故死」と発表するなど問題が噴出していた。シュレーダー政権期からアフガニスタンでは民生復興支援を積極的に進めていたが，南部を中心に依然として混乱の収拾がつかない中で，2007年3月9日の連邦議会での議決で社会民主党から69名の反対者が出たことは，党内での反発が予想以上に強かったことを物語っている。その後もアフガニスタン情勢が不透明性を増し，次第に連邦軍の関与に関する議論が高まったが，首相候補のシュタインマイヤー外相は，メルケル首相と同様にアフガニスタンへの駐留継続を言明したのである。

シュタインマイヤーが外相でありながら独自色をアピールできない背景には，

メルケルが国際舞台で存在感を発揮していたこともあった。メルケルは，2007年前半のEU議長国およびG8（ハイリンゲンダム・サミット）議長国としてイニシアチブを取り，またイランの核問題などでも多角的な国際協力枠組みを通じて積極的に貢献する態度を示した。さらにチベット問題などに見られる人権問題重視の姿勢や，対米関係の修復に関しても，社会民主党議員の多数は賛同していたと言える。外交分野での成果を存分に示すメルケルに対して，シュタインマイヤーは正面から対決を挑むことはできなかった。それは政権与党の一翼を担う党自体が抱えたジレンマとも重なり，メルケル外交への対抗軸を明確にできないまま連邦議会選挙に敗れ下野することになる。

図2-3 左からシュタインブリュック，ガブリエル，シュタインマイヤー（SPD党本部にて2013年連邦議会選挙に向けてシュタインブリュックを首相候補とすることを発表）（後ろの影像はブラント元首相）
出所：http://www.t-online.de/nachrichten/deutschland/bundestagswahl/id-59921652/steinmeier-verzichtet-aus-persoenlichen-gruenden-.html dpa

5　党の危機と再生への展望

　本章では東西ドイツ統一後の20年の社会民主党の動きについて，主にシュレーダー政権期を中心に，内政と外交の2つの側面から振り返ってきた。内政面では，進行するグローバル化の中で社会民主主義政党としての模索が続くが，シュレーダー政権期に取り組んだ改革の遺産とどのように向き合うかが，今後の社会民主党を占う上で1つの焦点となるだろう。外交面では，確かに対イラク戦争をめぐりアメリカとの関係が動揺した時期もあったが，複雑化を増す国際社会でドイツが果たすべき役割の増大を受け，いかに党としての独自性を提示し，ライバル政党との違いを出すのかといった困難に直面している。

　2009年の選挙後野党に転落した社会民主党は，新たに党首に就任したガブリエルを中心に党勢を立て直すことになった。ただ戦後ドイツ史上棄権者がもっとも

多く、キリスト教民主・社会同盟も得票を減らすなど、政党への不信感の増大や「国民政党」の危機も論じられるようになった。続投する首相メルケルが安定感を示す外交面に加え、内政面でもキリスト教民主同盟との違いを出しにくくなる傾向にあり、他方で左翼党に票を奪われるなど、党としてのアイデンティティ自体が揺らぎを強めている。現段階で党幹部は、州レベルですでに実現している左翼党との連立について連邦レベルでは否定しているものの、将来的にその可能性を指摘する声もある（西田 2010；小野 2012）。このように引き続き不透明な今後の社会民主党の方向性を考えるには、本章では検討できなかった州など自治体レベルや地区組織、労働組合との関係などを含むより多面的な党活動や、ユーロ危機に見られるように EU の中でのドイツといった視点などを踏まえることも重要だろう（ヨーロッパ政策は本書第 7 章・第 8 章参照）。2013年 9 月に行われた連邦議会選挙では、社会民主党は若干議席数を回復させたものの、過半数近くに迫ったキリスト教民主・社会同盟に及ばず、メルケル首班の大連立政権に参加することになった。本章で見た第 1 次メルケル政権期の大連立の経験などがいかに活かされるかも注目される。

参考文献

網谷龍介（2000）「「ヨーロッパの顔をしたグローバル化」に向けて？——ドイツ社会民主党の現状」日本比較政治学会編『グローバル化の政治学』早稲田大学出版部。

岩間陽子（2003）「第二次シュレーダー政権の外交と米独関係」（財）日本国際問題研究所 平成14年度外務省委託研究報告書『9.11以降の欧米関係』日本国際問題研究所。

小野一（2009）『ドイツにおける「赤と緑」の実験』御茶の水書房。

小野一（2012）『現代ドイツ政党政治の変容——社会民主党、緑の党、左翼党の挑戦』吉田書店。

熊谷徹（2014）『ドイツ中興の祖ゲアハルト・シュレーダー』日経 BP 社。

近藤潤三（2009）「現代ドイツにおける社会民主党の危機——SPD の党首交代に即して」『社会科学論集』第47号。

近藤正基（2009）『現代ドイツ福祉国家の政治経済学』ミネルヴァ書房。

近藤正基（2013）『ドイツ・キリスト教民主同盟の軌跡——国民政党と戦後政治 1945〜2009』ミネルヴァ書房。

シュテファン・タイル（2009）「戦争を語れる「普通の国」へ」『ニューズ・ウィーク日本版』12月 3 日。

第 2 章　社会民主党

高橋進（2000）『ヨーロッパ新潮流——21世紀をめざす中道左派政権』御茶の水書房。
中谷毅（2002）「ドイツ社会民主党と連邦軍の NATO 域外派兵」『愛知学院大学論叢法学研究』第43巻第 2 号。
中谷毅（2006）「ドイツの外交安全保障政策と欧米関係——シュレーダー政権の模索」高橋進・坪郷實編『ヨーロッパ・デモクラシーの新世紀——グローバル化時代の挑戦』早稲田大学出版部。
中村登志哉（2006）『ドイツの安全保障政策——平和主義と武力行使』一藝社。
西田慎（2010）「混迷深めるドイツ社会民主党——左翼党との連携を巡る論争について」『ドイツ研究』第44号。
野田昌吾（2006）「グローバル化のなかのヨーロッパ協調政治」高橋進・坪郷實編『ヨーロッパ・デモクラシーの新世紀——グローバル化時代の挑戦』早稲田大学出版部。
鳩澤歩編著（2011）『ドイツ現代史探訪——社会・政治・経済』大阪大学出版会。
ティル・ファン＝トレーク（2010）「ドイツ経済の危ない独り勝ち」『ル・モンド・ディプロマティーク』日本語・電子版、 9 月号。
藤井篤（2006）「グローバル化への社会民主主義の戦略——ブレアとジョスパン」高橋進・坪郷實編『ヨーロッパ・デモクラシーの新世紀——グローバル化時代の挑戦』早稲田大学出版部。
三好範英（2010）「右派政権を選んだドイツ——2009年総選挙で問われたもの」『ドイツ研究』第44号。
森井裕一（2006）「メルケル政権の外交政策——ドイツ外交の継続性と変容」『国際問題』第555号。
森井裕一（2008）『現代ドイツの外交と政治』信山社。
森井裕一（2012）「シュレーダー政権の評価とメルケル政権の動向」押村高・小久保康之編著『EU・西欧』ミネルヴァ書房。
安井宏樹（2005）「社会民主主義政党のイノベーション——ドイツを中心に」山口二郎・宮本太郎・小川有美編『市民社会民主主義への挑戦——ポスト「第三の道」のヨーロッパ政治』日本経済評論社。
安野正明（2004）『戦後ドイツ社会民主党史研究序説——組織改革とゴーデスベルク綱領への道』ミネルヴァ書房。
山口二郎・宮本太郎・小川有美編（2005）『市民社会民主主義への挑戦——ポスト「第三の道」のヨーロッパ政治』日本経済評論社。
横井正信（2006-2007）「景気・雇用サミットから大連立へ（Ⅰ）（Ⅱ）」『福井大学教育地域科学部紀要』第64号・第65号。
ペーター・レッシェ，フランツ・ヴァルター（1996）『ドイツ社会民主党の戦後史』（岡田

第Ⅰ部　ドイツの政治力学

浩平訳）三元社。
B. Faulenbach (2012) *Geschichte der SPD. Von den Anfängen bis zur Gegenwärt.* München : Beck.
M. Herkendell (2012) *Deutschland Zivil- oder Friedensmacht ? Außen- und sicherheitspolitische Orientierung der SPD im Wandel (1982-2007).* Bonn : Dietz.

第3章

緑 の 党

西田　慎

この章で学ぶこと

　緑の党とはいったいどんな政党なのか。実は意外と正しく理解されていないようだ。エコロジストが集まって立ち上げた単なる環境政党なのだろうか。それとも社会民主党の左に位置する左翼政党なのだろうか。だがどれも緑の党という複雑な多面体の一面しか言い表していないように思える。

　この点で示唆的なのがアメリカの政治学者キッチェルトの定義だろう。彼は緑の党を「左翼リバタリアン政党」と呼んでいる。すなわち「社会主義の伝統に連なり，連帯や平等を支持し，社会の発展や公正の最終的規範として市場や配分の効率が最も優先されることを拒否する」という点で「左翼」であり，「中央集権的計画や党組織といった社会主義的構想を拒否し，個人の自律性や公的問題への市民参加を優先するような社会を求める」という点で「リバタリアン（自由至上主義者）」であるからだ（Kitschelt 1989：2）。

　彼の定義は納得できるものだが，本章ではさらに踏み込んで，緑の党を68年世代の党と位置づけるところから出発しよう。キッチェルトの言う「左翼」と「リバタリアン」双方の要素を内包していたのが68年運動であり（例えば後者の例として「反権威主義」ないし「自己決定」志向），それを担った世代が中心となって立ち上げたのが緑の党だからだ。

　以下では，まず緑の党が誕生した背景から学んでいきたい。その際のキーワードは「68年運動」と「反原発運動」の2つである。次に支持層，綱領，組織構造の変遷を見ていく。そこに浮かび上がるのは自他共に認める「運動政党」として出発した政党が「制度化」「専門化」する過程で苦闘する姿であろう。最後に緑の党を語るには欠かせない党内潮流（党内派閥）を分析する。80年代の激しい党内対立を終わらせたのは何なのか。それは緑の党に限らず，他の政党にも教訓となろう。

第Ⅰ部　ドイツの政治力学

1　68年運動から緑の党へ

結党期

　緑の党は68年運動を担った68年世代（日本の「全共闘世代」に当たる）の党と言われる。68年運動とは，1960年代後半に世界各国で勃発し，68年頃に頂点に達した，主に若者による反体制・民主化運動である。それらは大学紛争，ベトナム反戦運動など様々な形を取ったが，緑の党の指導者にも支持者にも，そうした運動に関わった人達が少なくない。彼らはどのようにして緑の党という政党に行き着いたのだろうか。

　運動が衰退していった70年代以降，68年世代は主に4つに分かれていく。まず政治から足を洗い，私生活に戻っていく流れである。一部は大都市や大学都市で左翼オルタナティヴ・ミリューを形成し，オルタナティヴ文化（サブカルチャー）を育んでいった。次に与党・社会民主党に入党して，体制の中から改革の実現を目指す流れである。さらに新左翼へ行く流れもあり，彼らは共産主義者同盟（KB）のような新左翼諸集団を結成した。最後はテロへ走る流れであり，70年頃に結成された赤軍派はその代表と言える。

　一方70年代は反原発運動が急速な盛り上がりを見せた時期でもあった。ドイツ連邦共和国（以下西ドイツ）では元々原子力の「平和利用」には概ね肯定的であり，西ドイツ初の原発として60年にカール実験原子力発電所が運転開始した時も，反対運動はほとんど生じなかった。ところが原発建設計画が本格化していく70年代以降は，環境への影響を指摘する声が高まり，反対が増えていく。とりわけ南西部にあるバーデン・ヴュルテンベルク州のヴィールに建設が予定された原発への反対闘争は，その激しさで全国に知られた。

　このヴィール反原発闘争が，68年世代とエコロジーを結びつけることになる。例えば68年運動の流れを汲む新左翼は，それまでエコロジー運動を「中産階級の運動でプチブル的」と見なし，距離を置いていた。しかし闘争の中に「革命的潜在力」を見出した彼らは，以後反原発運動に大挙して参加してくるようになる。また反原発闘争の高まりは，当時の与党・社会民主党も分裂させた。原発を推進する党の右派や労働組合に対し，左派は原発の新規建設中止を求めて，真っ向か

ら対立したのである。中には党を離れ，反原発運動に加わる者も出てきた。

やがて70年代後半になると，こうした反原発運動が独自に政治組織を結成し，地方自治体議会へ進出し始めた。77年に北ドイツ・ニーダーザクセン州の地方自治体選挙で「緑のリスト」（リストとは選挙の際に提出する候補者名簿）と名乗る環境政治団体などが議席を得たのを皮切りに，翌78年には隣のシュレースヴィヒ・ホルシュタイン州でも議席獲得に成功した。79年にはブレーメン州議会選挙でも議席を得て，州議会進出も果たしている。こうした地方選挙での成果を土台に，彼らが全国政党の結成へ歩み始めたのも当然だった。

まず79年3月に各地の環境政治団体を糾合して「それ以外の政治的結社・緑の党（SPV）」が結成される。参加したのは主に「緑の行動・未来（GAZ）」，「緑のリスト・シュレースヴィヒ・ホルシュタイン（GLSH）」のような右派と，「独立ドイツ人行動共同体（AUD）」，「緑のリスト」，人智学系の「アッハベルガー・クライス」のような中間派である。一方新左翼など左派はこの組織結成に懐疑的で，後述する「多色のリスト」や「オルタナティヴ・リスト」も加わっていない。ところがこの「それ以外の政治的結社・緑の党」が6月の欧州議会選挙に参加し，議席こそ得られなかったものの，得票率3.2％という予想外の善戦を見せたこと，さらに選挙後に得票率に応じて巨額の選挙補助金を受け取ったことは，左派を驚かせた。以後彼らは緑の党への参加に転じ，翌80年1月に「それ以外の政治的結社・緑の党」を母体に全国政党「緑の党（Die Grünen）」が結成されるのである。なおこの Die Grünen は正確に訳すと「緑の人々」といった意味だが，我が国での通例に従い「緑の党」と訳しておく。

さて68年世代の流れをもう一度整理しておこう。社会民主党に入党した流れの一部が同党の原発推進路線に反発して離党し，緑の党に加わった。例えば緑の党の初代共同代表の1人，ケリーがそうである。また68年運動から出てきた新左翼も反原発運動などを経て，かなりの部分が緑の党に合流した。さらに私生活に戻っていった流れの一部，特に大都市や大学都市の左翼オルタナティヴ・ミリューが緑の党の重要な支持基盤を形成するようになる。結局68年運動を経て分岐・多様化していった68年世代が，テロに走った流れを除いて再び緑の党という政党にある程度まとまったと言えよう（図3-1）。

もっとも緑の党には68年世代以外の流れも加わっている。まず結党期の右派や

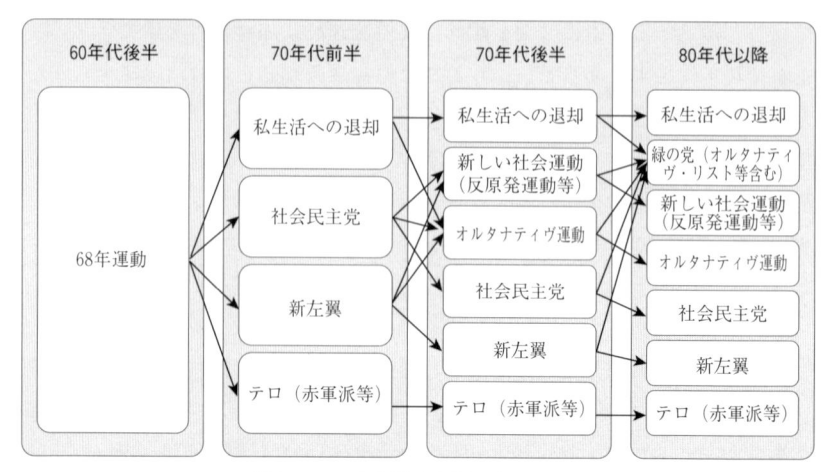

図 3-1 68年運動から緑の党への流れ

出所：筆者作成。

中間派がそうである。例えば緑の行動・未来は，78年7月に保守系の連邦議会議員グルールによって設立された環境政党であるし，独立ドイツ人行動共同体も，ドイツの中立化を求める右翼政党や団体を糾合して65年5月に設立された組織である。しかし一旦は緑の党に加わった彼らも，その多くは後に党の「左傾化」を批判し，81年頃までに党を去っていった。また93年に緑の党は「90年連合」と合同したことで，旧ドイツ民主共和国（以下東ドイツ）の市民運動の流れが加わったが，これについては後述する。さらに68年運動から出てきた新左翼で当初は緑の党に加わらずに，別個に「多色のリスト」や「オルタナティヴ・リスト」（AL）を設立した流れもあった。しかし彼らも多くはその後，緑の党に正式に合流している。

国政への進出

1980年1月に結党された緑の党は，党の基本綱領において「エコロジー的」「社会的」「底辺民主主義的」「非暴力的」を党の4大基本理念と定めた。同年10月の連邦議会選挙に立候補し，国政進出を目指したものの，得票率1.5％に終わり，議席獲得はならなかった。いわゆる5％条項のため，原則として得票率が5％に達しないと議席を得られないからである。

第 3 章　緑 の 党

　一方80年代初めには，反原発運動からスタートした緑の党に新たな運動が加わり，党の多様性を増すことにもなった。反核・平和運動である。発端は79年12月の NATO 安全会議で，ソ連による東欧への中距離核ミサイル配備に対抗して，西ドイツを含む西欧諸国にアメリカの中距離核ミサイルを配備する一方，ソ連との軍縮交渉も同時に進めるという NATO の「二重決定」が可決されたことにあった。このことが西ドイツを核戦争の最前線にしかねないとして，反核・平和運動の高まりをもたらしたのである。81年10月には首都ボンで30万人，翌82年6月には45万人を集めた大規模な反戦デモや平和集会が開かれている。与党・社会民主党は当時シュミット政権下で「二重決定」に賛成したために，それに失望して社会民主党を離党し，反核・平和運動に参加した多くの若者がいたが，彼らの少なからぬ部分はその後緑の党へ加わった。

図 3-2　連邦議会へ登院した緑の党議員
（普段着のセーター姿で話題となった，1983年）
出所：C. Amend/P. Schwarz (Hrsg.) (2011) *Die Grünen*. Hamburg: Edel Germany : 150.

　党がついに国政進出を果たしたのが，83年3月の連邦議会選挙である。ここで緑の党は得票率5.6％，27議席を獲得し，5％条項を突破した（図3-2）。次の87年1月の連邦議会選挙では得票率を8.3％，議席数を42に伸ばすなど，政界への定着を決定づけた。また80年代以降，州議会への進出も続いていたが，85年12月にはヘッセン州で初めて社会民主党との連立政権を発足させている。この時に環境相に就任し，緑の党初の大臣となったのが，後に外相となった J・フィッシャーである。一方，党内で社会民主党との連立を支持する現実派（レアロス）と否定的な原理派（フンディス）間の対立が，激しさを増してくるのもこの頃である。

選挙での敗北と復活

党が一大転機を迎えたのが，1990年のドイツ統一である。党内原理派の一部はこれを機に，旧東ドイツの社会主義統一党（共産党）の流れを汲む民主社会党（PDS）に合流していった。さらに統一直後の90年12月の連邦議会選挙では，旧西ドイツ地域で得票率4.8％に終わって，議席獲得に失敗したことも党に衝撃を与えた（旧東ドイツ地域では選挙同盟「90年連合・緑の党」が6.1％を得て，8議席獲得）。

しかし選挙での敗北は，一種のショック療法となったようである。翌91年4月のノイミュンスター党大会では党の組織改革に着手し，党を「エコロジー的改革政党」と規定した「ノイミュンスター宣言」を発表して，改革政党としての方向性を明確にした。社会民主党との連立もはっきり認め，長年党内で争われてきた問題に決着をつけている。また90年12月にまず旧東ドイツの「緑の党（Grüne Partei）」と，さらに93年5月には旧東ドイツの市民運動を糾合した「90年連合」と合同し，党名を「90年連合・緑の党」と改めた。現実路線を取る90年連合との合同は，前述の党内原理派の離党や州政権での与党経験の積み重ねと共に，党の路線の穏健化・現実化につながり，党内対立も沈静化していった。

94年10月の連邦議会選挙では得票率7.3％，49議席を得て，第3党として連邦議会に返り咲いた。68年世代に属さず，イデオロギーにとらわれない若い緑の党の議員が多く誕生したのもこの選挙の特徴である。彼らはプラグマティックな政治姿勢を持ち，保守政党への接近もいとわなかった。他方，選挙後に議員団代表の1人に就任したのが，J・フィッシャーである。巧みな弁舌で「党の顔」となる一方，党内では「影の党首」として基盤を固めていくことになる。

98年9月の連邦議会選挙では得票率6.7％，47議席と前回に比べて若干後退する結果となったが，社会民主党と多数派を形成することには成功した。その結果，両党で連立政権を組むことになり，緑の党は結党18年目にして，連邦政府与党になったのである。

政権への参加

選挙後，緑の党は脱原発，環境税や二重国籍の導入等を盛り込んだ連立協定を社会民主党と結び，シュレーダー政権を発足させた。緑の党からはJ・フィッシャーが副首相兼外相，トリッティンが環境相，A・フィッシャーが厚生相とし

第 3 章　緑 の 党

て入閣している。

　しかし政権参加の高揚感は，長続きしなかった。党の特色を発揮できる政策分野でも，社会民主党の横槍で妥協を強いられるケースが少なくなかったのである。例えば脱原発ではトリッティン環境相が原発稼働年数を25年に制限することを要求した。また緑の党内からは全原発の即時停止を求める声も強かった。しかし最終的にシュレーダー首相はそれらを押し切り，運転中の国内19基の原発をそれぞれ商業運転開始時から平均32年で全廃する妥協案で，2000年6月に大手電力4社と合意した。同様に二重国籍の導入問題では，連邦参議院での多数派獲得のため野党の自由民主党（FDP）の意見を入れ，ドイツで生まれた外国人の子どもには二重国籍を与えるが，23歳までにどちらか1つの国籍に決めなければならないという，連立与党の当初の案よりも後退した形で合意せざるを得なかった。

　こうした妥協の連続は，党内の対立を深め，支持層を離反させる結果を招いた。実際，シュレーダー政権1期目に行われた州議会選挙と欧州議会選挙すべてで，緑の党は得票率を減らし，敗北している。99年2月のヘッセン州議会選挙で得票率7.2%（前回比4.0%減），6月の欧州議会選挙で得票率6.4%（同3.7%減），2001年3月のバーデン・ヴュルテンベルク州議会選挙で得票率7.7%（同4.4%減）といった具合である。

　与党としての緑の党の迷走を招いた原因は何なのか。緑の党研究の第一人者として知られるラシュケは，「戦略上の中心」という概念を使って説明している。「戦略上の中心」とは政府，議員団，党執行部といった戦略的に重要な立場にいる数人の党幹部からなり，党の枠組みを規定するようなものである。この「戦略上の中心」を緑の党が根本的に欠いているため，例えば「期待操作」が出来ない。当初緑の党が与党となったことで，環境団体や支持者の期待はかなり大きかった。ところが連立政権の枠組み内で党が出来ることは，初めから限られている。それゆえ，実際の成功は控えめなものとなり，これが彼らの失望・離反を招いたと，彼は指摘する（Raschke 2001 : 24-30, 40-55）。

　しかしこうした与党としての緑の党の迷走も，2000年6月のミュンスター党大会で党代表にクーンとキュナストが新たに選ばれたことで，とりあえず終止符が打たれた。戦略家であるクーンとコミュニケーションに長けたキュナスト，さらに幹事長のビュティコファーからなる「戦略上の中心」が新たに作られ，機能し

89

第 I 部　ドイツの政治力学

図 3-3　2002年連邦議会選挙における緑の党集会で演説するJ・フィッシャー（ハンブルク市）
出所：筆者撮影。

始めたからである。彼らにより党内の統合路線が取られ，激しい党内対立は影を潜めていった。

こうして緑の党は当初の混乱から，相対的安定期に入り，02年9月の連邦議会選挙を迎えた。選挙戦では初めて党のトップ候補を立てて戦うことを決定し，J・フィッシャーを擁立した（図3-3）。その選挙結果は緑の党の独り勝ちとなる。前回に比べ得票率を減らした社会民主党，伸び悩んだキリスト教民主・社会同盟（CDU/CSU）と自由民主党，得票率が5％に達せず，比例区での議席配分を受けられなかった民主社会党を尻目に，緑の党は結党以来最高の得票率8.6％を得た上，初めて小選挙区でも議席を獲得したのである。

党の勝因は，第1に党のトップ候補J・フィッシャーの国民的人気であろう。フィッシャー1人にスポットが当てられた党の選挙CMが製作され，党の選挙スローガンでは「（比例区に投じられる）第2票はヨシュカ（・フィッシャー）の票」と叫ばれた。実際，緑の党に票を投じた有権者の27％までが，投票時の決定的要因になったのはフィッシャーと答えている（Klein / Falter 2003: 212）。第2に党がこれまでになく団結して「専門化」した選挙戦を繰り広げたことである。特別に雇われた選挙戦マネジャーが陣頭指揮を執り，配布する広告物のデザインから党大会の舞台装飾まで視覚的にも統一イメージを与えるよう工夫された。ライバル陣営の動きを監視する特別スタッフも初めて投入され，インターネットが効果的に使用されるなど，選挙戦の「専門化」が効果を発揮したのである。

こうして辛うじて第1党を維持した社会民主党と新たに多数派を獲得し，第2次シュレーダー政権がスタートした。シュレーダー政権2期目は，社会民主党のシュレーダー首相が選挙後になって，ドイツの財政赤字が3％を超え，EUの財政協定を守れなくなったことを発表したり，国民の年金負担額の増額を決めたり

して有権者の激しい批判を浴びる一方，緑の党は政権内の「改革派」というイメージを定着させ，支持率も常に2桁台をキープするなど好調であった。政権2期目に行われた州議会選挙と欧州議会選挙でも，当初社会民主党が得票率を低下させ，敗北を重ねる一方，緑の党は得票率を伸ばし，勝利し続けたのである。例えば03年2月のニーダーザクセン州議会選挙では社会民主党が得票率33.4%（前回比14.5%減）に対して緑の党が得票率8.1%（同3.2%増），翌04年6月の欧州議会選挙で社会民主党が得票率21.5%（前回比9.2%減）に対して緑の党が得票率11.9%（同5.5%増），9月のザールラント州議会選挙で社会民主党が得票率30.8%（前回比13.6%減）に対して緑の党が得票率5.6%（同2.4%増）という具合である。

　しかし緑の党も，「ビザ疑惑」を機に支持率が低迷するようになる。同党のフィッシャー外相やL・フォルマー前外務省上席政務次官らが，東欧からのドイツ入国ビザの取得緩和に関与したとされ，連日野党の攻撃にさらされたのである。こうして政権そのものが末期症状を呈するようになり，05年5月のノルトライン・ヴェストファーレン州議会選挙で，連立与党が敗北したことを機に，シュレーダーは連邦議会選挙の1年前倒しを決意した。

　05年9月に実施された連邦議会選挙では，緑の党は8.1%と得票率を若干減らし，第3党から第5党に転落した。そして連立与党の社会民主党と緑の党も，野党のキリスト教民主・社会同盟と自由民主党も，多数派を取れなかったため，2大政党であるキリスト教民主・社会同盟と社会民主党による大連立が選択された。こうして7年間続いた赤緑連立政権は，幕を閉じたのである。

再び野党へ

　選挙後，緑の党にとってエポックとなる出来事が起きた。十数年にわたり「影の党首」として，緑の党を実質的に率い，連邦議会選挙では党のトップ候補として戦ったJ・フィッシャーが，党の役職も含めて第一線からの引退を表明したのである。そして翌2006年6月には連邦議会議員も辞職して，連邦政界から完全に身を引いた。

　党の顔フィッシャーを失った緑の党の先行きを危ぶむ声もあったが，実際は大連立政権に加わった社会民主党が政策面で妥協を強いられて支持者離れを起こす

一方，野党に戻った緑の党は好調だった。例えば07年5月のブレーメン州議会選挙では，社会民主党が得票率36.7％と前回から4.4％も減らす一方，緑の党は前回比3.7％増の16.5％を獲得している。選挙後は，両党で連立政権を組むことになり，2年ぶりに州レベルで赤緑連立が復活した。そして09年9月の連邦議会選挙では，緑の党は10.7％という過去最高の得票率を得て，68議席を獲得した。この選挙では大連立政権への反発から2大政党が戦後最悪級の敗北を喫する一方，小政党が軒並み躍進したのが特徴である。選挙後には，多数派を得たキリスト教民主・社会同盟と自由民主党からなる保守中道政権が発足している。

09年の連邦議会選挙以降，近年の緑の党の動向として以下の2点が挙げられよう。第1に，緑の党の国民政党化を巡る議論である。緑の党の健闘，社会民主党の大敗という連邦議会選挙の結果を受けて，以後は緑の党が支持率を2割台に乗せ，社会民主党に迫る場面も見られるほどであった。例えば10年9月の世論調査では，各党の支持率はキリスト教民主・社会同盟30％，社会民主党24％，緑の党22％となっている。翌11年3月の日本の原発事故後は，脱原発を掲げる緑の党の支持率がさらに急伸し，第1党のキリスト教民主・社会同盟に迫る28％にまで上昇した。さらに同年3月のバーデン・ヴュルテンベルク州議会選挙の結果，ドイツ初の緑の党出身の州首相が誕生したり，同州の州都シュトゥットガルトでも12年10月の市長選挙で緑の党の政治家が当選したりした。これらにより，緑の党は2大政党と肩を並べるようになったとして，一部で同党の国民政党化が語られたのである。

もっとも2大政党と肩を並べたといっても，もっぱら支持率の話である。例えば党員数を見ると，12年末の時点でキリスト教民主同盟は47万6,347人，社会民主党は47万7,037人で，2大政党はいずれも50万弱を保っている。一方，緑の党の党員数は近年増加したといっても同時点で5万9,653人であり，2大政党の8分の1ほどに過ぎない。また大都市の市議会選挙の結果を見ても，たしかに緑の党は11年にブレーメンで22.6％，フランクフルトで25.8％，09年にケルンで21.7％の高い得票率を得たが，絶対得票率（全有権者の内，緑の党に票を投じた割合）で見ると，それぞれ12.5％，10.4％，10.5％に過ぎない。それゆえ世論調査の専門家ギュルナーは，緑の党はせいぜい全有権者の10分の1程度の少数派に選ばれる政党だとして，国民政党化説には否定的である（Güllner 2012: 82, 104）。実

際12年以降，ギリシャに端を発する欧州経済危機が重要課題に浮上すると，与党のキリスト教民主・社会同盟の支持率が上昇する一方，緑の党の支持率は10％台前半という定位置に戻ってしまった。

　第2に，緑の党の保守への接近や保守政党（キリスト教民主・社会同盟）との連立（黒緑連立）も近年取り沙汰されている。そうした動きは90年代半ばにまず市町村レベルで始まった。94年にノルトライン・ヴェストファーレン州ミュールハイムでドイツの大都市初の黒緑連立が成立したのが嚆矢とされる。その後黒緑連立で統治されている市町村は増加し，06年7月の時点では，フランクフルトを筆頭にエッセン，キールなど約30を数え，珍しくなくなっていた。州レベルでも08年5月にハンブルク州で黒緑連立が，翌09年11月にはザールラント州でキリスト教民主同盟，自由民主党と緑の党による「ジャマイカ連立」（キリスト教民主同盟のシンボルカラーが黒，自由民主党が黄，緑の党が緑で，ジャマイカ国旗の色が黒，黄，緑であることによる）が実現している。

　緑の党が保守政党との連立に踏み切る背景には，連立オプションを増やしておきたい事情があろう。基本的に全党と連立可能な社会民主党に対し，緑の党の連立相手はもっぱら社会民主党のみである。それゆえ社会民主党との連立（赤緑連立）を優先するにしても，保守政党との連立もちらつかせることで，社会民主党を牽制できるという考えがあるようだ。もっとも緑の党の支持者レベルでは，黒緑連立に関して必ずしも合意が出来ているとは言えない。例えば12年11月に実施された世論調査によると，次期連邦議会選挙後に黒緑連立が実現したらという質問に，緑の党の支持者のうち，「良い」と答えたのが50％，「あまり良くない」または「悪い」と答えたのが48％で完全に二分されている。同年3月に実施された別の世論調査でも，緑の党の支持者で黒緑連立を望むのは33％にとどまる一方，赤緑連立を望むのは86％にも達している。同調査によると緑の党の選挙民は，自身を社会民主党の選挙民より左に位置づけており，中道層にも支持層を広げたい党首脳の思惑とは別の結果が出ているようだ。

2　党の支持層

　緑の党を支持したり，選挙の際に票を投じたりしている人はどんな人なのだろ

うか。

　まず結党期と変わらないのは，元々旧西ドイツで結党されたため，緑の党は圧倒的に旧西ドイツ地域で強いということである。例えば09年の連邦議会選挙で緑の党は旧西ドイツ地域で11.5％を獲得した一方，旧東ドイツ地域では6.8％にとどまった。同選挙では，緑の党に票を投じた者の内，旧東ドイツ地域在住者の占める割合は12％に過ぎないのに対し，旧西ドイツ地域在住者の割合は88％にも上っている。90年のドイツ統一後，旧東ドイツの90年連合との合同を果たしたとはいえ，国民の2割が住む旧東ドイツ地域では未だに支持拡大に成功していないことが窺える。

　中でも緑の党への支持が強いのが，旧西ドイツ地域の大都市である。09年の連邦議会選挙を例に取ると，旧西ドイツの大都市（ハンブルク，ブレーメン，ハノーファー，ドルトムント，エッセン，デュースブルク，デュッセルドルフ，ケルン，フランクフルト，シュトゥットガルト，ニュルンベルク，ミュンヒェン，西ベルリン）では，全有権者の11.1％が緑の党を選んでいるのに対し，それ以外の地域では6.9％に過ぎない。ちなみに旧西ドイツの大都市とそれ以外の地域における絶対得票率（分母は同様に全有権者）を見ると，キリスト教民主・社会同盟は19.6％と24.1％，社会民主党は18.1％と15.8％となっているから，緑の党の旧西ドイツの大都市における強さは際立っていると言えよう（Güllner 2012：76）。

　また高学歴者の支持は当初から強かったが，近年は一層強まっている。例えば83年の調査では緑の党の支持者の内，基幹学校卒のみは28％であるのに対し，中等教育資格修了者は26％，大学入学資格取得者は46％だった。これが09年の調査では，それぞれ8％，21％，71％となり，支持者の高学歴化がさらに強まっている（図3-4）。

　一方変化したのは，男女の割合である。80年の連邦議会選挙で緑の党に票を投じた者の内，男性は54％，女性は46％であり，男性が多かった。ところが選挙ごとに女性の占める割合が増加し，87年の連邦議会選挙では両者がほぼ半々となった。以後は女性の占める割合が男性を上回るようになり，09年の連邦議会選挙では，男性42％に対し，女性が58％となっている（図3-5）。

　また他党と同様，支持者の高齢化も見られる。元々結党期の緑の党は，圧倒的に若者の党であった。「新しい社会運動」を支えた若者が，党を支持したからで

第 3 章　緑 の 党

(単位：％)

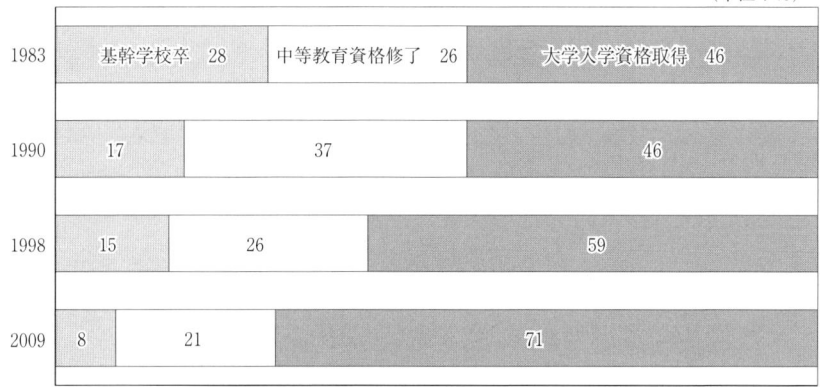

年	基幹学校卒	中等教育資格修了	大学入学資格取得
1983	28	26	46
1990	17	37	46
1998	15	26	59
2009	8	21	71

図 3 - 4　学歴別に見た緑の党支持者
出所：Güllner (2012：96) を一部修正。

(単位：％)

年	男性	女性
1980	54	46
1983	52	48
1987	50	50
1990	47	53
2002	46	54
2005	44	56
2009	42	58

図 3 - 5　緑の党選挙民の男女別割合
出所：Güllner (2012：93) を一部修正。

ある。しかし近年は緑の党も高齢化に見舞われつつあり，「緑のグレー化」が語られることもしばしばである。

　例えば選挙民を見てみよう。緑の党に票を投じた有権者の内，80年の連邦議会選挙では18～24歳の年齢集団が43％を占めていたが，90年には23％，09年には12％と低下した。一方25～34歳の年齢集団の割合は80年の27％から90年の39％に増加後，02年で19％，09年で15％と減少に転じている。これに対し45～59歳の年

第Ⅰ部　ドイツの政治力学

(単位：%)

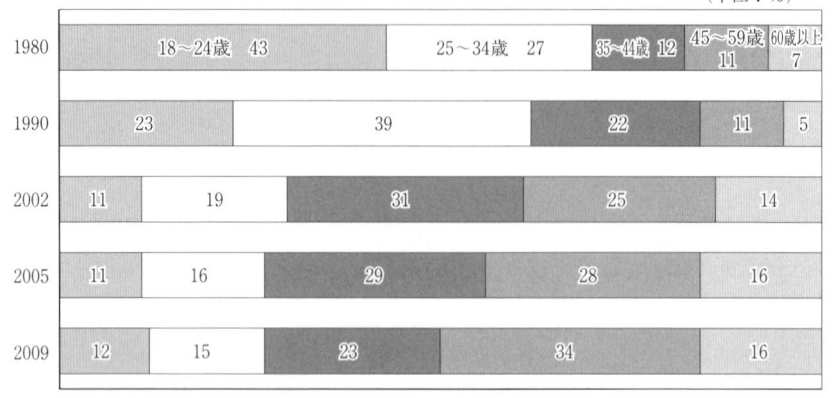

年	18～24歳	25～34歳	35～44歳	45～59歳	60歳以上
1980	43	27	12	11	7
1990	23	39	22	11	5
2002	11	19	31	25	14
2005	11	16	29	28	16
2009	12	15	23	34	16

図3-6　緑の党選挙民の年齢構造

出所：Güllner (2012: 90) を一部修正。

齢集団の割合は，80年では11％に過ぎなかったが，02年で25％，05年で28％と増加の一途を辿り，09年には34％となって，最大グループとなっている。また60歳以上の年齢集団の割合も，80年ではわずか7％だったが，02年には14％，09年には16％と着実に増えている。党を支持したかつての「若者」が年を取っても党に忠実に票を投じている一方，今の若者の支持獲得があまり進んでいないと言えよう（図3-6）。

党支持者の職業構造はどうであろうか。中核を占めるのは新中間層である。例えば12年1月から6月になされた調査によると，緑の党への支持を表明したのはホワイトカラー（Angestellte）では男性で14％，女性で19％，官公吏（Beamte）では男性で16％，女性で25％，自営業では男性15％，女性21％となっており，特に女性では平均をかなり上回る支持が見られる。一方労働者では，男性で7％，女性で8％であり，平均以下である（Güllner 2012: 102）。労働者や年金生活者の緑の党への支持は伝統的に弱く，そうした傾向は今も変わっていない。

結局典型的な緑の党の支持者というのは，45～59歳の高学歴の中年女性で，旧西ドイツ地域の大都市に住む新中間層といったことになろうか。

3　綱領の変遷

結党時の綱領

　緑の党は，1980年の結党時に連邦綱領を制定している。その前文では，「エコロジー的」「社会的」「底辺民主主義的」「非暴力的」を4大基本理念に掲げていた。「社会的」とは，社会的公正を重視するといったぐらいの意味である。続く本文では，具体的な要求として，原発の即時停止，西ドイツ連邦軍解体，NATOとワルシャワ条約機構即時解消，すべての外国軍隊の撤退，東西欧州への非武装地帯の創設等を訴えている。当時の綱領を読む限り，目指す社会像はあいまいなものの，総じて急進的なエコロジー主義と反戦平和主義に貫かれていたと言っていい。特に後者は綱領に盛り込まれた「社会的防衛」という概念に明確に見られよう。これは万一西ドイツが他国に占領された場合，住民は占領者に対して徹底的に非暴力，不服従，非協力を貫き，占領が利益にならないことを相手に悟らせて撤退させるという，いささか理想主義的な考えに立つものであった。

90年連合との合同協定

　綱領的文書としては90年連合との合同時に制定された1993年の合同協定も注目に値しよう。とりわけ協定の「基本合意」の部分は両党の政治的自己理解，共同の基本価値をまとめたもので，綱領的性格を持っている。そこでは中心目標として，「人権」「エコロジー」「民主主義」「社会的公正」「男女の社会的対等」「非暴力」の6つが挙げられた。「人権」が筆頭に挙げられ，連邦綱領では第1位に挙げられていた「エコロジー」が次位に後退している点が目を引く。また連邦綱領で見られた反資本主義的主張は影を潜め，地球規模のエコロジー危機を招いた責任の一端は社会主義にもあるとしている。旧東ドイツの人権抑圧・社会主義体制を倒した市民運動の流れが，党に加わったことの影響が見て取れよう。さらに連邦綱領では否定されていた国家の暴力独占が容認される一方，分権化・非官僚化が要求され，リバタリアン志向が強まっている点も注目される（Hoffmann 1998: 225-227）。

第Ⅰ部　ドイツの政治力学

新綱領制定

　結党時の連邦綱領は20年以上にわたって効力を保ってきたわけだが，やがてグローバルな環境の変化を受けて，新たな連邦綱領の必要性が議論されるようになった。新綱領の論議は1999年に始まっている。同年初頭に党評議会が，党内に綱領委員会を創設することを決定し，翌2000年2月，党の幹事長ビュティコファーが委員長を務める綱領委員会が招集された。同時に党内の議論は99年11月のカッセルにおける綱領会議を皮切りに本格的に進められていく。綱領の第1次草案は2001年7月，綱領委員会において全会一致で可決され，一般に公開された。さらに党の夏季アカデミーや地域会議等の議論を経て，翌02年1月，第2次草案が党の幹部会で可決されている。第2次草案では01年9月の対米同時多発テロを受けて，グローバル化やそれがもたらす否定的影響を前面に打ち出し，国家独自の自衛権および集団的自衛権をはっきり認めるなどの変化が見られた。

　第2次草案は02年3月のベルリン党大会で党幹部会案として提案され，3日間の討議と若干の修正を経て，新綱領として90％以上の賛成多数で可決された。修正点としては，左派シュトレーベレらの提案に沿う形で，「グローバル化に対する抵抗は正しくかつ必要である」との一文が前文に盛り込まれ，グローバル化批判の部分が強調されたことによって，左派が若干巻き返した形となった。

　3年越しの議論を経て採択された新綱領は，「未来は緑」とタイトルが付けられている。前文では，「我々の価値」として「エコロジー」「自己決定」「公正の拡大」「生き生きした民主主義」の4つが挙げられ，さらに「我々は同じ強さでもって支持する」ものとして，「非暴力」と「人権」が続いている。旧綱領の4大基本理念の内，「エコロジー的」のほか，「社会的」は「公正の拡大」に，「底辺民主主義的」は「自己決定」と「生き生きした民主主義」に受け継がれたと言えるが，「非暴力的」は実質的に4大基本理念から外され，一歩後退したと言えよう。また93年の「基本合意」に対しては，再び「エコロジー」が第1位に挙げられている点も注目される。そして前文に続く7つの章では具体的な目標と取り組みとして，脱原発と代替エネルギーの早期開発，投機規制のための「トービン税」への支持，ベーシック・インカム（基礎所得保障）の導入，選挙権年齢の引き下げ，直接民主制の強化等が挙げられている。

　新綱領の意義としては，以下の点が挙げられよう。第1に，「非暴力」理念の

後退・変容である。旧綱領では「非暴力」原則は,「無制限かつ例外なしに有効」として西ドイツ連邦軍解体や社会的防衛を要求していたが,新綱領では「法治国家として,また国際法上,正当な暴力の使用は常に排除され得るわけではない」とされた。そして「国連,欧州安全保障協力機構 (OSCE), EU, NATO の一員として,ドイツは集合的安全と世界平和の維持のために適切な寄与をすることを義務づけられている」として,ドイツ連邦軍の海外派遣を承認した。ただし党内左派の要求を入れ,派遣時の連邦議会の賛成は過半数ではなく,3分の2の多数を必要とするとされて,ハードルが若干上げられた。

　第2は,「反政党的政党」理念との決別である。緑の党は既成政党と一線を画して抵抗政党に徹するべきとして,ケリーがこの名称を使用して以来,「反政党的政党」は党の性格を表す理念となった。事実,旧綱領は前文冒頭で「我々は従来の政党に対するオルタナティヴである」と謳っていた。これに対し新綱領では「我々はもはや「反政党的政党」ではなく,政党システム内部におけるオルタナティヴである」(いずれも傍点は引用者) として,改良政党的方向を明確にした。

　第3は,市場経済擁護の明確化である。旧綱領はエコロジー危機を招来するものとして資本主義への強い批判に貫かれていたが,新綱領では「我々の経済システムをエコロジー的社会的市場経済にさらに発展させ,それによって今日と明日の生活の質を守ることを我々は望む」とし,市場経済擁護を明確にしている。

2013年連邦議会選挙綱領

　新綱領が制定されて10年以上経つわけだが,近年の緑の党の政策を知るために,最新の選挙綱領も紹介しておこう。それが2013年4月のベルリン党大会で採択された連邦議会選挙綱領「緑の変化の時」である。

　綱領の柱の1つが,税負担を公正にするための高所得者への課税強化である。例えば財産税の一時導入,所得税の最高税率を42％から49％へ引き上げ,夫婦分割課税方式の将来の廃止等が盛り込まれた。これらで得た収入を国の債務削減や教育・福祉の拡充に投入するとしている。こうした増税案には,高所得者だけでなく,中間層にも打撃を与えることになるとの専門家の試算や,経済成長を阻害するとの経済界からの批判も出た。

　もう1つは,憲法擁護庁の改革,とりわけ情報提供者 (V-Leute) の廃止であ

る。背景には近年発覚したネオナチ過激派の「国民社会主義地下組織」(NSU)を巡る憲法擁護庁のスキャンダルがある。これは当組織のメンバーが過去11年間にわたり外国人と警察官計10人を射殺していたにもかかわらず，内部の情報提供者がうまく機能せず，事件の拡大を防げなかった上，事件に協力していた疑いまで出てきた。さらには事件発覚後，連邦擁護庁が関係書類を廃棄したとされ，擁護庁とネオナチの密かなつながりが改めて取り沙汰されたのである。そこで憲法擁護庁の改革が急務とされたが，党首脳の案では治安維持の責任上，情報提供者の全面廃止には反対であった。しかし党大会の代議員はこれに従わず，330対294の僅差で，全面廃止の要求案を可決した。もっともこれに対しても，連立相手に想定される社会民主党から，情報提供者を制限する必要はあるが，全面廃止には反対との懸念も寄せられている。

綱領ではそれ以外に，経営者の高給制限，30年までに石炭火力発電からの脱却と再生可能エネルギーからの完全な電力供給，時給8.5ユーロの最低賃金制導入，選挙権年齢の16歳への引き下げ等が盛り込まれた。この選挙綱領について各メディアは，全体として党が若干左傾化したようだと伝えている。

4　党内組織構造

結党期の組織構造

「運動政党」「運動が議会に伸ばした腕」と自己規定し，結党時の綱領で「従来の政党に対するオルタナティヴ」を謳っていた緑の党は，党内組織構造もユニークだった。「エコ基金」「ローテーション制」「議員職と党の役員職の兼任禁止」「党複数代表制」「クオータ制」等がその代表である。しかし多くは時期が経つにつれて問題点が指摘されるようになり，修正または廃止されて，他党並みの制度化・専門化が進んだ。

エコ基金は，議員は歳費のうち，熟練労働者の手取り平均賃金に相当する額のみ受け取り（83年時点で2,000マルク〔約20万円〕），それ以外は党が管理して，運用益でエコロジー運動などを支援する制度である。導入された83年から91年までの間だけでも，連邦レベルでは5,000～6,000のプロジェクトが支援され，支援総額は約1,200万マルクに上ったという。

第3章　緑の党

　ローテーション制とは党の議員はすべて当選後2年で議員を辞職し，後任と交代するものであった。また党の幹部会メンバーも，原則2年で交代とされた。職業政治家の発生を防ぐためである。しかし辞職を拒否し，居座る議員が出てきたり，議員職を辞職した後，一定期間党の役員職に就き，その後再び議員職に戻るという「対角線ローテーション」が横行したりしたため，91年のノイミュンスター党大会で制度は廃止された。

　「議員職と党の役員職の兼任禁止」は，少数者への権力の集中を防ぐと共に，妥協に走りやすい議員団の議会主義的傾向を，独立した党幹部会によってブレーキをかけることを目的とした。しかし目論見はうまくいかず，議員団

図3-7　緑の党は現在も複数代表制
（党首は両端の2人，議員団長は真ん中の2人，2009年）
出所：C. Amend/P. Schwarz (Hrsg.) (2011) *Die Grünen*. Hamburg : Edel Germany : 383.

と党の意思の疎通に支障をきたしたほか，党内に権力の中心が発生することを未然に防ぐために党の幹部会を出来るだけ弱くしたことが，かえって連邦議会議員団の力を強めることになったとされる。

　党複数代表制も党内の権限が1人に集中しないように，党や議員団の代表を複数の人物が務めるものである。当初は各代表を3人が務め，名称も「スポークス（ウー）マン」だった。だがこれも各代表3人がお互いにライバル関係になり，意思疎通に問題が出てくるといった弊害が指摘されるようになる。結局91年に各代表の数が2人に減らされた上，それぞれ「議員団長」（98年～），「党首」（2001年～）と呼ぶようになり，他党並みになってしまった（図3-7）。

　一方，現在でも比較的良好に機能しているのがクオータ制である。党役員や議員候補の半分以上は女性に当てるとした同制度は，当初は推奨に過ぎなかったが，86年に規則化され，これだけは結党時に比べ厳格化された。後に2大政党のキリ

スト教民主同盟や社会民主党もクオータ制を採用するに至っている。

党組織改革へ

　1990年のドイツ統一選挙での敗北を受け，翌91年のノイミュンスター党大会では党の合理化，専門化を目指して，組織改革が着手された。党代表が3名から2名に，連邦幹部会も13名から9名にスリム化され，さらに幹事長職が導入される一方，連邦中央委員会に代わって州評議会が新設された。常設的な最高機関である後者には連邦，州および欧州議会の議員の一部が加わることが許されたため，「議員職と党の役員職の兼任禁止」原則は緩和されることになった。

　98年の連邦政権入りを受けた同年12月のライプツィヒ党大会では，さらに組織改革が推し進められた。連邦幹部会が9名から5名へ一層スリム化された一方，新たに連邦幹部会員と，党大会で選ばれた25名で構成される党評議会が設置された。総勢30名からなる党評議会は他党の幹部会に当たる組織だが，規模が大きすぎ，開かれるのも月一度で迅速な決定が下せないという批判が絶えなかった。

　党組織改革の焦点であり続けたのが，「議員職と党の役員職の兼任禁止」の緩和・廃止問題である。連邦幹部会員に選ばれるには議員は議席を放棄しなければならず，なり手があまりいない。それゆえ幹部会ポストは，二線級の政治家が将来議員や大臣としてキャリアを積むための単なる「踏み台」になっている現状があり，党内現実派がこの原則の完全廃止を求めた。

　2000年3月のカールスルーエ党大会では，「議員職と党の役員職の兼任禁止」原則のさらなる緩和が焦点となった。党代表選に立候補を表明したクーンとキュナストが，緩和が実現しなかった場合は立候補しないと表明するなど，大会開催以前から議論は白熱した。しかし採決の結果，規約改正に必要な3分の2の多数を得られず，再び緩和は実現しなかった。同時に連邦幹部会が6名に再び増やされる一方，党評議会は逆に16名に大幅に減らされて実際の決議権も持ち，他党の幹事会に当たる機能を引き受けることになった。

　02年の連邦議会選挙を受けて，同年10月のブレーメン党大会では，再び「議員職と党の役員職の兼任禁止」の緩和要求が持ち上がった。党首を務めるロートとクーンが議員に当選したため，党首を続けるには議員を辞職しなければならなくなったからである。しかし党大会では，緩和提案はまたもや否決されてしまう。

そこで12月のハノーファー党大会では，ロートとクーンに議員と党首兼任を暫定期間認める妥協案が提出されたが，これも否決されてしまった。結局両者も議席を放棄する考えはなかったので党首を辞任後，「議員職と党の役員職の兼任禁止」の緩和問題は，党の底辺に決着が委ねられた。そして03年4月から5月にかけて党員投票が行われ，約67％の賛成を得て，「議員職と党の役員職の兼任禁止」の緩和が実現することになった。以後，党の執行部である連邦幹部会員6人の内，2人までは議員を兼任することが出来るようになり，長年争われてきたこの問題は一応の決着を見たのである。

党員数の変遷

最後に，緑の党の党員数に触れておこう（表3-1）。80年に結党された当時，緑の党の党員数は約1万人であった。その後急速に増加し，87年には4万2,000人と，4万人の大台に乗った。90年の連邦議会選挙で議席を失った後，一旦党員数は減少に転じて3万人台に転落するが，92年を底に再び増加する。連邦議会に再び議席を獲得した94年には4万3,899人と4万人台に復帰し，政権へ到達した98年には5万1,812人と5万人を超えた。しかし翌99年には政権参加後の党内対立とそれに伴う離党者もあって減少に転じ，4万9,488人と4万人台に逆戻りする。しかし2007年の4万4,320人を底に翌08年より増加に転じて10年には5万2,608人と5万人台に復帰し，13年初頭には党員が6万人を超えて，

表3-1 緑の党の党員数変遷 (1982～2010年)

年	党員数
1982	22,000
1983	25,222
1984	31,078
1985	37,024
1986	38,170
1987	42,419
1988	40,768
1989	41,171
1990	41,316
1991	38,873
1992	36,320
1993	39,761
1994	43,899
1995	46,410
1996	48,034
1997	48,980
1998	51,812
1999	49,488
2000	46,631
2001	44,053
2002	43,795
2003	44,052
2004	44,322
2005	45,215
2006	44,677
2007	44,320
2008	45,089
2009	48,171
2010	52,608

出所：(1982～2005年) L. Probst (2007) "Bündnis 90/Die Grünen," F. Decker, V. Neu (Hrsg.) *Handbuch der deutschen Parteien.* Wiesbaden：VS：186.
(2006～2010年) L. Probst (2011) "Bündnis 90/Die Grünen auf dem Weg zur 'Volkspartei'? Eine Analyse der Entwicklung der Grünen seit der Bundestagswahl 2005," O. Niedermayer (Hrsg.) *Die Parteien nach der Bundestagswahl 2009.* Wiesbaden：VS：134.

自由民主党の党員数を追い越したと報じられた。

5　党内潮流

80年代の党内抗争

　緑の党の歴史は激しい党内抗争の歴史でもある。緑の党研究の第一人者ラシュケは，「緑の党の歴史とは路線対立の歴史である」と語っているほどだ（Raschke 1993：143）。もっとも近年は党内最左派の離党や党改革も手伝って，党内抗争は下火になりつつある。

　まず「党内潮流」という言葉を説明しておこう。緑の党の党内集団の場合，長期にわたって存続し，メンバーも固定している「派閥」ほどは組織化されていないが，未組織で漠然としたメンバーしかいない「傾向」よりは制度化が進んでいるとして，一般に「潮流」と言われることが多い。以下ではそれに従い，緑の党の党内集団を「潮流」と表記する。

　さて結党後，80年代半ばまでに4つの潮流が生まれた。バーロやケリー，ディトフルトに代表される，一切の妥協を排する「フンディス」，エバーマンやトランペルト等，エコロジー危機を資本と労働間の対決の矛盾と捉える「エコ社会主義者」，J・フィッシャーやクライナート等，社会民主党との連携を目指す「レアロス」，ハーゼンクレーヴァーやクレッチュマンといった，保守との連携も排除しない「エコ・リバタリアン」である。当時は社会民主党との連立の是非が党内の最大の焦点だったが，前二者が連立に否定的で原理派，後二者が肯定的で現実派と呼ばれていた。

　主に原理派は党執行部を，現実派は連邦議会議員団を拠点としていたが，党内人事や路線問題を巡り80年代後半には両者の対立が頂点に達した。そこで対立の調停を目指し，中間派として，88年初めにフュックスやA・フォルマーらが「緑の出発88」を結成した。さらに同年夏にはL・フォルマーら原理派内の穏健派が，社会民主党との連立も否定しない柔軟路線を採る「左派フォーラム」を設立した。

　90年のドイツ統一は，さらに原理派の脱党や再編を促した。まず90年4月にはエコ社会主義者の代表格，エバーマンとトランペルトが，90年夏にはシュタムや

レーンツら左派フォーラムの一部が党を離れる。最終的に翌91年5月，ディトフルトらフンディス300人が離党し，残った党内原理派は左派フォーラムに結集した。

レアロスと穏健左派の「大連立」

　同じ頃，現実派や中間派でも潮流の再編が起きた。エコ社会主義者の対極として設立されたエコ・リバタリアンは，エコ社会主義者が弱体化するにつれて存在意義を失い，1990年代初めには活動を停止した。一方中間派として出発した「緑の出発88」は，次第に当初の調停役を放棄して，露骨に党の左派色を一掃しようとするなど，右派色を強めていった。これに対し，現実派のレアロスも次第に距離を置き始め，最終的にそれまでの「緑の出発88」との提携を解消し，穏健左派である左派フォーラムとの提携に転じる。91年のノイミュンスター党大会で，党をエコロジー的改革政党と規定した「ノイミュンスター宣言」策定にレアロスと左派フォーラムが協力したことにより，両者の提携は深まっていった。こうして党内は穏健左派が結集する左派フォーラム（93年には「バーベルスベルガー・クライス」と改名）と，右派のレアロスの2強時代となり，両者の提携による「大連立」が成立したことで，かつての激しい党内抗争は影を潜めていく。

　しかし98年の連邦政権への参加が，党内対立を再燃させる結果となった。とりわけ左派の間に深刻な亀裂をもたらしたのである。例えばコソヴォ危機に対するドイツ連邦軍派遣を巡り，左派は「平和派」と「人権派」に分裂した。あくまで非暴力原則に徹し，軍事介入を否定する「平和派」に対し，「人権派」はコソヴォ・アルバニア系住民に対するセルビアの人権侵害を止めさせるには軍事介入もやむなしと考えた。結局99年5月のビーレフェルト党大会の後，左派の集合体である「バーベルスベルガー・クライス」は活動停止に追い込まれる。以後左派はトリッティン環境相，ミュラー連邦議会議員団長，L・フォルマー外務省上席政務次官ら，政府や議員団要職にある現実志向の「政府内左派」と，それ以外の「政府外左派」に分かれ，前者はレアロスと共同歩調を取るようになっていく。

　一方原理派再結集の試みとして，96年にシュレースヴィヒ・ホルシュタイン州での緑の党の州政権参加に抗議して結成された「底辺緑」が，ビーレフェルト党大会後，連邦レベルで勢力を拡大していった。2000年9月には，100人の正式な

会員の他に，約1,000人のシンパを抱えるまでに成長している。しかしこれが頂点であり，以後は低落傾向を示すようになった。会員の一部が党への不満から離党したことで，会員の中に緑の党員と元党員が混在するようになり，次第に内部対立が目立つようになったからである。当初より底辺緑を実質的に率いてきたヘンツェが01年1月にグループを去った後，組織は急速に衰退し，03年末をもって正式に解散した。

現在の緑の党は，レアロスと左派の二極状況である点は変わらないが，激しい党内対立は見られない。むしろレアロスと左派がお互いに住み分けを図った上で，それぞれを緩やかに束ねている状態である。それはもはや「潮流」ではなく，「傾向」と言ったほうが適切かもしれない。

党内抗争を終わらせたもの

最後に1980年代の激しい党内対立を鎮静化させたのは何だったのかという問題を考えてみたい。前述のように90年前後に党の最左派が離党して穏健左派だけが残ったこと，80年代以降州政権に参加して経験を積み重ねていったことが党の穏健化に寄与したことも事実であろう。さらに現実路線を取る旧東ドイツの90年連合と93年に合同したことも，そうした動きを後押しした。しかし最大の要因として，90年代以降，党内人事で潮流を適切にポストに反映させるプロポルツ制が取られるようになったことを指摘しておきたい。

例えば党代表の変遷を示した表3-2を見てほしい。党内対立が先鋭化した80年代には，84年や87年のように党代表3人を左派で独占して，現実派を締め出すといったことが行われた。それは当然，現実派の反発を生み，党内対立をさらに激化させる結果となった。ところが93年以降，党代表2人のポストが現実派と左派に1つずつ割り振られるようになっている。事実上のプロポルツ制である。こうしたことは党規約に盛り込まれた公式のものではなく，非公式のものであり，党内人事の硬直化や，現実派にも左派にも属さない独立系候補の当選を困難にするといった弊害を一方で生み出した。しかし他方で党内対立の鎮静化につながったことも疑いえないのではないだろうか（Nishida 2005：341）。

第3章 緑の党

表3-2 緑の党代表の変遷

年	名前（出身）	潮流別構成
1980	アウグスト・ハウスライター（AUD）＊ ペトラ・ケリー ノルベルト・マン（緑のリスト）	M＋L＋M
1981	ディーター・ブルクマン（AUD） ペトラ・ケリー マノン・マレン＝グリーゼバッハ	M＋L＋？
1982	マノン・マレン＝グリーゼバッハ ライナー・トランペルト（Zグループ） ヴィルヘルム・クナーベ（中間派）	？＋L＋M
1983	レベッカ・シュミット（元KPD） ライナー・トランペルト（Zグループ） ヴィルヘルム・クナーベ（中間派）	L＋L＋M
1984	ユッタ・ディトフルト（フンディス） ライナー・トランペルト（エコ社会主義者） ルーカス・ベックマン（フンディス）	L＋L＋L
1987	ユッタ・ディトフルト（フンディス） レギーナ・ミヒャリク（急進フェミニスト） クリスティアン・シュミット（エコ社会主義者）	L＋L＋L
1989	ルート・ハマーバッハー（レアロス） ラルフ・フュックス（出発派） フェレナ・クリーガー（エコ社会主義者／急進フェミニスト）	R＋M＋L
1990	ハイデ・リューレ（批判的レアロス） レナーテ・ダムス（左派フォーラム） ハンス・クリスティアン・シュトレーベレ（独立系左派）	R＋L＋L
1991	ルートガー・フォルマー（左派フォーラム） クリスティーネ・ヴァイスケ（元東独緑の党／左派）	L＋L
1993	マリアンネ・ビルトラー（元90年連合／レアロス） ルートガー・フォルマー（バーベルスベルガー・クライス）	R＋L
1994	ユルゲン・トリッティン（バーベルスベルガー・クライス） クリスタ・ザガー（レアロス）	L＋R
1996	グンダ・レステル（レアロス） ユルゲン・トリッティン（バーベルスベルガー・クライス）	R＋L
1998	グンダ・レステル（レアロス） アンチェ・ラトケ（バーベルスベルガー・クライス）	R＋L
2000	レナーテ・キュナスト（左派） フリッツ・クーン（レアロス）	L＋R
2001	クラウディア・ロート（左派） フリッツ・クーン（レアロス）	L＋R
2002	アンゲリカ・ベーア（左派） ラインハルト・ビュティコファー（レアロス）	L＋R
2004	クラウディア・ロート（左派） ラインハルト・ビュティコファー（レアロス）	L＋R
2008	クラウディア・ロート（左派） チェム・エズデミーア（レアロス）	L＋R

注：R：現実派，L：左派，M：中間派。
　＊1980年6月にディーター・ブルクマン（AUD）に交代
出所：Nishida（2005：284-290）等を基に筆者作成。

6　党のブルジョア化？

　近年ドイツのメディアでは，緑の党のブルジョア化が語られたり，保守政党との連立（黒緑連立）の可能性が語られたりすることが少なくない。州レベルでは前述のように黒緑連立やジャマイカ連立がすでに実現しており，今では国政レベルでいつ実現するのかが焦点になりつつある。緑の党と保守政党の若手連邦議会議員同士が将来の連携を目指して，定期的会合を立ち上げる動きもあるようだ。緑の党が保守陣営に「市民（ブルジョア）をギョッとさせる存在（Bürgerschreck）」と評された80年代とは隔世の感がある。

　しかしこのように，党のブルジョア化や保守への接近のみを語るのはいささか一面的ではないだろうか。なぜなら党内にはそうした方向性を志向する現実派（レアロス）だけでなく，否定的な左派も存在するからだ。左派は，むしろ左翼陣営の結集を目指して社会民主党と左翼党との赤赤緑連立を志向し，保守への接近には懐疑的である。それゆえ現在の緑の党を一枚岩と見るのではなく，1つの党の中で現実派と左派が常に「大連立」を組んでいる状態と見る方が実態に合っており，そうした視点からの分析が求められよう。

　冒頭で紹介したキッチェルトによる「左翼リバタリアン政党」という定義をもう一度思い出してほしい。彼の言うように，緑の党は「左翼」と「リバタリアン」双方の要素を持っているのであり，前者を代表する左派と後者を代表する現実派が党内で併存し続ける状況は，今後も変わらないであろう。

参考文献

小野一（2012）『現代ドイツ政治の変容――社会民主党，緑の党，左翼党の挑戦』吉田書店。

同盟90／ドイツ緑の党（2002＝2007）『未来は緑――ドイツ緑の党新綱領』（今本秀爾監訳）緑風出版。

西田慎（2002）「変容する緑の党――左翼とリバタリアンの狭間で」『ドイツ研究』第35号，96-111頁。

西田慎（2009）『ドイツ・エコロジー政党の誕生――「六八年運動」から緑の党へ』昭和堂。

M. Güllner (2012) *Die Grünen. Höhenflug oder Absturz ?* Freiburg : Herder.
J. Hoffmann (1998) *Die doppelte Vereinigung. Vorgeschichte, Verlauf und Auswirkungen des Zusammenschlusses von Grünen und Bündnis 90.* Opladen : Leske+Budrich.
H. Kitschelt (1989) *The Logics of Party Formation.* Ithaca : Cornell University Press.
M. Klein / J. W. Falter (2003) *Der lange Weg der Grünen. Eine Partei zwischen Protest und Regierung.* München : C. H. Beck.
M. Nishida (2005) *Strömungen in den Grünen (1980-2003) : Eine Analyse über informell-organisierte Gruppen innerhalb der Grünen.* Münster : LIT.
J. Raschke (1993) *Die Grünen. Wie sie wurden, was sie sind.* Köln : Bund.
J. Raschke (2001) *Die Zukunft der Grünen. "So kann man nicht regieren."* Frankfurt/Main : Campus.

第 4 章

左 翼 党

小野　一

―― この章で学ぶこと ――

　2005年連邦議会選挙で確立した5党制の下，ドイツ政治は新たな局面を迎える。キリスト教民主・社会同盟と自由民主党からなる中道保守陣営に，ドイツ社会民主党と緑の党からなる赤緑連立が対峙するというのが80年代以降の図式だった。左翼党の定着により，いずれのブロックも多数派形成できない議席配置がしばしば出現するようになった。その背後には政党連立戦術に解消されない構造変化があるという意味で，緑の党の登場にも匹敵する戦後2度目の政治的再編成である。

　左翼党は，ドイツ再統一（1990年）以後，旧東ドイツ地区で活動していた民主社会党（PDS）が，旧西ドイツの「選挙オルタナティヴ・雇用と社会的公正」（WASG）と共闘したことをきっかけに誕生した。伝統的な対立軸上では左に位置し，強い物質主義的傾向を示すとされることが多い。だが同党の性格規定は容易でない。経済グローバル化・ヨーロッパ化や個人主義の伸張，新しいテーマ（環境，家族政策，移民問題など）のイシュー化に直面する中で，新たな政治的役割を獲得しつつある。

　左翼党の特異な政治的立場や組織構造は興味深い分析対象だが，それを政党システムとの相互関係の中で捉える視点も重要である。それは，混迷のドイツ政治の行く末を読み解くひとつの鍵をなす。本章では，民主社会党時代から現在までの発展の概観に続き，綱領や組織構造などを手がかりに左翼党の基本的特徴を明らかにする。その上で，政党政治再編成と関わるいくつかの論点を抽出する。そこには，新たな連立パターンの模索とともに，制度的機能不全やポピュリズムの表れとしての小政党と比べ，左翼党がいかなる意味での可能性を有するかの考察も含まれる。

　なお，日本のマスコミ等では左派党と表記されることもあるが，本章では左翼党の呼称を使用する。

第4章 左翼党

1 民主社会党から左翼党への発展

　近年の政治的再編成の中で，この党ほどドラスティックな変転を経験したものも珍しい。社会主義体制の流れを汲む民主社会党は，東西ドイツ統合の進展と共に消え去る運命と考えられたが，旧東ドイツ市民の利益や情念を体現する地域政党として機能し続けた。その後の状況変化の中で旧西ドイツ地域にも伸張し，全国規模で活動する左翼党としてシステム定着を果たした。2013年連邦議会選挙では得票率8.6％の第3党として64人の議員を送り込んでいる。本節ではこうした発展過程を3つの時期区分を設けて叙述するが，それらはおおむね，コール政権期，シュレーダー政権期，メルケル政権期に対応する。

　　再建期——地域政党として
　東ドイツで政権の座にあったのは，2つの労働者政党の強制合同（第3節参照）により誕生した社会主義統一党（SED）である。ベルリンの壁が崩壊した1989年11月9日，社会主義統一党の最後の党首としてギジが選出された。党名を民主社会党（PDS）に変えたのは，90年はじめのことである。2月の党大会では，新綱領と規約，3月18日の人民議会選挙（Volkskammerwahl）へ向けての選挙綱領が決定された。民主社会党がどこまで社会主義統一党時代の遺産を清算したのかは，意見が分かれる。マルクス・レーニン主義的世界観に基づく労働者階級の指導的政党という自己規定を掲げず，民主集中制からも決別した。それでも同党が，思想的・組織的に社会主義統一党の後継政党であることは明らかである。

　1990年12月2日の連邦議会選挙で，民主社会党は2.4％の得票率（旧東ドイツ地域では11.1％）で17議席を獲得した。「5％のハードル」が東西ドイツで別々に適用されるのは，今回限りの措置である。堅固な支持のある旧東ドイツ地域を中心に，基礎固めが求められた。93年には，秘密警察（シュタージ）との関係が疑われたギジに代わり，ビスキーが党首となった。

　90年連邦議会選挙と同日に実施されたベルリン市議会選挙の結果，短命な赤緑連立政権に代わり大連立政権（キリスト教民主同盟＋社会民主党）が成立した。大連立は，しばしば特定の政治的意味を付与されて登場する。ベルリンの場合は民

図4-1 ノイエス・ドイチュラント社(左翼党系日刊紙)やローザ・ルクセンブルク財団の入ったビル(左はフランツ・メーリングの胸像)
出所:筆者撮影。

主社会党(得票率9.2%)を排除するためのものだった(小野2009:308)。同様の議席配置は選挙の度に繰り返され、当地の大連立は2001年まで存続する。

重要な選挙の連続する1994年は、民主社会党にとっても転機だった。耳目を引くのが、ザクセン・アンハルト州議会選挙(6月26日)後に成立した、民主社会党の閣外協力に依存する赤緑連立少数派内閣である。この型の連立政権は「マグデブルク・モデル」とよばれ、保守派の反共キャンペーンの標的となった。ドイツ社会民主党も、ドレスデン決議(94年8月)で民主社会党との断絶を宣言した。コール首相が僅差で政権を維持した同年10月16日の連邦議会選挙では、民主社会党の得票率は4.4%だったが、ベルリン選挙区で4人の当選者を出したため30議席が配分された。同党が議会から消え去らなかったのは、ドイツ再統一後の経済的低迷に失望した旧東ドイツの有権者が民主社会党に回帰したためとも言われる。

ザクセン・アンハルト州の赤緑連立少数派内閣は、民主社会党内でも論争を惹起した。伝統的マルクス主義派は、体制順応により社会主義という目標を見失うことを懸念した。こうした意見は、民主的共産主義を放棄しないという党大会決議に帰着するが、状況次第では改革派が閣外協力や政権参加を行うことも容認された。両派に受入可能な基本綱領が採択されるのは、2003年を待たねばならない(Decker / Neu 2007:317)。

移行期——旧西ドイツ地域への浸透

1998年9月27日の連邦議会選挙の結果、シュレーダーを首相とする赤緑連立政権が成立する。この選挙で民主社会党は「5%のハードル」を超えるが、他党はいずれも連立を組むことを拒否していた。これに先立つザクセン・アンハルト州

議会選挙（4月26日）で，民主社会党は政権入りを期待していたが，結果的には閣外協力（今度はドイツ社会民主党単独政権）の継続となった。しかし連邦議会と同日選挙のメクレンブルク・フォアポンメルン州では，社会民主党と民主社会党の連立政権（赤赤連立）が成立した。民主社会党が州レベルで政権入りするのははじめてである。同党との断絶を定めた社会民主党執行部も，旧東ドイツ地域の実情に鑑みて臨機応変に対応せざるを得なかったのである。

　第1次シュレーダー政権（1998〜2002年）ほど，激動の国際情勢に翻弄されたものも珍しい。コソヴォ紛争（1999年）に際し，民主社会党はユーゴ空爆反対を貫く。だが，末端組織は党執行部よりも急進的だった。2000年のミュンスター党大会を経て，ギジとビスキーは退陣に追い込まれ，ツィンマーが党首に就任した。彼女の政治的立場は新旧路線の中間に位置し，社会主義統一党発足時の強制合同への謝罪はしつつも，ベルリンの壁構築（1961年）には両義的な態度をとった。

　1999年の選挙（欧州議会選挙も含む）は，おおむね良好な結果だった。旧東ドイツ3州（ブランデンブルクでは9月5日，テューリンゲンでは9月12日，ザクセンでは9月19日に投票）では，民主社会党は政権入りできないものの得票を積み増した。10月10日のベルリン議会選挙でも，東ベルリンで39.5％という強さを見せると共に，西ベルリンでも4.2％と前回選挙から倍増している。

　ベルリンでは，大連立が崩壊した2001年6月以来，ヴォーヴェライト市長が暫定政権（赤緑連立少数派内閣）を率いていた。10月21日の出直し選挙の結果次第では民主社会党の入閣もあるとして注目されたが，これはドイツ政治の暗黙の了解を揺るがす重大事である。同党はギジを筆頭候補として選挙戦を展開し，22.6％に到達する。投票行動調査によれば，大学入学資格取得者の間では29％，24歳以下では30％でトップに立つ。若年層・高学歴層とは緑の党の支持基盤である（本書第3章参照）。東ドイツ時代のネガティブな記憶がさしたる意味を持たず，他党にシンパシーを見出せなくなった世代で，民主社会党は新たな支持を獲得しつつある。旧西ベルリンでも6.2％に達した理由の1つは，緑の党の支持者が今回，アフガニスタン派兵に反対する唯一の党である民主社会党に投票したためと言われる（小野 2014a：157）。同党の入閣を拒み続けるのは，非現実的である。メクレンブルク・フォアポンメルンに続き，2例目の赤赤連立政権が誕生した。

　この好条件を活かし切れたとは言い難い。2002年4月21日のザクセン・アンハ

ルト州議会選挙では，民主社会党は，得票増にもかかわらず野党に甘んじねばならなかった。その半年後の連邦議会選挙（9月22日）では4％と低迷した。ツィンマー党首の時代は党内論争と不運に彩られていたが，2003年に再選されたビスキー党首の下で立て直しが図られた。

第2次シュレーダー政権期（2002〜05年）には，ドイツ政治が再編成過程に突入しつつあった。アジェンダ2010に見られる新自由主義への傾斜がドイツ社会民主党の伝統的支持者層を動揺させる中で，民主社会党は新たな役割を引き受けることになる。

再編期①——左翼党の誕生

この種の政党にチャンスはないとされた旧西ドイツ地域で批判的左派が地歩を得てきたことは，地殻変動の予兆として重要である。2004年3月はじめ，サービス産業従事者の労働組合連合（ver.di）の活動家のよびかけに応じ，ベルリンで「選挙オルタナティヴ2006」の会合が持たれた。その直後，バイエルンでは，金属産業労働組合の活動家が「労働と社会的公正のためのイニシアチブ」を立ち上げた。こちらはドイツ社会民主党に外から圧力をかけることを企図していた。これらの運動体が「選挙オルタナティヴ・雇用と社会的公正」（WASG）の設立に合意したため，同組織は2004年7月3日に発足する。世論調査の好意的な反応もあり，会員数は順調な伸びを見せる。同年11月の連邦代表者会議，2005年1月の決議などを経て，設立党大会は5月はじめにドルトムントで開かれた（Neugebauer／Stöss 2008：155-156）。

選挙オルタナティヴ・雇用と社会的公正（WASG）は，初挑戦となるノルトライン・ヴェストファーレン州議会選挙（2005年5月22日）で2.2％を獲得する。民主社会党も参加したが，0.9％に終わった。ドイツ社会民主党の大敗は，連邦首相シュレーダーをして，同年秋の繰上選挙を決断させる。事態の急展開の中，WASGにはクリアせねばならない問題がある。党の看板候補を探すこともその1つである。民主社会党との連携も考えられるが，旧西ドイツの有権者には抵抗感が強い。

ラフォンテーヌはドイツ社会民主党左派の論客で，連邦蔵相も務めた人物だが，シュレーダー首相との政争に敗れ，政治から遠ざかっていた。州議会選挙の2日

後，彼は，ドイツ社会民主党を離党し WASG に入党した。民主社会党のギジと会談し，連邦議会選挙で共同行動をとると約束した。ビスキー党首はそれを，最終決定であるかのように執行部に報告した。何ら公式な手続きを踏まず一部の人間で突然決められたように見えるが，水面下での準備は周到に進められていた。民主社会党の勢力拡張のため，旧西ドイツ地域の新党との橋渡し役を求めていたギジは，ラフォンテーヌに目星を付け，2002年8月には話を持ちかけていたのである。会談の成果は，2005年6月9日に発表された。その中では，旧西ドイツ地域の候補者名簿の上位には WASG の候補が割り当てられること，2007年をめどに正式合同を目指すこと，旧西ドイツ有権者の感情に配慮し民主社会党は党名変更も辞さないことなどが定められた。WASG の側では異論も出されたが，両党の党大会で承認された。統一会派の名称については，「左翼党／民主社会党」とすることが民主社会党の党大会で確認された。

　2005年9月18日の連邦議会選挙の結果，赤緑連立政権はメルケルを首相とする大連立に移行する。8.7％の得票率で第4党となった左翼党／民主社会党は，勝者のいない選挙（*Der Spiegel*, 2005/55：6）の唯一の勝者とさえ言える。2006年9月17日の選挙でベルリンの赤赤連立政権が継続されたことも，左翼党／民主社会党のシステム定着を印象づけた。

　これと前後して党内では，正式合同に向けての会合が行われたが，原理原則上の問題に戦術的考慮や思惑も絡み，容易ならざるものがあった。最大の対立点は，連立政権への参加である。赤赤連立の実績もある旧東ドイツを拠点とする州組織連合は，いわゆる戦略的トライアングル（第2節参照）に依拠しつつ，入閣オプションを是とする。WASG はドイツ社会民主党との協働には懐疑的だった。他にも困難はあったが，2006年2月末には最初の共通政策案が，6月には「設立宣言」が提示された。10月になると「左翼党」という党名が提案されると共に，諸文書の草案や組織案などが出された。

　2007年3月の党大会は，東西の組織で別々に開催される。合同の是非を問う党員投票がそれぞれ実施され，最終的には2007年6月16日の党大会で左翼党は正式に発足する。

第Ⅰ部　ドイツの政治力学

再編期②——5党制の中での展開

　こうして誕生した左翼党は，2007年5月13日のブレーメン議会選挙を皮切りに，2008年にはヘッセンおよびニーダーザクセン（いずれも1月27日投票），ハンブルク（2月24日）といった旧西ドイツ諸州で議会入りを果たす。同党のシステム定着に伴い，従来の常識では考えられなかったことも起こり始めている。ハンブルクでは黒緑連立（キリスト教民主同盟＋緑の党）政権が誕生した。ヘッセンでは連立政策をめぐるドイツ社会民主党内の対立が首相不選出という事態を招くが，これについては本章第3節で再論する。

　2009年に入り，ヘッセン州出直し選挙（1月18日）でドイツ社会民主党は大敗を喫するが，左翼党は得票率を伸ばした。欧州議会選挙では7.5％である。8月30日の3州（ザールラント，ザクセン，テューリンゲン）での選挙では，左翼党はいずれも20％を超えた。連邦議会選挙と同日の9月27日にはブランデンブルクとシュレースヴィヒ・ホルシュタインで州議会選挙が行われ，前者では引き続き，後者でははじめて左翼党が議会入りした。

　メルケル首相率いる大連立政権は，2009年連邦議会選挙を経て保守中道政権へと移行する。この選挙で左翼党は，得票率11.9％（西8.3％，東29.1％）とさらなる前進を遂げた。ドイツ社会民主党の構造的弱体化に伴う左派陣営の再編成という，前回選挙以来の傾向は継続している。シュレーダーの中道路線により生じた政治的真空地帯に勢力を拡張した左翼党が，かつての社会民主党支持者層を動員し社会的公正と社会国家的政策を体現する政党となった，という説明が説得力を持つゆえんである（Neugebauer 2011 : 160）。

　2010年にはノルトライン・ヴェストファーレン（5月9日投票）でも議会入りを果たし，左翼党は旧西ドイツ10州（ベルリンを除く）のうち7州で議席を持つ政党に成長した。この選挙の結果成立した赤緑連立少数派内閣は，政党連立政策の観点からも重要である。赤赤緑連立（ドイツ社会民主党＋緑の党＋左翼党）を意識した超党派組織の活動も活発化した（小野　2012 : 73-90）。とはいえ，必ずしも良好でなかった3党間関係は，6月30日の大統領選以降，さらに険悪化した。

　赤緑連立だけで多数派形成できるなら左翼党は不要になる，という現実は否定し難い。緑の党の急激な支持率回復が福島原発事故後の脱原発世論に後押しされる中で，バーデン・ヴュルテンベルクとラインラント・プファルツ（ともに2011

年3月27日選挙)およびブレーメン(5月22日)で赤緑連立が成立(または継続)した。一方,9月のベルリン議会選挙では赤赤連立に代わり,大連立政権が成立した。

2012年は左翼党の低迷期である。シュレースヴィヒ・ホルシュタイン(5月6日選挙)およびノルトライン・ヴェストファーレン(5月13日)では,「海賊党」が議席獲得する一方で,左翼党は姿を消した。だが2013年9月22日の連邦議会選挙では,得票率8.6%(前回比3.3%減)で史上はじめて第3党となった(自由民主党が議席を喪失したため)。選挙後に成立した第3次メルケル政権は,大連立である。連邦議会選挙と同日投票のヘッセンでは左翼党は議会入りを果たすが,政権の座についたのは黒緑連立である。

2 綱領および組織構造

選挙綱領の国際比較に基づき,左翼党(民主社会党)が社会経済的次元では一貫して,社会文化的次元では2009年選挙時点(それ以前は緑の党)において最左翼であることを示すデータがある(Spier 2013: 380-382)。また,活動家層の思考様式は物質主義的方向で同質性を示すとも言われる(Micus / Walter 2008: 275)。それにもかかわらず,同党の性格規定は一筋縄ではいかない。本節の検討から浮かび上がるのは,むしろ,様々な立場が混在する容易ならざる党内事情だろう。

綱領史的展開

民主社会党時代に採択された基本綱領は,3つある(Decker / Neu 2007: 324)。1990年綱領は,マルクス,エンゲルス,ヴィルヘルム・リープクネヒト,ベーベル,ベルンシュタイン,カウツキー,ローザ・ルクセンブルク,カール・リープクネヒト,レーニン,グラムシらの思想を見境なく並べ立てるなど,体制転換期の混乱と矛盾を反映する。1993年綱領では,社会主義的世界観への回帰が鮮明である。資本主義を克服の対象として捉え,議会外闘争を強調した。

次の基本綱領は,2003年に採択された。ここでも,改革と革命の矛盾した関係は解消されているとは言い難い。ドイツ民主共和国(東ドイツ)の建国をドイツ連邦共和国(西ドイツ)に対する反ファシスト的オルタナティヴとして正当化す

るのは，1993年綱領以来変わらぬ信条である。相対立する党内潮流を和解させる努力は，綱領論議においても見られる。政権党であると同時に議会内外の反対派の最前線であるという自己理解は，アクロバティックだからである。社会主義的共同体を目指すという一致点はある。だが，個々人の自由な人格的発展が万人の自由な人格的発展の条件といったユートピアをどのように実現するかは，あいまいである。

東西組織の正式合同（2007年）による左翼党発足を経て，2009年連邦議会選挙後に綱領論議が再開されると，党内論争が再燃する（Neugebauer 2011 : 172）。綱領草案は2010年3月20日に公表された。同年11月7日にはハノーファーで集中審議が行われる。2011年5月26日付けの中間報告（修正案）を経て，2011年10月23日のエアフルト党大会で承認された。最終的には，11月17日から12月15日の党員投票を経て正式な綱領となる。

エアフルト綱領（2011年）

綱領前文によれば，民主主義，自由，平等，公正，国際主義，連帯が左翼党の基本的価値である。国際的な経済活動の利潤が一部の富裕層に集中するグローバル資本主義に民主的社会主義を対置するのは民主社会党以来の一貫した立場だが，エアフルト綱領では3つの理念が結びつけられる。第1に，自己決定に基づく人生のための社会的諸条件への平等な参与を通じたすべての男女の人格的発展と個人的自由。連帯的社会共同体では利潤中心主義は克服され，万人の人生の良好で信頼に値する諸条件が経済の目的となる。第2に，経済を連帯的発展と自然保護の原則の下に置くこと。社会的・エコロジー的改造により，経済成長志向を持続可能な開発へ仕向ける必要がある。第3に，これらの目標の実現は，長期的な解放プロセスとならざるを得ない（LINKE 2011 : 4-5）。具体的な闘争課題として，「現状とは異なる民主的な経済秩序」，「社会的・エコロジー的改造」，「良質な労働による生存権保障のための権利」，「包摂的な社会共同体」，「両性間の公正な労働分担」，「安心して暮らせる社会」，「万人のための貧困対策としての連帯的法定年金」，「連帯的疾病・介護保険」，「すべての人にアクセス可能な良質で無償の教育」，「文化的多様性および文化的財産への参与」，「公正な税制」，「民主主義と法治国家の貫徹」，「あらゆる形態の差別の克服」，「欧州連合（EU）の再生」，「帝

国主義と戦争に反対し,平和と軍縮を支持すること」,「万人の生活条件改善のための国際連帯・協働」の16項目が列挙される。

これに続く綱領本文は,5章からなる。

第1章「我々はどこから来たのか,我々は何者なのか」では,19世紀の労働運動に遡り,ドイツ左翼の歴史を概観する。第2章「資本主義の危機,文明の危機」の前半では,家父長的支配と性役割分業への批判が展開されるが,後半では新自由主義以降の情勢と新しい問題が分析される。民主主義の空洞化や帝国主義にも言及されるが,「エコロジー問題は,同時に,経済・社会・文化を包摂したシステム的問題である」(*ibid.*: 20) との文言が注目される。こうした現状認識をふまえ,第3章では,「21世紀の民主的社会主義」像が対置される。

第4章「左翼の改革プロジェクト,社会共同体的変革への歩み」は,もっとも詳細な部分である。「良質な雇用,安心できる社会,公正」,「社会共同体の民主化」,「教育と知識への自由なアクセス」,「社会的・エコロジー的改造」,「EUをどのように改革すべきか? 民主主義,社会国家,エコロジー,平和」,「軍縮,集団的安全保障,共栄」の6つの節がある。第5章「政治の転換とよりよき社会共同体のための協働」では,社会共同体の力関係をどのように変更するかが問題になる。左翼党は,議会外左翼勢力との協働や改革案提示に資する限りにおいて議会内活動を行う。民営化や福祉・労働政策の縮減や連邦軍の海外派兵を許すような政権には入閣しない。他国の左派政党との連携にも言及するが,欧州中心主義を戒め,国際規模での社会運動との共闘を求める (*ibid.*: 58-59)。

ユニークなのは,「学習期政党」という自己規定である (*ibid.*: 57)。理論的未成熟を認める謙虚さとも,市民社会とともに政策形成を目指すオープンな態度とも,相対立する党内潮流間の平和共存を企図した戦略的プラグマティズムとも解釈できる。だが政治的経験が浅くプロフィールが固まりきっていないのも,偽らざる事実だろう。

論議の過程で文言が大きく変転したのが,環境政策(第4章第4節)である。社会的・エコロジー的改造を「過度の利潤追求と不公正で抑圧的な諸関係から帰結する成長圧力を経済および社会から除去すること」と理解し,公正な省資源社会を対置する。だが「そのために左翼党は,特定の生活スタイルを指定しない。エコロジー的生活スタイルには数多くのパターンがある。重要なのは,各人のエ

コロジー的足跡がグローバルな枠組みにおいて許容可能な範囲（CO_2 排出量年間1トン以内）におさまっていることである。どのようにそれを実現するかは各人の自由に委ねられるが，個人のみが責任を負うのではない。省資源型生活スタイルをすべての人に魅力的にする条件整備が重要である」（*ibid.*: 47）。特定の生活スタイルを強制しないと強調するのは，物質主義志向の者にも徹底したエコロジー改革論者にも配慮したためだろう。

　目標は野心的である。「地球温暖化防止とエネルギー政策転換」の項には，2020年までの温室効果ガス50％削減，2050年までの再生可能エネルギー100％目標，遅滞なき全原発停止，核技術輸出の禁止，省エネ推進などが掲げられる。福島原発事故後，ドイツが全党コンセンサスの下で2022年までの脱原発を追求するようになる中でも，左翼党の綱領的立場はもっとも徹底している。だがそれはイデオロギーよりも，政権からの距離に帰せられるべきだろう（小野 2014b: 156）。

　綱領は，政治目標の宣言であると共に，潜在的な連立パートナーへのメッセージでもある。連立パートナーとの関係上，控えめにふるまわねばならないこともある。綱領議論はそれはそれとして意味を持つが，実際にどのような政策選択をするかは政治判断に委ねられることも少なくない（Neugebauer 2011: 174）。

党組織と党内潮流

　左翼党支持者の社会的構成がドイツ社会民主党の伝統的支持者層に類似することは，成立の経緯からして当然である。旧西ドイツ地域での左翼党支持者（2005年選挙時）の主力は50年代生まれの男性で，労働者，失業者，労働組合員が多い。ケインズ主義によるマクロ経済コントロールが安定を約束すると信じられた時代に社会に出ているため，アジェンダ2010以降は社会民主党に裏切られたと感じている。彼らは，世代間契約（年金制度）の恩恵に与れないとの不安を抱く世代でもある。こうした支持構造は旧東ドイツ地域でもおおむね共通するが，60歳以上の層でも支持が強い。比較的支持が弱いのは，旧体制と縁の薄い若年層（34歳以下）である。当地の左翼党は，急激な社会変化の敗者の党という意味で旧西ドイツ並みになる一方で，党名変更により東ドイツの旧体制エリートのゲットーから脱しつつある（Messinger / Rugenstein 2009: 71-75）。

　党員数は，2006年末にはWASGと左翼党／民主社会党をあわせて6万9,282

人だったが，翌年には7万1,711人に増えている。大政党における減少傾向とは対照的で，党員数では自由民主党や緑の党を凌駕する (Neugebauer / Stöss 2008: 178-179 ; Messinger / Rugenstein 2009: 75-77 ; Niedermayer 2013: 157)。2013年末時点での党員数は，党のウェブサイトによれば6万3,756人である。

このような中で次第に明確になってくる政治的方向性は，3つの党内潮流により代表される (Messinger／Rugenstein 2009: 78-80)。1つ目は，反資本主義的左翼 (AL) である。彼らの理解では，社会主義運動である左翼党の任務は，エリートの新自由主義的合意への声高な反対を議会ないしは街頭で実践し，資本主義を克服することである。そこには，共産主義系グループのメンバーが，「社会主義オルタナティヴ／前へ」のようなラディカル左派の活動家や，「共産主義プラットフォーム」で活躍した古参民主社会党党員と共に結集している。他党との連立など論外である。それゆえ，政権入りを是とするグループ，特にベルリン赤赤連立で活動する政治家とは激しく対立する。

2つ目の党内潮流は社会主義的左翼 (SL) で，70年代の労働運動の中級・下級活動家層が拠り所を求める。新自由主義への反対では AL と立場を同じくするが，日常的な改良活動を重視する。連立政権入りへの拒否的態度は，絶対的でない。ドイツ流の修正資本主義と左派ケインズ主義を支持し，WASG が標榜していた立場に近い。彼らの主張は，マスメディアを通じて一定の反響を呼んだ。労働運動との結びつきは，左翼党が旧西ドイツ地域に伸張する際に有利に働く。

3つ目の党内グループは，民主的社会主義フォーラム (FdS) で，ここには民主社会党出身のプラグマティストが多い。政治制度の中での活動を志向する FdS は，政権担当の経験がある州組織からの集まりで，政権参加のための妥協も辞さない。同権的・連帯的・市民的・民主的条件の下での欧州統合にも好意的である。しばしば他の2つの党内潮流から批判されるこの組織は，それがために，左翼党内の周縁的グループに避難場所を提供する。例えば「解放的左翼」のメンバーが FdS と親近性を示すのは，ベーシック・インカムなどの要求が，伝統的社会主義者の間ではほとんど相手にされないためである。

相対立する党内潮流の併存は，急激な党勢拡大の負の側面でもある。基本綱領の採択が遅れたのも，党内合意形成の難しさゆえのことである。同党の多様性は，2007年の組織合同を通じてますます強められた。こうした多元性は，様々な党外

集団との結節点になり得るが，基本方向をめぐる対立が党を麻痺させる危険もある。

あいまいな政策的立場と厳格さを欠いた組織形態は，権力獲得のために結束して行動する合理的組織という近代政党のイメージに反する。だが多様な立場を統合する仕組みは，2000年代後半の左翼党で顕著な発達を遂げた。その代表例は，ポツダム党大会（2004年）で導入された「戦略的トライアングル」だろう。連立政権入りの是非について，「プロテスト」，「政策的具体化」，「資本主義を超克するオルタナティヴ」のいずれの態度も等しく党の目的に適うと説明され，特定の立場を採用することにより意見を異にする者が離党する事態を回避しようとした（*ibid.*: 82）。主要な党内潮流に党執行部のポストを与えたり，党大会代議員選出に際しての優遇措置を定めているのも，党内対立を回避する方策として理解されよう。

3　政治的再編成の中でのシステムとの相互作用

左翼党は政界再編成の産物でもある。それゆえ，システムとの相互作用や世論・言説状況と関連づけることで理解できる側面もある。本節では，何ゆえ社会から忌避されていた同党が一定程度受容されたのか，制度的機能不全を反映するかたちで叢生する小政党とどう違うのかといった論点を考察することで，転換期のドイツ政治を読み解く視点を提示する。

ドイツ政治への受容

「たとえ民主社会党が，再び連邦議会入りを果たして多数派形成を妨げようとも，連立パートナーとしてであれ閣外協力者としてであれ，相手にされてはならない」（*Welt*, 1997/6/19）。1998年連邦議会選挙を前にして，イェッセ教授はそうコメントした。当時，旧西ドイツの人は，多かれ少なかれ同じように考えていた。それだけに，その後の世論・言説状況の変化は驚きでさえある。

ここで，冷戦時代のドイツが東西に分断され，イデオロギー対立の最前線に置かれていたという，誰もが知っている事実を思い起こそう。1945年秋には，ソ連占領地区（後の東ドイツ）のドイツ社会民主党はドイツ共産党（KPD）と合同させ

られ、社会主義統一党が誕生する（ルップ 2002：68）。一方、ドイツ連邦共和国（西ドイツ）では、56年に KPD が違憲判決を受ける（68年に DKP として事実上復活）。反共主義と東ドイツの悪評ゆえに、西ドイツでは共産主義者は取るに足らない勢力となった。反ファシズムの伝統は彼らの精神的拠り所だが、それは今日の左翼党綱領にも読み取れる。

　ドイツ再統一（1990年）は、東ドイツ市民が継続性ある安定した西ドイツに編入することであり、新しい国家アイデンティティの形成は既存の（西）ドイツ国家アイデンティティを採用（おそらくは適応）することを意味した（河崎 2011：73）。統一ドイツで民主社会党が等閑視されるのは、ある意味で当然のことだった。転機は2001年に訪れる。9月11日に米国で起こった同時多発テロ後の治安対策強化の中、赤緑連立は苦渋の選択を強いられる。連邦軍のアフガニスタン派兵は、ドイツが NATO 加盟国であることからの帰結だが、11月16日の連邦議会での票決に際し、シュレーダー首相は、派兵法案に自らの信任案を結びつけた（造反議員を極力少なくするため）。手荒な手法で派兵を決めた時、民主社会党は反対票を投じた。連邦政府はすでにコソヴォ紛争解決のために域外派兵を行っているが、今回の件で赤緑連立を見限った人は少なくなかった。そのことが同年10月21日のベルリン選挙に反映されていたことは、本章第1節で述べたとおりである。

　民主社会党を排除し続けるのは妥当でない、という論調も出始めた。数年前には予想もできなかったことである。好機の到来にもかかわらず、2002年連邦議会選挙は敗北に終わる。再度の転機をもたらしたのは、2005年連邦議会選挙と前後する民主社会党の西側地域への伸張（左翼党の誕生）である。旧東ドイツ市民の利益代表（一部の州では政権党）、赤緑連立が放棄したラディカルな改革と平和主義、労働組合を中心とする社会国家的政策への要求、そして数は少ないが資本主義への原理的反対路線など、複合的要素を持った政党が5党制の一角を占めることとなった。

　それがシステムの側でどう受け止められたかは、いくつかの州の事例が参考になる。ベルリンは東西対立の最前線であり、西ベルリンの反共主義はひときわ強かった。そのような中での世論・言説状況の変位は、内外の政治情勢と共に世代交代によるところが大きい。ヴォーヴェライト市長は、現下の問題をプラグマティックに打開するために大胆な行動も厭わない、社会民主主義のニューリー

ダーである。民主社会党を含む政権構想も，もはやタブーでない。同市の赤赤連立政権は，2006年選挙を経て継続されるが，次の選挙（2011年9月18日）では赤赤連立は過半数を制し得ず，（赤緑連立が可能だったにもかかわらず）大連立政権が成立した。ドイツ社会民主党は状況次第では，キリスト教民主同盟とも緑の党とも左翼党（民主社会党）とも連立し得ることを実地で示した。

ヘッセンでは，2008年の州議会選挙に際してドイツ社会民主党の筆頭候補ユプシランティは，左翼党との協力はないと言明する。だが選挙結果を受けて，左翼党の票も得て赤緑連立少数派内閣を形成しようとしたことが，党内保守派の抵抗を惹起し，首相不選出という異例の事態になった。その後も混乱は続き，2009年1月18日には繰上選挙が行われる。声望を落とした社会民主党は惨敗し，キリスト教民主同盟主導政権が継続する。同州党首・議員団長を引責辞任したユプシランティは，「連帯的近代のための機構」という超党派シンクタンクの活動に力を注ぐようになる。

同州は現代ドイツ政治における興味深い実験フィールドだが，今回の事態は，左翼党が加わる政権（閣外協力を含む）が旧西ドイツ地域にも拡張可能かどうかをめぐるテストケースだった。混乱の原因は，第一義的には，ドイツ社会民主党の候補の言動と党内不和に求められる。だが左翼党にも一言しておくべきだろう。選挙を半年後に控えた2007年夏，同州党大会は元共産党（DKP）党員を筆頭候補に擁立する。末端組織では原理主義的反対派路線への支持が根強いためだが，これでは社会的公正の観点から左翼党に共感する者に不信感を抱かせてしまう。党執行部の介入もあって同候補は辞退し，別の人物が据えられた。左翼党の発展の障害は，反共意識だけでなく，党内部にもあることを窺わせる（小野 2012：21）。

ラフォンテーヌ率いるザールラントの左翼党は，2009年選挙で得票率21.3％と，一躍旧西ドイツ地域における牙城となった。5党制の下で大連立も不可能なため，多数派形成の選択肢は赤赤緑連立かジャマイカ連立（キリスト教民主同盟＋自由民主党＋緑の党）に絞られた。キャスティングボートを握った緑の党は，苦渋の末，10月の党大会でジャマイカ連立を選択する。左翼陣営の再活性化による政権構想が可能な数少ない州で，赤赤緑連立が挫折したことは，全ドイツ規模で無視し得ない影響を有する。

ノルトライン・ヴェストファーレンはWASGの初挑戦の地である。とはいえ

同州は,ドイツ社会民主党の牙城ゆえの保守性もあり,条件は必ずしも有利でない。左翼党が議会入りを果たした2010年選挙では,保守中道も赤緑連立も多数派形成できないという2005年連邦議会選挙などと同じ構図が出現した。大連立かとも思われたが,結局は赤緑連立少数派内閣(左翼党は閣外協力)が成立する。そこには,2013年連邦議会選挙を見越して大連立は避けたい社会民主党連邦執行部の意向もあったと言われる。赤緑連立の再来。ただし政治的プロジェクトではなく戦術的手段として (Niedermayer 2011:25)。その後同州では2012年5月13日に繰上選挙が行われ,左翼党は議会から姿を消し,赤緑連立が過半数議席を獲得した。

　ここからもわかるように,左翼党が政権党として受け入れられるには,なお道は遠い。赤赤連立の実績のある旧東ドイツの州を除けば,左翼党が政権入りする唯一のオプションは赤赤緑連立である。それは今日に至るまで例がない。だが20数年にわたって存続し,西側への伸張により新たな政治的役割を引き受けた政党を無視し続けるのは,適切でない。左翼党の定着は,大政党や政党システムの機能不全からの帰結でもあるからである。

左翼党はポピュリズム政党か?

　左翼党(民主社会党)が定着した後でも,それを無視するかのような論調はなくならない。近年では,ポピュリズムとの関連で論じられることもある。ポピュリストは,冷静な判断に基づく自らの統治能力への評価でなく,他党の失敗や現状への不満を通じて大衆的支持を動員する。WASGが伸張した頃のドイツには,経済状況悪化の中での社会国家縮減に加え,諸政党の中道志向,党員の特権階層化,改革政策へのエリート間合意,政策官僚の構想力欠如,政治的無関心といった,ポピュリズム政党の成功を促す要因がそろっていた (Micus / Walter 2008: 274)。

　左翼党を単なるポピュリズム政党と考えるのは,議論の矮小化だろう。だがそれが非合理な政治現象でないなら,一過性の運動や泡沫政党との違いが明示される必要がある。緑の党が出現した時にもそれを等閑視する向きはあったが,西ドイツ社会には構造変化が進行していた。左翼党の定着は,それに匹敵する政治的・思想的意味を持つのだろうか。

政治的スペクトラムの右端の小政党は，いずれも失敗に終わっている。バーデン・ヴュルテンベルクでは90年代に2期にわたり共和党が，旧東ドイツのいくつかの州ではドイツ国民民主党（NPD）やドイツ民族連合（DVU）が議会入りした。極右政党は欧州のいくつかの国では無視し得ない勢力となった（山口・高橋 1998）。ドイツでこの種の政党が継続的な成功をおさめられないのは，ナチス時代の反省から人種主義的主張を公然化できないからである。

AFB（1995～99年）は，ドイツ社会民主党の牙城ブレーメンで，党主流派の連立政策に不満を持つ右派が別組織を作ったものである（Decker / Neu 2007 : 151）。社会民主党からの離反という意味では，WASGはこれに類似すると言えなくもない。しかし元の政党に復さず，民主社会党に接近して左翼党の母胎になるという不可逆的変容は，これとは質的に異なる。既成政党から独立して行動する地方レベルの有権者組織として比較的成功しているものに，バイエルンなどのFWがある。

シュタットパルタイ（1993～97年）やシルの党（2001～04年）といった新党の出現が相次いだハンブルクは，特異な事例である。前者はキリスト教民主同盟の分派，後者は「法と秩序」を打ち出しドイツ社会民主党の牙城に食い込んだ政党だが（Dietsche 2006 : 68-69），いずれもハンブルクの特殊な条件下で生起しており一般化は難しい。突発的な成功で耳目を引くものの，政治的に有意な運動として継続することなく瓦解している。

海賊党にも一言すべきだろう。著作権法の改正，とりわけインターネットによるファイル共有の合法化などを掲げて欧州規模で活動し，2009年には欧州議会で議席獲得に成功する。IT革命を背景にした運動が，一時的ではあれ政治を揺るがした。ドイツでも2011年から12年にかけてベルリン，ザールラント，シュレースヴィヒ・ホルシュタイン，ノルトライン・ヴェストファーレンで州議会入りするが，2013年連邦議会選挙での議席獲得はならなかった。政治的プロフィールの不鮮明なこの種の運動が，政治学的分析に値するか否かは意見が分かれるが，政党政治の不安定化の1つの例証である。2013年連邦議会選挙では，結成間もない反ユーロ政党「ドイツのためのオルタナティヴ（AfD）」が4.7％と議席獲得に迫る勢いを見せた。同党は，2014年の欧州議会選挙では，議会入りを果たす。

ある程度明確な政治的方向性という点でも継続的な支持基盤の点でも，左翼党

はこれらの小政党や運動とは一線を画する。だが注意すべきは，同党もまた，政治的再編成期において政党間相互関係に規定されつつシステム定着を果たした，ということである。

2005年連邦議会選挙後に「流動的5党制」の定着を見たニーダーマイヤーは，キリスト教民主・社会同盟およびドイツ社会民主党の求心力低下に着目していた（Niedermayer 2008：16）。ユンも同時期の分析で，両党の政策的位置の近接性を指摘した（Jun 2007：509）。2009年連邦議会選挙後には，政党システム再安定化の兆しも見られる一方で（Egle 2010：119；Niedermayer 2011：34-35），浸蝕著しい2大政党（特に社会民主党）を尻目に小政党が票を伸ばしている。このトレンドは，2013年選挙を経ていくぶん緩和されつつも，基本的に継続している。

このような中，小政党を通じた政治空間の活性化を期待する者も少なくない。左翼党もそのようなアクターの1つだが，同党の加わる政権構想はいまだ見通しが立たない。

4　ポスト赤緑連立時代の展望

2013年12月17日，長い交渉期間を経て大連立政権が発足した。メルケル政権が3度のうち2度までも大連立として形成されたことは，ドイツ政治が移行期にあることを示唆する。

左翼党が連立政権に参加することは，（旧東ドイツの一部の州を除き）現状では不可能である。他党や世論における根強い抵抗感ばかりでなく，自らの側にもその要因が求められよう。これは選挙戦術や政党連立に解消されない，政治的立ち位置や活動スタイルとも関わる問題である。今日の左翼党に，党内論争に明け暮れた80年代の緑の党を重ね合わせる人もいるだろう。新自由主義への対抗という最大公約数的スローガンを超えて政策を具体化する時，党内グループ間の平和共存が崩れ，再編成が加速する可能性もある（小野 2012：64-67）。

本章では，東西ドイツのクリーヴィッジ（分界線）が解消されていないところに，構造変化の中で左翼党が新たな役割を獲得してきたことを述べた。既成政党やシステムの閉塞状況を打破する改革展望を示し得た場合にのみ，単なるプロテスト政党を超えた寄与をなし得る。それがまさに，ポスト赤緑連立時代の左翼政

治空間における同党の存在意義であるが，そのための思想的研鑽は始まったばかりである。

参考文献

小野一（2009）『ドイツにおける「赤と緑」の実験』御茶の水書房。
小野一（2012）『現代ドイツ政党政治の変容──社会民主党，緑の党，左翼党の挑戦』吉田書店。
小野一（2014a）『緑の党──運動・思想・政党の歴史』講談社。
小野一（2014b）「連立と競争──ドイツ」本田宏・堀江孝司編『脱原発の比較政治学』法政大学出版局，152-170頁。
河崎健編著（2011）『21世紀のドイツ──政治・経済・社会からみた過去・現在・未来』上智大学出版。
山口定・高橋進（1998）『ヨーロッパ新右翼』朝日新聞社。
ルップ，ハンス＝カール（2002）『現代ドイツ政治史──ドイツ連邦共和国の成立と発展』（深谷満雄・山本淳訳），彩流社。
F. Decker / V. Neu (2007) *Handbuch der deutschen Parteien*. Wiesbaden : VS Verlag.
H.-J. Dietsche (2006) "Eine »Renaissance« der kleinen Parteien ? Zu den Entwicklungsmöglichkeiten kleinerer Parteien im deutschen Volksparteiensystem." in : U. Jun / H. Kreikenbom / V. Neu (Hrsg.) *Kleine Parteien im Aufwind : Zur Veränderung der deutschen Parteienlandschaft*. Frankfurt/M. : Campus Verlag, 58-74.
C. Egle (2010) "Im Schatten der Linkspartei. Die Entwicklung des Parteienwettbewerbs während der 16. Legislaturperiode." in : Ch. Egle / R. Zohlnhöfer (Hrsg.) *Die zweite Große Koalition : Eine Bilanz der Regierung Merkel 2005-2009*. Wiesbaden : VS Verlag, 99-122.
U. Jun (2007) "Parteiensystem und Koalitionskonstellationen vor und nach der Bundestagswahl 2005." in : F. Brettschneider / O. Niedermayer / B. Weßels (Hrsg.) *Die Bundestagswahl 2005 : Analysen des Wahlkampfes und der Wahlergebnisse*, Wiesbaden : VS Verlag, 491-515.
LINKE (2011) Programm der Partei DIE LINKE.（http://www.die-linke.de/partei/dokumente/programm-der-partei-die-linke/ よりダウンロード可）。
S. Messinger / J. Rugenstein (2009) "Der Erfolg der Partei die LINKE : Sammlung im programmatischen Nebel." in : F. Butzlaff / S. Harm / F. Walter (Hrsg.) *Patt oder Gezeitenwechsel ? Deutschland 2009*. Wiesbaden : VS Verlag, 67-93.

第4章 左翼党

M. Micus / F. Walter (2008) "Entkopplung und Schwund: Parteien seit der Bundestagswahl 2005." in: J. Tenscher / H. Batt (Hrsg.) *100 Tage Schonfrist: Bundespolitik und Landtagswahlen im Schatten der Großen Koalition.* Wiesbaden: VS Verlag, 247-282.

G. Neugebauer / R. Stöss (2008) "Die Partei DIE LINKE: Nach der Gründung in des Kaisers neuen Kleidern? Eine politische Bedarfsgemeinschaft als nene Partei im deutschen Parteiensystem." in: Niedermayer 2008, 151-199.

G. Neugebauer (2011) " 'Quo vadis? Wie die LINKE versucht, sich als Partei und für sich eine Position im Parteiensystem zu finden.' Interne Konsolidierungsprozesse und Orientierungssuche im Fünf-Parteien-System." in: Niedermayer 2011, 157-177.

O. Niedermayer (Hrsg.) (2008) *Die Parteien nach der Bundestagswahl 2005.* Wiesbaden: VS Verlag.

O. Niedermayer (Hrsg.) (2011) *Die Parteien nach der Bundestagswahl 2009.* Wiesbaden: VS Verlag.

O. Niedermayer (Hrsg.) (2013) *Handbuch Parteienforschung.* Wiesbaden: Springer VS.

T. Spier (2013) "Realisierbare Koalitionsoption im Zeithorizont 2013/2017? Perspektiven von Rot-Rot-Grün." in: F. Decker / E. Jesse (Hrsg.) *Die deutsche Koalitionsdemokratie vor der Bundestagswahl 2013: Parteiensystem und Regierungsbildung im internationalen Vergleich.* Baden-Baden: Nomos, 369-388.

第5章

自由民主党

安井宏樹

― この章で学ぶこと ―

　自由民主党（FDP）は，経済政策では市場原理の重視を求めつつ，教育・法務政策ではリベラルな立場を志向する自由主義政党である。中小自営業者層や高学歴ホワイトカラー層など，大衆組織に絡め取られていない有権者からの緩やかな支持に頼るところが大きい平均得票率1割前後の小政党でありながら，キリスト教民主・社会同盟（CDU/CSU）とドイツ社会民主党（SPD）の2大政党をしのぐ戦後最長の与党経験を誇っていた。しかし，ドイツ統一後，党勢は衰え，2013年9月の連邦議会選挙で議席を失った。

　本章では，そうした事態へと至る構造的背景について，①理念　自由主義理念への執着が2大政党に対抗しようとする動きの原動力となったが，有権者からの支持を中長期的に喚起する上では限界があったこと，②政策　新たな存在意義を模索する中で1960年代に独自の外交・ドイツ政策を本格化させたことによって，有権者からの中長期的な支持獲得につなげたが，冷戦の終焉とドイツ統一によって，その構図が崩れたこと，③政党間競争の構造　1961年選挙から1980年選挙までの間，求心的な性格の強い3党制の下で自由民主党の影響力は実勢以上のものとなったが，1983年選挙以降，多党化の進展と共に2ブロック間競争の性格が強まった結果，影響力が減退したこと，という3つの視点から説明していく。その上で，近年の自由民主党の衰退について，①州レベルでの退潮によって，党財政が悪化しただけでなく，党の貴重な政治的資源であった政治家育成機能も低下して，党の構造的衰退が加速されたことと，②連邦レベルでの野党への転落によって，与党への非現実的な批判を繰り返すポピュリスト政党化の傾向が強まり，党の政権担当能力を損ねてしまったことなどを説明する。

第5章　自由民主党

1　自由主義の党

「自由」というイデオロギー

　ドイツの自由民主党は自由主義政党である。「自由」という言葉からは「他者への寛容」といった性格が連想されるかもしれないが，第2次世界大戦後に連合軍の占領下で始まった自由民主党結成への動きは，他の政治潮流・勢力に対する敵対的とまで言えるような強い差異意識に支えられて進められた。その際，主たる「敵」と見なされた政治潮流・勢力が，社会民主主義とカトリック政治運動である。個人の自由と自律性を重視して自由民主党に集った自由主義者たちからすると，「生産手段の社会化」といった集産主義的方針を掲げる社会民主主義は，個人による自律的な経済活動の自由を侵害しようとする「敵」であった。また，カトリック政治運動は，日常の具体的な社会生活のあり方にまで上意下達的に介入しようとする教会組織に従属した教権主義的存在と位置づけられ，教育政策などの領域を中心に，個人の自律性を阻害する「敵」と見なされたのである。
　もちろん，自由主義者の中には，戦前のヴァイマル共和国が小党乱立に苦しめられてヒトラーの独裁へと転落していった過去を反省し，ブルジョワ勢力の結集運動を展開した者もあった。そうした動きは，カトリック政治運動や保守主義などの諸勢力を架橋するキリスト教民主・社会同盟へとつながっていくが，それに応ずることなく純化路線をとった自由主義者たちによって結成されたのが，自由民主党だったのである。こうした「自由」という理念へのこだわりが自由民主党の原点であり，その後の党の帰趨に2つの点で影響を及ぼした。
　その第1は，党の支持基盤・支援組織の弱さという点である。キリスト教民主・社会同盟が，教会系の組織を核としながら，非マルクス主義的な諸勢力を糾合して中道右派のポジションに幅広い支持基盤を築くことに成功し，ドイツ社会民主党が社会主義労働運動という強力な支援組織に依拠することができたのとは対照的に，「自由」を重視して教会や労働組合と距離を置いた自由民主党は，中小自営業者層や高学歴ホワイトカラー層など，強い組織を持たない有権者からの緩やかな支持を中心とする得票率1割前後の小政党にとどまる結果となった。
　もう1つの影響は，党の独自性の保持である。2大政党と明確な力の差がある

第 I 部　ドイツの政治力学

図 5 - 1　憲法裁判所開設式（1951年 9 月28日）に臨む自由民主党出身の政治家達
（写真前列右からデーラー法相，ホイス大統領，ヘプカーアショフ憲法裁判所長官。写真前列左端はキリスト教民主・社会同盟のアデナウアー首相）
出所：U. Wengst (1997) *Thomas Dehler: 1897-1967: eine politische Biographie.* München: Oldenbourg Verlag, 154.

中で自由民主党が政権参加を果たすためには，2大政党のいずれかとジュニア・パートナーという立場で連立を組むことが必要となり，政策面での譲歩や接近を余儀なくされがちであったが，そうした接近傾向は，往々にして，大政党への吸収合併の動きへと転化しがちである。事実，1950年代には，地域主義や保守主義の流れをくむ他の小政党が次々とキリスト教民主・社会同盟に飲み込まれていった。しかし，「自由」という結党の理念にこだわり，「敵」と同じ存在になることを拒んだ自由民主党は，時に政権からの下野と引き替えにしてでも，党の独自性を維持する道を選んだのである。

自由民主主義体制の礎

　教会や労組などからの固い組織的支援を持たない自由民主党にとって，大衆組織に絡め取られていない有権者からの柔らかな支持を集めることが重要であった。その点からすると，「自由」という結党の理念自体が政治的な重要性を持ち，「根無し草」の有権者を動かすような訴求力を持つ状態が構造的に持続するようなものにまでなっていれば，党の存続と発展にとって，少なからぬ意義を持つことになる。ヒトラー率いるナチ党による独裁という「負の遺産」を背負いつつ，同時に，東の共産主義体制と対峙しながら出発したドイツ連邦共和国の創設期は，まさにそうした雰囲気を帯びていた時代であった。自由で民主的な法治国家を築くことが内外から求められる中，1949年に行われた第 1 回連邦議会選挙で自由民主党は得票率11.9％の第 3 党となり，2 大政党の得票率も30％前後にとどまっていた状況においては無視できない存在感を持っていた。さらに，選挙後の連立交渉で与党となった自由民主党は，初代の大統領（ホイス）・法相（デーラー）・憲法裁

判所長官(ヘプカーアショフ)を輩出し，連邦共和国の法治国家としての船出を支える上で大きな活躍を示したのである。

戦後体制の安定と党の低落

しかし,「自由」の追求が大きな政治課題となる時代は，長くは続かなかった。議会制民主主義への姿勢が政党間の対立軸として残り続けたヴァイマル共和国の時代と異なり，強固な東西冷戦体制の下にあった連邦共和国では，体制選択問題は変更しがたい与件のような存在と化していき，有権者を積極的に動員できるような政治争点としての有意性は薄れていったのである。

また，自由民主党は，経済政策の面では市場原理に基づいた自由主義を唱え，社会保障などでの国家介入の増大に否定的な姿勢を示していたが，カトリック労働運動に連なるキリスト教民主・社会同盟の左派グループがドイツ社会民主党と政策的に接近して社会保障政策を展開するようになると，周辺的な存在に転落してしまう(近藤 2009)。さらに，経営者団体のドイツ産業連盟(BDI)も，ドイツ社会民主党の影響力を抑える存在としては，小政党の自由民主党よりも，大政党となったキリスト教民主・社会同盟の方を重視した。経済界からの支援も独占できなくなった自由民主党の立場は，ますます脆いものとなっていった。

他方，キリスト教民主・社会同盟との対立が多かった教育政策は州の権限であったため，連邦政治での争点にはなりにくかった。また，戦後，社会の世俗化が進んでいく中で，自由主義者がカトリック政治運動に対して抱いていた差異意識は，有権者の積極的な関心を呼び起こすような力を期待することができなくなっていった。

2　外交・ドイツ政策の党

新たな存在意義の模索

存在意義が薄れていった自由民主党の得票率は，1953年選挙で9.5％，1957年選挙で7.7％と低下していった。他方，連立を組んでいたキリスト教民主・社会同盟の得票率は，45.2％・50.2％と伸びていき，他の小政党を併呑してますます強大化しつつあった。何か新しい存在意義を打ち出さなければ，自由民主党も埋

没し，飲み込まれてしまう。そうした危機感から，1950年代の自由民主党では，新たな党の方向性を模索しようとする試みが様々に打ち出されていくことになる。その中には，戦後の戦勝国による非ナチ化政策を「勝者の裁き」の行き過ぎと批判し，公職追放などの不利益を被っていた旧ナチ党員層に接近して，固定的な支持者にすることを目指す動きすらあった。

しかし，新たな存在意義の模索は困難を伴うものであった。その理由の第1は，新たな方向性の模索が，党内対立の火種となってしまったことである。新たな政策に対する反発が路線対立を招き，それに伴う混乱が，ただでさえ緩やかなものであった有権者からの支持を動揺させてしまった。また，対立が高じての党分裂という結果すら生み出したばかりでなく，1956年には，党の分裂後に主流派が下野し，政権与党としての立場も失ってしまう結果となった。

困難さの第2の理由は，有権者への新たなアピールが一過性のものにとどまってしまっては，党の中長期的な発展は望めないという点である。1961年選挙に際して，自由民主党はアデナウアー政権の長期化（すでに3期12年に及んでいた）を批判して12.8％の得票率を上げたものの，1963年にアデナウアーからエアハルトへの政権移譲が行われると，1965年選挙では9.5％へと再び後退した。新たな存在意義を模索する上で必要とされていたのは，政策転換に伴う損失や犠牲を上回るような党の隆盛をもたらし得るインパクトを持ち，かつ，中長期的な持続性を持つような新しい基本政策だったのである。1960年代の自由民主党にとって，そうした条件を満たし得た政策が，外交・ドイツ政策であった。

新東方政策

1960年代まで第1党の政権与党であり続けたキリスト教民主・社会同盟の対東側政策の基本方針は，ドイツ民主共和国（東ドイツ）の国家としての正統性を認めず，強い姿勢で対抗し続けることによって，東側の屈服・譲歩を待つというものであった（「力の政策」）。こうした方針は，東西冷戦が緊張感の高いものであった戦後初期の状況には適合的であったが，米ソ間で緊張緩和の動きが進むと齟齬を来たし，行き詰まりを見せるようになった。しかし，キリスト教民主・社会同盟は強硬な東ドイツ否認政策に固執し，有効な政策革新ができずにいた。

それに対し，自由民主党は，東側諸国との関係改善を公約に掲げて1969年選挙

に臨んだ。選挙の結果，得票率は5.8％へと減少したものの，外交政策での親近性から第2党のドイツ社会民主党と連立政権を樹立することに成功し，党首のシェールは外相となった。東ドイツとの関係改善はブラント首相の管轄となったものの，シェール外相も「新東方政策」の担い手として活躍し，デタントの時代に相応しい外交・ドイツ政策が自由民主党の新たな存在意義となったのである。シェールが1974年に大統領へ転じた後，後継の外相となったゲンシャーは，以後1992年まで18年にわたって外相を務め続け，ドイツ外交のみならず，ヨーロッパ外交の顔として活躍した。1982年にドイツ社会民主党主導政権からキリスト教民主・社会同盟主導政権への政権交代が起こった後も自由民主党は与党としてとどまり続け，ゲンシャー外相はドイツ外交の継続性を象徴する存在として重きをなしたのである。

図5-2 ベルリンの壁崩壊後の1989年12月22日にドイツ-チェコスロヴァキア国境の鉄条網除去を行うゲンシャー外相（写真左）。
出所：H.-D. Genscher (1995) *Erinnerungen*, Berlin : Siedler, 711.

ドイツ統一

外交政策が自由民主党の存在意義を高める効果を有効に発揮し得たのは，この問題が有権者にとって重要性を帯びていたからであった。東西冷戦の下，ドイツは東西に分断され，「鉄のカーテン」のすぐ向こう側には数十万のソ連軍が核兵器と共に戦闘準備を整えて待機していた。東側との関係をどのように調整するのかという問題は，扱いを誤ると国民の生死にも大きく影響するような重要課題だったのである。

こうした状況は，米ソ冷戦の終焉と1990年のドイツ統一によって根本的に変化した。ドイツでの戦争の脅威は遠ざかり，外交や安全保障の問題が一般市民の生活に及ぼす影響は格段に小さなものとなった。それに代わって，ヨーロッパ統合の問題が重要性を増していくことになったが，統合をめぐる重要事項は加盟国首

脳が集まる欧州理事会で決定されることが多いため,外相の地位低下は否めなかった。自由民主党はドイツ統一後も1998年まで外相を出し続けたものの,それが自由民主党の存在意義を支える力は着実に弱まっていったのである。

3 政党間競争の構造

3党制下のキングメーカー

1950年代には混迷していた自由民主党が1960年代に入って影響力を回復できた背景には,前節で見た外交政策の展開だけでなく,連邦共和国における政党配置の変容も影響していた。1949年選挙での議会進出政党数は10もあり,「最後のヴァイマル選挙」と評されることもある程であるが,前述したように小政党の淘汰が進んだ結果,1961年選挙での議会進出政党は,キリスト教民主・社会同盟とドイツ社会民主党,そして自由民主党だけとなった。さらに,この選挙でキリスト教民主・社会同盟が単独過半数を失った結果,自由民主党は,過半数確保のための連立形成に欠かせないキングメーカー的な存在となったのである。

ただし,こうした政党配置上の利点は,2大政党が大連立を組まないという条件の下での話である。1961年選挙の際,自由民主党は,キリスト教民主・社会同盟の単独政権がもたらしかねない独善の弊を正す「矯正役」と自らを位置づけることによって有権者にアピールし,議席を増やした。そして,1962年秋のシュピーゲル事件では,連立離脱の威嚇を武器にしてシュトラウス国防相(キリスト教社会同盟)を辞任に追い込むといった成果を上げたが,「矯正役」を標榜しながら連立パートナーの失点を攻撃して回るという自由民主党の行動は,キリスト教民主・社会同盟に不満と反発を生み,1966年の2大政党による大連立政権形成へと向かわせる機運を生み出しもしたのである。

とは言え,3党制の状態が続く限り,自由民主党は実勢以上の影響力を発揮しやすい状況にあった。特に,1969年選挙後にドイツ社会民主党との連立を成立させ,自由民主党が2大政党双方と現実に連立を組むことが可能であるということを実証したことによって,その傾向は強まった。自由民主党による連立相手の選択が政権の帰趨を左右することから,「転轍機」機能といわれるが,1969年と1982年の政権交代は,まさにその「転轍機」機能の産物であった。そして,この

表5-1　1980年選挙以降の諸連立枠組みによる議席占有率　　（単位：％）

	1980	1983	1987	1990	1994	1998	2002	2005	2009	2013
CDU/CSU-FDP	*56.1*	*55.8*	*54.1*	*60.1*	*50.7*	43.0	48.9	46.7	*53.4*	49.3
SPD-FDP	*54.5*	45.6	46.7	48.0	44.5	*51.0*	49.4	46.1	38.4	30.6
SPD-緑の党	—	44.2	45.9	37.3	44.8	*51.6*	*50.7*	44.5	34.4	40.6
CDU/CSU-SPD	*89.3*	*87.8*	*82.3*	*84.3*	*81.3*	*81.2*	*82.8*	*73.0*	*61.9*	*79.9*

注：斜体は過半数となる連立枠組みの議席占有率，太字は実現した連立枠組み。
出所：http://www.bundeswahlleiter.de（アクセス日　2014.4.18）所収のデータより筆者作成。

「転轍機」機能を持つがゆえに，自由民主党は政権交代を経ても与党であり続け，1960～80年代には2大政党を上回る与党経験を誇るに至ったのである。

多党化の進行

しかし，1983年選挙で緑の党が連邦議会進出を果たしたことから，自由民主党の「転轍機」機能は2つの面で大きく損なわれることとなった。

その第1は，緑の党の進出によってドイツ社会民主党が議席を減らした結果，ドイツ社会民主党と自由民主党が連立しても過半数に達しなくなってしまったという「数」の面での問題である（表5-1を参照）。これによって，2大政党のどちらと組んでも政権を形成できるという「転轍機」機能の前提が，根底から覆されてしまったのである。

第2は，「数」の問題で連立枠組みの選択肢が減少したことの帰結でもあるが，政党間競争の中心的な形態が，親近性のある政策分野を違えながら相互に連立可能性を有していた3党間の求心的な競争から，キリスト教民主・社会同盟と自由民主党の中道右派ブロックと，ドイツ社会民主党と緑の党による中道左派ブロックとが対峙する2ブロック間の遠心的な競争へと「質」の面でも変化したことである（Lees 2002；Roberts 2003）。これによって，ブロックの垣根を越えた連立は難しくなり，自由民主党は，連立相手を選択する際の自由度を大きく減らすこととなった。

こうした多党化に伴う「転轍機」機能の「数」と「質」の両面での変容は，自由民主党の影響力と存在意義を再び弱めていくことになった。それが直ちに表面化しなかったのは，1980年代まで，キリスト教民主・社会同盟の内部において，

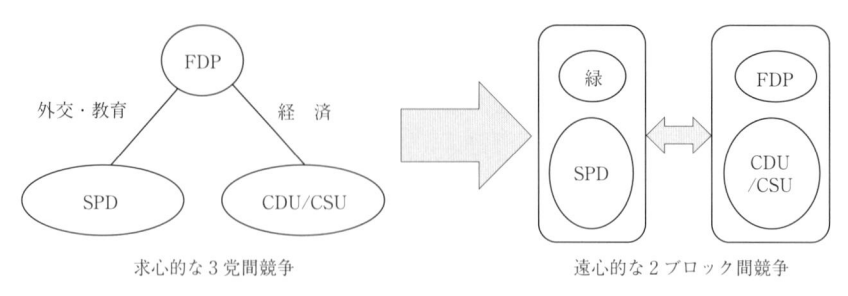

図5-3 ドイツにおける政党間競争のあり方の変化
出所：筆者作成。

キリスト教社会同盟党首のシュトラウスが、キリスト教民主同盟の党首であったコール首相のリーダーシップに挑戦し続けていたという事情が存在したためである。身内に手強い競争相手を抱え込んでいたコールは、自由民主党のゲンシャー副首相兼外相との緊密な関係を重視し、連立与党党首会談を政権運営の実質的な中枢に据えて、連立パートナーである自由民主党の発言力を守り続けた。しかし、シュトラウスが1988年に急死すると、そうした歯止めもなくなった。

キリスト教民主・社会同盟の補完役へ

1990年のドイツ統一によって、東ドイツ地域を故郷としていたゲンシャー外相の人気は高まり、自由民主党は1990年選挙で得票率11.0％の好成績を上げた。しかし、前述したように、統一によって外交政策の重要性は構造的に低下してしまい、統一の達成という成果も一過性のものと化してしまった。ゲンシャー自身も1992年に外相を退き、彼の腹心を長年務めたキンケルが後任となったが、官僚肌であったことも災いして、有権者の支持を呼び起こせるような状況を作り出すことはできなかった。1994年選挙での自由民主党の得票率は6.9％へと下落し、緑の党を下回って第4党へと転落した。選挙後、コール連立政権の続投が決まったが、それは、過半数を上回る連立の組み合わせが、大連立以外にはキリスト教民主・社会同盟と自由民主党の連立だけであったためである。自由民主党は、キリスト教民主・社会同盟主導の連立政権を支えるための補完役という存在に陥りつつあった。

4 「野党病」とポピュリスト政党化

州議会選挙での低迷——構造的弱体化の進行

　党の存在意義が薄れていったことを反映して，1990年代には州議会選挙でも自由民主党の敗北が続いた。特に，キンケルが党首を務めた1993〜95年の時期には，13の州議会選挙の内，12州で小党排除条項に抵触して議席を失うという惨敗を喫したのである。

　こうした州議会選挙での低迷と州議会からの退場は，2つの面で自由民主党の基礎を一層弱らせる効果を持った。その第1は，地方組織の弱体化である。連邦制をとっているドイツでは，内政面での行政執行が基本的に州の管轄とされており，州の存在感は大きい。その州レベルでの選挙で敗北し，議会からの退場が続いた結果，自由民主党は，ただでさえ脆弱であった内政面での活躍の機会をさらに乏しいものにしてしまうこととなった。また，政党助成金が選挙での得票数に応じて増減する制度となっていることから，州議会選挙での低迷は，党財政の悪化に直結した。そして，議席喪失と党財政悪化は党地方組織の士気低下と弱体化を生み，党の低迷に一層拍車をかけてしまうという悪循環に陥ったのである。

　第2の問題点は，政治家育成機能の低下であり，この点にも連邦制が関係している。すなわち，広範な政策分野への権限を持つ州政府には，外務・国防を除く主要省庁が設置されている上，州首相と各省庁の担当大臣は議院内閣制の仕組みで選出されていることから，州レベルの政治は連邦レベルの政治と構造的に類似している。そのため，次の世代を担い得るような若手政治家は，州レベルの政治で活動することを通じて，議員としての立法活動だけでなく，大臣としての行政運営についても経験を積み，連邦レベルでの政治でも通用する政治家としての能力を育むことができるのである。さらに，州政府の閣僚は，連邦参議院の議員として連邦の立法過程にも参画することが可能であることから，連邦レベルの政治そのものについても経験を積むことができる。このように，州レベルの政治は，ドイツの政治家のキャリア形成において少なからぬ意義を持つものであるが，自由民主党はそこから脱落してしまったのである。党外の大衆組織からの支援を期待できないタイプの政党にとって，党に所属する政治家の活躍は，本来ならば，

有権者からの支持を集める上で貴重な政治的資源となるはずであるが、自由民主党は、その政治家の育成という点においても、大きな不利を背負うことになったのである。

野党への転落――政権批判票への傾斜

そして、1990年代に進行した自由民主党の基礎部分の弱体化をさらに加速したのが、1998年選挙での敗北と野党への転落であった。すでに州レベルの政治からの退場傾向が大勢となり、有権者へのアピールを連邦レベルの政治での実績に依存せざるを得なくなっていた自由民主党にとって、連邦政府与党からの転落は、政権担当能力を実証する機会を失うという点で大きな損失であった。また、閣僚としてメディアに取り上げられることの多かった幹部級政治家のアピール手段の減少という点からしても痛手であった。

ただし、野党への転落は、自由民主党にとって不利な作用ばかりもたらしたわけではない。ドイツの州議会選挙では、アメリカ連邦議会の中間選挙同様、連邦政府与党への批判票が投じられる傾向が見られるため、連邦レベルでの野党にとっては比較的有利に戦えるからである。野党となったシュレーダー政権期の自由民主党は、州議会選挙である程度の復調傾向を見せ（図5-4を参照）、州議会への復帰を果たした州も見られるようになった。

そうした中、2001年に党首となったヴェスターヴェレは、政権復帰を目指して党の独自性を強調する戦略をとり、2002年選挙では自らを「連邦首相候補」と位置づけて2大政党と対等に競い合う姿勢を見せた。しかし、得票率18％を目指すとした2002年選挙キャンペーン「プロジェクト18」は失敗に終わり、得票率は7.4％にとどまって、政権奪還ともならなかった。続く2005年選挙では、方針を転換してキリスト教民主・社会同盟との協調関係を示しつつ、新自由主義的な色彩の濃い選挙公約を掲げて9.8％の得票率を上げたが、ドイツ社会民主党のみならず、キリスト教民主・社会同盟も得票率を減らしたために、中道右派連立政権を樹立することには失敗した。2大政党によるメルケル大連立政権の下で野党第1党となった自由民主党は、新自由主義的な経済政策を主張して「キリスト教民主・社会同盟の社会民主主義化」を批判し、中道層の政権批判票の受け皿となることを目指す戦略を展開した。

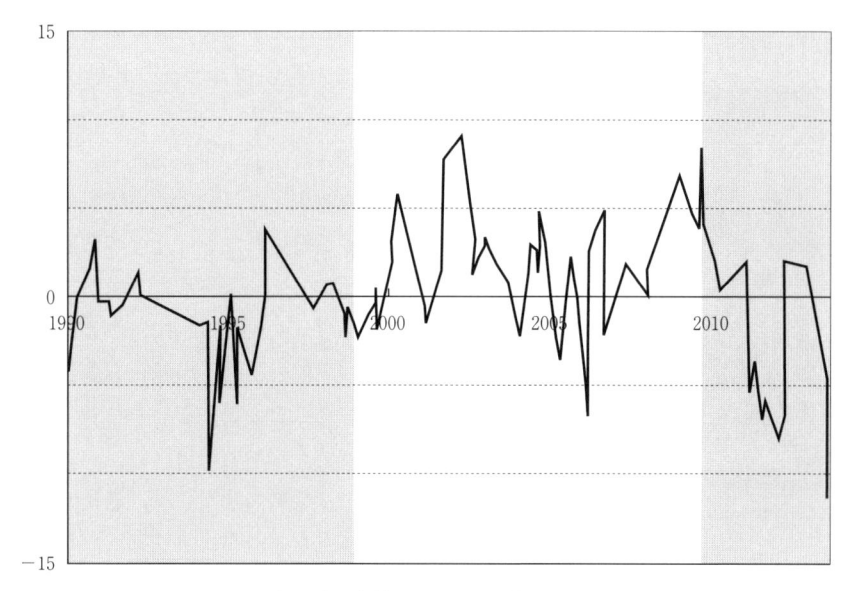

図5-4　ドイツ統一後の各種選挙における自由民主党得票率の増減
（州議会選挙・連邦議会選挙・ヨーロッパ議会選挙を対象として，同種の前回選挙からの得票率増減を集計したもの。網掛け部分は与党期，白地部分は野党期）
出所：http://www.bundeswahlleiter.de（アクセス日　2014.4.18）所収のデータより筆者作成。

　この路線は，その次の2009年選挙での成功という点においては成果を上げた。選挙戦で舌鋒鋭く政権与党を批判し，減税を強く訴え続けたヴェスターヴェレ率いる自由民主党は，14.6％という党史上最高の得票率を記録し，選挙後の連立交渉でキリスト教民主・社会同盟との連立に成功して，念願の政権復帰を11年ぶりに果たしたのである。

第2次メルケル政権での失政——「野党病」

　しかし，野党期の訴えは，政策実現に責任を負わない立場での主張である。与党となった後は，政策の実施に付随する反作用にも配慮し，責任を負わなければならない。第2次メルケル政権の与党となった後の自由民主党は，野党期に主張していた減税の実現を議会や閣内で強硬に主張したが，実際には実現可能性の乏しい主張であった。ユーロ導入国の間で締結されている財政安定成長協定によっ

第Ⅰ部　ドイツの政治力学

図5-5　ヴェスターヴェレを「超人ハルク（変身すると理性を失って暴走するアメリカン・コミックのヒーロー）」になぞらえて風刺したドイツの雑誌『シュピーゲル』2010年2月22日号の表紙，胸の「18％」は2002年選挙時の「プロジェクト18」を暗示している）

出所：https://magazin.spiegel.de/digital/index-SP.html#SP/2010/8（アクセス日　2014.4.18）

て財政赤字に上限が設定されていたため，歳出削減なしに減税を行うことは困難であったが，リーマン・ショック後の世界的な景気後退が尾を引く中，ただでさえ財政収支が赤字基調となっていた中で，一定の財政出動が期待されてもいたのである。そうした構造的な制約があるにもかかわらず，ヴェスターヴェレ率いる自由民主党は，現実的な実現可能性の乏しい減税を要求し続け，それに応じようとしないキリスト教民主・社会同盟を攻撃的に批判した。こうした非妥協的な姿勢の背景には，選挙での自由民主党躍進が示した民意に支えられているという意識が党内にあったことも確かであるが，他方では，ドイツの政党政治研究者ヴァルターが「野党病」と指摘しているように，11年間の野党時代を通じて自由民主党の習い性となってしまっていた面も否定しきれない（Walter 2010：66）。そもそも，党首のヴェスターヴェレ自身，弁護士資格を取得した後，党青年部代表から党幹事長を経て党首になったという"政党政治家"であり，1996年から連邦議会議員にはなっていたものの，州や連邦での大臣職を経験することなく，2009年の政権交代で初入閣（副首相兼外相）を果たしたという，1990年代以降の自由民主党が被った州レベルでの地道な政治経験の喪失という展開を体現したようなキャリアを持つ人物であった。そのヴェスターヴェレ率いる自由民主党が入閣後に展開した，センセーショナルではあったが闇雲な行動は，自由民主党の政権担当能力に対する疑念を有権者に抱かせてしまうこととなった。さらに，自由民主党が力を入れて展開していたホテル業界への付加価値税減税要求が，業界からの献金に応じてのものであるという批判的報道がなされたことも，党の支持率を損なうことと

なった。

その結果，政権復帰後の自由民主党は，再び州議会選挙での敗北を繰り返すようになった（前掲図5-4を参照）。その中でも党に衝撃を与えたのが，自由主義勢力が伝統的に牙城としてきたバーデン・ヴュルテンベルク州の議会選挙で議席を半減させる大敗を喫したことである。その敗北の責任を取る形で，ヴェスターヴェレは，10年という長期間にわたって維持してきた党首の座を2011年5月にレスラーへ譲り渡さざるを得なくなった。保健相であったレスラーは党首就任に合わせて経済・技術相に転じ，ヴェスターヴェレの減税要求路線を成長重視路線へと転換する姿勢を見せたが，党勢の回復にはつながらず，2013年選挙で小党排除条項の得票率5％というハードルを越えることに失敗して，ついに連邦議会から退場する結果となったのである。

自由民主党の将来——ポピュリスト政党化？

冷戦の終焉によって党の存在意義を支えてきた外交政策の意義が低下し，多党化の進行によって政党間競争構造上の利点までも失った21世紀の自由民主党には，有権者の関心を中長期的に喚起できるような政策課題を新たに見出し，党の看板として利用することが求められていたといえる。

そうした中，野党に転落した後の自由民主党は，減税という政策主張を掲げて，中道右派の政権批判票を吸収するという戦略をとった。この選択は，野党期の得票増という点では効果を上げたが，均衡財政が求められる新自由主義的なグローバル化・ヨーロッパ統合という構造的な流れがある中では，与党となった後の政権担当能力を大きく損なうという弊害をもたらしもした。そして，その代償は高くついた。2013年選挙によって，自由民主党は政権与党の座から転落したばかりでなく，連邦議会からも退場する結果となったのである。

こうした野党期の得票増と与党期の低落という現象は，1990年代のオーストリア自由党や，2000年代初頭のオランダ・フォルタイン党など，ポピュリスト政党にしばしば観察されるものである。それらの事例を見ると，野党転落後に再び党勢回復へと向かう傾向も見られはするものの，与党期の混乱が有権者に与えた負のイメージの悪影響は無視できるものではなく，回復は限定的なものにとどまる傾向にある。そして，回復が限定的なことから，党の分裂や新党結成という展開

につながることも多い。その点からすると，こうしたポピュリスト戦略は，中長期的な持続可能性という点では少なからぬリスクを抱えていると言えよう。

　従って，党の中長期的な発展を期すためには，やはり，有権者を中長期的に引きつけられるような基本政策が重要ということになろうが，その模索が自由民主党にとって容易なものでないことは，すでに見てきたとおりである。そうした中で，1つの可能性があるとすれば，ヨーロッパ統合問題の争点化かもしれない。自由民主党が議席を失うことになった2013年選挙では，ユーロ危機への財政支援に反対する新党「ドイツのためのオルタナティヴ（AfD）」が出馬し，議席獲得はかなわなかったものの，4.7％の得票率をあげ，自由民主党と0.1ポイント差にまで迫る勢いを示した。この点を鑑みると，ヨーロッパ統合問題と減税の主張とをセットにして争点化することによって，得票の増加に一定の効果を期待することができるかもしれない。もちろん，このシナリオにも困難な要素はある。かつての自由民主党がドイツ外交の継続性を象徴する存在として活躍してきた歴史を考慮すると，自らも長年にわたって積み重ねてきたヨーロッパ統合の動きに反対するような方向への政策転換を行うことは困難であろう。しかし，今後，グローバル化やヨーロッパ統合の方向性をめぐる政治的対立が重要性を増していくのであれば，自由民主党がどのような選択を行い，そしてそれがどのような効果につながるのか，注目し続ける意義は少なくないように思われる。

参考文献

近藤正基（2009）『現代ドイツ福祉国家の政治経済学』ミネルヴァ書房。

安井宏樹（1999）「「第三極」の模索と挫折——一九五〇年代西ドイツの自由民主党（FDP）」『国家学会雑誌』第112巻第1・2号，151-206頁。

安井宏樹（2008）「ドイツ——ブラント政権の成立」高橋進・安井宏樹編『政治空間の変容と政策革新4——政権交代と民主主義』東京大学出版会，43-71頁。

安井宏樹（2009）「ドイツの分割政府と立法過程」日本政治学会編『年報政治学　民主政治と政党制度』木鐸社，303-321頁。

安井宏樹（2010）「ドイツ」馬場康雄・平島健司編『ヨーロッパ政治ハンドブック』第2版，東京大学出版会，117-140頁。

安井宏樹（2012）「ドイツにおける「小連立」政権の運営——小政党の影響力とその限界」『神戸法学年報』第27号，1-23頁。

第 5 章　自由民主党

F. Decker / E. Jesse (Hrsg.) (2013) *Die deutsche Koalitionsdemokratie vor der Bundestagswahl 2013*. Baden-Baden : Nomos Verlagsgesellschaft.

C. Lees (2002) "Coalitions : Beyond the Politics of Centrality ?" S. Padgett / T. Poguntke (eds.) *Continuity and Change in German Politics : Beyond the Politics of Centrality? A Festschrift for Gordon Smith*. London : Frank Cass, 117-134.

O. Niedermayer (Hrsg.) (2011) *Die Parteien nach der Bundestagswahl 2009*, Wiesbaden Verlag für Sozialwissenschaften.

G. K. Roberts (2003) " 'Taken at the Flood'? The German General Election 2002," *Government and Opposition* 38 (1) : 53-72.

F. Walter (2010) *Gelb oder Grün ? Kleine Parteiengeschichte der besserverdienenden Mitte in Deutschland*. Bielefeld : transcript Verlag.

第6章

労使関係

大重光太郎

―― この章で学ぶこと ――

　労使関係とは，労働者と使用者との関係，あるいは労働組合と使用者および使用者団体との関係をさす。一般に労使関係というと経済のレベル，すなわち企業や産業のレベルでの労働者・労働組合と使用者・使用者団体の関係をさすが，本章では労使関係と国家との関わりも含めて扱うこととしたい。これは本書が「政治」を主題としており，政治や国家との関わりも含めたいという理由によるが，より根本的には労使関係は法律や制度，政府の政策，司法判断など国家による影響を受け，これらとの相互作用の中で形作られるからである。

　一般にドイツの労使関係は，強力な産業別労使団体の存在，労使団体によって締結され広範な企業に適用される労働協約によって特徴づけられてきた。また労使団体のコンセンサスに基づき，政労使の3者協調の枠組み（コーポラティズム）で政策決定が行われていると理解されている。

　しかしこうしたドイツの労使関係は，グローバル化や欧州連合（EU）統合，1990年のドイツ統一を経る中で大きく変容してきた。労働組合や使用者団体の組織率は下がり，労働協約の適用率は低下し，その性格も変化してきた。また国家と労使団体との関係にも変化が見られる。ドイツの労使関係モデルは伝統的なあり方から大きく変容しつつある。ではドイツ労使関係は具体的にどのように変化したのだろうか。また今後どうなっていくのだろうか。本章では1990年を区切りとし，それまでに作られたモデルとそれ以降の変化を素描することを通じて，この問いについて考えたい。

　以下，第1節では伝統的なドイツの労使関係の特徴を予めまとめる。第2節では戦後から1980年代末までの労使関係を歴史的に素描する。第3節では1990年以降の労使関係の変化を扱う。第4節では，国家との関わりを取り上げてその変化を見る。結論として，ドイツの労使関係モデルがコーポラティズムから多元主義的，自由主義的方向へ進んできたことを確認する。

第6章 労使関係

1　ドイツ労使関係モデルの伝統的特徴

　はじめに伝統的なドイツの労使関係の特徴を5点で押さえておきたい。
　第1は，労使関係の主要アクターとして，産業別の労使団体の役割が大きいことである。日本では企業別労働組合が支配的な形態であり，そのため賃金や労働条件は主として企業ごとの労使間で決められる。これに対しドイツでは，労働組合は産業分野ごとに企業横断的に組織されている。労働者は，その働く業界を管轄する産業別労働組合に個人加盟し，賃金や労働条件は産業別労働組合と使用者団体のあいだで労働協約として締結され，これは当該分野全体に適用される。規模が大きな産業別労働組合としては，自動車，電機，機械，鉄鋼などの産業分野をカバーする金属産業労働組合（IG Metall 組合員数227万人），第3次産業全体と公務領域をカバーする統一サービス産業労働組合（ver.di 207万人），さらに鉱山・化学・エネルギー労働組合（IG BCE 66万人）などがあり，この3つの組合でドイツ労働総同盟（DGB）全体の8割の組合員を占めている（表6-1）。最初の2つの組合は闘争志向が強いのに対し，3番目の組合は労使協調志向が強いと見られている。
　ドイツ労働総同盟は産業別労働組合が結集して作った上部団体であり，1949年16の産業別組合の連合体として創設された。1990年代の組合間の合併を経て，現在では8つの産業別労働組合から構成されている。ドイツ労働総同盟は，ドイツの労働組合全体を代表する組織として労働組合の要求を広く社会に宣伝するとともに，政府や議会に対して要求実現のために働きかける役割を担っている。ただし労働協約の交渉・締結は個々の産業別労働組合の役割であり，労働総同盟は関与しない。
　使用者の側も，労働組合に対抗して産業分野ごとに使用者団体を組織している。金属産業労働組合の対抗パートナーは金属産業の使用者団体連合（Gesamtmetall）であり，加盟企業の利益を代表して賃金や労働条件の交渉・締結を行っている。産業分野ごとの使用者団体は，上部組織であるドイツ使用者団体全国連合（BDA）に加盟している。この組織はドイツ労働総同盟のカウンターパートナーであり，ドイツ経済界の労務管理部という役割を担っている。活動の重点は政府

表6-1 ドイツ労働総同盟 (DGB) 加盟の産業別組合

労働組合の名称	略称	組合員 (2013年)	比率
ドイツ労働総同盟	DGB	532.2万	100.0
建設・農業・環境産業労働組合	IG BAU	28.8万	4.7
鉱業・化学・エネルギー産業労働組合	IG BCE	66.4万	10.8
教育学術労働組合	GEW	27.0万	4.4
金属産業労働組合	IG Metall	226.6万	36.9
飲食産業労働組合	NGG	20.7万	3.4
警察官労働組合	GdP	17.4万	2.8
鉄道交通労働組合	EVG	20.9万	3.4
統一サービス産業労働組合	ver.di	206.5万	33.6

出所:ドイツ労働総同盟ホームページ。

や議会に対する労働政策や社会政策分野でのロビー活動,社会全体に対する宣伝活動におかれ,労働総同盟と同様,労働協約交渉にあたることはない。

　第2に,産業別の労働協約において2つの重要な原則があることである。

　その1つは「労働協約自治」である。ヴァイマル末期の国家による強制仲裁の否定的経験を踏まえ,戦後の協約交渉では国家介入なしに労使当事者の自治により取り決められるべきとの原則が確立した。これを「労働協約自治」といい,憲法にあたる基本法(1949年)の第9条第3項の団結権,および労働協約法(1949年)に基づいている。もう1つは,個別企業の労使協定に対する産業別労働協約の優位原則である。産業別労働協約は使用者団体に加盟する企業に法的効力をもって適用されるが,労働協約の交渉・締結の対象となる事項(賃金,労働時間,労働条件など)は,企業レベルで交渉してはならない(経営組織法第77条第3項)。また協約内容からの逸脱は,労働者に有利になる場合のみ認められており,引き下げは認められない。こうして労働協約は企業横断的な最低条件設定という性格を持つことになった。こうした2つの原則によって産業別の労使団体が重要な労働規制のアクターとなり,また産業レベルが重要な労働規制の舞台になってきた。後に見るように,この2つが揺らいできたことが90年代以降の特徴である。

　第3は,企業レベルでは,産業レベルとは異なるドイツ語圏固有の「共同決定」という特徴が見られることである。

　共同決定とは,経済運営について,資本家が一方的に決定するのではなく,また労働者が資本家を打倒するのでもなく,資本家と労働者が対等の立場で,共同

で管理運営するという考え方である。これは19世紀半ば以来，カトリック社会理論の影響を受けながらドイツの労働運動の中で提起されてきた思想であり，第1次世界大戦以後のヴァイマル時代に端緒的に実現し，第2次世界大戦後に広範に制度化されたものである。

共同決定は，個別事業所レベルでは従業員代表委員会において，企業全体レベルでは監査役会への労働者参加として制度化されている。それぞれを簡単に見てみたい。

まず個別事業所レベルでは従業員代表委員会という機関がある。この機関は，労働組合が自発的組織であるのに対し，経営組織法という法律に基づいて設置される従業員の利益代表機関である。従業員代表委員会は，従業員5名以上の事業所に設置可能であり，委員会は4年ごとに非正規従業員を含む全従業員による選挙で選ばれる。立候補あるいは委員であることを理由として，使用者が不利益な処遇を行うことは禁止されている。

委員会には3つの大きな役割がある。1つは，事業所レベルで労働協約が守られているかどうかをチェックすることである。違反があれば管轄の労働組合と連携して是正させる。2つ目は，産業別労働協約を事業所レベルで具体化することである。そのために，従業員代表委員会は，使用者との間で事業所協定を締結する。3つ目は，事業所における従業員の利益を代表し，要求を実現することである。従業員代表委員会は，社会的事項，人事事項，管理事項，経済事項の4つの事項につき，法律に基づいて共同決定権，関与権，情報権を持っている。例えば，就業開始・終了時刻の設定や従業員の採用や解雇，配置転換，職務の格付けについては委員会の同意が不可欠である。人事計画や企業の経営状況などについても情報を受け取る権利，協議する権利が認められている。

委員会のメンバーを見てみると，その多くが組合員であり，この委員会は事業所内での組合活動にとってきわめて重要な位置を占めている。2002年のデータでは，ドイツ労働総同盟によると平均でメンバーの82.8％，委員長の92％が組合員である。この委員会は労働組合の機関ではないが，人的・機能的に労働組合と重なっており，組合にとっては事業所レベルの重要な窓口となっている。

次に企業全体レベルでの共同決定を見てみる。日本の株式会社では株主総会が取締役メンバーを直接選出するが，ドイツの株式会社では，株主総会と取締役会

との間に監査役会という機関が存在する。この機関は，取締役会メンバーを選出・解任する権限を持つと共に，株主総会に次ぐ最高決定機関として経営方針を決定する重要な機関である。さらに，ドイツの監査役会の独自性として，1951年モンタン共同決定法，1976年共同決定法に基づき，構成員のうち半数が被用者代表から構成される点が挙げられる。これは企業の方針決定にあたり従業員の利益が考慮されること，取締役選出にあたって従業員や労働組合が影響を与えることを意味する。監査役会に選ばれる従業員代表は，多くの場合，従業員代表委員会のメンバーである。さらに被用者代表には当該企業の従業員代表だけではなく，産業別労働組合代表が入る。ダイムラー社の2009年時点での監査役会では，20名の監査役員の中，10名が被用者側代表，うち7名が従業員代表，3名が金属産業労働組合の役員であった。

第4の特徴は，以上のような制度的枠組みの中でドイツ労使当事者がどのような行動様式をとっているのかという点である。この点で，まずドイツの労使関係は話し合いを通じて合意を目指す志向を強く持っていることが指摘しうる。フランスやイギリスでは労使間の対立が強く，労働組合が使用者と同じテーブルについて話し合うという伝統が弱い。ドイツでは労使が信頼関係に基づいて，合意を目指して交渉を行う「社会的パートナーシップ」という関係が見られる。

このような関係の根底には，労使間のドイツの輸出モデルを支えるコンセンサスがある。ドイツは，現在中国に次ぐ輸出大国であり，収入の4分の1を輸出によって得ている。ドイツの国際競争力は自動車，機械，電機，化学などの産業によって支えられている。こうした国際競争力の維持という点で，労働組合と使用者団体とは一致した立場をとっている。協約交渉において，化学労組のように協調的な形をとったり金属労組のように闘争的な形をとったりするが，それは輸出モデルのコンセンサスの上でのバリエーションと見るべきである。

第5に，労使関係と国家との関係における特徴である。さしあたり4つの特徴を挙げておきたい。

1つは，労使関係において法律による制度化の度合いが高いという点である。ドイツでは労使関係の枠組みを労働協約法，共同決定法，経営組織法といった法律によって定めており，労働組合や労働者代表は法的に確保された権利を保持している。イギリスの労使関係は，これと対照的に集団的労使関係の法律がほとん

表6-2 連邦議会における労働組合員の比率

連邦議会		議会全体の組合員比		SPD		CDU/CSU		緑の党		PDS/左翼党		その他
会期	開始年		うちDGB系労組		会派内比		会派内比		会派内比		会派内比	
1	1949	28.0	96.2	19.5	58.8	5.4	15.5					3.1
2	1953	38.1	86.6	27.9	87.7	9.2	18.8					1.0
3	1957	38.9	85.1	29.7	85.1	8.9	16.5					0.4
4	1961	42.8	83.0	34.4	88.2	7.9	16.3					0.6
5	1965	46.7	81.4	36.3	86.6	9.8	20.3					0.6
6	1969	51.2	85.7	41.5	90.7	9.1	18.8					0.6
7	1972	54.2	89.7	43.8	93.8	8.5	18.8					1.9
8	1976	53.7	84.9	42.1	97.3	10.4	21.3					1.2
9	1980	52.6	87.2	43.0	97.8	8.9	19.4					0.8
10	1983	51.2	86.5	37.7	97.0	10.0	20.4	2.9	53.6			0.6
11	1987	48.3	90.0	36.2	97.4	7.9	17.5	4.0	47.7			0.1
12	1990	31.9	78.2	26.6	73.6	3.6	7.5	0.0	0.0	0.9	35.3	0.8
13	1994	47.3	79.2	31.5	84.1	10.3	23.5	2.5	34.7	2.5	56.7	0.6
14	1998	51.6	82.0	37.5	84.2	9.3	25.3	2.4	34.0	1.9	36.1	0.5
15	2002	46.8	78.0	32.8	78.9	10.6	25.8	2.2	23.6	0.3	100.0	0.9
16	2005	40.2	89.5	26.5	73.4	5.2	14.2	2.3	27.5	5.9	66.7	0.3
17	2009	29.6	89.7	18.0	76.7	3.7	9.6	1.3	11.8	6.4	52.6	0.2

出所：Deutscher Bundestag：Datenhandbuch（Alters-und Sozialstruktur）より作成。

ど存在しない。そのため時々の労使の力関係が労働組合の制度的立場に直結する。ドイツでは法律による保証があるため，その時々の労使の力関係がストレートに労働組合の立場を弱めることはない。

　2つ目に，国家が労使関係の枠組を設定するという点では大きな役割を果たす一方で，政府は内容については労使間の自治を尊重し，介入しないという特徴が見られる。

　3つ目に，政労使の枠組みでの政策決定が見られることである。政府は労使関係に介入できないが，政権担当者は経済状況が厳しい時期には労使団体をマクロ経済政策に組み入れることに腐心する。具体例として1960年代の「協調行動」，1990年代のコール政権，シュレーダー政権による「雇用のための同盟」などが挙げられる。これらは政労使の3者による協議機関であったが，労使の自発的参加を前提としていたために，いずれも信頼関係が失われた段階で頓挫した。政労使の3者協議によって経済政策を取り決めるメカニズムはコーポラティズムと呼ば

れるが，ドイツでは緩やかなコーポラティズムという特徴が見て取れる。

4つ目に，労働組合と政治アクターとの強い結びつきが見られることである。これは連邦議会における労働組合の存在感の大きさに見て取れる（表6-2）。連邦議会の中で労働組合員の資格を持っている議員比率を見ると，50年代には4割台，60〜80年代には5割以上に達し，その9割近くがドイツ労働総同盟系の組合員資格を持っていた。政党別では社会民主党とのつながりが強く，同党の議員だけをとると1980年には98％，2009年でも77％が組合員資格を持っていた。しかし保守政党であるキリスト教民主同盟（CDU）も労働組合とのつながりがある。同党の中には労働組合に近い「社会委員会」派がある。1976年には同党議員の21％が何らかの労働組合に所属していた。ただしこの場合，ドイツ労働総同盟に加盟していないキリスト教労働組合の組合員資格保持者が多数を占めていた。

2　1990年以前の労使関係

以上の5つの特徴は，戦後当初から見られたのではなく，数十年をかけて形成されてきたものである。ここでは1990年までの労使関係を3つの時期に区分して，この形成過程をたどりたい。

1949〜66年――戦後労使関係の骨格の形成期

1949年に西ドイツ国家が誕生するが，同年から1966年までは保守政党キリスト教民主同盟のアデナウアーとエアハルトの政権による保守体制であった。この時期，労使関係の戦後の骨格が形成された。すなわち，①労働協約法（1949年），石炭・鉄鋼共同決定法（1951年）と経営組織法（1952年）により集団的労使関係の法的骨格が作られ，②労働協約闘争の制度化が行われ，③労働組合の西側志向と市場経済体制の受容が明確になった。

1945年ドイツの敗戦により全体主義体制が崩壊すると同時に，ナチス統治下で解体されていた労働組合が再建されていった。1949年に東西ドイツ国家が分立すると，同年10月には西ドイツの16の産業別労働組合が結集してドイツ労働総同盟が創られた。創立大会で採択されたミュンヒェン綱領は計画経済，共同所有，共同決定の3つを新しい経済秩序の柱として掲げた。こうして新経済秩序を求める

政治闘争が主要な闘争領域となったが，賃金や労働条件などの経済闘争は重視されていなかった。

ただしこれは社会主義体制を求めたものではなく，国家統制に反対し市場経済を支持する立場をとっており，「第三の道」として理解されていた。西ドイツの労働組合運動は，当初からマーシャルプラン，欧州経済共同体などの西側諸国との経済統合を支持し，再軍備にさえも賛成であった。これは社会民主党が東西統一を掲げて西側統合路線に反対したのとは対照的であった。

図6-1　1949年10月ドイツ労働総同盟創設大会（ミュンヒェンにて）
出所：フリードリヒ・エーベルト財団ホームページ。

こうしたドイツ労働総同盟創設当初のあり様を象徴したのが，1951年の石炭・鉄鋼共同決定法と1952年の経営組織法をめぐる闘争であった。共同決定制度自体は占領期にその端緒が作られていた。ルール地方を含む北西部を占領管理していたイギリス軍政府は，1947年以降反ナチ化のために接収した鉄鋼コンツェルンの解体を進める中で，鉄鋼部門における共同決定を実施していたのだった。それは株主総会に次ぐ権限を持ち，取締役会の選出・解任権を持つ監査役会のメンバーの半分を労働者代表に割り当てるものであり，また取締役3人のうち1人を労働者代表が事実上選出できる制度であった。ドイツ労働総同盟はこうした占領期の到達点を新経済秩序の重要な足がかりと捉え，すでに導入されている鉄鋼部門で制度を維持することはもちろん，これを全産業部門に拡大することを目標とした。こうして西ドイツ国家成立直後から経済体制をめぐる大きな闘争が行われた。しかし結果は，労働組合の思ったものとはならなかった。確かに既存のものについては1951年の石炭・鉄鋼共同決定法によって認められた。それ以外の部門については翌52年の経営組織法によって定められることとなったが，そこでは監査役会での労働者代表は組合が要求した半数ではなく3分の1にとどまり，労働組合の

要求とはかけ離れたものであった（花見 1965）。

　ミュンヒェン綱領で新しい経済体制実現を掲げたドイツ労働総同盟であったが，以上の共同決定制をめぐる経緯は，それが容易でないことを示した。労働組合は楽観的な経済崩壊論を抱いていたが，50年代には経済成長も軌道に乗り始める。政治的には，労働組合が改革の担い手として期待した社会民主党が53年秋の連邦議会選挙で敗北し，改革実現の政治的足がかりを失う。逆にアデナウアー首相の下で，「CDU国家」といわれるほど強固な保守体制が作られていった。こうして従来のような新経済秩序を掲げる路線が行き詰まりをみせ，労働組合は新しい方向で停滞を打開する必要が求められた。

　こうした隘路を突破するものとして注目されたのが，経済領域における闘争，労働協約闘争であった。これを象徴したのが1953年末，ドイツ労働総同盟経済研究所長アガルツが提唱した「拡張的賃金政策」であった。これは強力な賃金引き上げ闘争により，過剰生産を防ぎ，購買力を高め，生産性上昇に結びつけるという理論であったが，労働組合の伝統的手段である賃金闘争を強調することによって，労働組合に閉塞状況を打開する展望を与えるものであった。実践的には金属労組金属産業労働組合の委員長オットー・ブレンナーがリーダーシップを発揮した。アガルツの理論，ブレンナーの実践により，労働協約闘争が見直されるようになった。労働時間短縮闘争もこのころから強まってくる。1956年のメーデーでは，有名な時短スローガン「土曜日のパパは僕のもの！」が掲げられた。こうした経済闘争の重視，労働協約闘争の強化という方向性は，1955年のドイツ労働総同盟「行動綱領」に反映された。

　50年代半ばからの協約闘争の取り組みは，労働協約交渉の定着と紛争のルール化につながっていった。労働協約の交渉・締結についての法的枠組みとしては1949年の労働協約法があるが，労使自治と協約優位性の原則が定められただけであり，協約闘争の具体的な制度化は当事者間に委ねられていた。協約交渉の手続き，ストライキやロックアウトといった闘争手段の適法性や妥当性，ストライキ権の確立や実施，中止の手続きなどをめぐり労使双方の激しい小競り合いや訴訟合戦が見られた。これらを経て60年代初頭に協約闘争ルールが一通りの確立を見た。ところで協約闘争はドイツ労働総同盟ではなく各産業別労働組合が行う。協約闘争の重視は各産業別労働組合の発言力を大きくしていった。それはナショナ

ルセンターであるドイツ労働総同盟の役割が弱まっていく過程でもあった。

当初，こうした経済闘争重視は，ミュンヒェン綱領で掲げた計画経済，共同所有，共同決定といった長期的目標の放棄を意味するものではなかった。むしろ「拡張的賃金政策」の旗手であったブレンナーやアガルツは，これらの新経済秩序の目標を堅持する立場をとっていた。しかしこうした目標を時代遅れのものと捉え，綱領改訂を狙う潮流も強まった。前者は金属労組や化学労組に，後者は鉱山労組，建設労組などに代表された。これは市場経済の根本認識に関するものであり，労働組合の基本姿勢を左右する重要問題であった。

図6-2 「土曜日のパパは僕のもの」（1956年メーデー・ポスター）
出所：ドイツ労働総同盟ホームページ。

こうした対立は50年代後半を通じて社会民主党で見られた綱領論争と軌を一にしており，ドイツ労働総同盟における路線対立でも社会民主党の議論が大きく影を落とした。社会民主党は1959年の党大会でバート・ゴーデスベルク綱領を採択し，「社会的市場経済」を受け入れた。ドイツ労働総同盟も1963年にミュンヒェン綱領に代えてデュッセルドルフ綱領を採択した。新綱領ではケインズ主義的経済政策の見地が一貫しており，資本主義的枠組みの中での完全雇用，経済成長を維持することを目的として，計画，共同所有，共同決定はそのための手段として位置づけられた。

1966〜82年——コーポラティズムの形成

この時期の特徴は，1つは政労使の「協調行動」というコーポラティズムの枠組みが作られたこと，もう1つは社会民主党政権の成立によって労使関係法制の前進が見られたことであった。

1つ目の「協調行動」であるが，これは大連立政権期の1967年に始まり，1969?82年の社会民主党政権下において活用された。しかし「協調行動」は，経

図 6-3　1967年11月の「協調行動」
出所：Haus der Geschichte のホームページ。

済政策の目標と労働組合としての目標との緊張関係を不可避的に伴う。前者に傾けば組合員の反発が起こり，後者を重視すれば「協調行動」から離脱せざるを得なくなる。社会民主党の政権参加のもとで，こうしたジレンマが見られたのもこの時期の特徴であった。

1965年から66年にかけて，西ドイツは戦後初めての景気後退に見舞われた。政権担当者は，これを機に労働組合を政策決定に関与させようと考えた。折しも1966年にはキージンガー首相のもと大連立政権が誕生し，社会民主党が加わった。こうした背景のもと1967年，政労使による経済政策の調整である「協調行動」が始まった。「協調行動」ではマクロ経済指標の均衡のとれた発展が目標とされ，具体的に経済成長，通貨安定，対外貿易均衡，雇用安定の4つの指標が重視された。

しかし労働組合は「協調行動」の中で賃金抑制を求められ，組合リーダーはこれを受け入れる。60年代末には低水準の協約賃金に対する組合員からの反発の声が大きくなっていった。69年には2年前からの賃上げ抑制への不満が爆発する。金属産業労働組合でも産業レベルの協約締結後に企業・事業所レベルでより高賃金を求める「第2次」協約闘争が起こり，非公式ストライキが多発した。

「協調行動」をめぐる緊張関係は，70年代の社会民主党政権下でも続く。特に73年の石油危機以降，経済停滞と共に失業率が高まるが，「協調行動」の参加メンバーであったドイツ連邦銀行が景気回復や雇用創出よりも通貨安定を優先するマネタリスト路線を採る。さらに1976年の新たな共同決定法の成立に対し使用者団体が違憲訴訟を起こす。これを受けて労働組合は70年代末「協調行動」から離脱することとなった。

もう1つの特徴は，社会民主党政権下での労使関係法制の前進であった。とりわけ労働組合が強く要求したのは，50年代の共同決定法と経営組織法の抜本改正

であり，これは1972年経営組織法，1976年共同決定法として結実した。1970年代に作られたこれらの法律により，現在の集団的労使関係を形作っている法的枠組みがほぼ完成した。

1982〜90年——高失業下の労使関係の変化

1980年を境に失業者が200万人を超え，失業問題が政権にとっても労使当事者にとっても解決すべき深刻な課題となった。82年にキリスト教民主同盟のコールが首相に就任すると，労働組合にとって新保守主義的路線のコール政権の「協調行動」に参加する余地はなかった。そうした中で労使はどのような形で失業問題に答えを出そうとしたか。80年代に見られたのは次の2つの答えであった。

1つは，週労働時間の短縮闘争である（宮前 1992）。従来の時短闘争は，単調で厳しい労働を制限すること，「労働の人間化」に主眼があった。80年代の時短闘争の新しさは，1人ひとりの労働時間を短縮することにより，新しく雇用を創出するという考え，すなわちワークシェアリングの発想であった。自分の利益だけではなく，社会全体のためでもあるという理由は労働組合に自信を与えた。こうして1983年秋から金属労組による週労働35時間に向けた歴史的な労働協約闘争が行われた。7週間のストライキを含む激しい労使対立の結果，1984年に95年まで段階的に週40時間から35時間に短縮するという労働協約が締結された。

ところで労働時間短縮の方針をめぐっては労働組合の中で対立が見られた。金属産業労働組合が週労働時間の短縮を目指したのに対し，化学労組は生涯労働時間の短縮すなわち早期退職を主唱した。早期退職というコンセプトは，当時コール政権が時短闘争の激化する中で仲裁案として提示したものだったが，化学労組の見解はこれと符合するものであった。この対立はその後の労働総同盟内の大きな路線対立の端緒となったと見なされている（Deppe 2012）。

もう1つは，大量失業という状況を受けて，労使と国家との新しい関係が形成されてきたことである。失業者の増大は，労働市場に対して大きな圧力を加え，労働力の供給過剰によって賃金引き下げの方向で作用する。これは労働組合にとって望ましくなく，そのままであれば労使間の紛争が激しくなり，使用者にとっては生産の中断をもたらすおそれがある。こうした中，労使当事者は大量失業者の労働市場への圧力を引き下げること，そのために社会保障を利用すること

に解決策を見出した。そのために国家に社会保障拡充での協力が求められたが，国家もこうした労使のコンセンサスをうけて対応した。こうして失業時の寛大な給付，早期退職制度の拡充により，労働市場への失業者の圧力を緩和する仕組みが作られた。ドイツのある学者はこれを「福祉コーポラティズム」という言葉で表しているが，これは福祉を守るという意味ではなく，福祉の負担によって労使間の共通利害を守るという意味である（Streeck 2009）。高賃金や高い労働条件と構造的失業者との併存という一見矛盾する状況は，「福祉コーポラティズム」という視点から見るとよく理解できる。

3 1990年以降の労使関係の変容

ドイツ統一とグローバル化

1989/90年は東欧社会主義諸国の体制転換と，それに伴う冷戦終結に特徴づけられる。1990年以降のドイツ労使関係は，これに密接に関わる2つの大きな要因と関連している。すなわちドイツ統一とグローバル化の進展である（田中 2003）。

1990年の東西ドイツ統一は事実上，東側の西側への合併であり，労使システムにおいても西側のシステムをそのまま東側に移転する形で進められた。しかし統合過程で多くの問題が発生した。ここでは3点挙げたい。

第1に，旧東ドイツ企業の経済状況が西ドイツ側の思った以上に悪かったことである。旧東ドイツ経済は，東欧社会主義圏の中で経済的優等生と考えられており，市場経済に転換したのちもうまく適応できると考えられていたが，統合後に明らかになった実態は想像以上に悪かった。

第2に，東西ドイツの通貨統合における躓きである。1990年7月に実施された西側と東側の通貨交換レートは西側1：東側1であった。しかし経済実態からみると1：3が妥当という見方が支配的で，中には1：6という見方もあった。それでも1：1で実施されたのは，時の首相コールが選挙民の支持をねらって経済合理性より政治判断を優先させたためであった。こうした措置は短期的には市民の賃金や預貯金の価値を高めるものであったが，企業活動や経済全体にとってはマイナスになるものであり，脆弱な東ドイツ経済の出鼻をくじき，その後取り返しのつかない条件を設定するものとなった。

第3に，労使のアクターについてである。制度を移転してもそれが実際に機能するとは限らない。特に労使システムについては，立法や行政システムとは異なりアクターの自発性による部分が大きい。労働者が組合に加入しなかったり，使用者が使用者団体に加盟して労働組合と労働協約を締結する気がなければ，いくら制度を移転しても機能しない。実際には，統一直後は東側の労働者が労働組合に大挙して入った。こうしてドイツ労働総同盟傘下の組合員数は80年代末には800万人ほどであったが，統一直後の1990年には1,100万人に増えた。しかし1994年には977万人へ，さらに1999年には統一前の水準である800万人にまで減少した。背景は2つあった。まず労働組合に対する誤解から加入していたことである。旧東ドイツ時代の労働組合は福利厚生サービス，保養施設，レク活動を提供するものであり，使用者に敵対し闘う組織ではなかった。もう1つは90年代初頭に東ドイツ地域の企業倒産に伴う解雇の波が押し寄せたことである。こうして東側での組合の影響力は急速に低下していった。

使用者の行動でも，東側の使用者が西側の労使関係になじめない部分があった。労使当事者は，東西の賃金格差を段階的に縮める点で一致し，東側の協約賃金を西側水準に少しずつ近づけてきた。しかし統一後数年続いた好況に陰りが差し始めた93年，東側の金属産業使用者団体は有効期間中の賃金協約を労働組合の了解なく一方的に破棄し，組合との深刻な対立関係に発展した。これは西側では起こり得ない事態であった。

労使関係に影響を与えたもう1つの要因は，グローバル化である。グローバル化はドイツではEUの統合という形でも現われた。グローバル化，EUの統合はドイツの労使関係にとって2つの作用を持った。

1つは，経済における国際競争の激化という作用である。東欧社会主義諸国の崩壊によって，突如，国境のすぐ東に広大な市場が現われた。輸出志向のドイツ経済にとってこれはメリットであったが，労使関係のような国内の伝統的制度にとっては，新たな挑戦を意味していた。低賃金国の外国人が流入し，逆に国内企業が安価な労働力を求めて国外移転することが容易になるからである。EU市場統合も域内における自由競争を目標としており，同様に国際競争の激化という方向で作用した。こうした背景の下，90年代半ばから「経済の立地条件としてのドイツ」をめぐる論争が起こってくる。使用者側は，強い労働規制や高い労働コス

トによるドイツの硬直的労働市場を問題視し，労働協約の柔軟化を要求していった。これはその後，企業レベル交渉への産業別労働協約の開放化・分権化につながっていくこととなる。

もう1つは，EUのもう1つの側面である政治統合による作用である。EUは政治統合の中で，多層的な統治システムを作りつつあり，伝統的な国民国家の主権が徐々に上位に移譲されつつある。これは一国モデルを前提にしたコーポラティズムというモデルが，その前提条件を揺るがされることを意味する。EUレベルで決められることに対して，ドイツ国内の政労使の話し合いでは不十分であり，労使はEUレベルでの利益代表を模索する必要に迫られる。また欧州司法裁判所の判決は各国の最高裁判所の判決に優先する。2008年にはドイツの労働協約遵守法がEU法のサービス自由原則に抵触するとして無効と判断される事態が起こった。こうしてEUが加盟国をこえる規制を行い，各国の制度やアクターの対応に影響を与えるようになった。

以上が1990年以降の労使関係を変化させた大きな背景であった。これによって労使アクターと労働協約システムがどのように変化したのだろうか。

労使アクターの変化

産業レベルの使用者団体と労働組合，事業所レベルの従業員代表委員会といったアクターに注目すると，これらは1990年以降，一貫して影響力を低下させてきた。

使用者団体の状況から見てみたい。全体として使用者団体の組織率が低下し，対内的な包摂性と対外的な独占的代表性を弱めてきた。

まず組織率は低下してきた。金属産業使用者団体の場合，当該産業の全被用者に対する加盟企業の被用者比は1984年の77％から2008年の53％へと減少している。とりわけ東ドイツ地域での減少幅は大きく，1991年の71％が2008年には16％に落ち込んでいる。

他の西ヨーロッパ諸国について2002年と08年の被用者比での組織率（％）を見ると，多くの国で増加が見られ（ベルギー：72→76，スペイン：72→75，フランス：74→75，ノルウェー：60→65，デンマーク：60→65，ポルトガル：58→65），また安定が見られる（オーストリア：100，オランダ：85，スウェーデン：83）。減少しているの

はドイツ (63→60), イギリス (40→35), イタリア (62→58) ぐらいである (ICTWSS)。しかしイタリアでは国家による労働協約の拡張適用が行われるが, ドイツでは拡張適用がほとんど機能せず, 使用者団体の組織率がそのまま労働協約の適用率に直結する。それだけに組織率の低下は深刻である。

また組織されている会員構成に変化が生じた。産業別労働協約は使用者団体に加盟している企業に適用される。しかし協約に不満な企業の脱退が続くと, 90年代半ば, 使用者団体は労働協約非適用の会員資格 (OT 会員) を設ける。こうした会員制度は他の欧州諸国には見られない。金属電機産業分野では, 2008年には会員企業の40％が OT 会員となっているが, 中小企業が多い。

次に協約政策をめぐる変化である。従来, 使用者サイドはドイツの労使協約モデルを受容してきたが, これを公然と批判し拒否する動きが見られるようになってきた。3つの事例を挙げたい (Streeck 2009)。

1つ目はドイツ使用者団体全国連合とドイツ産業連盟との対立である。ドイツ使用者団体全国連合は経済界の労務部として役割を担う団体で労働組合との交渉相手であり, ドイツ産業連盟はドイツの製造業の利益を代表し, 立法府や行政府に対して包括的な政策実現のためのロビー活動を行う団体である (それぞれ2003年日本経団連に統合する前の日経連と経団連にほぼ対応する)。90年代半ば, ドイツの「経済の立地条件」をめぐる論争が行われたが, 当時ドイツ IBM 会長ヘンケルが会長を務めていたドイツ産業連盟は, 過激な新自由主義的スタンスから協約自治の破棄を主張した。ドイツ使用者団体全国連合も協約システムの柔軟化を求めてはいたが, こうした伝統的システムを清算する議論とは一線を画しており, 両組織間の対立が表面化した。この対立は1996年, 使用者団体全国連合会長ムルマンが欧州の使用者団体連合会長の再選を目指したとき, 産業連盟のヘンケル会長はこれに公然と反対して再選を阻止したことにも現われた。

2つ目は, ドイツ使用者団体全国連合の内部で多国籍企業と中堅企業との対立が表面化したことである。両者の間の緊張関係はすでに80年代から見られた。中堅企業は, 大企業がストライキを恐れて高い賃金でも安易に妥協してしまうことに不満を抱いていた。また労働時間短縮, 労働時間口座, 早期退職制度などの協約上の取り決めも, 中堅企業には実施困難な道具立てだと見ていた。それでも80年代までは, 大企業もドイツ国内に基盤を置き, 国内の系列関係に配慮していた。

第Ⅰ部　ドイツの政治力学

　ドイツ銀行をはじめとする大手の金融機関を頂点とし，人的・資金的つながりでつくられた企業間ネットワーク，いわゆる「ドイツ株式会社」がまだ国民経済の屋台骨を形作っていた。しかし90年代に入り国際競争が激化すると，大企業は独自の利益を優先し，国内経済を顧みなくなる。大手銀行は企業への関与を減らして投資銀行化し，長年勤めた「ドイツ株式会社」の番頭役を辞めて，グローバルアクターとして独自の利益を追求し始める。製造業大手も，国内の取引企業に対するしがらみにとらわれず，コスト勘定を第1の尺度として国外企業へのアウトソーシング戦略を進めた。こうして製造業大手企業もドイツ経済の伝統的なネットワークにとらわれず，グローバルアクターとしての行動をとり始める。こうした大企業のスタンスは，労使交渉の場では生産への障害が出ないようできるだけ早く妥結を図ろうとする行動につながった。例えば1995年のバイエルン州での金属ストライキにおいて，輸出志向大企業はロックアウトを放棄して労働組合の要求を簡単に呑み，使用者側は敗北する。また1996年に疾病手当削減問題で金属産業の労使紛争が長引きかけた時，ダイムラー＝クライスラー社は生産ライン停止をおそれて金属産業使用者団体から離脱し，企業独自の協定を結んで生産を続行させた。このような大企業の行動は，中小企業にとってはエゴイズムとして映る。こうした反発が90年代半ばに表面化した。先のバイエルンの敗北のあと弱腰だった執行部が更迭され，より強硬な執行部が選出されたが，これは使用者団体のイニシアチブが輸出志向の大企業から中堅企業に移ったことを意味していた。70年半ばにはダイムラー社出身のシュライアーがドイツ使用者団体全国連合の会長になり，その後，ドイツ産業連盟（BDI）会長も兼任することになった。90年代半ばから中堅企業出身者がドイツ使用者団体全国連合会長を務めてきたことは，こうした使用者団体における担い手の転換を象徴している。

　使用者団体の変化を考える上で3つ目に挙げたいのは，大企業が国内の使用者団体への関わりを薄める一方で，国際的レベルで企業独自の利益代表機能を強めてきたということである。例えばダイムラー社は使用者団体から脱退しながら，ブリュッセルの企業独自の代表機関を通じてEUレベルでのロビー活動を強めている。これは，ドイツ国内の使用者団体を弱めることになると共に，それを基礎とした欧州使用者団体の組織強化にもマイナスとなり，EUレベルでの「社会的対話」，すなわち政労使のコーポラティズム的枠組みの発展を妨げるもので

ある。

　次に，労働組合を見てみよう。

　まず組織率低下が見られる。1995年の36％から2006年には23.6％へと，わずか10年の間に10ポイント以上減少している（JILPT 2010）。この背景には，拡大する第3次産業における組織化の遅れ，就業形態の柔軟化・多様化，非正規雇用の増加など他の先進国と共通する要因があるが，同時にドイツ固有の背景として，東ドイツ地域での急速な組織率の低下という要因を指摘しうる。

　同時に重要なのは労働組合の構成が変化してきたことである。

　1つ目は，ドイツ労働総同盟の加盟組合間の合併が起こったことである。1949年の創設以来1990年代初頭まで，ドイツ労働総同盟は16の産業別労働組合を構成メンバーとしてきた。しかし組合員数の減少に伴い組合組織の維持が困難になった。こうして90年代半ばから合併の波が押し寄せる。その際，合併再編は産業分野の近さよりも，組合間の政策の近さが主要な目安として行われた。こうして金属産業労働組合は木工労働組合，繊維・衣料組合の2つと一緒になった。また第3次産業や公務分野の労働組合は統一サービス労働組合という大組織に合併した。2013年末現在8つの加盟組合があり，金属産業労働組合，統一サービス労働組合，化学労組などの労働組合の左右の路線を代表する個別労組が大きくなった。うち金属産業労働組合と統一サービス労働組合の2つの組合だけで，ドイツ労働総同盟組合員全体のほぼ3分の2を占めるほどになっている。合併の結果，ナショナルセンターとしてのドイツ労働総同盟の比重低下が起こった。80年代まで持っていたドイツ労働総同盟会長の発言力が対内的にも対外的にも弱まってきた。

　2つ目は，ドイツ労働総同盟に加盟していない職業別組合が台頭してきたことである。2000年以降，パイロット，客室乗務員，鉄道機関士，勤務医・看護師など交渉力の強い職種グループが独自の職業別組合をつくり，独自の労働協約の交渉・締結に成功してきた。これらはドイツ労働総同盟系の労働組合よりも規模が小さく，その地位を脅かすものではない。しかしこれらの組合に対するメディアの注目度は高く，ストライキを含む強い交渉力を背景に，同じ職種をカバーするドイツ労働総同盟系組合（統一サービス労組，鉄道労組）に比べて高水準の協約を勝ち取るようになってきた。こうして組合間に賃金引き上げをめぐる競合状況が生まれてきた。このことは労働協約をめぐる状況が多元化，複雑化してきたこと

を意味する。まず労働協約交渉をほぼ独占していたドイツ労働総同盟系組合にとって，これまでの独占的地位は自明ではなくなりつつある。賃金水準の設定にあたってもドイツ労働総同盟系組合は，強い職業別組合との間で賃金引き上げ競争に直面する状況となった。労働組合が多様化することにより，労働協約の交渉と締結も多元化，複雑化しつつある。

以上のように使用者団体と労働組合の状況は，組織率低下に伴う管轄領域の縮小，内部構成の多様化，複雑化といった傾向が見られる。コーポラティズムが成り立つ条件は，労使の担い手が，対内的には多様で複雑な構成員を許容し包摂すること，対外的にはそれを独占的に代表することであるが，労使団体ともにこれを失いつつある。コーポラティズムの条件である独占的地位が動揺し始めている。複数組合，自発的で多元的な労使関係という点では，伝統的なイギリスの特徴に近づきつつある。

労働協約システムの変化

ドイツモデルでは，横断的労働協約の役割が大きい。これが大きく変化してきた。まず横断的労働協約の変化について5点が確認できる（大重 2011）。

第1に，労働協約の適用率が一貫して低下していることである（表6-3）。1998年と2011年の労働協約適用率を被用者比で見ると，西側では76％から61％へ，東側では63％から49％へ低下している。産業別労働協約は，通常，労働組合と使用者団体との間で締結され，使用者団体に入っている企業に適用される。企業が使用者団体に入っていない場合には，労働組合がその企業に対して使用者団体に入るよう呼びかけ，入らない場合はこの企業に対し，産業別労働協約にできるだけ近い内容の企業別労働協約を締結するよう迫る。これ以外に，国が特定の産業別労働協約を産業分野全体に拡張適用させる場合がある（後述）。労働協約適用率はこれら3つを合わせたものであるが，これが低下してきたわけである。

第2に，企業別労働協約の比重が増大している。表6-3から労働協約を種類別に見ると，産業別協約の比率が下がる一方で，企業別協約の比率は安定していることが見てとれる。企業別労働協約が適用される事業所数を見ると，1992年から2012年にかけてドイツ全体で3,600件から10,116件へと大幅に増加している。うち西側では2,422件から7,107件へと大幅に増加している。2009年時点では，協

表6-3 協約適用率の推移（対被用者比）　　　（単位：％）

	西ドイツ地域			東ドイツ地域		
		産業別	企業別		産業別	企業別
1998	76	68	8	63	51	12
1999	73	65	8	57	46	11
2000	70	63	7	55	44	11
2001	71	63	8	56	44	12
2002	70	63	7	55	43	12
2003	70	62	8	54	43	11
2004	68	61	7	53	41	12
2005	67	59	8	53	42	11
2006	65	57	8	54	41	13
2007	63	56	7	54	41	13
2008	63	55	8	52	40	12
2009	65	56	9	51	38	13
2010	63	56	7	50	37	13
2011	61	54	7	49	37	12

出所：WSI-Tarifarchiv, Statistisches Taschenbuch Tarifpolitik 2013.

約適用の事業所のうち11％が企業別協約のもとにあり（西側8％，東側17％），被用者比で見ると協約適用の被用者の15％が企業別協約のもとで働いている（西側14％，東側25％）。東側での企業別協約の比率の高さが見て取れる。

　第3に，産業別労働協約において開放条項が増加したことである。産業別労働協約では，対象となる事業所に賃金や労働時間がそのまま適用される。しかし一定の条件をもとに特定の条項の適用除外を認めたり，規定自体に幅を持たせたりする場合（例えば，事業所労使の話し合いにより，週労働時間を35〜40時間の幅で決めることができる場合）がある。これを開放条項という。開放条項の増加は，労使交渉の分権化が進行したこと，交渉単位としての事業所レベルの役割が大きくなってきたことを意味する。従業員数20人以上で，従業員代表委員会がある事業所を対象とした経年調査（WSI調査）によると，2000年には開放条項を利用した事業所数は22％であったが，2005年には75％に増加している。こうして企業レベルの交渉の役割が，一層重要性を増してきた。

　開放条項の広がりにとって大きな転機となったのは，金属産業労働組合が締結した2004年のプフォルツハイム協定であった（岩佐 2012）。元来金属産業労働組合は開放条項に批判的であり，事業所レベルで協約の下方修正が行われているこ

とを認めてこなかった。この協定は，こうした下方修正の実態を直視した上で，期限と条件を付けてこれを認めるものであった。その際，従来は下方修正の条件として深刻な経営状況しか認めてこなかったが，新たな協定では経済拠点や雇用の維持，将来に向けた事業投資の必要などにも広げた。そのため事業所レベルでの従業員代表には，従来以上に高度な経営上の知識や交渉力が求められることになった。協定締結後，2004年から09年にかけて，金属・電機産業での協約規定の変更件数は，70件から654件へと9倍以上に増えている。

　第4に，低賃金協約の増加である。労働組合が労働協約を結んでも，労働組合の力が弱いために，低賃金にとどまるものがある。低賃金閾値（中央値の3分の2）の時給は，2010年は西側で9.54ユーロ，東側で7.04ユーロであったが，2010年10月時点で，東側では小規模農園分野や理美容師分野で2ユーロ台の，また西側でも理美容師分野で3.5ユーロをはじめ，5～6ユーロの低賃金協約が見られる。開放条項や企業別協約などの分権化が進んでいる流れを考えると，さらに低位の賃金設定があることが予測される。労働組合が規制する場合でさえこの低水準である。ドイツには一律最低賃金法が存在しなかったため，労働協約が適用されない場合はさらに厳しい状況が予想される。そこで重要になるのが，労働協約の拡張機能である。

　第5に，しかしその労働協約の拡張機能が弱まってきている。労働協約法によって国家が労働協約を拡張適用することができる。これは，協約当事者の一方の申請に基づき，労働大臣が労使同数の労働協約審議会の同意を条件に当該分野全体に拘束力を持たせるものである。基になる産業別労働協約が50％以上の被用者をカバーしていること，また協約拡張が公共の利益に合致することが前提である。だがこの制度の適用は限定的であり，拡張適用によって適用されることになった労働者は全体の1％程度に過ぎない。拡張適用がほとんど見られない理由として，①使用者団体の組織率低下により50％という前提を満たせないこと，②企業別労働協約が増加し拡張の基礎となる産業別協約の比重が減ってきていること，③ドイツ使用者団体全国連合が協約拡張に反対姿勢をとり，労働省下の労働協約審議会で同意が得にくいことが挙げられる。1991年から2009年にかけては，新しく拡張された協約は199から31へと大幅に減少し，現在有効な労働協約数も622から476へと減少している。

第 6 章　労使関係

表 6 - 4　協約適用状況と従業員代表委員会　1998年／2011年（対被用者比）

	西ドイツ地域		東ドイツ地域	
	1998	2011	1998	2011
従業員代表委員会＋横断的労働協約	39	29	25	17
従業員代表委員会＋企業別労働協約	6	6	9	10
従業員代表委員会＋労働協約なし	4	8	5	9
横断的労働協約＋従業員代表委員会なし	28	21	21	15
企業別労働協約＋従業員代表委員会なし	2	1	5	2
労働協約なし＋従業員代表委員会なし	21	34	35	47
	100	100	100	100

注：四捨五入の数値により合計で100にならない場合がある。
出所：IAB-Betriebspanel 1996-2011.

　ただし協約拡張については1996年の労働者送り出し法による可能性に触れておかなければならない。この法律は，本来は国外企業に雇われて派遣される外国人にも労働協約を拡張適用することにより，労働者の賃金ダンピングを防ぐことを目的にして作られたものだが，国内労働者の最低賃金設定の役割も期待されるようになった。一般的拘束性宣言の手続きが簡素化され，労働大臣が労働協約審議会の判断に縛られる必要がない点で，前述の労働協約法による手続きよりハードルが低くなった。建設業から始まって対象産業領域は徐々に広がってきている。
　以上で協約分権化により企業や事業所レベルの役割が大きくなってきたことがわかった。ではその事業所レベルにおける利益代表の担い手である従業員代表委員会の状況はどうだろうか。
　従業員代表委員会は，労働協約の事業所での実施状況をチェックすると共に，協約内容を具体化する役割を持つ。開放条項の増加によって，事業所レベルでの交渉と規制が決定的に重要になってきた。しかし当の従業員代表委員会はこれを担う条件を失いつつある。表 6 - 4 は，従業員代表委員会の有無と労働協約の適用状況を組みあわせたものである。この表からは，従業員代表委員会のない事業所で働く被用者の比率は，1998年から2011年にかけて，西側で51％から56％へ，東側では61％から64％へと増加したことがわかる。
　また，産業別労働協約と従業員代表委員会との二重の利益代表の下にあるというあり方がドイツの協約システムの典型的イメージであるが，この組み合わせを享受している被用者は，1998年から2011年において西側で39％から29％へ，東側

で25％から17％へ減少している。典型的イメージで語ることのできる部分は，西側で3割，東側では2割にも満たないことになる。逆に労働協約も従業員代表委員会もない被用者は，西側で21％から34％へ，東側で35％から47％へと増加している。西側で3割以上，東側で半数近くの被用者が集団的労使関係の保護のない形で就労していることになる。この数字には従業員数4名以下の事業所は含まれていないので，保護を受けていない被用者の規模はさらに大きくなろう。

　こうした労働協約体制の変化は次のようにまとめることができる。労働協約の適用率が低下し，それとともに非適用領域が拡大してきた。横断的労働協約の分権化が進み，また企業別労働協約の比重が高まることにより，労働協約の横断的規制力は弱まってきた。労働組合と使用者団体の組織率も低下し，従業員代表委員会の比重も低下してきた。これまで典型的と見られていた労働協約と従業員代表委員会による二重の労働者利益代表の保護を受ける被用者は西側で3割，東側で2割の少数でしかなくなり，ここから完全に排除された被用者は西側で3割，東側でほぼ半数に及んでいる。

　以上から，1990年以降，労働協約システムは適用範囲が狭まり，内容においては企業レベルへの分権化が進み，企業横断的な機能を弱めてきたことがわかった。また労働組合が関与する賃金規制が弱まったが，国家による協約拡張機能が活用されないことから，低賃金領域が広がってきた。次に国家を含めてみると，どのような像が現われてくるだろうか。

4　1990年以降の労使関係と国家

　労使関係は国家の立法・行政・司法の作用を受けている。他方で，労使関係もこうした国家諸機関に影響を与えている。しかし両者の接合の回路は多様であり，機能的絡み合いは複雑である。ここでは国家と労使関係の全体像を見ることはできない。いくつかの観点に着目して，両者の関係とその変化を素描したい。

　1つ目の観点は，政権と労使アクターとの遠近度である。

　大きくキリスト教民主・社会同盟や自由民主党（FDP）は使用者団体寄り，社会民主党は労働組合に近いと捉えれば，1990～98年のコール政権（キリスト教民主・社会同盟／自由民主党）は使用者団体寄り，1998～2005年のシュレーダー政権

(社会民主党／緑の党)は労働組合寄り，2005～09年の第1次メルケル政権(キリスト教民主・社会同盟／社会民主党大連立)は労使にとってアンビヴァレントな関係，2009～13年の第2次メルケル政権(キリスト教民主・社会同盟／自由民主党)は使用者団体寄りということになる。

ただしこうした理解は最初の大まかな理解を助けるだけで，実際の関係は複雑である。例えば第1次シュレーダー政権(1998～02)では，コール前政権で削減された疾病手当を復活し経営組織法の改正を行うなど，労働組合の要求に沿った政策が取り組まれた。しかし第2次政権(2002～05)では福祉国家の縮減を内容とする「アジェンダ2010」構想，労働市場政策のワークフェア的再編を主眼とするハルツ改革を打ち出し，労働組合からの猛反発を招いた。さらにシュレーダー首相は産業別労働協約を硬直的であると批判し，労使レベルの自発的な動きがなければ，法律により事業所レベルの労使の権限を強める意向を示した。具体的には労働協約の事業所レベルに対する優位性を定めた条項(労働協約法第4条第3項，経営組織法第77条第3項)を改正し，開放条項を法規化して，労働協約の優位性を弱めることが意図されていた。これに対しても労働組合は強固に反対し，立法化を阻止した(これが上述した2004年金属産業労働組合によるプフォルツハイム協定の政治的背景であった)。このように社会民主党だからといって，労働組合に好ましい政策をとるとは限らない。

また組合と政党とのつながりは以前に比べ多様化してきた。以前はドイツ労働総同盟系の労働組合は社会民主党とのつながりが強かった。しかし2000年代のシュレーダー政権における社会民主党の右旋回とそれに反発する左派新党の結成により，こうした関係が変化してきた。現在金属産業労働組合や統一サービス労働組合では社会民主党左派や左翼党との関係が，また化学労組では社会民主党右派やキリスト教民主同盟とのつながりが強くみられる。なお緑の党と労働組合とのつながりは強くない。ただし，2001年以来の統一サービス労働組合委員長であるブジルスケは緑の党の党籍を持っている。

政策の遠近度がはっきりと現われるのは，首相と労使トップとの「頂上会議」である。もともとドイツの「頂上会議」は自発的参加の枠組みによっており，制度化されていない。そのため時々の政労使の政治的関係のバロメーターとなりうる。90年代コール政権での頂上会議は，90年代初頭には統一後の政策調整のため

に頻繁に開かれたが，同政権が1996年社会保障削減に向けた包括法案を出すと労働組合が離脱し，公然と政権批判を始める。また400万人の失業者を半減することを公約としたシュレーダー首相は，1998年の政権発足と同時に政労使による「雇用のための同盟」を発足させるが，シュレーダー政権の右旋回と共に2003年成果をほとんど残さずに終わった。

　2つ目の観点は，連邦議会における労働組合員の比重である。この比重が2000年以降大きく低下してきた（表6-2）。まず表から，時期を問わず組合員資格を持っている議員が多いことが目につく。とりわけ70年代以降は，議員のほぼ半数が労働組合員の資格を持っており，これは——90年代初頭の一時的中断をはさみ——2000年頃まで見られる。また組合の内訳ではほぼ9割がドイツ労働総同盟系の組合員である。しかし2000年以降は組合員比率の急速な低下が見られ，2009年以降は3割程度にまで落ち込んだ。

　組合員資格を持つ議員を政党別で見ると，もっとも多いのは社会民主党である。その際，70年代後半から80年代末まではほぼすべての議員が何らかの組合に入っていたことがわかる。ただしその後この比重は低下し，現在では75％程度に落ち込んでいる。伝統的に労働組合と強いつながりがある社会民主党でも，内部では徐々に労働組合の影響力が弱まっている様子が窺える。

　社会民主党に続いて組合所属議員が多いのがキリスト教民主・社会同盟である。ただし議員の比率としては20～25％ほどにとどまり，また（表には示していないが）ほとんどはキリスト教系労働組合に所属しており，ドイツ労働総同盟系組合に入っているのは少数派である。2000年以降，組合資格を持っている議員は激減し，同党議員の中での比率も低下してきた。

　3つ目の観点は，国家の労使関係に対する機能である。

　国家は労使関係について法的な枠組みを設定する一方（労働協約法，共同決定法，経営組織法），労使間の交渉内容については労働協約自治の原則に従い，直接の関与を行ってこなかった。そしてこれまで労働協約の法的枠組みに大きな変更は見られず，労使自治の中で分権化・柔軟化が行われた。

　ドイツには一律最低賃金法制が存在しなかったが，労使双方が規制する力を持っていた時期にはそれは必要とされず，また労働組合からも望まれなかった。しかし労働協約が適用されない領域が広がり低賃金労働者が増えてくると，2007

年頃から一律最低賃金法制を求める声が起こってきた。最初は，飲食接客業やサービス業など低賃金労働が広がる分野を管轄している食品産業労働組合や統一サービス労働組合から起こり，これをドイツ労働総同盟が取り上げる。しかしドイツ労働総同盟内でも当初からまとまっていたわけではなかった。金属産業や化学産業など相対的に高賃金が見られる分野では，賃金引下げ圧力が高まることを恐れて当初は反対していた。しかし社会民主党も取り上げるようになる中で，労働組合全体としての要求項目となった。これは労働組合が自らの弱さを認めたことでもあった。一律最低賃金法が導入されると，労働協約自治原則が修正されることとなり，国家がより積極的に労使関係に介入することとなるからである。

　同様のことは公契約法制にも見て取れる（大重 2013）。公契約法制は，国や自治体が民間からモノやサービスを調達する際，所定の賃金や労働条件，その他の社会的条件を満たしていることを取引の前提条件とするものである。ドイツでは2000年代に入り州レベルで導入され始め，2013年末時点で13州が制定している（未制定はヘッセン，バイエルン，ザクセンの諸州，ただしヘッセンは近く導入予定）。労働協約が広範な規制力を持っている場合，公契約法制を設ける必要性は低いが，労働協約の規制力が弱まると賃金や労働条件のダンピング規制のために公契約法制が必要となる。

　このような最低賃金法や公契約法制の方向は，労働協約自治に委ねていた規制領域に国家が関与することを意味し，その点で国家の機能が強まってくることを意味する。しかしこれらの法制は，アメリカやイギリスなど，本来，労働組合の規制力が弱い自由主義的な経済システムで見られる制度的特徴である。この間の動きは，ドイツの労使関係モデルが自由主義的経済システムの方向に動きつつあることを示しているといえよう。

　4つ目の観点は，政労使のコーポラティズムの内容である。政労使の枠組みの形式については1つ目と2つ目の観点で触れた。ここでは政労使のコンセンサスの土台となっている輸出志向コンセンサスと福祉コーポラティズムの2つを取り上げたい。

　ドイツの労働組合はドイツの輸出モデルを尊重し，政労使の間で輸出志向コンセンサスが見られた。これは1990年以降も続いている。これがはっきりと現われたのは2008年リーマン・ショックによりドイツ経済が大きな危機に見舞われた時

の「危機コーポラティズム」であった（レーンドルフ 2012）。危機に直面して，エコカー買換え補助金を導入し，受注減に苦しむ自動車産業にテコ入れを行った。また熟練労働者の解雇を防ぐため，連邦雇用庁による操業短縮支援金の給付期間を数度にわたって延長した。2009年末からドイツ経済は回復するが，熟練労働者を解雇せずに維持し続けた企業は生産再開をスムーズに行うことができた。

　これに対し福祉コーポラティズムに関しては，この特徴が弱まっていったことが見て取れる。福祉コーポラティズムとは，失業者の労働市場への圧力を緩和するために社会保険（失業保険，年金保険）を拡充すること，言いかえると労働コストを社会保障領域に外部化することを土台としていた。しかし社会保険のコストは労使負担によっている。当面は過去の蓄積で対応できても，失業者や年金受給者の増加は労使の社会保険コストとして跳ね返ってくるのであり，長期的に持続不可能なモデルであった。こうして社会保険コスト削減の改革が進められた。2000年代前半のハルツ諸法などの社会保障改革がこれであり，これにより福祉コーポラティズムという特徴は弱められていった。これにより大量失業者の存在がそのまま労働市場に作用し，低賃金労働への動きが強まった。

5　自由主義化，多元化する労使関係

　以上，ドイツの労使関係について国家との関係も視野に入れながら，大きな流れを見てきた。1990年を区切りとして見ると，伝統的な労使関係の特徴が徐々に崩れてきていることがわかった。まず労使団体は組織率を低下させた。また労使それぞれの内部で多様な独立した動きが強まり，多元化が見られるようになった。労使団体の対内的包摂性が弱まると共に，伝統的な政労使の枠組みで「労」と「使」のそれぞれ独占的に代表する正当性も動揺しつつある。

　また労働協約の適用率は低下し，分権化や柔軟化も進んだ。労働規制の力が弱まり，低賃金が広がるようになった。こうした労使関係の綻びが見られる中，これを補う役割が国家に期待されるようになる。これは公契約法制の広がりや一律最低賃金法制定を求める動きに表現された。国家と労使関係とのつながりにおいては，労働組合の議会におけるプレゼンスが弱まった。政党とのつながりも，以前はドイツ労働総同盟と社会民主党の回路が支配的なつながりであったが，ドイ

ツ労働総同盟に代わって個々の産業別労組の役割が大きくなり，政党との回路も多様化した。コーポラティズムの形態だけでなく，内容においても変容してきた。

　こうした流れは全体として自由主義化，多元主義化として捉えることができよう。

参考文献

岩佐卓也（2012）「2004年プフォルツハイム協定と IG メタル」『神戸大学大学院人間発達環境学研究科　研究紀要』第 6 巻第 1 号。

大重光太郎（2010）「ドイツにおける労働組合の役割と「労働」の力」石井まこと・兵頭淳史・鬼丸朋子編著『現代労働問題分析——新しい労働社会を拓くために』法律文化社。

大重光太郎（2011）「1990年代以降のドイツにおける労働協約体制の変容」『大原社会問題研究所雑誌』第631号。

大重光太郎（2013）「ドイツにおける公契約の社会的規制の取り組みと課題」雨宮昭一・福永文夫編著『ポスト・ベッドタウンシステムの研究』丸善プラネット。

近藤正基（2009）『現代ドイツ福祉国家の政治経済学』ミネルヴァ書房。

田中洋子（2003）「労働——雇用・労働システムの構造転換」戸原四郎・加藤栄一・工藤章編『ドイツ経済　統一後の10年』有斐閣。

花見忠（1965）『労働組合の政治的役割』未来社。

宮前忠夫（1992）『週労働35時間への挑戦——戦後ドイツ労働時間短縮のたたかい』学習の友社。

山本陽太（2013）『現代先進諸国の労働協約システム』（第 1 巻ドイツ編）労働政策研究・研修機構。

ステフェン・レーンドルフ（2012）「欧州危機のなかのドイツ——危機の救済者か，それとも問題の一部か？」（大重光太郎訳）『労働法律旬報』第1779号。

F. Deppe (2012) *Gewerkschaften in der Grosen Transformation*. Köln：PapyRossa Verlag.

Deutscher Bundestag：Datenhandbuch.
　http://www.bundestag.de/dokumente/datenhandbuch/index.html（アクセス日2014.1.20）

ICTWSS：Database on Institutional Characteristics of Trade Unions, Wage Setting, State Intervention and Social Pacts in 34 countries between 1960 and 2007. http://www.uva-aias.net/208（アクセス日2013.3.15）

W. Streeck (2009) *Re-Forming Capitalism*. New York：Oxford University Press.

第 7 章

EU とドイツ

板橋拓己

───── この章で学ぶこと ─────

　本章では，EU とドイツの関係を歴史的な視座から学ぶ。

　戦後の（西）ドイツは，欧州石炭鉄鋼共同体（ECSC）に始まり欧州連合（EU）へと至るヨーロッパ統合のプロジェクトを積極的に支持し続け，自ら牽引もしてきた。そうした両者の関係は，冷戦の終焉とドイツ統一，そして EU の拡大と共に，ゆっくりと，しかし確実に変容している。この両者の関係の変容は，ドイツ側の変容と，ヨーロッパ統合側の変容の相互影響の結果である。本章では，第 2 次世界大戦後から近年のユーロ危機までの時代を扱い，ドイツとヨーロッパ統合の関係がいかに変容してきたのか（あるいはしていないのか）を学んでいこう。

　まず第 1 節では，冷戦終焉後の拡大 EU における統一ドイツの位置を簡単に確認し，問題の所在を明らかにする。続く第 2 節では，いったん第 2 次世界大戦直後にまで遡り，歴史的にヨーロッパ統合が「ドイツ問題」に与えられた解答であったということ，そしてドイツ自身もその解を支持してきたことを概観する。第 3 節では，そうしたドイツのヨーロッパ政策の連続性を支えた要因を確認すると共に，マーストリヒト条約以降の EU の中でドイツ政治が「ヨーロッパ化」し，国内政治とヨーロッパ政策の連関が強められた点を指摘する。以上の考察を前提にして，第 4 節と第 5 節では，EU の制度改革とユーロ危機をめぐるポリティクスに焦点を当て，2000年以降のドイツ―EU 関係を検討しよう。そして第 6 節では，前 2 節の検討をふまえて，ドイツ―EU 関係の近年の変容をまとめたい。具体的には，①連邦首相のリーダーシップの変容，②政府のヨーロッパ政策に対する国内の拘束要因（議会，州政府，連邦憲法裁判所，世論），③拡大 EU における独仏関係の重要性の相対的な低下，以上の 3 点について考察する。最後に，2013年 9 月の連邦議会選挙の動向も視野に入れながら，現在のドイツ―EU 関係の性格を描写したい。

第 7 章　EU とドイツ

1　統一ドイツと拡大 EU

　冷戦の終焉は，東西ドイツを統一に導いただけでなく，それまでのヨーロッパの政治地図を根本的に変えた。ヨーロッパの東西分断は解消され，冷戦時代に社会主義陣営だった「東欧」諸国が，雪崩を打つように「ヨーロッパへの回帰」をめざしたのである。旧東欧諸国は，政治体制としては自由民主主義を採用し，経済面では市場経済を導入，安全保障面では北大西洋条約機構（NATO）に加わり，さらに欧州連合（EU: European Union）加盟へと歩みを進めていく。
　こうして2004年5月の第5次拡大，いわゆる「東方拡大」により，中東欧諸国を中心とした10か国が EU に加盟し，EU 加盟国はそれまでの15か国から一気に25か国となった。続く2007年1月のブルガリアとルーマニアの加盟，2013年7月のクロアチア加盟によって，現在 EU 加盟国は28か国となっている。
　こうした変容の中で，欧州石炭鉄鋼共同体（ECSC: European Coal and Steel Community）以来の原加盟国であるドイツの EU における立場も変わってきている。何より，いろいろな意味でドイツは EU の「中心」となった。冷戦期，西ドイツは欧州共同体（EC: European Community）の東端に位置していたが，いまや統一ドイツは地理的に拡大 EU の「真ん中」にある。また，人口も加盟国の中でもっとも多く，EU 総人口約5億570万人（2013年7月）のうち，約16％の8,100万人をドイツは占めている（2位のフランスは人口約6,600万人）。
　経済力も，ドイツは EU 加盟国の中で群を抜いている。自動車のフォルクスワーゲンからソフトウェアの SAP まで，世界的に有名な企業は多い。2011年の対 EU 全体の GDP 比率は19.6％であり，EU の輸出量のうち4分の1がドイツ産品である。その結果として，EU への財政的貢献もドイツがもっとも大きい。現在，EU の予算（2013年は約1,328億ユーロ）のおよそ4分の3は加盟国の拠出金（各国の GNI 比で算出）で賄われているが，ドイツは加盟国中トップの約223億6,750万ユーロを拠出し，全体のほぼ2割を担っている。
　このように，客観的には，統一ドイツは拡大 EU の中で中心的な位置を占める大国だと言える。しかし，ドイツが EU において自他共に認める「リーダー」的な存在であるかというと，そうとも言えない点に，現在のドイツ―EU 関係の

175

第Ⅰ部　ドイツの政治力学

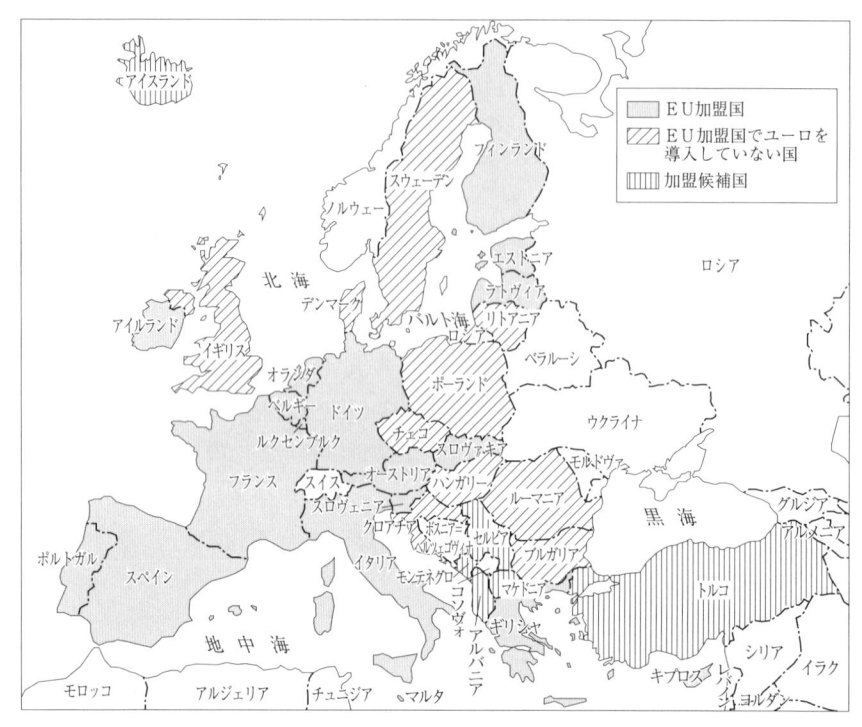

図7-1　ヨーロッパ統合と通貨統合の現状
出所：森井裕一編『ヨーロッパの政治経済・入門』有斐閣，2012年，176頁を基に作成。

難しさがある。後述のように，ドイツ自身，「リーダー」としてEUを牽引するには，歴史的経緯からくる躊躇と，国内政治的な制約を抱えている。また，他のEU諸国にも，一方ではドイツが「リーダー」となることへの反発や恐れの声があり，他方では近年のユーロ危機をめぐってギリシャをはじめ債務危機にある国を積極的に支援しようとしなかったドイツに対する苛立ちもある。つまり，現在のドイツ—EU関係には，ある種の「ぎこちなさ」がつきまとっているのである。こういった点を捉えて，著名な現代史家ティモシー・ガートン・アッシュは，現在ヨーロッパは「新しいドイツ問題」を抱えていると述べている（Ash 2013）。

本章は，こうした現状も視野に入れて，ヨーロッパ統合とドイツの関係を考察する。基本的に戦後（西）ドイツは，ECSCに始まりECを経てEUへと至るヨーロッパ統合のプロジェクトを積極的に支持し続け，自ら牽引もしてきた。そ

第7章　EUとドイツ

してEUとドイツの関係は，1990年代以降，とりわけ21世紀に入ってから，ゆっくりと，しかし確実に変容している。この両者の関係の変容は，ドイツ側の変容と，ヨーロッパ統合側の変容の相互影響の結果である。長年ドイツとヨーロッパ統合の関係を観察してきた政治学者のウィリアム・パターソンは，これを「地殻変動」と形容した（Jeffery / Paterson 2003）。本章は，歴史的な視座からドイツ―EU関係を考察し，何が，いかに変容したのか（あるいはしていないのか）を検討しよう。

なお，現在のドイツ政治において，ヨーロッパ統合に影響されていない領域はほとんどないと言ってよい。各政治アクターや個別政策の「ヨーロッパ化」については，本書の他の章で言及されるだろう。本章では，個々の政策の「ヨーロッパ化」には立ち入らず，ヨーロッパ統合の中核的な領域，中でもEUの制度改革をめぐる政治と，ユーロ圏をめぐる政治に着目して，ドイツの対EU政策（ドイツでは一般的に「ヨーロッパ政策〔Europapolitik〕」と呼ばれる），およびEUの中のドイツの位置を考察する。

次節では，歴史的にヨーロッパ統合が「ドイツ問題」に与えられた解答であったということ，そしてドイツ自身もその解を支持してきたことを確認しよう。続く第3節では，統合の過程で深くヨーロッパに埋め込まれたドイツ政治の在り方を考察する。第4節ではEUの制度改革，第5節ではユーロ圏をめぐる政治に焦点を当てて，2000年以降のドイツ―EU関係を検討する。第6節では，ドイツ―EU関係の近年の変容をまとめたい。

2　「ドイツ問題」の解としてのヨーロッパ統合

出発点としてのアデナウアーの「西側結合」路線

「ドイツ問題」は歴史的に多義的な言葉である。もともとは，政治的には数多の領邦国家に分かれ，文化的には広くヨーロッパに散在していたドイツ人が国民国家を形成することは困難であることを指す用語であった（板橋 2010）。こうした「国民国家の形成が困難であること」という原義を残しつつ，第2次世界大戦後の「ドイツ問題」とは，とりわけ以下の特定の意味を持つようになった（なお，冷戦期のヨーロッパ統合に直接関係するのはドイツ連邦共和国＝西ドイツであるので，ド

イツ民主共和国＝東ドイツには触れない）。

　第1は，ナチスの台頭を許し，第2次世界大戦を引き起こした張本人であるドイツをいかに封じ込めるかという問題である。これは，近隣諸国や，西ドイツ領域の占領にあたった米英仏の西側3か国にとっては最重要の課題であった。また，西ドイツにとっても，自分たちが再びナチスのような勢力の台頭を許さず，国際的な信用を回復することは必要不可欠なことであった。

　第2は，冷戦下の分断国家という問題である。分断国家西ドイツは，東西冷戦の最前線に位置するため，西側全体の安全保障に関わる存在であった。それゆえ西側諸国は，西ドイツを再軍備させつつも，「独り歩き（Alleingang）」させないために，国際的な安全保障体制にしっかりと縛り付けることを目指した。ドイツ統一問題に関しても，西側の安全保障を揺るがすような事態は拒否され，西ドイツの主権回復後も米英仏の西側3か国は，統一問題やベルリン問題に関する権限を留保し続けた。

　第3の問題は，ドイツの経済力である。敗れたとはいえ，やはり西ドイツ経済の潜在的な力は大きいものであり，第2次世界大戦で疲弊した西欧諸国の復興のためにも，ドイツの資源や経済力の活用が企図された。

　こうして，第2次世界大戦後の西側諸国の課題は，西ドイツを「脅威」として封じ込めつつ，西側の安全保障体制に組み込み，かつその経済力を西欧諸国の経済復興のために役立てることだった。第2次世界大戦後のヨーロッパ統合とは，こうした諸々の要請に応えるものだったのである。

　かかる「ドイツ問題」の解としてのヨーロッパ統合の性格をよく理解し，西側諸国と協調してヨーロッパ統合を推進したのが，西ドイツ初代首相コンラート・アデナウアー（在任1949～63年）である。アデナウアーは，ドイツ再統一を棚上げにしてでも，西側世界との緊密な関係の構築を最優先した。そうすることで，西ドイツの政治社会を安定させるとともに，他国との「平等権」を獲得することを目指したのである。こうしたアデナウアーの外交政策は，「西側結合（Westbindung）」や「西側統合（Westintegration）」と呼ばれる（アデナウアー外交につき，詳細は板橋〔2014〕を参照）。

　アデナウアーの「西側結合」路線により，西ドイツは「EC＝NATO体制」（遠藤編 2014）とでも言うべき複合的な国際体制に埋め込まれていく。まず軍事・

安全保障面では，NATO に加盟（1955年）し，再軍備と同時に，アメリカを中心とする大西洋同盟に組み込まれた。そして経済面では，西欧諸国，とりわけかつての「不倶戴天の敵」フランスと緊密に連携しながら，超国家的な統合を着実に進展させたのである（以下，特に断らない限り，本章のヨーロッパ統合の歴史に関する叙述は，遠藤編〔2008；2014〕に基づく）。

図7-2　欧州石炭鉄鋼共同体条約の調印
（1951年4月18日，パリ，右から2人目がアデナウアー）
出所：Hans-Peter Schwarz, *Adenauer. Der Aufstieg: 1876-1952.* Stuttgart: Deutsche Verlags-Anstalt, 1986, 851.

1950年5月9日，ジャン・モネが策定し，フランス外相ロベール・シューマンが公表したシューマン・プランは，石炭鉄鋼という基幹産業を超国家的な機関の管理下に置き，「仏独間のいかなる戦争も想像すらできなくなるばかりか，物理的にも不可能に」するためのものであった。このプランは，ドイツの資源によるフランス経済の近代化も目的としていたが，アデナウアーは独仏和解と平等権獲得のためにプランに合意する。こうして，1952年に独仏伊とベネルクス3国の6か国で欧州石炭鉄鋼共同体（ECSC）が発足する。

欧州防衛共同体（EDC）を構築する試みは1950年代半ばに挫折するものの，1957年3月25日のローマ条約により，共同市場を目指す欧州経済共同体（EEC：European Economic Community）が設立された。EEC と共に欧州原子力共同体（EURATOM）も発足したが，それが推進された背景には，西ドイツの原子力エネルギーの独自開発に対するフランスの懸念があったことも指摘しておこう。1967年には，ECSC・EEC・EURATOM の3共同体の行政機構が合併され，EC となる。

以上の「EC＝NATO体制」の中で主権を回復し，平和と繁栄を享受したこともあり，西ドイツにとって「西側結合」は，個別利害や単なる「国益」を超えた国家の存立基盤そのものに関わる行動準則，すなわち「国家理性」となっていく

(Conze 2009 : 318)。

西ドイツのヨーロッパ政策の連続性

1969年12月にハーグで開催されたEEC首脳会談は，1970年代のヨーロッパ統合の目標として「完成」「深化」「拡大」「政治協力」を打ち出した。この時点でヨーロッパ統合の進展が企図されたのには，1969年10月に発足した西ドイツのヴィリー・ブラント政権（社会民主党と自由民主党の連立，1969〜74年）による「新東方政策」への対処という側面があった。つまり，西ドイツの「独り歩き」に対する危惧から，フランスをはじめ西欧諸国は，共通農業・通貨・外交政策の進展を通じて，西ドイツを一層深くヨーロッパの中に埋め込もうとしたのである。

ブラントも，自身の東方政策が西欧諸国に不安を抱かせることは承知しており，つねに西側に配慮しながら東方政策を進めつつ（妹尾 2011），西側との関係についてはアデナウアー以来の路線を継承した。すでに1960年代には社会民主党も「西側結合」を受容しており，ブラント政権期には，政党レベルでも社会レベルでも，「西側結合」路線に異議を唱える者はほとんどいなくなった。1970年の時点で外交史家ヴァルデマール・ベッソンは，アデナウアーの「西側結合」政策が，建国後20年余りを経て，西ドイツ外交の「新しい伝統路線」として定着したと分析している（Besson 1970 : 101）。

続くヘルムート・シュミット政権（社会民主党と自由民主党の連立，1974〜82年）も，外相に自由民主党のハンス＝ディートリヒ・ゲンシャーを据え，基本路線を踏襲した。シュミットは，フランスのヴァレリー・ジスカール・デスタン大統領と緊密な関係を結び，ECを支えた。例えば，1974年にECの首脳会談が欧州理事会として制度化されたこと，79年に通貨協力を目指す欧州通貨制度（EMS）が設立されたこと，79年から欧州議会議員の直接選挙が導入されたことが重要な出来事として挙げられる。

1982年に成立したヘルムート・コール政権（キリスト教民主・社会同盟と自由民主党の連立，1982〜98年）も，ヨーロッパ政策については，アデナウアー路線に忠実だった。キリスト教民主同盟のコールはアデナウアーの後継者であることを自負しており，「ヨーロッパ合衆国」を掲げる熱心なヨーロッパ主義者であった。また，コール政権でもゲンシャーが外相を務め，前政権との外交的連続性は維持さ

第7章　EUとドイツ

れた。こうしてコールとゲンシャーは，1980年代のヨーロッパ統合の「再活性化」を積極的に推進する役を担ったのである。

東西ドイツ統一と EU の成立
第2次世界大戦後の「ドイツ問題」がヨーロッパ統合を規定したように，東西ドイツの統一も，ヨーロッパ統合のかたちに強い影響を及ぼした。
まず確認しておきたいのは，統一の過程で，コール＝ゴルバチョフ会談により，統一ドイツは軍事的には NATO に帰属することが認められた点である。そして統一ドイツは，経済的にも政治的にもより深くヨーロッパ共同体の中に埋め込まれることになる。

図7-3　ハーグ EEC 首脳会談
(1969年12月。前列左から2人目がブラント)
出所：Andreas Wilkens (Hrsg.) *Wir sind auf dem richtigen Weg. Willy Brandt und die Europäische Einigung.* Bonn: Dietz, 2010, 265.

EC 委員長ジャック・ドロールの冷戦終焉への対応は早かった。1989年秋，東欧民主化の波が押し寄せる中，ドロールは「歴史は加速する。われわれも加速しなければならない」という名言を残している。そして，ドイツ統一への無条件の支持を表明し，コールとの連携を強めた。ドロールは，すでに進行中であった通貨統合と共に，政治統合に関しても，ドイツの貢献を期待したのである。一方，フランスのフランソワ・ミッテラン大統領は，当初はドイツ統一に抵抗を見せていたが，1990年4月には，統一ドイツを前提にして，ヨーロッパの政治統合を進める方向へと舵を切る。

こうしてドイツ統一を背景に，ヨーロッパの政治統合と通貨統合に関する協議が進み，紆余曲折を経て，1991年12月のマーストリヒト欧州理事会で EU 設立条約，いわゆるマーストリヒト条約の合意に至る。EU は，通貨同盟を中心的なプロジェクトとする一方，共通外交・安全保障政策と司法・内務協力にも権能を広げるものとなった。

通貨同盟については，ドイツ統一以前から，統一と関係なく議論が進められていた。しかし，統一が予想以上のスピードで進む中，通貨同盟は，統一ドイツをヨーロッパに繋ぎとめるための仕組みとなっていく。ミッテラン仏大統領やジュリオ・アンドレオッティ伊首相は，統一ドイツをより深くヨーロッパに埋め込む道を選択したのである。

コール首相も通貨同盟に積極的だった。戦後西ドイツの経済成功のシンボルであり，ドイツ人のアイデンティティを形成しているとまで言われた通貨ドイツ・マルクを手放し，共通通貨に切り替えることは，ドイツにとっても大きな決断であり，現に国内の反対も強かったが，コールはこれを推進したのである。

マルクを放棄する代わりにドイツは，新たな共通通貨がマルクと同様に安定した通貨となることを望んだ。そのためドイツは，通貨同盟について「ドイツ・モデル」の採用を要求する。財政規律を重視する立場から，過剰な財政赤字を抱えた国は通貨同盟に参加できないという条件（「マーストリヒト基準」）の設定にこだわると共に，ドイツ連邦銀行と同様，独立性の高い中央銀行の設置を求めたのである。

なお，通貨同盟に伴い，財政を司る政治同盟が必要である旨は多くの者が論じていた。しかし，このときヨーロッパ諸国はそこまで踏み込まなかった。通貨同盟によってドイツを縛ることは重要だが，国家財政にまで超国家機関が介入すべきではないと考えたからである。ユーロ危機で指摘されることになる通貨同盟の欠陥の1つ，すなわち財政同盟の欠如は，ドイツ統一をめぐるポリティクスから生じたものなのである。ともあれ，1999年に通貨同盟が成立してユーロが導入され，2002年には紙幣と硬貨が流通する。

3 「ヨーロッパ化」するドイツ

ここまで，ドイツ統一と EU の成立，そして共通通貨ユーロ導入までのドイツとヨーロッパ統合の関係を見てきた。当初，統一後のドイツはヨーロッパ政策を転換し，「独り歩き」を始めるのではないかという予測もあった。しかし少なくとも1990年代は，コールが長く首相を務めたこともあり，ドイツのヨーロッパ政策はアデナウアー路線の延長上にあったと言える（安全保障政策については，冷

戦の終焉により，隣接諸国との武力紛争の可能性が消える一方，NATO 域外の紛争地域の危機管理という課題が浮上し，変容を見せた。この点については，本書の第8章を参照）。

本節では，ドイツのヨーロッパ政策の連続性を支えた要因を確認すると共に，マーストリヒト条約以降の EU の中でドイツ政治が「ヨーロッパ化」し，国内政治とヨーロッパ政策の連関が強められた点を指摘しておこう（なお，多元・多層的で複雑なドイツのヨーロッパ政策の形成につき，最良の解説として川村〔2007：80-92〕を参照のこと）。

ヨーロッパ政策の連続性を支えたもの

ドイツのヨーロッパ政策の連続性・一貫性を支えてきたものとして第1に挙げられるのは，歴代の連邦首相・外相の統合への積極的なコミットメントである。統一後も，コール首相とゲンシャー外相は，ヨーロッパ統合に積極的であり続けた。また，アデナウアーとシャルル・ド・ゴール，シュミットとジスカール・デスタン，コールとミッテランに代表されるように，時の首相はフランスの首脳と緊密に連携し，統合政策を進めてきた。

第2は，主要政党の「ヨーロッパ・コンセンサス」の存在である。キリスト教民主同盟と社会民主党の2大政党をはじめ，主要政党はヨーロッパ統合に総論賛成の立場をとり続けた。近年まで，主要政党の中でヨーロッパ統合に懐疑的な立場をとっていたのは，左翼党と，キリスト教社会同盟の一部に限られていた (Bulmer / Paterson 2010: 1057-65）。

第3は，国内世論がヨーロッパ統合に対して，積極的とは言わないものの，原則的に支持を与えてきたことである。それには様々な要因が指摘できるが，次に述べるように，ドイツがヨーロッパ統合の中で「成功」してきたことが大きいだろう。

統合推進と「国益」の一致

1997年の時点で政治学者ピーター・カッツェンスタインは，統合ヨーロッパの中の統一ドイツは依然として「抑制されたパワー（tamed power）」であると特徴づけている。ドイツは，EU や NATO のような多国間協調的な制度枠組の中でのみ，パワーを行使するということである。カッツェンスタインは，国際政治学

でいうコンストラクティヴィズムの立場から，ドイツの政治アクターが行動する際に依拠する規範やアイデンティティが「ヨーロッパ化」されている点を重視したのである（Katzenstein 1997）。

そもそも先に指摘したように，（西）ドイツは，「西側結合」の中で国際社会に復帰し，他国との平等権を獲得し，平和と繁栄を享受し，さらには統一まで達成した。ドイツでは，ヨーロッパ統合の進展がそのままドイツの発展に繋がると理解されやすく，「国益」と「欧州益」は分かち難いものとされる時代が長く続いた。

こうしてドイツは，ヨーロッパ統合に積極的にコミットし，自分たちにとって快適かつ合目的的な多国間協調の「地域的環境（Regional Milieu）」をヨーロッパの中で創り出すことに力を注いできた。EU がドイツにとって快適な「環境」となり，ドイツはますます統合にコミットし，その結果さらにドイツから EU レベルへの「制度輸出」や「ルール形成」が進むという「好循環」が成立していたのである（川村 2007：93；Bulmer / Jeffery / Padgett 2010：7）。顕著な例は，すでに見たように，通貨同盟のルールを定める際に，「ドイツ・モデル」の通貨政策と中央銀行制度を「輸出」したことである。

国内政治と EU の連関の強化

こうしてドイツ政治の「ヨーロッパ化」が進んだ。とともに，マーストリヒト条約を機に，国内政治とヨーロッパ政策の連関が強められた。この点は，21世紀における EU とドイツの関係を考える際に重要なので，いくつか特記しておこう。

大きな外観的変化は，マーストリヒト条約批准の際に行われた基本法第23条の改正，および関連法整備である。改正第23条は EU とドイツの関係を規定したものだが，その中で連邦議会と連邦参議院は，政府のヨーロッパ政策に対して大きな発言権を得た。連邦議会は，外交委員会とは別に EU 問題委員会を1994年に設置し，この EU 問題委員会が，EU に関して議会を代表して政府に意見を述べることになった。

より注目すべきは，州政府の影響力の増大だろう。州政府は，基本法23条改正を求め，改正の結果，EU への関与を強めた。連邦参議院を通じた EU 政策の国

内調整への関与はもちろん,州が国内で権限を有する分野に関しては,閣僚理事会に参加する権利を得たのである。また,マーストリヒト条約における補完性原理の導入や地域委員会の設置も,ドイツ諸州の獲得物であった(Bulmer / Paterson 2010：1061-62；詳細は川村 2007：86-89)。

　さらに,マーストリヒト条約批准の過程で,以前にもまして存在感を示したのが,連邦憲法裁判所である。1993年10月,マーストリヒト条約の交渉過程が非民主主義的であり,この条約の批准は国民主権を無視しているという主旨の違憲抗告を,連邦憲法裁判所は却下したのだが,その判決理由が重要な意味を持った。大まかに言えば,このとき憲法裁判所は,EUの権限を定める権限(「権限配分権限」)はあくまで主権的な存在である国家にあるとし,国民主権を体現する存在である国内議会に権限配分権限を留保したのである(本判決の背景には,国内法に対するEU法の優越をめぐる欧州裁判所と国内裁判所との長きにわたる綱引きがある)。このマーストリヒト判決は,条約の合憲性を認め,さらなる統合を否定したわけでもないが,ヨーロッパ統合の民主的正統性をめぐる議論に対して1つの立場を示し,国内議会の意義を高める役割を果たした。この判決の影響力は大きく,続くEUの制度改革をめぐる議論でも重視されることになる。

4　EUの制度改革とドイツ

　前節までの知見をふまえ,以下では,シュレーダー政権以降のドイツとEUの関係を検討する。まず本節では,EUの制度改革とドイツの関係を扱い,次節ではユーロ危機とドイツについて論じよう。

フィッシャー演説

　1992年6月にデンマークが国民投票でマーストリヒト条約批准を否決して以来(「デンマーク・ショック」),ヨーロッパ統合における「民主主義の赤字」という問題が前面に出てきた。いまやEC／EUは,一般市民の眼には複雑かつ難解で,エリート主義的なものに映じていた。ドイツでは制度的に統合の是非を国民投票で問うことはないが,先に見た連邦憲法裁判所のマーストリヒト判決の背景には,やはりEUの民主的正統性の問題があった。

こうした民主的正統性の問題を念頭に，1つの統合ヴィジョンを打ち出したのが，2000年5月にフィッシャー外相がベルリンのフンボルト大学で行った演説である。これは，ヨーロッパ統合の「最終形態」について論じ，2院制議会の設置などにより，「民主主義の赤字」の解消を目指したものである。この演説は，あくまでフィッシャー個人の理念の表明という形式だったが，ドイツ国内で与野党から積極的な評価を受けた。

戦後ドイツの政治指導者たちは，ヨーロッパ統合を「それ自体として」擁護し，推進してきたが，フィッシャー演説はそのピークをなす。フィッシャーの構想は，2000年12月の欧州理事会で採択されたニース条約には反映されなかったものの，その後の欧州憲法条約につながる，EUの制度改革論を活性化する意義を持った。

欧州憲法条約

拡大と深化を同時に進めようとしたEUは，暫定的なものにとどまったニース条約の採択後，欧州憲法条約の制定に着手する。安全保障領域にまで権限を広げる一方，「東方拡大」を目前に控えたEUは，「民主主義の赤字」批判を念頭に，既存の仕組みを見直し，簡潔で透明性が高く，民主的な組織への脱皮を目指したのである。憲法条約を起草すべく，各国政府代表のみならず，各国議会，欧州議会，欧州委員会，加盟予定国代表を含めた100人以上のメンバーを擁する「ヨーロッパの将来に関するコンベンション」が設置され，2002年から議論を開始した。このコンベンションにはバーデン・ヴュルテンベルク州首相のエルヴィン・トイフェルも参加し，州政府の利害を代表する役を担った。

欧州憲法条約策定過程におけるドイツの主張は，閣僚理事会における特定多数決領域の拡大，欧州議会の権限のさらなる強化など，従来の要求の延長線上にあり，基本的に受け入れられた。与野党を問わずドイツの政治エリートは欧州憲法条約を歓迎し，2005年5月にドイツの両院は批准手続きを完了した。しかし5月29日にフランス，6月1日にオランダが，それぞれ国民投票で欧州憲法条約の批准を否決する。欧州憲法条約は頓挫し，ヨーロッパは「反省期間」に入ることになる。

第7章　EUとドイツ

リスボン条約

　欧州憲法条約をめぐる停滞を打破しようとしたのが，メルケルである。ローマ条約50周年にあたる2007年の上半期に議長国となったドイツの首相として，メルケルは，仏大統領ニコラ・サルコジと連携し，欧州憲法条約のエッセンスを救い出そうとした。同年6月の欧州理事会では，欧州憲法条約の「憲法」というシンボルとそれに纏わる概念を放棄し，代わりにその実質的な部分を残した「改革条約」案の合意に至った。この改革条約案を基に，2007年12月にリスボン条約が合意される（発効は2009年12月）。

　リスボン条約の批准に際して，ドイツでは，これ以上の国家権限の委譲に対する違憲抗告が出され，2009年6月30日に連邦憲法裁判所が再び重要な判決を下した。この判決は，リスボン条約の合憲性を認めるものの，欧州議会は決して「主権的なヨーロッパ人民を代表する機関ではない」として，さらに国内議会の強化を求めるものとなった。マーストリヒト判決同様，統合自体を否定するものではないが，あらためて国家主権の侵害に対して強い留保条件を付けたのである。

　以上，リスボン条約に至るEUの制度改革とドイツの関係を見てきた。まず確認できるのは，基本的にはドイツの政治エリートが依然として親ヨーロッパ統合的な路線を維持していたこと，また憲法条約挫折後の停滞打破にあたっては独仏関係が重視されたことである。ただし，2000年のフィッシャー演説を最後に，ドイツの政治指導者が積極的なヨーロッパ統合ヴィジョンを提示することはなくなった。その一方で，マーストリヒト以来，EU―ドイツ関係のアクターとして，州政府と憲法裁判所の重要性はますます高まっていることが指摘できよう。

5　ユーロ危機への対応

　近年のユーロ圏の危機をめぐって，ドイツの対応は世界的な注目を浴び，ヨーロッパ諸国の期待と不安，信頼と反発の対象となった。EUのいま1つの大国イギリスは，そもそもユーロ加盟国ではなく，EU脱退すら囁かれる中，この問題でリーダーシップをとる立場にはない。また，これまでヨーロッパ統合の中核国であったフランスは，経済停滞に喘いでいる。こうして2008年秋のリーマン・ショックに端を発する世界経済危機，とりわけ2009年のギリシャのソブリン危機

以来、EU の経済大国ドイツの一挙手一投足が注視されるようになった。本節では、ユーロ危機に対するドイツの対応を観察していこう。

危機の背景

ユーロ危機の経緯をたどる前に、危機の淵源について、ドイツに関係する限りで指摘しておきたい。第1は、すでに述べたことだが、マーストリヒト条約による通貨統合が財政同盟なきままスタートしたこと、そしてそれは急速に進んだドイツ統一をめぐるポリティクスから生じたものであったということである。

第2は、ユーロ導入を目前に控えた1997年に採択された安定成長協定（SGP）である。これは、ユーロ参加国に単年度の財政赤字が GDP の3％を超えてはならないことを義務付けるものであった。しかし、ユーロ導入時にも経済停滞や改革の遅滞、統一のコストなどに苦しんでいたドイツは、2003年から06年まで、自らが主導して設定した安定成長協定の基準を守ることができなかった。このときフランスも基準を守れず、結局、2005年3月のブリュッセル欧州理事会で安定成長協定の基準が緩和されることとなる。こうした動きが、ユーロ参加国の財政規律のモラルを弱めたことは否めない。

ユーロ圏の危機とドイツの対応

2009年10月にギリシャで政権交代が起き、新政権が、それまで隠蔽されていた政府の債務残高が実は GDP の100％を超える3,000億ユーロあること、2009年の財政赤字も対 GDP 比で12％台となること（のち15.4％に修正）、世界的な景気後退による税収の落ち込みで債務がさらに増大することを発表した。ギリシャはデフォルトの危機に陥り、EU や国際通貨基金（IMF）に救済措置を求めざるを得なくなる。また、同様に過剰な債務を抱えたアイルランド、ポルトガル、イタリア、スペインなどにも危機が広がった。

ドイツの対応は鈍かった。2010年5月のユーロ圏緊急首脳会議で大規模なギリシャ支援策に合意して以降、後述の対応策を施していくものの、後手に回ったことは否めない。またドイツの主張は、公的資金の投入を唱えたフランスなどとは異なり、一貫して財政規律を重視するものとなった。ショイブレ財務相に典型的だが、ドイツの論調は、南欧諸国に「ドイツのようになれ」、つまり改革を断行

し，財政を健全化せよと厳しく迫るものであった。実際，ドイツ自身はメルケル大連立政権時に，連邦と州の財政につき，借り入れに依存せず健全な形で均衡させることを義務づけた「債務ブレーキ規定」を基本法に書き込んでいた（森井 2012：23-24）。とはいえ，数年前までドイツも安定成長協定の基準を守っていなかったことを考えると，きわめて自己中心的な主張と思われるのも仕方がなかった。

　こうした政治指導者の言動の背後には，安定した通貨によってこそ戦後ドイツ経済は成功したという従来からの根強い信念に加えて，国内世論に対する配慮があった。例えば『ビルト』紙などは，ドイツは自国民の血税をギリシャに注ぎ込んでいるという論調で世論を煽った。また，2010年5月のノルトライン・ヴェストファーレン州選挙でキリスト教民主同盟と自由民主党の政権が敗北し，結果として連邦参議院の多数も失ったが，これは政府のギリシャ支援措置に対する有権者の反感と読むことができた。

　EU ないしユーロ圏の首脳たちは，2010年5月の欧州金融安定基金（EFSF）の創設，11年の欧州安定メカニズム（ESM）の導入，12年3月の新財政条約（経済通貨同盟における安定・調整・ガヴァナンス条約）締結，ユーロ圏首脳会議の制度化などで対応した。特にイギリスとチェコを除く EU 25か国で締結され，2013年1月に発効した新財政条約は，ユーロ圏の財政規律と監視を強化するものであり，実質的に締約国すべてがドイツ型の債務ブレーキ規定を国内制度として整備することを義務づけている（森井 2012：25-26）。EU の危機対応は，基本的にドイツ主導で進められたと言える。

　とはいえ，結局のところユーロ危機に対処する大胆な行動は，ドイツや EU 首脳ではなく，欧州中央銀行（ECB）総裁マリオ・ドラギによってとられた。2012年7月，ドラギはユーロ救済のためには「何でもやる」と表明し，ドイツとの金利差（スプレッド）が開く一方だった南欧諸国の国債を無制限に買い上げるという非常支援策（OMT）を発表した。これにより危機は小休止している。しかし，ユーロ圏の抜本的な改革はあまり進んでいないのが現状である。

「嫌々ながらの覇権国」？
　以上のユーロ危機対応の中で，とりわけ国外からドイツはあらためて「問題」

化された。債務危機に陥った国々では，ドイツに対する反発の声が強い。ドイツの支援の遅れは，ドイツが自国民を守るために独善的になっているからだと非難された。また大規模な支援措置をとっても，例えばギリシャでは，構造改革は「ドイツに押し付けられた」という言説が溢れ，ナチスによる占領の記憶を呼び覚ますかたちで，街頭デモでは「ヒトラー＝メルケル」というプラカードが掲げられた。2013年6月に行われたある統計によると，スペインでは88％，イタリアでは82％，フランスでは56％の回答者が，EUにおけるドイツの影響力は強すぎると答えている。メルケル首相は，「わたしたちはリードしないと非難され，リードしたらしたで非難される」と嘆いたという（Ash 2013）。

　他方で，かつてないほどヨーロッパにおけるドイツのリーダーシップを求める声も聞こえる。2011年にポーランドのラドスワフ・シコルスキ外相がベルリンで「わたしはドイツの力よりも，ドイツが何もしないことをより懸念し始めている」とまで述べたことは，20世紀までのドイツ＝ポーランド関係を考えるとき，きわめて注目すべきことである。

　こうした現状を捉えて，2013年6月に『エコノミスト』誌は，「嫌々ながらの覇権国（reluctant hegemon）」（政治学者パターソンの造語）というタイトルでドイツ特集を組んだ。ドイツは十分な力を持ちながらも，歴史的な経緯からヨーロッパでリーダーシップを発揮できない状態にあるというものである（*Economist*, 2013/6/15）。

6　日常化する EU の中で

連邦首相のリーダーシップの変容

　以上，前2節で2000年以降のドイツ―EU 関係を見てきた。この間で重要なことは，ヨーロッパ政策における首相のリーダーシップのあり方が変容したことである。もちろん，大枠としてのヨーロッパ統合と大西洋同盟の重視というアデナウアー以来の路線の踏襲は繰り返し確認されている。とはいえシュレーダーとメルケルは，それ以前のコールとは異なり，無条件にヨーロッパ統合を賛辞するようなレトリックは用いない。

　これは，シュレーダー（1944年生まれ）とメルケル（1954年生まれ）が，コール

第 7 章　EU とドイツ

以前の連邦首相と異なり，もはや第 2 次世界大戦を体験した世代ではないこととも関連しているだろう。コールは1930年生まれで，第 2 次世界大戦で兄の 1 人を亡くし，故国の惨状を目にしている。ギリシャのソブリン危機のさなかの2010年，自身の80歳の記念祝賀会でコールは，あらためてヨーロッパ統合が平和のプロジェクトであることを強調し，ドイツの自己利益しか考えない風潮を戒めた。こうした信念は，戦争体験に強く裏打ちされている。

　一方シュレーダーは，ドイツ連邦共和国の歴史で，明確に「国益」の言説を打ち出した最初の首相である。彼は EU の中で，しばしばドイツ産業の代弁者として振舞った。また，EU の東方拡大をめぐる交渉に際しても，ドイツ国内の労働市場が新規加盟国からの安価な労働力移動によって圧迫されるという国内労組の懸念に配慮して，労働者の自由移動に対して移行期間を設けることを主張し，実現させている。国内利益団体の圧力が個別政策分野で EU レベルの政策形成に影響を与える事例はコール時代から存在するが，首相自らがドイツの利害を明示的に強調したことは，首相のリーダーシップ・スタイルの重要な変化である（森井 2005b：13）。加えて言えば，シュレーダーによるロシア・中国への接近も，これまでの政権にはないことであった。

　またメルケルは，シュレーダーとは違った意味で，これまでの首相とは異なっている。彼女は，例えば同じキリスト教民主同盟のアデナウアーやコールのような積極的なヨーロッパ統合ヴィジョンを持っているとは言い難い。憲法条約破綻からリスボン条約に至る過程が示しているのは，メルケルが，ヴィジョンの提示というよりは，実務・仲介役の方に向いているということである。またユーロ危機に際して彼女は，世論を牽引するというよりは，世論の顔色を窺う役回りを演じた（Bulmer / Paterson 2010：1072）。この点，通貨統合に否定的な世論調査の結果を知りつつ，ドイツ・マルクの放棄を決断したコールの行動様式とは異なるところだろう。

　国内の拘束要因

　こうした首相のリーダーシップの変容の背景には，国内政治的な問題がある。マーストリヒト条約以前は，連邦政府がヨーロッパ政策を主導し，与野党もそれを支持していたことから，国内政治がヨーロッパ政策に影響を与えることは稀

だった。しかし，第3節で見たように，マーストリヒト条約に伴いヨーロッパ政策と国内政治が強く関連づけられたことにより，次第に政府のヨーロッパ政策を国内政治が拘束するようになった（Bulmer / Paterson 2013: 1397-1400；森井 2012: 26-29）。重要なアクターは，議会と州政府と連邦憲法裁判所，そして世論である。

繰り返しになるが，連邦議会と連邦参議院はEUに関連する法律について段階的に大きな発言権を得ており，それに関連して，ヨーロッパ統合に関する州政府の発言権も高まった。また，マーストリヒト条約やリスボン条約の批准過程で見たように，近年の連邦憲法裁判所の重要性は疑いようがない。ユーロ危機に関しても，例えばドイツが支援措置を行う際には，事前に議会による承認が必要である旨の判決を2011年9月に下している。

さらに重要なのが，ヨーロッパ統合に対する国民のコンセンサスが，ドイツでも次第に弱まっているところである。ドイツでは主要な政治エリートの「ヨーロッパ・コンセンサス」が強く，それゆえ選挙においてもヨーロッパ統合は争点となりにくく，さらに制度的に国民投票が存在しないので，国民のEUに対する反感が，あるとしても見えにくい構造になっている。とはいえ，すでにドイツ・マルクの喪失や東方拡大に対して，世論の一定の留保は観察できていた（Beichelt 2013: 88）。

そうした中，ユーロ危機をめぐってドイツ国民もEUへの懐疑を表明しつつある。多くのドイツ国民は，グローバル経済の中で，自分たちは犠牲を払いながらやりくりしているという自負がある。2003年のシュレーダー政権による「アジェンダ2010」は，規制緩和，労働市場改革，社会保障改革を進めた。こうした痛みを伴う改革によって，国内産業の競争力が高まり，ドイツの経済は好調を維持しているという認識がドイツ国民にはある。

それゆえ，現在ドイツ国民が，ギリシャやスペインなどに向ける視線は厳しい。ドイツ国民から見ると，彼らは「怠け者」なのであり，そこから「ドイツのようにせよ」という言説もでてくる。また，ドイツのリーダーシップを求める声に対しても，どうせお金目当てなのだろうという疑念が生じている。

拡大EUにおける独仏関係の重要性の相対的な低下

さらに見逃せないのが，独仏関係の「変調」である（遠藤 2012）。ドイツとフ

ランスはこれまで「独仏枢軸」「独仏タンデム」などと形容され，ヨーロッパ統合の推進力となってきた。そして現在も独仏関係の緊密さは疑いようがない。しかし，独仏関係が拡大 EU の中でもつ重みは相対的に軽くなっていることも指摘できる。

　まず，拡大による加盟国数の増加によって，EU 内における多数派形成のポリティクスが複雑となり，独仏だけで EU を牽引することは難しくなっている。それに伴い，ヨーロッパ統合に関して，独仏間でも足並みが揃わない事例が増える傾向にある。例えば2000年のニース欧州理事会では，シュレーダーが，ドイツの理事会の票数や欧州議会の議席数をめぐってシラク大統領と対立する場面が見られた。また，メルケルは，地中海連合を形成するというサルコジの計画を，他の EU のパートナーを動員して骨抜きにした。

　さらにユーロ危機の中で，従来からあった独仏間の財政に関する考え方の違いが顕在化し，その上で実際の危機対応がドイツ主導で進んだ意味は大きい。そもそも「独仏枢軸」は，シューマン・プランを思い返せば，フランスが主導し，ドイツが追従する，というかたちでスタートした。しかし，いまやユーロ危機対応で明瞭になったように，この指導国と追従国の立場は入れ替わったのである（遠藤 2012：109）。

　独仏関係はすでに不可逆なところまで緊密化しており，この力関係の交替を経ても，2国の協調は壊れそうもないし，これからも独仏が EU の中でもっとも重要な要素であり続けるだろう。また，現在のドイツの主導的立場は主として経済的分野においてであり，依然として軍事や安全保障面では主導国とは言い難いことにも注意が必要だろう。とはいえ，フランス経済の停滞が改善されず，もう1つの大国であるイギリスが EU に対して懐疑的な態度をとり続け，南欧諸国の債務問題が解消されない限り，結局のところドイツの動向が EU を左右するという状況は続きそうである。

日常化する EU の中で

　現在のところ，依然としてドイツの政治エリートは EU を支え続ける側にあり，国民もそれを許容している段階である。2013年9月の連邦議会選挙は，かかるドイツの状況を再確認させた。確かに，この選挙を前に，ユーロ圏からの離脱

を主張する政党「ドイツのためのオルタナティヴ（AfD: Alternative für Deutschland）」が結成され，注目を集めた。しかし，AfDの得票率は4.7％にとどまり，議席獲得には至らなかった。一方で，最大野党の社会民主党は，むしろ南欧諸国に一層の金融支援を提供する「新しいマーシャル・プラン」を唱え，選挙を戦った。結果は，メルケル率いるキリスト教民主・社会同盟の勝利であり，社会民主党との連立によって与党の座を維持した。ユーロ危機後，多くのユーロ参加国で政権交代が見られた中，これは注目すべきである。付け加えるなら，そもそもこの状況でもヨーロッパ統合は主たる選挙争点とならなかったのである。

「憲法」をシンボルとした欧州憲法条約の挫折により，「欧州連邦」あるいは「ヨーロッパ合衆国」をめざす「統合物語」は終わった。とはいえ，EUという国家でも単なる国際機関でもない，超国家的（スープラナショナル）かつ多層的な（マルチレベル）統治（ガヴァナンス）の枠組みはヨーロッパに確固として根づいている（詳しくは遠藤〔2013〕を参照）。

「統合物語」が途絶した現状，ヨーロッパ政策面ではドイツがユーロ危機対応以外で積極的な「制度輸出」をできる機会は少なくなったし，フィッシャー以来，首相や外相が積極的な統合ヴィジョンを打ち出すこともない状態である。しかし，拡大EUという枠組みが，ドイツにとってすでに「日常化」していることも確かである。現に経済的には，ドイツはいまや中東欧で紛れもないプレゼンスを有している。フォルクスワーゲンのようなドイツの製造業は，中東欧の低賃金かつ高技術の労働力を求め，拠点を移している。ヴィシェグラード4か国（ポーランド，ハンガリー，チェコ，スロヴァキア）は，いまやドイツの重要な貿易パートナーとなった。

こうして「日常化」した拡大EUという地域環境の中で，ドイツは自国の利益を模索している。ドイツが，ヨーロッパ統合への無条件の擁護者から，EUの中で自分の利益を追求する，他国と同様の行動原理をもつアクターに変容したと言えるのかもしれない。この点は，ドイツの政治指導者たちの言説からも窺える。2010年5月に内相トーマス・デメジエールは，「ヨーロッパの友人たちは，ドイツがブリュッセルで他国と同様に振舞おうとしているという事実を受け入れる必要がある」と述べている（*Financial Times*, 2010/5/25）。また，グンター・ヘルマンらが難民政策や防衛政策の事例で示したように，「国益」と「欧州益」が二者択一となったときにドイツが「国益」をとることも多くなった（Hellmann ed.

2006)。

　とはいえ，すでにドイツにとって「国益」と「欧州益」を明確に区別できる領域はそう多くはない。近年，ドイツは敗戦と分断の過去を乗り越えて，他国と同様「国益」を追求する「普通の国家」になったという言説が広く見られる。しかし，たとえ「普通の国家」となったとしても，それはEUという「普通でない」統治枠組みに深く埋め込まれていることに注意すべきである。

　今後のドイツとEUの関係で注目すべきは，特に次の2つの点だろう。1つは，EUの中でドイツの利害と他の加盟国の利害が大きく乖離したとき，もう1つは，連邦政府のヨーロッパ政策と，ドイツ国民のEUに対する意識が大きく乖離したときである。将来的にどうなるか予測することはできないが，ドイツとEUの関係は，世界でもっとも濃密な超国家的・多層的な地域的統治枠組みに埋め込まれた国家の行方を示すものとして，興味深い事例であり続けるだろう。

参考文献

板橋拓己（2010）『中欧の模索——ドイツ・ナショナリズムの一系譜』創文社。
板橋拓己（2014）『アデナウアー——現代ドイツを創った政治家』中央公論新社（中公新書）。
遠藤乾編（2008）『原典ヨーロッパ統合史——史料と解説』名古屋大学出版会。
遠藤乾（2012）「変調する独仏枢軸——ユーロ危機下のヨーロッパ」『外交』第11号，107-114頁。
遠藤乾（2013）『統合の終焉——EUの実像と論理』岩波書店。
遠藤乾編（2014）『ヨーロッパ統合史』増補版，名古屋大学出版会。
川村陶子（2007）「ドイツとヨーロッパ統合——国民国家のハンディ，統合へのメリット」坂井一成編『ヨーロッパ統合の国際関係論』第2版，芦書房，65-102頁。
妹尾哲志（2011）『戦後西ドイツ外交の分水嶺——東方政策と分断克服の戦略，1963～1975年』晃洋書房。
森井裕一（2005a）「ドイツ連邦共和国と拡大EU」森井裕一編『国際関係の中の拡大EU』信山社，155-181頁。
森井裕一（2005b）「ドイツ外交における同盟と統合——シュレーダー政権を中心として」『国際政治』第140号，1-18頁。
森井裕一（2007）「ドイツ——対EU政策の継続性と変容」大島美穂編『EUスタディーズ3　国家・地域・民族』勁草書房，31-49頁。

第Ⅰ部　ドイツの政治力学

森井裕一（2012）「欧州危機とドイツ政治」『海外事情』第60巻5号，18-33頁。
森井裕一（2014）「ドイツにおける国内拘束の強まりと欧州統合――国内構造の変化と対外政策」『ヨーロッパ研究』第13号，5-14頁。
T. G. Ash (2013) "The New German Question," *The New York Review of Books*. August 15.
T. Beichelt (2013) "Germany: In Search of a New Balance," in: Simon Bulmer and Christian Lequesne (eds.) *The Member States of the European Union*. 2nd ed., Oxford: Oxford University Press, 85-107.
W. Besson (1970) "Der Streit der Traditionen. Über die historischen Grundlagen der westdeutschen Aussenpolitik," in: K. Kaiser / R. Morgan (Hrsg.) *Strukturwandlungen der Außenpolitik in Großbritannien und der Bundesrepublik*. München/Wien: R. Oldenbourg, 94-109.
S. Bulmer / C. Jeffery / S. Padgett (2010) "Democracy and Diplomacy, Germany and Europe," in: idem (eds.) *Rethinking Germany and Europe: Democracy and Diplomacy in a Semi-Sovereign State*. Basingstoke: Palgrave Macmillan, 1-21.
S. Bulmer / W. E. Paterson (2010) "Germany and the European Union: From 'tamed power' to normalized power?" *International Affairs* 86 (5): 1051-1073.
S. Bulmer / W. E. Paterson (2013) "Germany as the EU's reluctant hegemon? Of economic strength and political constraints," *Journal of European Public Policy* 20 (10): 1387-1405.
E. Conze (2009) *Die Suche nach Sicherheit. Eine Geschichte der Bundesrepublik Deutschland von 1949 bis in die Gegenwart*. München: Siedler.
G. Hellmann (ed.) (2006) *Germany's EU Policy on Asylum and Defence: De-Europeanization by Default?* Basingstoke: Palgrave Macmillan.
C. Jeffery / W. Paterson (2003) "Germany and European Integration: A Shifting of Tectonic Plates," *West European Politics* 26 (4): 59-75.
P. J. Katzenstein (1997) "United Germany in an integrating Europe," in: idem (ed.), *Tamed Power: Germany in Europe*. Ithaca, N. Y.: Cornell University Press, 1-48.
M. König / M. Schulz (Hrsg.) (2004) *Die Bundesrepublik Deutschland und die europäische Einigung 1949-2000*. Wiesbaden: Franz Steiner.
W. Loth (2014) *Europas Einigung. Eine unvollendete Geschichte*. Frankfurt a. M.: Campus.
G. Müller-Brandeck-Bocquet, et al. (2010) *Deutsche Europapolitik von Adenauer bis Merkel*. 2. Aufl., Wiesbaden: VS Verlag für Sozialwissenschaften.

K. K. Patel (2011) "Germany and European Integration since 1945," in : H. W. Smith (ed.) *The Oxford Handbook of Modern German History*. Oxford : Oxford University Press, 775-794.

第Ⅱ部

ドイツの政策展開

第 8 章

外交政策

葛谷　彩

───　この章で学ぶこと　───

　本章では統一後のドイツの外交政策を学ぶ。1989年の冷戦の終焉と90年の東西ドイツの統一は，統一ドイツの外交政策に多くの人々の関心を集めることとなった。それは統一ドイツの動向が，ドイツだけでなく，ヨーロッパの安定や世界の平和に直結する問題として，ドイツ内外において認識されたためである。本章の目的は，こうした国際環境とドイツ国内の政治社会の動向を踏まえた上で，統一ドイツの20年余りの外交政策を，「継続と変化」の問題を軸に概観してその特徴を浮き彫りにすると同時に，それが今後のドイツの外交政策の行方，ヨーロッパや世界におけるその位置づけに与える影響を考察することにある。

　統一ドイツの外交政策を学ぶ意義としては，次の2つが挙げられる。1つは，EUやヨーロッパ国際政治を理解する助けとなることである。事実，ギリシャの債務危機に端を発したユーロ危機において，EU 最大の経済大国であるドイツの一挙手一頭足に全世界の注目が集まった。なぜならドイツが動かなければユーロ危機からの脱出は困難であろうと認識されているからであり，経済のグローバル化が進展する中，ユーロ危機が及ぼした世界的影響は日本に住む我々にとっても決して他人事ではないからである。もう1つは，第2次世界大戦後に共に敗戦国として似たような歩みをたどった日本の外交政策にとっての示唆である。冷戦の終わりと欧州統合の進展と相まって，両国の外交政策の違いが顕著となっているものの，ドイツの外交政策にはなお参考にすべき点があるように思われる。

　本章では，まず統一ドイツの20年余りの外交政策を学ぶ上での「継続」と「変化」の視点と，両者を理解する出発点としての戦後西ドイツの外交政策の基本路線を説明する。次にコール政権，シュレーダー政権，メルケル政権の外交政策を，安全保障政策とヨーロッパ政策に焦点を当てつつ見ていき，何が「継続」し，何が「変化」したのかを浮き彫りにする。最後に，それが今後のヨーロッパや世界におけるドイツの役割に与える影響を考察する。

第8章 外交政策

1 統一ドイツ外交政策を学ぶ視点

　89年に冷戦が終わり，90年に東西ドイツが統一されると，統一ドイツの外交政策の行方が多くの人々の注目を集めた。それは統一ドイツの動向がヨーロッパの安定や平和に直結する問題として，ドイツ内外において認識されたためである。また二度の世界大戦の主役であり，冷戦の最前線にあって東西に分断していたドイツが再びヨーロッパの中央に統一国家として成立したことは，国際政治上の大きな地殻変動であり，それがドイツの外交政策に及ぼす影響は国際政治学における関心の的でもあった。これについては，主に次の2つの議論があった。1つは統一ドイツの外交政策は西ドイツのそれを継続するという「継続論」であり，もう1つは冷戦の終焉とドイツ統一はヨーロッパと世界の国際政治に地殻変動をもたらしたのであり，統一ドイツもまたその影響を免れず，自らの外交政策を変えることになるであろうとする「変化論」である。前者は，ドイツのリベラリスト（国際政治は単なる権力政治ではなく，制度や法，経済的相互依存などを通じた各国の協力は可能とする立場）を中心に主張された。他方，ドイツは統一によって国民国家を回復し，ソ連を中心とする東側陣営の崩壊によりヨーロッパ中央に位置する大国となったことで，東欧・南東欧諸国に対して影響力を行使するようになるであろうとする「中軸大国」論があった。これは統一ドイツの外交政策が変化したのだとする「変化論」であり，主に国際政治学におけるリアリズムの立場をとる論者（国際政治を各国間による権力政治と見なし，力の要素を重視する立場）によって主張された。とりわけ「変化論」は統一ドイツの大国化を懸念する米英などの海外で議論された。

　当初は「継続論」が優勢であった。そこには統一によりヨーロッパ最大の国となったドイツに対する他国の警戒感を和らげるという政治的思惑もあった。統一を実現させたヘルムート・コール首相（当時）も，「ヨーロッパのドイツ」を唱え，対外政策における継続性の強調に努めた。この背景には，冷戦期西ドイツの対外政策が西ドイツの安全保障と繁栄を保証し，かつての敵国である近隣諸国との関係改善に寄与し，最終的にドイツの統一とヨーロッパの分断の終わりをもたらしたという肯定的な評価があった。しかし徐々にではあるものの，「継続性」

第Ⅱ部　ドイツの政策展開

図8-1　コールとゲンシャー
（ドイツ統一の記念式典で連邦議会前にて，1990年10月3日）
出所：http://www.sueddeutsche.de/politik/helmut-kohl-in-bildern-rekordkanzler-staatsmann-streitfigur-1.1137698-18

では説明できない，あるいはそれに矛盾するような変化が統一ドイツの外交政策に見られるようになった。例えば，90年代以降の連邦軍の域外派遣の積極化や，2002年の米国主導で進められていたイラク攻撃に対する反対がこれに該当する。また2010年以降本格化したユーロ危機におけるドイツの消極姿勢は，これをさらに裏づけるものとして国内外の注目を集めている。

本章の目的は，こうした国際環境とドイツの国内政治の動向を踏まえた上で，統一ドイツの20年余りの外交政策を，「継続と変化」の問題を軸にしてその特徴を浮き彫りにすると同時に，それが今後のドイツの外交政策の行方，ヨーロッパや世界におけるその位置づけに与える影響を考察することにある。

2　前提としての戦後西ドイツ外交の基本路線

まず冷戦の終わりまでの戦後西ドイツの外交政策の基本路線について説明する。第2次世界大戦の敗北により，政治的・経済的のみならず，精神的にも破綻状態にあった（西）ドイツは，ナチ・ドイツによる残虐行為，とりわけユダヤ人の大量虐殺により厳しい道義的責任を負うという歴史的背景，さらに冷戦の激化とそれに伴う東西ドイツ分断により，冷戦の最前線に位置する分断国家としての西ドイツという国際政治的背景を抱えることとなった。そこから導き出された，戦後西ドイツの外交政策の基本路線には次の3つの特徴がある。

西側統合路線

すなわち，西側同盟（安全保障における NATO・経済における EC）との関係を重視し，自らの外交政策をそれらに組み込ませるという戦後西ドイツ外交政策の基軸をなすものである。前者により，西ドイツは大量破壊兵器の製造と自国の連邦軍の単独指揮権の断念と引き換えに，主に米国の核抑止力への依存による安全保障を確保することが可能となった。また後者により，とりわけ過去に何度も戦ったフランスとの和解と関係の強化を基軸として他の欧州加盟国との対等を確保すると同時に，その卓越した経済力でもって欧州統合の進展に貢献し，他の加盟国からの尊敬を獲得することに成功した。さらにここで強調しておきたいのは，冷戦の最前線に位置する西ドイツにとって，米国との同盟関係は死活的に重要であったことである。歴代政権は保守・左派を問わず，50年代の西ドイツの再軍備反対運動，60年代のベトナム反戦運動，80年代初めの米国の中距離核ミサイルのヨーロッパ配備に対する反核運動など国内世論がどれだけ中立もしくは反米に振れても，対米関係を最優先させてきた。

過去の反省に基づく多国間主義

前項の西側統合路線と関連して，軍事力による対外膨張政策という戦前の外交政策への反省から，戦後西ドイツは西ヨーロッパで中心的な多国間枠組み（NATO と EC）に積極的に自らを組み込み，それによって主権が制限されても構わないという理念としての多国間主義を掲げてきた。50年代に初代首相であるアデナウアーが外交政策を開始した当時，それは国際環境や旧連合国から課せられた制約（ドイツの再軍事大国化の阻止）によるものに他ならなかったが，やがてアデナウアーによって「主権の放棄による主権の獲得」という自発的な戦略に転換され，「多国間主義の戦略」もしくは「自己抑制による自己主張」ともいうべき戦略として結実し，歴代政権に継承されていった。

シビリアンパワー志向

「シビリアンパワー」とはドイツの国際政治学者であるハンス・マウルが当時の西ドイツと日本の外交政策の特徴を説明する際に提示した概念で（Maull 1990），平和を志向する国際関係の文明化，超国家的制度への主権の積極的委譲，国際相

互依存の積極的促進を目指すもので，要は軍事力の行使についての明白な自制，およびそれに伴う紛争の平和的解決の強調から成る外交政策への志向を意味する。これも前項と同様，歴史に由来する特徴であると言える。例えばそれは，基本法における侵略戦争の禁止，欧州統合と集団的安全保障体制への義務づけ，ドイツ外交政策の国際法志向，さらに NATO 域外への派兵の禁止というルールに体現されていた。

3　コール政権の外交政策

　ドイツ統一を成し遂げたコール首相（CDU）とハンス・ゲンシャー外相（FDP）は，直ちに統一ドイツの外交政策における「継続性」と「責任」を，同盟国をはじめとする世界に対して訴えた。90年10月3日のドイツ統一の日における世界の各国政府に対するメッセージの中で，コール首相は「われわれは統一によって国際社会におけるより大きな責任を負うことを認識しています」と述べ，「われわれの外交政策は世界レベルのパートナー関係，緊密な協力および平和的な利益調整を引き続き志向するものであります」と言明した（Haftendorn 2001：386）。ゲンシャー外相も統一ドイツの外交政策がその価値志向（シビリアンパワー志向）においても，その戦略（西側統合路線と多国間主義）においても旧西ドイツの外交政策の伝統を継承し，引き続きその発展に努力する意向であることを明らかにした。このように両者が継続性を強調したのは，かつてドイツが占領・支配したフランスやポーランドのみならず，同盟国である米英の中にも根強くあった統一ドイツの強大化に対する懸念を払拭するためであった。継続と変化を念頭に，同盟・安全保障政策とヨーロッパ政策の側面から同政権の外交政策を見ていこう。

同盟・安全保障政策——ドイツ連邦軍の派遣政策の転換

湾岸戦争　1990年8月2日にイラクがクウェートに侵攻し，湾岸危機が発生した。国連安全保障理事会はイラク軍のクウェートからの即時無条件撤退を求め，さらに経済制裁を決定するなど，矢継ぎ早に圧力を強めていった。8月20日には米国のチェイニー国防長官がドイツのシュトルテンベルク国防相に書簡を送り，武力行使に備えた支援策を要請した。さらに同月31日にはブッシュ

第 8 章　外交政策

(父) 大統領が NATO 加盟国と日本に対して，湾岸危機解決のための軍事行動の費用の負担を要請した。これに対し，ドイツ政府は同盟国からの要請への対応を検討しながらも，基本法により NATO 域外への連邦軍の派遣はできないという従来の立場を堅持した。この結果，地中海への掃海艇の派遣やトルコへの戦闘機の派遣など同盟国としての義務を果たしつつ，多国籍軍参加国への総額170億マルクという，ドイツの年間防衛予算の 3 分の 1 以上に相当する財政支援を行った。しかしこれほどの膨大な金額の財政支援を行ったにもかかわらず，米国をはじめとする同盟国から「小切手外交」(財政支援のみで，部隊の派遣などの危険な軍事的支援は行わないという外交) として厳しい批判を浴びた。背景には冷戦の終結という国際政治の変容に対して統一という恩恵を被りながら，国際平和の維持には従来通りの軍事的に消極的な姿勢に終始し，大国としての国際社会への責任を果たそうとしないドイツに対する同盟国の強い不満があった。翌91年 1 月16日に始まった湾岸戦争は米国を中心とする多国籍軍の攻撃によってイラク軍が撤退したことにより，2 月28日に終結した。ドイツは膨大な規模の戦費を負担したにもかかわらず同盟国からの厳しい批判を浴びたことによって，国際社会での国家としての威信も大きく傷つくなどの打撃を被った。湾岸戦争での外交的失敗によって，コール政権は域外派兵を可能にする基本法の改正に取り組むこととなった。

　　旧ユーゴスラヴィア紛争　　湾岸戦争で明らかになったのは，湾岸地域を含む NATO 域外でイギリスやフランスなど他の同盟国と協調して軍事行動を展開することができないドイツの姿であった。ドイツにとっては，NATO・EC などの多国間枠組みの重視という従来の外交政策路線の継続のためにも，欧州における民族紛争などの新しい危機に対する軍事的貢献 (域外派兵) を行う必要に迫られていることを意味した。これは当時進行していたユーゴスラヴィア社会主義連邦共和国 (以下，旧ユーゴスラヴィア連邦と表記) での民族紛争というまさに欧州の地での危機により，一層切実な問題となった。1991年 6 月25日クロアチアとスロヴェニアの両共和国が旧ユーゴスラヴィア連邦からの独立を宣言した。これに対してセルビアを中心とする連邦側が軍事介入して内戦状態になった。EC と国連が調停を試みる中，ドイツはいち早く同年12月23日に両共和国の独立を承認し，それに追随する形で92年 1 月15日に EC が承認した。これにより旧ユーゴスラヴィア連邦は事実上崩壊したが，ドイツ側の期待に反して

205

連邦軍側は譲歩せず,介入を止めなかった。さらに92年3月3日にボスニア・ヘルツェゴヴィナが独立を宣言し,これに対してユーゴスラヴィア連邦軍機が3月末にボスニアを空爆し,紛争はボスニア・ヘルツェゴヴィナにまで拡大する事態となった。国連の再三の決議にもかかわらず,ボスニア・ヘルツェゴヴィナ紛争は悪化の一途をたどり,多数の死者と難民が産み出されるという危機的状況に陥った。国連は94年2月に,ボスニア・ヘルツェゴヴィナの首都サラエボを包囲していたセルビア人勢力に対し,2月21日までに包囲を解き,銃火器を撤去しなければNATOによる空爆に踏み切ると発表した。2月28日にNATOの米軍機がボスニア上空でセルビア人勢力のものとみられるG4戦闘機4機を撃墜した。これはNATOにとって初の武力行使であったと同時に,ドイツにとっても域外における戦闘行動への初めての関与となった。すでにドイツは連邦軍兵士をセルビア人勢力に対するNATOの海上封鎖活動や飛行禁止監視活動に参加させていた。これを受けて連邦議会でこの問題が激しく議論されたが,基本法上問題ないとする政府・与党と,基本法に違反する域外での戦闘行動への参加であるとする野党の立場の違いは埋まらなかった。

　このような状況に対して法的な決着をつけたのが,94年7月12日の連邦憲法裁判所による域外派兵を合憲とする画期的判決であった。これまでに提起された野党からの域外派兵に関する違憲訴訟すべてについて,連邦憲法裁判所は連邦議会の事前承認という条件付きながら合憲という判断を下した。同判決は国内外で大きな関心を集め,訪独中のクリントン米大統領やブトロス・ガリ国連事務総長(いずれも当時)は判決を歓迎した。この判決を境に域外派兵が活発化し,ドイツの安全保障政策は大きく転換した。95年11月にボスニア・ヘルツェゴヴィナ紛争の和平合意が成立すると,政府はNATO主導の和平履行部隊(IFOR)に対して,医療部隊や輸送部隊を中心に4,000人を派遣した。さらに96年12月にIFORの活動を和平安定化部隊(SFOR)が引き継ぐと,政府は連邦軍兵士を3,000人派遣し,他国の部隊と同様に武装部隊として平和維持に当たらせた。連邦議会における派遣の承認に際しては与党だけでなく,域外派兵に批判的であった野党のSPDや緑の党も支持に回り,これにより域外での連邦軍の活動に対して国内的なコンセンサスが成立しつつあることが示された。

ヨーロッパ政策

　1990年4月ダブリンでの臨時欧州理事会でドイツの統一が認められ，統一ドイツをヨーロッパ統合の強化された枠組みの中に位置づけることが確認された。同月にコール首相とミッテラン仏大統領による共同書簡が公表され，その中で両首脳は6月のダブリンでの欧州理事会ですでに予定されていた経済通貨同盟（EMU）についての政府間会議（IGC）の他に，政治同盟についての政府間会議を招集するよう提案した。政治外交における統合の深化を強調することで，コール首相はドイツ統一に対する疑念を抱く人々に対して，統一ドイツが欧州統合プロセスにおける責任ある役割を引き続き果たしていくことをアピールしたかったのである。1990年12月15日からローマ欧州理事会に引き続き，経済通貨同盟に関する政府間会議と政治同盟に関する政府間会議が開催された。ここでもゲンシャー外相は，統一後のドイツの目標は統一によって生じた権力と主権の増大をヨーロッパの枠組みにより深く組み込むことによって補完することであり，50年代のトーマス・マンの表現を引用しつつ，その目的は「ヨーロッパのドイツ」であり，「ドイツのヨーロッパ」ではないと明言し，他の加盟国のドイツへの懸念の解消に努めた。この2つの政府間会議の成果は，1992年にオランダのマーストリヒトで開催された欧州理事会により承認され，「欧州連合条約（マーストリヒト条約）」として，同年2月7日に調印された。その主な内容は，条約により成立した欧州連合（EU）が次の3本の柱により基礎づけられるというものであった。すなわち，①欧州共同体（EC）の強化と発展（欧州議会の権限が大幅に強化される共同決定手続きの導入などの制度改正と社会政策をはじめとする政策領域の拡大など），②共通外交安全保障政策（CFSP），③司法内務協力（JHA）であった。さらにEMUの実現とその最終段階としての1999年までの共通通貨の導入が謳われた。

　こうして欧州連合の超国家的性格を強める画期的なものとなったマーストリヒト条約であるが，その批准プロセスと発効に至る道には紆余曲折があった。同条約は同年6月2日のデンマークにおける国民投票により僅差で否決され，9月に行われたフランスの国民投票では賛成票が反対票を辛うじて上回ったものの，欧州統合の関係者に与えた影響は甚大であった。さらにこの投票結果を受けて，欧州統合にもっとも積極的なドイツの国内でも，法学・経済学をはじめとした研究者から一般市民に至るまで，マーストリヒト条約に対する反対の声が高まった。

その背景として，元来ドイツ連邦銀行や世論において戦後の経済成長の象徴であり，旧西ドイツの強力かつ安定した経済力の証であったドイツ・マルクを放棄することへの心理的抵抗と，共通通貨導入後の経済の先行きへの不安が根強いことがあった。マーストリヒト条約は連邦議会と連邦参議院において批准されたものの，その後反対派によって同条約が基本法違反であるとして連邦憲法裁判所によって提訴された。同条約の発効は93年5月のデンマークにおけるいくつかの条件つきの再国民投票による批准を経て，同年10月のドイツ連邦憲法裁判所での合憲判決によって加盟国すべての批准手続きが完了した12月1日まで待たなければならなかった。こうして93年に欧州連合（EU）が発足したが，国内世論の反対を押し切ってドイツ・マルクを放棄し，フランスの意に沿う形で共通通貨の導入に踏み切り，経済のみならず政治的統合の推進のイニシアチブをとったことから，コール政権のヨーロッパ政策は従来の「西側統合路線」の欧州統合の推進という外交政策伝統を継続したものと評価することができよう。

4　シュレーダー政権の外交政策

第1次シュレーダー政権（1998～2002年）

1998年9月連邦議会選挙により16年に及ぶコール政権が退陣し，左派のSPDと緑の党の連立政権（赤緑政権）が誕生した。これは選挙による初の政権交代の実現でもあった。SPDのゲアハルト・シュレーダー首相，緑の党のヨシュカ・フィッシャー外相を軸とする政権の外交政策について，当初国内外から注目が集まった。というのは，彼らは戦争や戦後直後の苦しい時期を知らずに育った戦後世代で，学生運動に参加し，60年代の反ベトナム戦争運動や80年代初めの米国による西ドイツをはじめとする西欧諸国への核ミサイル配備に反対した「68年世代」であったため，西側統合路線を中軸とするドイツの外交政策の基本路線を継承するかどうか懸念が持たれたのである。シュレーダー政権は国内政治についてはいくつかの新しい機軸を打ち出したものの，外交政策については前政権からの継続を強調し，不安の払拭に努めた。事実，第1次シュレーダー政権の外交政策は継続性に特徴づけられていたと評価することができる。それを体現していたのが緑の党のフィッシャー外相であり，とりわけヨーロッパ政策において顕著であった。

第 8 章　外交政策

同盟・安全保障政策　1998年10月に発足したシュレーダー政権が最初に直面した国際危機が，新ユーゴスラヴィア連邦（旧ユーゴスラヴィア連邦解体後，1992年に連邦に残留したセルビア共和国とモンテネグロ共和国により発足。以下，新ユーゴと表記）のコソヴォ自治州における民族紛争（コソヴォ紛争）であった。コソヴォ自治州で多数を占めるアルバニア系住民の間で分離独立運動が高まったことに対し，新ユーゴのミロシェヴィッチ大統領が軍や治安部隊を用いて，アルバニア系住民に対して住宅や土地からの追い出しを図るなどの迫害を行った。国際社会は憂慮を深め，調停案を新ユーゴ政府とコソヴォのアルバニア系住民双方に提示し，1999年2月から交渉を進めていた。しかし，交渉は難航し，3月23日にミロシェヴィッチ大統領との最後の交渉が決裂したことを受けて，翌24日にNATOは，アルバニア系住民に対する著しい人権侵害を止めさせるための「人道的介入」を目的として，新ユーゴに対する空爆に踏み切った。ドイツはシュレーダー政権が発足する直前の98年秋に，コソヴォ紛争でNATOが武力行使する際にドイツ連邦軍を派遣することを決定し，10月16日の連邦議会の承認を経て，NATOの空爆作戦にドイツ連邦空軍の戦闘機を派遣した。この派兵はこれまでのドイツの域外派兵活動において，次の2つの点で画期的であった。1つはこれまでの域外派兵が主として平和維持や和平履行が目的であったのに対し，コソヴォ紛争への派兵は主権国家に対する軍事攻撃であったこと，もう1つは国連安全保障理事会でロシアと中国の反対が予想されたため，国連決議を得ないままの武力行使であったことである。派兵を正当化するにあたってシュレーダー首相は，ドイツはその歴史的教訓ゆえに，かつてヒトラーが侵略したバルカンの地にいかなる形でも関与すべきではないと議論されてきたのは事実だが，だからこそ逆に，ドイツにはその地で起きている新たな残虐行為を止めさせる道義的責務があると強調した。また緑の党内から激しい批判を受けていたフィッシャー外相は，これまでドイツが域外派兵を行わない理由としてきた「アウシュヴィッツを繰り返すな」という歴史の教訓的スローガンを，人道目的の武力行使の正当化の論理として用いた。いわば論理の転換ともいえる説明であるが，同時に政策の転換を従来の外交政策の基本路線に従って説明した点で，一定の継続性を示していると言えよう。

　2001年9月11日に米国で同時多発テロが発生すると，NATOは北大西洋条約

第5条に基づく集団的自衛権を初めて発動し，10月7日米英軍がアフガニスタンへの攻撃を開始した。米軍主導の対テロ戦闘である「不朽の自由作戦（OEF）」に対し，シュレーダー政権は直ちに米国に対する「無条件の連帯」を表明した。11月6日には約100名の特殊部隊を含む約3,900名から成る，米英に次ぐ大規模な連邦軍の派遣を決定し，連邦議会はこれを承認した。しかし，「不朽の自由作戦」はこれまでの平和維持，和平履行や人道的介入とは異なり対テロ戦争であったため，与党SPDと緑の党の中には対テロ戦争に連邦軍が参加することに躊躇する議員も多かった。これに対し，シュレーダー首相は連邦軍の派遣承認と自らの信任をリンクさせ，連邦議会における投票に臨んだ。首相の信任とリンクされたために連邦軍の派遣は辛うじて可決された。ここにも従来の対米重視をはじめとする「西側統合路線」の継続と，コール政権以来の連邦軍域外派遣政策の継承を見出すことができる。

ヨーロッパ政策　1999年1月から6月までドイツはEUの理事会議長国を務めた。首相に就任したばかりのシュレーダーは，2006年までのEUの中期の財政枠組みを決定した「アジェンダ2000」をめぐる妥協のとりまとめに成功した。またコソヴォ危機をめぐってNATOによる対セルビア空爆が開始された同じ日（3月14日）に，ドイツ政府は非公式のEU外相会議でEUの欧州安全保障防衛政策（ESDP）の強化を提案した。EU内では1998年のサンマロの英仏首脳会談で，これまでEUが共通の安全保障政策を持つことに消極的であったイギリスが政策転換を行ったことで，ESDP構築に向けての環境が整いつつあった。6月のケルン欧州理事会でEUに有効な安全保障・防衛政策のための独自の手段を与えることで合意が成立し，ESDPの実現化は，同年12月のEUの軍事的緊急展開能力の整備計画であるヘルシンキ・ヘッドライン・ゴールの成立によって軌道に乗せられた。ドイツがこうして理事会議長国としてESDPの議論のとりまとめに積極的に動いた背景には，コソヴォをめぐってEUが軍事的な手段を有しないがゆえに，NATOの，実質的には圧倒的な米国の軍事力と指揮命令系統に依存しなければならなかった己の無力に対する反省があった。これもまた外交安全保障政策のさらなる強化という意味で，欧州統合の深化の推進という従来の伝統の延長上に捉えることができる。

第1次シュレーダー政権のヨーロッパ政策においてもっとも大きな反響を内外

に与えたのは，フィッシャー外相が2000年5月のフンボルト大学で行ったヨーロッパの将来像に対する演説の中で示されたヨーロッパ連邦構想であろう。当時 EU では1999年のアムステルダム条約の発効後，制度改革がまだ不十分であるとして，中東欧諸国の加盟による拡大という課題を控えて，どのような EU の制度改革を行うのか，さらに欧州統合の最終形態はどのようなものであるべきかをめぐって議論が繰り広げられていた。同外相の演説はそうした議論に一石を投じるものであった。その内容は非常に野心的かつ理想的であり，巨大化・複雑化し，市民に分かりにくくなった EU を，より多くの民主主義的正当性と透明性を与えることで，欧州連邦として活性化させることを目的とし，EU 市民の直接選挙で選ばれた大統領の設置，欧州レベルでの2院制の導入など様々な制度改革策を提唱していた。同外相の構想はドイツ国内では非常に高い評価を得たものの，フランスをはじめとする他の加盟国ではあまり評価されなかった。どの加盟国も EU をより行動能力のあるものにしたいという点では一致していたが，同時に自らのエゴイズムに固執していたのである。その後開かれたニース会議では拡大に備えた制度改革が議題となっていたが，同会議の合意を受けて翌2001年に締結されたニース条約（2003年発効）は制度改革としては中途半端なものに終わり，同外相の大胆な構想も挫折した。もっとも彼が口火を切った欧州の将来像をめぐる議論は，のちの欧州憲法草案をめぐる諮問会議「ヨーロッパの将来に関するコンベンション」へとつながった。ここにも欧州統合の推進という「西側統合路線」と「多国間主義」というドイツ外交政策の伝統に対するコミットメントと継続を窺うことができる。

第2次シュレーダー政権（2002～05年）

　第1次シュレーダー政権の外交政策が基本的にコール政権の外交政策からの「継続性」に則って展開されてきたのに対し，第2次政権の外交政策にはそこからの「逸脱」もしくは「変化」とも言うべき特徴が見られるようになった。それを体現していたのがシュレーダー首相本人の外交スタイルであった。その特徴は国益の明確な自己主張にある。1999年に行った講演の中で，同首相はドイツの外交政策は「啓蒙化された独自利益」に基づくべきであると述べ（Schröder 1999: 67-72），ドイツがイギリスやフランス同様欧州の普通の大国であることも強調し

ていた。また彼は前任者のコールと異なり，戦後世代として過去の歴史へのコンプレックスに囚われない姿勢が顕著であった。

安全保障政策　2002年8月のドイツ連邦議会選挙戦での演説で，当時米国が大量破壊兵器の保有を理由にイラクに対する軍事攻撃の準備を進める中，シュレーダー首相はドイツはイラク攻撃に参加しないことを明言し，イラク攻撃を標榜する米国を公然と批判すると同時に，ドイツはイラク攻撃をめぐって米国のような冒険をする意図はなく，ドイツの政策はドイツ自らが決定するという「ドイツの道」を唱えた。さらに9月に入ると，新たな国連決議があっても，ドイツはイラク攻撃に参加しないという方針を示し，いっそう反対の姿勢を強調した。これはイラクに対する武力行使へ向かう米国の対外政策への批判を超えて，米国に対するドイツの自己主張ともいうべき発言であった。なぜなら，それは主要な安全保障上の問題では，常に米国との協調を最優先させてきたドイツの外交政策の変容というだけでなく，国連決議があっても参加しないという主張はドイツの外交政策の伝統である多国間主義の重視にも反していたからである。

こうしたシュレーダー首相の発言の直接的な理由として挙げられるのが，その年の選挙戦における与党SPDの劣勢を挽回するためであったという国内政治上のものである。事実，それまで経済改革や雇用問題で守勢に立たされていた同首相は，イラク危機に対する米国のやり方に反発を覚えていた世論に訴えたことで勢力を盛り返し，選挙では辛うじて野党のCDU/CSUをかわして続投を決めた。つまり，同首相は選挙戦の勝利という国内政治の目的のために，対米関係の最重要視という外交政策の基軸を損なうリスクを冒してまで反米的な世論に迎合する発言を行ったと言える。このような同首相の発言には，当然のことながら国内外から強い批判が寄せられた。にもかかわらず，それが政治家としてのダメージとなるどころか選挙での勝利につながった背景には，世代の問題という要因の他により深いレベルでの変動があったと言える。すなわち，冷戦後のドイツが置かれた国際政治・安全保障環境が激変したことである。冷戦の終焉と東西ドイツの統一，91年のソ連邦の解体は，ドイツの安全保障環境を劇的に改善すると同時に，米国の軍事力に自らの安全保障を依存する必要性を著しく低下させた。つまり，同首相の発言は，冷戦中は西ドイツの生命線であった対米同盟がもはや政治的にはともかくとして，軍事的にはその重要性が薄れつつある現実を露

呈しただけと言える。

　しかしシュレーダー首相の決断は外交政策上大きな代償をもたらすこととなった。1つは対米関係の悪化であり，もう1つは米国主導のイラク攻撃への参加をめぐる EU 加盟国の分裂を招いたことである。一方の攻撃を批判したドイツとフランスと，他方の対米関係の重視からこれを支持し，参加したイギリスやスペイン，さらに東欧諸国などの2つの陣営に割れたことで，EU 諸国はこの問題に対して共通外交・安全保障政策をとることができなくなった。

　ヨーロッパ政策　　冷戦の終わり以来，ドイツは東欧諸国の EU への迅速な加盟に際しての第1の擁護者かつ代弁者であり続けた。シュレーダー政権も基本的にそれを継承し，2004年5月1日に東欧諸国10か国の加盟が実現して EU が25か国体制になった際に発表された声明において，シュレーダー首相はこれを歴史的使命の実現として歓迎した。他方，東方拡大に際して移行措置として設けられた2011年までの新規加盟国からの労働力の移動の制限は，ドイツに国内の労働市場の要請に対応し，かつ統制された労働力のアクセスを保証することを可能にするものであると述べた。EU の新規加盟国を歓迎する一方で，ドイツの利益を擁護することを忘れないのが同首相のスタイルであった。

　その一方で，欧州統合の深化についての第2次シュレーダー政権の功績として評価できるものを挙げるとするなら，2004年の欧州憲法条約の成立へのコミットメントであろう。2001年12月欧州憲法制定のための諮問会議「ヨーロッパの将来に関するコンベンション」が設置され，議長にはジスカール・デスタン元フランス大統領が就任した。2002年から開始された同会議にはフィッシャー外相らも参加した。2003年7月同会議は欧州憲法条約草案を EU 理事会に最終提出し，同案は2003年10月から04年6月にかけて政府間会議（IGC）で議論された。その成果は2004年6月29日のブリュッセルの欧州理事会で欧州憲法条約草案として承認され，10月29日に署名された。同条約はその後2005年5月にドイツにおいて問題なく連邦議会，連邦参議院で可決された。しかし5月29日にフランスの国民投票で，6月1日にオランダのそれで否決されて批准が事実上困難になった。同条約がいずれも1952年の欧州石炭鉄鋼共同体（ECSC）の原加盟国で否決されたこと，とりわけドイツと共に積極的にこれを推進したフランスにおいて否決されたことは，大きな衝撃をもってドイツをはじめとする加盟各国で受け止められた。これ

を受けて同年6月の欧州理事会は熟考期間を設け、それは2006年半ばまで続いた。

5 メルケル政権の外交政策

第1次メルケル政権（2005〜09年）

同盟・安全保障政策　2005年9月18日の連邦議会で勝利したCDU/CSUは、11月12日アンゲラ・メルケルを首相とするSPDとの大連立政権を発足させた。メルケルはドイツ初の女性首相であるだけでなく、初の戦後生まれ（1954年）の首相であり、初の旧東ドイツ出身の首相であった。同年11月30日の施政方針演説の中で、メルケル首相は同盟の重要性を強調し、協力関係の継続と強化こそがドイツの利益になると訴え、イラク戦争に絡んだ対米関係の悪化、EUにおいて同じくイラク戦争に反対したフランスとの関係への傾斜、経済やエネルギー政策の利害にからんだ対ロシア関係の重視に伴う中東欧諸国との関係の冷却化など、シュレーダー首相時代の外交関係の問題の修復に乗り出した。2006年1月には初の訪米を果たし、ブッシュ（子）大統領と個人的にも良好な関係を築くことに成功した。他方、EU内においても独仏関係を重視しつつ、中東欧諸国への配慮も怠らなかった。

その一方で、安全保障政策について、メルケル首相はシュレーダー政権の方針を継承し、NATO主導下のアフガニスタンのISAF（国際治安支援部隊）への連邦軍の派遣を継続した。「9.11」後の国際政治環境の変容を受けて、すでにシュレーダー政権時代の2003年3月に新たな防衛大綱が発表され、ドイツの安全保障政策の目的が従来の国家による侵略を対象とする領域防衛から、ドイツや同盟国の域外でのテロリズムや地域紛争などの抑止を対象とする危機管理へとシフトしつつあることが示された。メルケル政権においてもそれが安全保障政策の基本原則として継承されていることを明らかにしたのが、2006年10月に発表された『防衛白書』であった。その主要点を挙げると、1つはドイツの安全保障政策におけるEUとNATOの重要性の強調である。とりわけ新たな任務である危機管理における両者の連携の強化がうたわれた。もう1つは「相互連関した安全保障」の原則の唱道であり、安全保障政策における非軍事的側面と多国間主義的側面が強調されている。ここから窺えるのは危機管理という新しい安全保障の課題に対し

第8章　外交政策

て，前者に象徴されるNATOとEUの重視を基軸とする「西側統合路線」と，後者に象徴される「シビリアンパワー志向」と「多国間主義の重視」という従来の外交政策の伝統に即して対応しようとするメルケル政権の姿勢である。

他方，EUにおいても独自の欧州安全保障防衛政策（ESDP）の構築が進み，2003年よりEUとして初の域外平和維持活動であるコンゴ北東部で展開された「アルテミス作戦」をはじめとする軍事的作戦行動が開始された。前政権同様メルケル政権もこうしたEUの枠組みによる作戦行動への参加を積極的に推し進め，2006年7月よりコンゴの選挙監視を目的とする「EUコンゴ・ミッション」に780人規模の連邦軍を派遣し，指導的役割を果たした。

図8-2　メルケルとエカテリーナ2世（『シュピーゲル』2013年9月9日号）の表紙
（表題は「アンゲラ・Mの新たな傲慢」。3選を目指して圧勝の勢いにあるメルケルが選挙戦で将来の問題について語ろうとしない姿勢を，「新たな傲慢」としてドイツ出身のロシアの啓蒙君主エカテリーナ2世にたとえたもの。メルケル首相が官邸の執務室にエカテリーナ2世の肖像画を飾っていることはよく知られている）
出所：http://www.spiegel.de/spiegel/print/index-2013-37.html

ヨーロッパ政策　政権発足間もなくしてメルケル首相は，当時EU内で英仏と新規加盟国の間で対立していた2007年度から13年度までの中期財政枠組みについて，EU首脳会議で妥協案を作成し，加盟国間の調整に努めて中期財政枠組みの採択に成功した。これにより国内外で評判を獲得した同首相は，2007年前半欧州理事会議長国としてイニシアチブを発揮し，当時棚上げになっていた欧州憲法条約の再生という課題に取り組んだ。2007年6月の欧州理事会においてドイツは「改革条約」の原案を作成し，憲法条約の批准失敗によって頓挫したEUの改革を再度始動させることに大きな貢献をした。同首相が用いた手法は，2007年にフランス大統領に就任したサルコジと提携を組んでイニシアチブを発揮しつつ各国間の調整を図るという，独仏の緊密な協力を基軸とするドイツのヨーロッパ政策の伝統に則ったものであった。

内容的には頓挫した欧州憲法条約を継承しつつ、「憲法」という表現が取り消されるなど超国家的連邦の色調を抑えたものとなった。同条約は12月のリスボン欧州理事会にて「リスボン条約」として調印され、09年12月に発効した。かくして「リスボン条約」の成功において発揮された同首相のヨーロッパ政策は、独仏枢軸を原動力とする欧州統合の推進という点で、外交政策伝統の継続を示唆するものであったと言える。

第2次メルケル政権（2009～13年）

2009年9月の連邦議会選挙で再選を果たしたメルケル首相は、今度は同選挙で躍進した自由民主党（FDP）との黒黄連立政権を発足させた。この時期は国際政治・外交政策における危機が相次ぎ、対応に追われると同時に、そうした危機を通じてドイツの存在感が脚光を浴び、国際安全保障および欧州統合におけるドイツの役割への同盟国や周辺国の期待が高まった。ここでは国際安全保障における2011年のリビア問題と、ヨーロッパ政策における2010年のユーロ危機に焦点を当てる。

リビア問題　2011年初頭よりチュニジアを皮切りに中東・北アフリカ各国で独裁政権に対する民主化運動、いわゆる「アラブの春」が起きた。カダフィ独裁政権下のリビアでも蜂起が起き、政権側の反体制派への空爆を中心とした軍事攻撃による人道的危機の悪化が国際社会で問題にされた。2011年3月16日国連の安全保障理事会で、サルコジ仏大統領が、リビア上空の飛行禁止区域の設定と人道的危機に対する武力行使の容認を求める動議を行った。翌日には安保理での採決が予定されており、ドイツ政府は対応を迫られた。メルケル首相はリビアへの軍事介入に消極的であった。第1にサルコジ仏大統領によるリビア介入への積極的姿勢に、政権への国内世論の批判を逸らそうとする意図を見ていたため、軍事介入の正当性を見出せなかったこと、第2にリビアの軍事介入が2003年の米国を中心とする多国籍軍のイラク攻撃同様失敗に終わることで、米国をはじめとする西側諸国の体制の信用が失墜することに懸念を抱いていたこと、第3は国内政治上の動機によるものであった。すなわち、決議に賛成した場合にドイツも派兵せざるを得なくなることで国内世論に及ぼす影響を懸念したのである。政権内では決議が採択された場合の対応が協議されていたが、他方で事前の情報

収集から政府は米国が介入に同意しないという見通しを持っており,その場合フランスやイギリスも介入に踏み切らないであろうと考えていた。ところが採決当日17日の朝にオバマ政権が土壇場で介入に同意することを決定したという知らせを受け,不意打ちを食らう格好となった。最終的にメルケル首相,ヴェスターヴェレ外相（FDP）,デメジエール国防相（CDU）が協議し,同首相は軍事介入の失敗と予測不可能な事態の勃発への懸念を主たる理由として,決議への棄権を決定した。そこには軍事介入に消極的で,当時連立相手の自由民主党内で苦境に立たされていたヴェスターヴェレ外相への配慮も働いていた。

　しかし同盟国,国内外のメディア,野党の反応はメルケル政権の予想外のものであった。カダフィの軍隊が反体制派を攻撃している間,ドイツは人道的介入への支持を拒否し,しかもそれを人権問題や自由化運動において望ましいパートナーとは言えない中国やロシアと共に行ったというイメージが定着してしまったのである。メルケル首相とヴェスターヴェレ外相は国内外で激しく叩かれ,ドイツは同盟国および国際社会への連帯の欠如と孤立主義を非難された。すなわち,「突如としてドイツの道が出現した。2003年シュレーダーが経験したことは,いまや当時の最強の批判者（筆者注：野党党首）であったメルケルによって繰り返された」のである（Kornelius 2013：170）。9年前に米国のイラク攻撃に対する批判を行い,「ドイツの道」を訴えたシュレーダー前首相同様,メルケル首相もまた「西側統合路線」や「多国間主義」の重視という外交政策伝統から結果として逸脱し,単独行動をとったとして国内外で批判されることとなった。ここから窺えることは,従来の同盟国への配慮に対して,外交政策決定における国内政治的考慮の重要性が増したということであろう。

ユーロ危機　ユーロ危機は2009年末にギリシャにおいて政権交代を機に財政粉飾が発覚したことを契機として起きた。ギリシャ財政への不安から市場において同国国債が売り払われて価格が暴落し,2010年初頭にはギリシャのデフォルト（債務不履行）の危機のみならず,それに伴って下落したユーロの危機も囁かれる事態となった。これに対するEU側の対応は明らかに後手に回った。2010年2月10日EU首脳会議でギリシャ財政再建支援に合意するものの,詳細は不明のままであり,3月15日のユーロ圏財務相会議でも同様であった。背景には市場の自己責任を重んじ,モラルハザードの回避を重視するドイツなど

の「自己規律派」と，危機対応に当たって公的資金を迅速に投入すべきというフランスなどの「公的介入派」の対立があった。事実，ドイツではメルケル首相が財政規律の厳格化を主張し，ギリシャなど南欧諸国がそれを守らない場合，ユーロ圏から離脱する可能性も否定しなかった。このような同首相の厳しい態度には，ノルトライン・ヴェストファーレン州議会選挙を控え，南欧諸国への支援がドイツなどの豊かな北の諸国の負担増につながることを懸念する国内世論への配慮があった。しかし債務危機はギリシャだけでなく，スペイン，ポルトガルにも波及し，両国の国債も下落した。4月11日ユーロ圏財務相会議で300億ユーロの対ギリシャ緊急援助計画が合意されるものの，ギリシャ，ポルトガルなどの国債の暴落は止まらなかった。さらに危機は欧州外の世界にも波及し，ニューヨーク，東京をはじめ世界中の株価が軒並み暴落し，世界の金融市場はパニックとなった。

　5月初頭になって，ようやくECB（欧州中央銀行）やドイツを含めたヨーロッパの首脳が一定の回答を出すべく集中的に問題に取り組んだ。消極的であったメルケル首相の態度も変化し，支援メカニズムの支持にまわった。こうして2010年5月8日にはユーロ圏首脳会議で1,000億ユーロの対ギリシャ緊急援助計画が，9日にはEU財務相理事会で総額7,500億ユーロの金融安定化パッケージが合意され，危機はいったん落ち着きを見せた。ここで明らかになったことは，ギリシャ支援と欧州金融安定化パッケージの成立には，EUの最大経済国で予算の最大拠出国であるドイツのゴーサインが不可欠であるという現実であった。一方で欧州金融安定基金（EFSF）の創設は，2011年6月にその恒久化機関としての欧州安定メカニズム（ESM）の創設の決定につながり，紆余曲折を経つつも2012年10月に発足した。これにより危機当事国への支援メカニズムが整い，基金7,000億ユーロのうちドイツがおよそ1,900億ユーロを負担（27.1%）した。他方で同首相はユーロ圏諸国の財政規律強化という従来の取り組みにもこだわり，それは全ユーロ圏諸国への累積債務削減を強制する試みの一環として，加盟国に財政均衡を憲法的ルールとして定めることを求める2012年3月の財政条約の締結につながり，英国とチェコを除くEU25か国が参加した。

　この後も危機は長引き，2012年9月のECBによるユーロ防衛を目的としたユーロ圏の問題国の国債を対象とする無制限の買い入れの実施が功を奏して，現在は小康状態を保った状態である。先述したようにドイツは一方では，危機回避

のために ECB のこうした政策を支援し，制度改革にも取り組んでいるが，他方では国内世論への配慮から，公にはドイツの負担が増えるような政策には強く反対している。このようなドイツの姿勢に対し，ドイツが欧州においてもっとリーダーシップを積極的にとってその役割を果たすべきであるという主張が，各国の指導者から挙がるようになった。その最たるものは，歴史上何度もドイツの脅威に直面してきた隣国ポーランドのシコルスキ外相の発言であろう。2011年11月の訪独時に同外相は，「私はドイツの力よりも，ドイツが何もしないことをより懸念し始めている……ドイツがリーダーシップを担うのを怠ることは許されないのである」と述べた（Sikorski 2011）。

　他方，ドイツ国内では危機の当初からギリシャをはじめとする南欧諸国への支援はモラルハザードを招くなどとしてこれを批判する声と同時に，ユーロ危機に対するドイツの一層の負担増を懸念する声が強まっている。このような欧州懐疑主義が強まりつつある国内世論と，欧州統合におけるリーダーシップを期待するEU 加盟国や国際社会との間で板挟みになる中，基本的には欧州統合路線を踏襲しつつも，EU の中で突出した存在になったドイツをどのように欧州の中に位置づけるかという新たな外交政策の課題に，メルケル政権は直面している。

6　「継続」と「変化」の考察

評　価

　統一直後，コール・ゲンシャー政権は統一ドイツの外交政策の変化を危惧するパートナー国や周辺諸国への配慮から，当初より旧西ドイツの外交政策路線の「継続」を言明した。その最たる例が，1993年に締結されたマーストリヒト条約における共通通貨の導入への同意と戦後西ドイツ経済のシンボルであったドイツ・マルクの放棄であった。その一方で，「変化」は徐々にではあるが起きていた。それが顕在化したのが連邦軍の域外派遣政策であった。91年の湾岸戦争において財政支援に止まったことで同盟国の批判を浴びたドイツは，それを契機に従来の連邦軍の域外不派遣の政策の見直しに着手し，90年代初めの旧ユーゴスラヴィア紛争も相まって，94年に連邦軍の域外派遣についての連邦憲法裁判所の合憲判決が示されると，それ以降国際平和維持・執行活動への派遣を積極化させて

いった。ただし，これらはもっぱら従来の外交政策路線の概念である「多国間主義」や「責任」等で説明および正当化されたため，ドイツ外交政策の専門家の多くは「継続性」を強調する向きが強かった。

1998年に成立したシュレーダー・フィッシャー政権もまた左派政権であることへの国内外の懸念への対応もあり，外交政策における路線の「継続」を強調した。1999年のコソヴォ紛争における NATO の人道的介入への連邦軍の実戦参加という画期的決断を下したことにそれを窺うことができる。その際もドイツの歴史的責任と教訓が強調されるなど従来の外交政策伝統の路線を踏襲しつつ，その論理を転換する形で正当化が図られた。

しかし2002年のシュレーダー首相による米国のイラク攻撃への反対は明らかにそこからの逸脱であり，「変化」であった。シュレーダーの唱えた反米的な「ドイツの道」発言は，「西側統合路線」および「多国間主義」との衝突であった。米国の軍事的解決優先の姿勢への反対の表われとして，これを「シビリアンパワー」の概念の継続とする評価もあるが，顕著であったのは米国に対する自己主張の姿勢であった。さらに同発言が劣勢にあった連邦議会選挙での挽回を目指すという国内政治的動機によるものであったことは，これまで重要な決断を世論の反対を押し切って行ってきたドイツの外交政策のあり方と大きく異なるものであった。

2005年に成立したメルケル政権では，シュレーダー政権の逸脱から外交政策上の伝統への回帰といえる動きが見られた。対米関係の修復が図られる一方，2007年に調印されたリスボン条約に象徴されるように，欧州統合推進への貢献によりメルケル首相の外交手腕が高く評価された。しかし第2次メルケル政権を襲った2つの出来事への対応は，「変化」として内外の多くの識者の関心と注目をひいた。1つは2011年3月のリビアへの介入決議に対する棄権であり，これは「西側統合路線」および「多国間主義」との衝突を意味した。「シビリアンパワー」については軍事的コミットメントへの忌避では該当するものの，本来その概念にもりこまれた人道的・規範的価値の強調には反していた。もう1つは2010年ユーロ危機での消極的対応である。これは従来欧州統合の推進力であり続けたドイツが南欧諸国に対して自国流の財政構造改革を強く要求する一方，その支援には後ろ向きであったことが欧州統合を含む「西側統合路線」からの逸脱を思わせた。こ

こでもリビアへの人道的介入への連邦軍の参加に否定的であり，ギリシャ救済とそれに伴うドイツの負担増加に反対であった世論への配慮があった。シュレーダー政権とメルケル政権の対応に共通するのは「ドイツの利益」の強調と国内世論への慮りの強さである。

　「普通の国」ドイツの逆説
　結論として，もはや統一ドイツの外交政策は明らかに変化していると言わざるを得ないであろう。その特徴は，より自らの利益や国内事情を主張するようになったという意味での自己主張的傾向の強化である。つまり，ドイツもイギリスやフランス同様欧州の「普通の国」になったのである。しかし，それは統一直後にリアリストたちが唱え，国外の専門家が懸念していた「中軸大国」とはかなり様相が異なる。なるほどユーロ危機を契機に高まったドイツの世界・欧州における役割をめぐる論争では，欧州経済におけるドイツの独り勝ち状態やユーロ危機で見せたその消極的姿勢を鑑みて，ドイツを「不本意な覇権国」と見る議論が盛んである（*Economist*, 2013；Bulmer / Paterson 2013）。しかし，「不本意な」という形容詞が冠せられていることに象徴されるように，主観的にも客観的にもドイツは覇権国とは言い難い。ドイツは確かに経済面では欧州において突出した存在になりつつある。欧州統合の推進力を共に担ってきたフランスとの格差は開く一方であり，それが欧州統合の今後に影を落とす要因ともなっている。他方軍事面について言えば，リビア問題に象徴されるように依然として英仏の後塵を拝しており，ドイツ問題の専門家であるアッシュが言うように，欧州においても覇権国と言えるほど他の加盟国を圧倒するだけの国力はなく，政治エリートや世論にもそれを目指す意思は見られない（Ash 2013）。皮肉にも欧州の中央に位置する大国ドイツの存在と欧州の平和の両立という歴史的な「ドイツ問題」が，新たな形で浮上したと言える。その意味でドイツはかつてないほど安全であり，欧州における影響力も格段に増したが，それがパートナー国にとって脅威と認識されれば欧州の安全保障にも影響し，ひいてはドイツ自らが安全保障の敗者になりうる逆説を指摘したドイツ外交政策の研究者ヘルマンの指摘は傾聴に値する（Hellmann 2013）。ユーロ危機と欧州における力関係の変化という新しい現実に直面し，欧州懐疑主義が強まりつつある国内世論を慮りながら，ドイツがどのように欧州と世界の中

で自らの役割を定義していくのか。単独では欧州をリードできないドイツの模索に，欧州および世界は引き続きその行方に注目することになろう。「新しいドイツ問題」(アッシュ) は当面続きそうである。

参考文献

遠藤乾 (2013)『統合の終焉——EU の実像と論理』岩波書店。
鈴木一人 (2008)「21世紀のヨーロッパ統合——EU-NATO-CE 体制の終焉？」遠藤乾編『ヨーロッパ統合史』岩波書店。
竹森俊平 (2012)『ユーロ破綻——そしてドイツだけが残った』日本経済新聞出版社。
田中素香 (2010)『ユーロ——危機の中の統一通貨』岩波新書。
中村登志哉 (2006)『ドイツの安全保障政策——平和主義と武力行使』一藝社。
中村登志哉 (2009)「欧州安全保障秩序とドイツ——メルケル政権の課題とディレンマ」『日本 EU 学会年報』第29号，203-221頁。
グンター・ヘルマン (2012)「変容する欧州において形成されつつあるドイツの新しい対外政策伝統」(葛谷彩訳)『明治学院大学　法律科学研究所年報』第28号，33-43頁。
三好範英 (2009)『蘇る「国家」と「歴史」ポスト冷戦20年の欧州』芙蓉書房出版。
森井裕一 (2005)「ドイツ外交における同盟と統合」『国際政治』第140号，1-18頁。
森井裕一 (2007)『現代ドイツの外交と政治』信山社。
森井裕一 (2010)「共通安全保障・防衛政策と EU 構成国の外交政策——ドイツの事例を中心として」森井裕一編『地域統合とグローバル秩序——ヨーロッパと日本・アジア』信山社，182-205頁。
森井裕一 (2012a)「シュレーダー政権の評価とメルケル政権の動向」押村高・小久保康之編著『世界政治叢書2　EU・西欧』ミネルヴァ書房。
森井裕一 (2012b)「欧州危機とドイツ政治」『海外事情』第60巻第5号，18-33頁。
T. G. Ash (2013) "The New German Question," *The New York Review of Books* 60 (13): 52-54.
R. Baumann (2007) "Deutschland als Europas Zentralmacht," G. Hellmann / R. Wolf / S. Schmidt (Hrsg.) *Handbuch deutschen Außenpolitik*. Wiesbaden: VS Verlag: 62-72.
S. Bulmer / W. E. Paterson (2013) "Germany as the EU's reluctant hegemon? Of economic strength and political constraints," *Journal of European Public Policy* 20 (10): 1387-1405.
Bundesministerium der Verteidigung (2006) *Weißbuch 2006 zur Sicherheitspolitik Deutschlands und zur Zukunft der Bundeswehr*. Online Ausgabe. (http://www.bmvg.de/

第 8 章　外交政策

portal/a/bmvg/!ut/p/c4/Dca7DYAwDAXAWVgg7unYAuicYCVP-Qrnsz7omqObfo UnPHfUwolOuhx2u4zN0xuFC_IGQddWEzqi4eLF1i7mqXFkKf-WQNUOF6jFY_sAY_ 7e5g!!/）（アクセス日2014.1.5）

"Germany and Europe : The Reluctant Hegemon, Special Report," *The Economist*, 15 June 2013.

C. Hacke (2003) *Die Außenpolitik der Bundesrepublik Deutschland : Von Konrad Adenauer bis Gerhard Schröder*. Frankfurt/M. und Berlin : Ullstein.

H. Haftendorn (2001) *Deutsche Außenpolitik zwischen Selbstbeschränkung und Selbstbehauptung. 1945-2000*. Stuttgart und München : DVA.

G. Hellmann / R. Wolf / S. Schmidt (2007) "Deutsche Außenpolitik in historischer und systematischer Perspektive," G. Hellmann / R. Wolf / S. Schmidt (Hrsg.) *Handbuch deutschen Außenpolitik*. Wiesbaden : VS Verlag : 15-46.

G. Hellmann (2011) "Das neue Selbstbewusstsein deutscher Außenpolitik und die veränderten Standards der Angemessenheit," T. Jäger / A. Höse / K. Oppermann (Hrsg.) *Deutsche Außenpolitik : Sicherheit, Wohlfahrt, Institutionen und Normen*, 2 Auf., Wiesbaden : VS Verlag : 735-754.

G. Hellmann (2013) "Reflexive Sicherheitspolitik als Antihegemoniales Rezept : Deutschlands Sicherheit und Gewandelte Strategie," *Aus Politik und Zeitgeschichte* 67 (37), 9. September 2013 : 49-54.

S. Kornelius (2013) *Angela Merkel. Die Kanzlerin und ihre Welt*. Hamburg : Hoffmann und Campe.

H. W. Maull (1990) "Germany and Japan : The New Civilian Powers," *Foreign Affairs* 69 (5) : 91-106.

H. W. Maull (2007) "Deutschland als Zivilmacht," G. Hellmann / R. Wolf / S. Schmidt (Hrsg.) *Handbuch deutschen Außenpolitik*. Wiesbaden : VS Verlag : 73-84.

G. Müller-Brandeck-Bocquet (2010a) "Rot-grüne Europapolitik 1998-2005 : Eine Investition in die Zukunft der EU," G. Müller-Brandeck-Bocquet et. al. *Deutsche Europapolitik. Von Adenauer bis Merkel*. 2., aktualisierte und erweiterte Auflage. Wiesbaden : VS Verlag : 173-252.

G. Müller-Brandeck-Bocquet (2010b) "Deutsche Europapolitik unter Angela Merkel : Enge Gestaltungsspielräume in Krisenzeiten," G. Müller-Brandeck-Bocquet et. al. *Deutsche Europapolitik. Von Adenauer bis Merkel*. 2., aktualisierte und erweiterte Auflage. Wiesbaden : VS Verlag : 253-343.

T. Risse (2007) "Deutsche Identität und Außenpolitik," G. Hellmann/ R. Wolf/ S. Schmidt

第Ⅱ部　ドイツの政策展開

(Hrsg.) *Handbuch deutschen Außenpolitik.* Wiesbaden : VS Verlag : 50-61.

G. Schöllgen (2013) *Deutsche Außenpolitik. Von 1945 bis zur Gegenwart.* München : C. H. Beck.

G. Schröder (1999) "Rede von Bundeskanzler Gerhard Schröder : Außenpolitische Verantwortung Deutschlands in der Welt am 2. September 1999 vor der DGAP in Berlin," *Internationale Politik* 54 (11) 10/1999 : 67-72.

R. Sikorski (2011) "Poland and the future of the European Union," Berlin, 28 November 2011 (http://www.msz.gov.pl/files/docs/komunikaty/20111128BERLIN/radoslaw_sikorski_poland_and_the_future_of_the_eu.pdf)（アクセス日2014.1.25）

第 9 章

福祉政策

近藤正基

── この章で学ぶこと ──

　比較福祉国家論においては，ドイツ福祉国家には 4 つの特徴があると言われてきた。すなわち，①福祉国家の財政規模が大きいこと，②職域別の社会保険を中心とした構造であること，③社会団体が福祉供給で重要な役割を担っていること，④男性稼ぎ手家族を優遇してきたことである。

　統一以後，ドイツは長期の経済停滞によって「ヨーロッパの病人」と呼ばれるようになる。また，市民の福祉ニーズの変化（育児や介護の社会化）もますます明らかになっていた。こうして，福祉国家の組み直しが盛んに議論されるようになり，福祉国家の再編が推し進められることになる。

　各政権の福祉政策を見ると，そこには福祉縮減とケア労働（育児と介護）の社会化という 2 つの大きな目標があったことがわかる。コール政権は介護保険を創設し，介護の社会化を進めた。その一方で，医療費抑制のための医療保険改革を実施し，解雇制限を緩め，労働市場の規制緩和を行った。シュレーダー政権は，ハルツ改革によって失業手当 II を創設し，失業時の所得保障を大幅に縮減した。同時に，積立方式の個人年金の導入を通じて，年金の縮減を推し進めた。メルケル政権は，医療保険改革における保健基金の導入や，年金の支給開始年齢引き上げなどの縮減改革を行った。その一方で，労働者送出法改正によって部分的ではあるが最低賃金を導入し，児童助成法や両親手当などの家族政策の改革を行った。福祉縮減改革と並んで，貧困対策や育児の社会化に取り組んだといってよいだろう。

1 統一までの福祉国家と政治

ドイツ福祉国家の特徴

本章では，統一以降，ドイツ福祉国家がどのように展開したのかについて論じる。福祉国家改革の政治力学とあわせて検討していこう。

まずは，統一以前のドイツ福祉国家の特徴について，簡潔にまとめておきたい。

比較福祉国家論において，ドイツは「保守主義型福祉国家」の典型とみなされてきた（Esping-Andersen 1990）。「保守主義型福祉国家」の特徴は，以下の4点にまとめることができる。

第1に，社会支出（対GDP比）の高さが挙げられる。ドイツは，福祉政策に多くの国家予算を割いてきた。社会支出（対GDP比）の国際比較をみると，この割合はスウェーデンなどの北欧諸国できわめて高いのだが，ドイツも北欧諸国に準ずる程度の比率を示している。統一直前の1989年のOECDデータを見ると，ドイツのそれは21.9％であり，スウェーデンの29.4％やデンマークの25.3％には及ばないものの，フィンランド（22.5％）やノルウェー（21.9％）と同水準にあった。

第2に，職域別の社会保険を中心とした構造を持っているということである。スウェーデンなど北欧諸国では，国民全員が加入する単一の福祉制度があり，税方式が採用されている場合が多いが，これはドイツには当てはまらない。ドイツでは，職域別に社会保険が構成されており，職業ごとに加入する保険が違う。そして，主な財源は社会保険料である。例えば，年金は5つに分立しており，農業従事者，自営業，鉱山労働者，サラリーマン・ブルーカラー労働者，官吏の年金制度がそれぞれ存在しており，主として社会保険料で賄われている。

第3に，社会団体が福祉供給で重要な役割を担ってきたことである。ドイツは「団体社会」と呼ばれるほどに数多くの社会団体が存在する。福祉の領域もそうであり，半公共的な福祉団体が国家から助成金を受けながら，福祉供給業務にあたっている。その中でも，巨大な福祉団体として，カリタス，ディアコニー，労働者福祉団，ドイツ赤十字などがある。これらの団体が，介護労働人員の派遣，ホームレスのショートステイ，社会扶助受給の案内，職業紹介，移民のドイツ語

教育などをドイツ各地で実施し，国家の業務を一部肩代わりしている。福祉団体抜きでドイツ福祉国家は存立できないほどであり，この点で，国家が福祉供給の中心となる北欧諸国と異なっている。

　第4に，社会サービスが脆弱であるという点である。ドイツの福祉国家は，大規模な財の移転を行う一方で，社会サービスは脆弱だと言われてきた。つまり，介護や育児における人的サービスが乏しいということである。これは，ドイツの福祉国家が，女性が家事労働を負担することを前提として構築されてきたこと，言い換えれば「男性稼ぎ手家族」を重んじてきたことを意味している。つまり，日本と同様に，ケアサービスは，家庭内で女性が担うべきものだと考えられてきたのである。さらにいえば，これも日本と同様に，専業主婦（主夫）を優遇するような税制が敷かれており，夫婦単位課税制度が存在している（近藤 2013）。

ドイツ福祉政治の特徴

　では，統一以前の福祉政治にはどのような特徴があるといわれてきたのだろうか。ドイツの福祉政策は，原則的に，様々なアクターの合意に基づいて決定されてきた。それが「自発的合意」であれ，「強いられた合意」であれ，合意なき政策決定は困難だったし，政策分野によって異なるものの，多様なアクターが政策決定過程に参加してきた。これがドイツ福祉政治の最も重要な特徴である。この点を踏まえた上で，以下では，政党政治，労使関係，連邦参議院の3つの側面から，合意が生じる政治メカニズムについて概観しておきたい。

　第1に，福祉をめぐる対立軸が党派を超えて形成されてきた点を指摘したい。ドイツは比例代表制を基礎とした選挙制度を採用しているので，単独政権が成立したことはなく，連立政権が常態化している。よって，まずは連立与党内部での合意が必要になる。それだけではない。福祉をめぐっては党派を超えた対立軸が存在している。つまり，一方にキリスト教民主・社会同盟（CDU/CSU）の社会委員会派（Sozialausschüsse）[1]と社会民主党（SPD）があり，もう一方にキリスト教民主・社会同盟の経済派と自由民主党（FDP）があり，この間に分断線が走っていたということである。留意すべきは，原則的にこのような構図が見られたということであり，常にこの2つの陣営に分かれるわけではなく，時期や政策分野によっても分断のあり方が違っていた（近藤 2009）。年金や医療などの主要政策は

第Ⅱ部 ドイツの政策展開

```
                        脱商品化
                          高
                          │
          社会民主党        │   社会委員会派
                          │   (キリスト教民主・社会同盟)
           緑の党          │
                          │
脱家族化  高 ──────────────┼────────────── 低
                          │
                          │   自由民主党
                          │
                          │   経済派
                          │   (キリスト教民主・社会同盟)
                          │
                          低
```

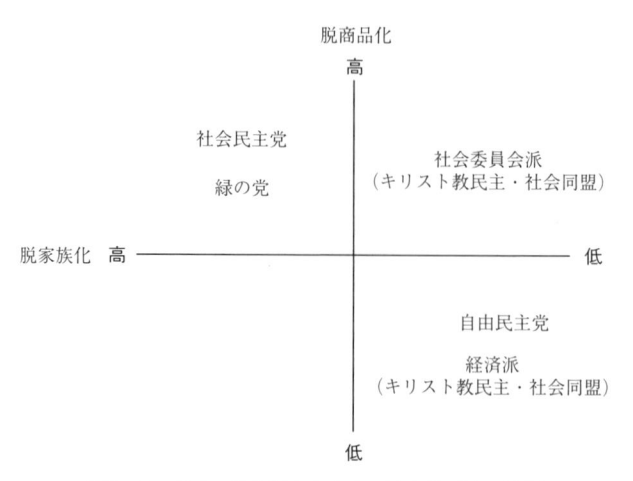

図9-1 ドイツ福祉国家をめぐる対立軸（統一以前）
出所：筆者作成。

おおむねどの時期も上記のように理解できるが，例えば家族政策をめぐっては社会委員会派と社会民主党の政策選好には大きな開きがある（図9-1参照）。

第2に，労働組合が強い影響力を持ってきた点に注目する必要がある。とりわけ最大のナショナルセンターであるドイツ労働総同盟（DGB）は様々なかたちで福祉政策に強い影響を及ぼしてきた。1966年の「協調行動」に始まり，コール政権の「産業立地と雇用のための同盟」に至るまで，各政権で継続的に福祉政策を審議する場に参加してきた。また，1984年の大規模ストとデモはコール政権の経済的自由主義路線を頓挫させた。労組はときとして直接行動に打って出て，その力をいかんなく発揮してきたのである。1980年代からの組織後退によって影響力を減じつつあるものの，依然として福祉政策に一定の影響を及ぼしているといえる。

第3に，政策決定プロセスにおいて連邦参議院が障壁となってきた点を挙げたい。戦後ドイツで成立した法案のおよそ半分は同意法であり，連邦参議院での過半数の賛成が必要だった。そのため，連邦参議院の異議が予想される場合には，両院協議会を開催し，政策のすり合わせを行うのが一般的である。ここで合意のメカニズムが働くことになる。福祉関連法案もまた，多くの場合が同意法であり，連邦参議院という障壁にぶつかることがあった。また，連邦議会と連邦参議院の

「ねじれ」が生じると，合意のメカニズムはより一層強力になるのである。

2 コール政権後半期の福祉国家と政治

ドイツ統一という歴史的事業を達成したコール首相は，西ドイツの社会保障制度を旧東ドイツ地域に拡大するという社会実験に乗り出した。ブリューム労働社会相によって主導されたこの試みは，莫大な社会支出，保険料率の高騰，そして財政赤字を生み出した。例えば，年金制度の場合，1991年に年金受給者が約184万人増加し，社会扶助受給者と失業保険受給者もそれぞれ約50万人の増加を示していた。その結果，社会支出の対 GDP 比は統一から3年のうちに3％も上昇した。社会保険料率の総計は統一から5年間で3.7％も上がった（表9-1参照）。そして，連邦・州・ゲマインデ全体の財政赤字は1995年まで毎年，前年比10％以上の伸びを示した（表9-2参照）。コール自身は認めていないが，彼が社会主義国の優等生と呼ばれた旧東ドイツの経済力を過大評価しており，楽観的な再建計画を立てたのは明らかであった。

こうした問題群が発生したことによって，福祉国家の改革は急務となった。だが，この時期は，従来の福祉政治の主役である社会委員会派が健在であった。また，社会民主党の伝統的社民主義者も勢力を減退させていたが，その組織的後退は始まったばかりであり，また連邦参議院での野党多数の情勢を利用して福祉縮減に抵抗できたために，まずは目立った改革は実行されなかった。統一から1995年までは，統一以前の福祉政治のパターンが継続したといえよう。例えば，1992年医療保険改革と1995年の介護保険創設は，統一以前と同様に，キリスト教民主・社会同盟の社会委員会派が主導権を握ったのだった。

1992年医療保険改革では，高騰した保険料率を抑制することが改革の主眼であった。この目的を達成するためには，いくつか方策がある。1つは，患者の窓口負担を増やすことである。この案は，キリスト教民主・社会同盟の経済派などが唱えていたが，真剣に検討されなかった。もう1つは，国庫負担を増加させるという案である。一部の社会民主党議員が提起していた案であるが，審議が開始されると，ほどなくして棄却された。結局，最後に残った案，つまり「病院経営の合理化」案が採択された。「1日定額支給」に代わって，「1件あたりの包括支

第Ⅱ部　ドイツの政策展開

表9-1　社会保険料率総計の推移
（1990～2013年）
（単位：％）

年	社会保険料率
1990	35.6
1991	36.7
1992	36.8
1993	37.4
1994	38.9
1995	39.3
1996	40.9
1997	42.1
1998	42.1
1999	41.3
2000	41.1
2001	40.9
2002	41.3
2003	42.0
2004	41.9
2005	41.9
2006	41.9
2007	40.6
2008	40.1
2009	39.6
2010	39.6
2011	40.4
2012	40.1
2013	39.45

出所：BMAS (2013) *Sozialbericht 2013* より作成。

表9-2　財政赤字の推移
（1991～2013年）
（単位：1万ユーロ）

年	財政赤字
1991	60,660
1992	69,494
1993	77,887
1994	85,689
1995	102,771
1996	109,625
1997	114,285
1998	118,545
1999	122,527
2000	123,225
2001	124,314
2002	129,530
2003	138,377
2004	145,412
2005	152,480
2006	157,382
2007	158,366
2008	165,260
2009	176,892
2010	205,609
2011	208,518
2012	216,628
2013	204,373

注：単位は1万ユーロ。1999年のユーロ導入までについては1ユーロ＝1.95583マルクで換算。

出所：Statistisches Bundesamt (2013) *Statistisches Jahrbuch 2013* より作成。2013年については，Statistisches Bundesamt のホームページより作成。

払」が盛り込まれた。これは，過剰な医療サービスによる病院の不正所得を阻止するための政策だったといってよい。もちろん，患者負担の増加などをめぐっては対立があったが，これまでコール率いる経済派は追認したのだった。

1995年の介護保険の創設もまた，社会委員会派と社会民主党によるものであった。まず，長らく公的介護保険の導入を訴えてきたブリューム労働社会相が，社会民主党の同意を得て，介護保険原案を作る。これに反対したのが，自由民主党

と使用者団体であり，彼らはブリューム案が社会保険方式であり，そのために使用者負担の増加をもたらす点に難色を示した。ブリュームは，社会保険料の負担者である使用者団体から同意を得るため，社会保険方式を導入する代わりに法定休日削減を盛り込んで，使用者負担を軽減し，法

図9-2 ブリューム
出所：*Süddeutsche Zeitung*, 2010/5/17。

定保険料を当面は固定した（雇用主と被用者の折半で合計1.7%）。そうすることで，保険料率の上昇を危惧する使用者の不安を除去し，自由民主党の同意を取りつけようとしたのであった。最終的に，この案には自由民主党や使用者団体も賛意を示し，全政党の同意のもとで介護保険法が可決されたのである。こうして，統一のインパクトが残る中，介護の社会化という新しい福祉ニーズに応えようとした。

以上のような改革方針は，縮減改革を目指すコールの意図に反するものであった。そのため，コールは福祉国家改革の路線転換を試みるようになる。「交渉民主主義」の申し子であり，様々な政治勢力間の妥協を重視していたコールは，コーポラティズム的解決(2)を模索していった。つまり，労使団体双方から支持を得ながら，改革を進めようとしたのである。コール政権が協調的福祉政治を求めたのは，1995年ストで金属産業労組が大きな勝利をあげたことも背景になっていた。労組の同意なしには，福祉国家改革は難しいだろうと判断していたのである。

1996年に政労使のトップが集う「産業立地と雇用のための同盟」が発足したが，コールの期待に反して，コーポラティズムは機能不全を露呈した。2000年までに失業者を半減させるという目標のために，労組と使用者団体は，雇用創出が先か，労働コスト削減が先かで，出口の見えない対立を繰り返した。新しい雇用を年50万人分創出するよう求める労組に対し，使用者団体は高騰した労働コストを引き下げるのが先だとした。労働コスト引き下げ策として，使用者団体は賃金継続支払の減額を主張したが，これにはツヴィッケル・ドイツ労働総同盟委員長は頑として首を縦に振らなかった。そのため，金属産業使用者団体代表であるシュトゥ

ンプフェがコーポラティズムの「死亡宣告」を出す一方，ツヴィッケルはスト決行をほのめかすに至った。加えて連立与党の内部でも，自由民主党はそもそもコーポラティズムに否定的であり，政労使会談を終了すべきとしていた。結局，実質的な結果がないまま，労組が離脱を表明し，協調的決定は終幕を迎えることになる。

　コーポラティズムに失敗したコールは，次なる方策を模索した。つまり，経済派，自由民主党，ドイツ使用者団体全国連合（BDA）による改革を目指すようになったのである。しかし，この方策は目立った成果を挙げることができなかった。

　コールの縮減改革の第一歩は，経済成長・雇用促進法であった。その主眼は，次の3点であった。第1に，女性の年金支給開始年齢の引き上げ，第2に，賃金継続支払の削減，第3に，解雇制限の緩和である。これらの政策は経済派と自由民主党によって主導され，可決された。社会民主党はもとより，社会委員会派の一部も反対票を投じたが，その抵抗は失敗する。社会民主党はさらに両院協議会を開催し，キリスト教民主・社会同盟の説得を試みたが，これも失敗に終わった。

　しかし，経済派と自由民主党が成功したのは，この改革だけだったといってよい。それ以外の改革はことごとく失敗したのである。児童手当の引き上げ延長措置は，社会民主党の拒否権行使により，連邦参議院で否決された。1997年の税制改革は，減税によって社会保障財源が減ることを危惧した社会民主党によって，これも連邦参議院で否決された。そのほか，連邦参議院の拒否権が利用できない法案では，超党派合意を拒否して，改革の骨抜きを狙った。ウィーヴァーは，超党派合意に基づいて福祉縮減改革を行う場合，有権者の非難がいくつかの政党に拡散するので，縮減改革は成功しやすいとしている（Weaver 1986）。裏を返せば，超党派的合意を阻止すれば，縮減改革は進まないことになる。これこそが，社会民主党の戦略であった。例えば，1996年と1997年の医療保険改革では，社会民主党が超党派合意を拒否することで，穏健な改革に終わった。1996年年金改革でも，社会民主党は超党派合意を拒否した。1999年年金改革も同様だった。社会民主党は，間近に迫った連邦議会選挙で，政権を奪ったあかつきには改革を白紙に戻すと宣言し，縮減改革への抵抗を試みた。事実，1998年連邦議会選挙で勝利した社会民主党が緑の党と連立政権を組むと，1999年年金改革は無効にされたのであった。

第 9 章　福祉政策

3　シュレーダー政権期の福祉国家と政治

　1998年連邦議会選挙で勝利した社会民主党は，16年ぶりに政権を奪還した。連立パートナーになった緑の党は，初めての政権参加であり，「赤緑プロジェクト」の実施に期待が集まっていた。
　ただ，この時期，社会民主党内部では亀裂が広がりつつあった。党内には，大きく分けて伝統的社民主義者とモダナイザーという2つの勢力が併存していたのである。伝統的社民主義者は従来のドイツ福祉国家の擁護者であった。これに対し，モダナイザーは自由主義的改革を含むドイツ版「第三の道」を掲げていた。政策選好が異なる2つの勢力が政権内にあったため，政権発足当初，福祉国家改革は実施されなかった。
　例えば，モダナイザーを代表するシュレーダー首相は，自身の選好に反して，政権奪取直後にマクロ・コーポラティズムである「雇用のための同盟」を発足させた。これは，親労組である伝統的社民主義者への配慮であった。また，シュピーゲル誌のインタビューで「社会的公正にかなった改革を行う」として，党内対立を避けようとしていた (*Der Spiegel*, 1998, 44：34-48)。しかし，異なる政策選好を持つ勢力が対立するのは，時間の問題であった。事実，政権発足から間もない1999年3月に，伝統的社民主義者であるラフォンテーヌは財務相を辞任し，シュレーダーに対抗する姿勢を示した。以後，シュレーダーは本格的に福祉縮減改革を進めるようになる。
　まず，改革の矛先は年金制度に向かった。1999年に高齢者財産法が連邦参議院で可決され，2001年年金改革が達成される。この改革は，公的年金に積立方式の個人年金を付設するものであり，1957年年金改革以来の賦課方式から逸脱するものだった。たとえ当初は1％という小規模のものであっても，積立方式の個人年金が導入されたことによって財源が社会保険料から家計へと移行し，将来的に給付の平等性が低下するばかりか，全体として給付水準が低減することに照らせば，ドイツ福祉国家は自由主義モデルへと傾斜したと理解してよいだろう。
　いわゆる「リースター年金」(個人年金) を創出する過程で，伝統的社会民主主義者とモダナイザーとの対立が激化した。けれども，結局のところ，弱体化して

いた伝統的社民主義者の反対を押し切って，シュレーダー率いるモダナイザーが改革を断行したのであった。伝統的社民主義者は有効な対抗手段を打てなかった。それに比べ，より強い抵抗を示したのは，労組であった。労組は，特に個人年金の導入を攻撃していたが，シュレーダーは，経営組織法や賃金継続支払法の改正，さらにいわゆる「若年労働者プログラム」などの積極的労働市場政策という代償を支払うことで，消極的ながらも労組の同意を取りつけることができた。もちろん，シュレーダー政権は，その他の点では労組の要望も取り入れている。例えば，給付開始年齢の引き上げを取り消し，これを据え置くと共に，国庫負担の維持のために新たに環境税を導入し，さらには公的年金の給付も当初の計画より増額した。

そのほかにも，シュレーダーは自由主義的改革を目指して，労働市場柔軟化政策に力を注ぐようになる。けれども，2001年年金改革と同様に，シュレーダー政権は労組に配慮する必要があった。例えば，2001年の職業斡旋法は，シュレーダーの本来の意図に反し，労働市場柔軟化の効果は限定的であった。そのため，ドイツ使用者団体全国連合のフント会長などは，一連の改革を「見せかけの規制緩和」として批判したのであった。

次いで，シュレーダー政権の家族政策の展開を見ておこう。まず2000年には，育児休暇および育児手当法の改正があった。これによって，第1子と第2子への手当が増額されたが，増額幅は月額10ユーロに留まっており，大きな成果とはいえなかった。けれども，育児休暇中のパートタイム労働時間の上限を週19時間から週30時間に引き上げたのは，注目に値する。同時に，両親が同時期に育児休暇を取得できるよう，母性保護期間でも父親の育児休暇取得が可能となった。続いて2002年には，再び育児手当の改正が行われた。その骨子は，第1子から第3子まで手当を増額するところにあり，それぞれ約16ユーロずつ増額された。さらには，社会サービスも拡充された。育児施設建設法により，2005年からの5年間に，3歳未満児保育施設を23万人分増設することが定められたのである（魚住 2007）。

これらの政策は，伝統的なドイツ福祉レジームの経路とは異なっている点に留意する必要がある。従来，ドイツ福祉レジームにおいては，家庭での（母親による）育児と寛大な現金給付とを両立させることが目標とされてきた。しかし，これらの法の施行によって育児の社会化が進むことになったのである。

ただ，この脱家族化の性格に関しては，慎重な判断が必要である。というのも，上記の一連の法案は，確かに女性の家事労働からの解放を進めはしたが，それが女性のどのような雇用形態に至るかは，労働市場政策の動向を見て判断する必要があるからである。この観点から労働市場政策を見ると，1999年の僅少労働の拡大，2000年末の派遣労働法改正，そして2002年のハルツ改革によるミニ・ジョブの創出による，労働市場のデュアリズム化(6)を促進する政策があった点に注目しなければならない。2003年時点で僅少労働者の68％，ミニ・ジョブの約60％が女性労働者によって占められていたことを考慮するなら，家事労働が緩和された多くの女性が，非正規労働者として労働市場に参加していたことがわかる。この点で，女性のフルタイム労働を促進する社会民主主義モデル化とは言い切れない側面があり，むしろ，女性の高い労働参加率と非正規労働化を特徴とする，自由主義モデルの要素を内包していたといえるのである。

　第2次シュレーダー政権は，脱商品化を低下させる政策にも力を入れた。その中心が，「ドイツ連邦共和国史上最大の福祉縮減改革」と呼ばれるハルツ改革であった。これは，4つのパッケージ法案から成っている。ここではハルツ第3法と第4法について論じよう。

　第3法は，連邦雇用庁の再編と失業給付資格の厳格化に目的があった。いわゆる「失業隠し」(7)スキャンダルを契機として，シュレーダー政権は労働市場政策の実施や失業保険の管理・運営を担う連邦雇用庁を改組しようと試みた。第3法によって，連邦雇用庁の労働市場政策の運営が経済相に委譲され，同時に職業紹介業務の民間への開放も促進された。長官と副長官の任命も，政府の決定権限とすることで，労働市場政策における労組の影響力が低減したのであった。また，失業保険の給付要件の厳格化については，失業者は職業再訓練に参加するなど義務を履行しない場合，給付減額もしくは打ち切りというペナルティが設定された。

　第4法の重要事項として，最初に挙げなければならないのが，失業保険の縮減と，失業扶助と社会扶助の統合である。まず，2003年12月に失業保険改革が可決され，最長64か月であった給付期間が36か月へと大幅に短縮された上に，給付水準が大幅に低下した。同時に，45歳からの早期給付が撤廃され，55歳未満への給付が削減されたことで，早期退職制度が縮小された。次いで失業扶助が社会扶助の一部と統合され，失業手当Ⅱが新設された。これは長期失業者を対象にしたも

図9-3 月曜デモで使われたプラカード
出所：筆者撮影（2011年9月）。

のであり，税財源で賄われるが，重要なのは給付水準が社会扶助レベルに大きく下落することになった点である。ここでもまた脱商品化が大幅に低下したのである。

ハルツ改革は，戦後ドイツの福祉国家からの大胆な経路逸脱であり，明確な自由主義モデル化を企図していた。失業率が高止まりしている状況下でこのような改革を行ったことについて（表9-3参照），福祉国家を擁護するグループから批判が相次いだのは当然といってよい。彼らはこれに反対票を投じる意思を表明した。実際，採決にあたって，伝統的社民主義者のうち12名が反対票を投じ，与党単独では過半数を取れなかった。しかし，彼らの抵抗は失敗に終わる。というのは，連邦議会ではキリスト教民主・社会同盟が助け舟を出し，モダナイザー，経済派，そして自由民主党によって法案が可決されたからである。その後も批判は鳴りやまなかった。月曜デモに代表されるように，労働組合などによる大規模な抗議活動がドイツ全土で活発化したのだった。

福祉縮減に関する超党派的な合意が形成されると，これまで福祉政治でイニシアチブを握っていたグループは窮地に立たされることになった。社会委員会派や社会民主党の伝統的社民主義者はもはや拒否権行使も非難回避戦略の突き崩しもできない状況に追い込まれていた。このような状況に至った背景には，このグループの組織力が弱まっているという事実があった。社会民主党議員に占める労組出身議員は統一前から約20％下落して74.1％となり（Schindler 1999），ドイツ労働総同盟の組合員数は統一から10年の間に410万人も減少し（表9-4参照），社会委員会派の構成員は1990年から5,000人減少し，20,000人になっていた（Dümig et al. 2006：104）。このような背景から，経済的自由主義者が大規模な改革を推進したのであった。

表9-3 失業率の推移
(1990～2013年)
(単位：％)

年	失業率
1990	6.16
1991	5.47
1992	6.58
1993	7.83
1994	8.43
1995	8.28
1996	8.95
1997	9.69
1998	9.43
1999	8.63
2000	8.00
2001	7.88
2002	8.70
2003	9.78
2004	10.52
2005	11.21
2006	10.19
2007	8.78
2008	7.60
2009	7.74
2010	7.06
2011	5.95
2012	5.46
2013	5.65

出所：IMF (2013) *World Economic Outlook Databases* より作成。

表9-4 ドイツ労働総同盟組合員数の推移
(1991～2012年)
(単位：千人)

年	組合員数
1991	11,800
1992	11,016
1993	10,290
1994	9,768
1995	9,355
1996	8,973
1997	8,623
1998	8,311
1999	8,037
2000	7,773
2001	7,899
2002	7,670
2003	7,363
2004	7,013
2005	6,778
2006	6,586
2007	6,441
2008	6,371
2009	6,265
2010	6,193
2011	6,156
2012	6,151

出所：ドイツ労働総同盟組合員データベースより作成。

4　第1・2次メルケル政権期の福祉国家と政治

　2005年連邦議会選挙では，キリスト教民主・社会同盟と社会民主党が共に得票率を減らした。両党合わせても得票率は69.4％にしかならず，1972年連邦議会選挙から見ると，20％も下落していた。このことは，戦後ドイツ政治をけん引してきた2つの国民政党が，その足場を失いつつあることを物語っていた。
　キリスト教民主・社会同盟は2003年のライプツィヒ決議以降，経済的自由主義

に傾斜していた。しかし，この路線は，有権者に不評だったし，社会民主党から「社会的冷酷」という批判を受けることになってしまった。それゆえに，キリスト教民主・社会同盟は路線を変更する必要に迫られていた。一方，社会民主党の側でも，ハルツ改革に見られるようなシュレーダー政権の「アジェンダ2010」路線の見直しを求めるグループが台頭しつつあった。ベックやナーレスといった伝統的社民主義者が勢力を盛り返していたのである。また，この選挙では，左翼党が躍進した。福祉国家の自由主義モデル化に異議を唱える勢力が勢いを得つつあったといえよう。

　このような情勢の下で，キリスト教民主・社会同盟と社会民主党が連立を組むことになったのだが，福祉国家の大幅な縮減策を採用しにくい状況にあった。確かに，与党はきわめて強力だった。キリスト教民主・社会同盟と社会民主党は，連邦議会において3分の2以上を占めていただけでなく，連邦議会内の労働社会委員会でも委員の3分の2以上を確保することになった。また，第16立法期末期を除くと，連邦参議院でも多数派を形成していた。第1次メルケル政権下の与党は，大胆な福祉改革を実行できるほどに強力だったといえる。だが，上記の事情もあったために，主要閣僚ポストは福祉拡充を目指す政治家によって占められることになった。

　第1次メルケル政権下では，様々な方向性の改革が実施された。まず，福祉縮減改革について見てみよう。年金改革の政治過程では，ミュンテフェリング労働社会相がイニシアチブを握って，改革を進めていこうとする。だが，労働社会相の所属する社会民主党の内部から，批判が飛び出すことになる。問題となったのは，段階的に支給開始年齢を引き上げていくとして，いつから67歳支給開始とするかであった。これについて，当時，社会民主党内部には，シュレーダーの改革路線を評価するミュンテフェリングなどに対して，伝統的社会民主主義へと回帰しようとするグループが勢いを増しつつあった。また，左翼党の躍進が顕著で，バーデン・ヴュルテンベルク州などで州議会選挙が間近に迫っていることもあり，社会民主党がこれ以上福祉縮減を行うことに慎重な意見が根強く存在していた。加えて，ドイツ最大規模の産別労組である金属産業労組が年金支給開始年齢の引き上げを厳しく批判していたという事情もあった。そうした中，ミュンテフェリングは批判をかわすために，高齢労働者の雇用促進政策と例外規定を設定するこ

ととした。それでもベックやナーレスといった社会民主党の伝統的社民主義者はミュンテフェリングを糾弾することは止めなかったし，キリスト教社会同盟のゼーホーファーも改革に断固反対の姿勢を示していた。労組はベルリンで大規模デモを行い，大連立政権を批判していた。波乱含みの展開が続くと思われたが，最終局面でメルケルがミュンテフェリングの案に賛意を示し，素早く閣議決定することになる。与党および労組からの批判は止むことはなかったが，こうして2007年年金改革が実現されたのだった。この改革によって，年金の支給開始年齢は段階的に引き上げられていき，2029年時点で67歳とされることが決まった。ただ，45年以上保険料を納付した者には割引なしの支給が65歳から認められており，例外規定が設けられることになった。

いま1つの福祉縮減改革として，2007年医療保険改革が挙げられよう。医療保険については，社会民主党が国民保険を提案しており，その一方でキリスト教民主・社会同盟は一律保険料制度を主張していたことから，両政党の改革プランには大きな隔たりがあった。留意すべきは，両政党の改革プランは，党内で一致した支持を得ていたわけではなかったことである。例えば，キリスト教社会同盟出身のゼーホーファー農相は社会民主党の国民保険案を支持していたし，キリスト教民主同盟のブリューム元労働社会相などは自党の一律保険料制度に強く反対していた。反面，社会民主党では，シュレーダー前首相やクレメント前経済相は自党の国民保険案に反対の姿勢を示していた。その一方で，州レベルでも増税をもたらす改革に反対するコッホ・ヘッセン州首相などがいた。これまでのドイツにおける福祉政治と同様に，党派を超え，州を巻き込む形で複雑な対立軸が形成されていたことになる。キリスト教民主同盟の議員団長のカウダーは折衷案を提出して党内の合意形成を目指すが，失敗する。一方，社会民主党は党内が混乱状況にあり，左派が巻き返していく過程にあった。そのため，シュトルック議員団長が党内をまとめあげることは無理であった。こうした事情から，議員団長や連邦幹部会という各党の組織ではなく，それらの上部に位置づけられる連立委員会が主導権を握ることになる。連立委員会によるトップダウンで修正案が提起されることにより，この案を基礎として最終的に2007年医療制度改革が達成されることになる。ただ，一律保険料でも国民保険でもない折衷案であることや，各議員の意見を必ずしも十分に反映させた改革ではなかったことから，連立政権内部で53

もの反対票が投じられることになった。党議拘束がかかっていたにもかかわらず，このように多くの反対票が出たことは，きわめて異例なことである（横井 2009a；2009b）。このような経緯を経て実現された2007年医療保険改革は，疾病金庫間のコスト削減への競争を強める内容であった。疾病金庫がコストを抑え，保健基金からの資金配分内で運営でき，余剰金が発生した場合には，その一部が被保険者に還付されることになる。反対に，保健基金から配分された資金でやりくりできない場合には，その疾病金庫に加入する被保険者は追加保険料を支払わなければならない。それは，疾病金庫から被保険者が脱退することを促す可能性がある。こうして，疾病金庫のコスト管理意識を高め，競争を促すことがこの改革の目的だったといえる（松本 2008）。

　第1次メルケル政権は，縮減改革だけを実施してきたわけではない。その改革は多岐にわたる。というのは，福祉縮減改革と並んで，脱家族化や貧困対策にも取り組んだからである。最低賃金から見ていこう。最低賃金の導入をめぐっては，連立委員会がイニシアチブを握り，そもそも最低賃金の導入自体に反対していたキリスト教民主・社会同盟の経済派や，全産業での適用を目指す社会民主党の伝統的社会民主主義者からの批判を受けながらも，成立させた。そのため，採決に際して与党から20もの反対票が投じられた。労働者送出法の改正によって最低賃金を定めることとなり，まずはビル清掃業がこれに加えられた。その後，順次，適用される産業分野が拡大して，9産業に適用されることになった。第1次メルケル政権は，上記の福祉縮減改革だけではなく，貧困対策にも力を入れたと評価できよう。

　その一方で，家族政策では，キリスト教民主同盟の政治家であるフォン・デア・ライエンが主導権を握り，社会民主党の支持を受けながら立法を進めた。この法案の敵対者は社会民主党ではなく，むしろ彼女の所属政党であるキリスト教民主・社会同盟の保守派だった。彼らの批判の矛先は，両親手当におけるパパ・クォータと児童助成法に向かった。家族相は，社会民主党の支持を受けつつ，メルケルも彼女を支持していたことから，自党からの反対の声を抑えて可決にこぎつけたのだった。両親手当は，中間層へと給付範囲を拡大し，パパ・クォータによって父親の育児参加を促進するものだった。また，児童助成法は，2013年までに3歳未満児75万人を受け入れるだけの保育施設の建設を決めたものであり，育

児の社会化を大きく前進させたのだった。

次いで，第2次メルケル政権について検討したい。2009年10月に発足した第2次メルケル政権は，いくつかの点で第1次政権と異なる。第1に，大連立政権とは異なって，与党が強力だったとは言い難いことである。2009年連邦議会選挙でキリスト

図9-4　メルケル（右）とフォン・デア・ライエン（左）
出所：*Süddeutsche Zeitung*, 2013/12/23.

教民主・社会同盟と自由民主党は332議席を獲得して，過半数を得た。しかし，政権発足当初，与党は連邦参議院の69議席中37議席を有し，辛うじて過半数をこえていたに過ぎなかった。だが，2010年5月のノルトライン・ヴェストファーレン州議会選挙に敗北したことによって，過半数を失うことになる。与党は31議席となり，両院の間に「ねじれ」が出来る。これは，政権発足からわずか8か月の出来事であった。その後，与党は州議会選挙で敗北を繰り返していき，連邦参議院での与党劣勢はますます明白になっていった。第2に自由民主党が政権に復帰したため，福祉縮減と減税が主張されたことである。例えば，医療保険の一律保険料率制度や所得税減税を目指すことが連立協定に盛り込まれた。これら自由民主党の案はキリスト教民主・社会同盟によって退けられていくことになるのだが，ともあれ，政権発足直後にこのような主張が見られたことは，そもそもこのような改革を行う意思がなかった第1次メルケル政権とは異なる。

それでは，連立政権発足直後から議論された医療保険改革を見てみよう。この政策分野では，自由民主党が一律保険料制度を掲げており，国庫負担と使用者負担の削減を目指していた。一方，キリスト教民主・社会同盟には根強い反対論があり，第1次メルケル政権で作った保健基金で充分であるという意見が見られた。まずレスラー保健相が，一律保険料制度の実現のために与党内調整に入る。だが，第1次メルケル政権で見られたように，キリスト教社会同盟および社会政策を重視する政治家たちから強い批判を受ける。彼らは，当初より自由民主党が使用者の保険料負担の軽減に執心していることを強く非難し，これはすでに充分に引き

表9-5 社会政策の財源　　(単位:%)

社会保険料	使用者負担	1991年	2012年
	使用者負担	42.2	33.8
	労働者負担	28.1	29.9
国庫負担		26.3	34.7
その他		3.4	1.6

出所:BMAS (2013) *Sozialbericht 2013* より作成。

下げられているとしていた(表9-5参照)。レスラーは医療保険改革委員会を立ち上げ,労使折半の保険料拠出を認めつつも,部分的に一律保険料制度を盛り込んだ提案によって,どうにか与党内の合意を得ようとする。しかし,これに対してもゼーホーファーとキリスト教社会同盟の政治家たち,そしてリュトガースが批判を繰り返し,所得比例の労使折半の保険料方式以外は認めないとの主張を繰り返すのである。ヴェスターヴェレ党首は,連立協定を作成する際に一律保険料制度を目指すとしたこと,キリスト教民主・社会同盟は前政権でこの制度を政策目標として掲げていたことを挙げて,ゼーホーファーらを批判すると同時に,レスラーを強く支持したことから,与党内の対立は激しさを増していった。その後の基本的な対立の構図が,この時点で出来上がることになった。

ここまでの政治過程が従来と違うのは,医療保険改革の政治過程でも自由民主党と正面から対峙したのが,社会委員会派の中心人物ではなかったということである。例えば,ゼーホーファーは,社会委員会派の常任顧問であるが,幹部職を務めた経験はない。また,ノルトライン・ヴェストファーレン州首相のリュトガースは同州の社会委員会派からの強い支持を受ける人物ではあるが,正式なメンバーではなかった[8]。ともあれ,これらの政治家たちが中心となって,自由民主党と対峙した結果,レスラー案は棄却されることになる。その後,連立パートナー間の協議により,医療保険改革の代替案が示される。これでもって合意が達成されたことになる。この改革では,使用者保険料負担が引き上げられ,国庫負担が増額される一方で,追加保険料についてのみ一律保険料制度が設けられることになった(近藤 2014)。

次いで,家族政策を検討したい。まず,保育手当の政治過程を見てみよう。児童助成法で,2013年8月から3歳未満の子どもを持つ親は,子どもを保育施設に

第9章　福祉政策

入れるための請求権を有することになっていた。そして，保育施設への請求権付与と並行して，現金給付も行うべきだと主張する議員がキリスト教民主・社会同盟の内部にいた。そのため，すでに大連立政権期よりフォン・デア・ライエンが政策の実現に取り組んでおり，第2次メルケル政権になってからはK・シュレーダー家族相がこの難題にあたっていた。連立協定には150ユーロの保育手当を支給すると書かれていたものの，与党内には保育手当は必要ないとするキリスト教民主同盟の経済派と自由民主党が，保育手当を強く支持するキリスト教社会同盟と対立する。妥協点を探るためにK・シュレーダーが出した案は，保育施設に入れない3歳未満児を持ち，パートタイムで働く親に対して，1年間の保育手当を支給するというものだった。キリスト教社会同盟の家族政策担当議員であるベアやキリスト教社会同盟党首のゼーホーファーは，子どもを保育施設に預けるか現金給付を受けるかという「選択の自由」を確保するためにも，保育手当はK・シュレーダーが提案するより寛大なものでなければならないと主張していた。こうして，K・シュレーダーの案は棄却されることになり，代わってキリスト教社会同盟が主導権を握るようになる。これに危機感を覚えたのが，自由民主党のレスラー保健相だった。彼は，支給額が増やされることに強く反対した。しかしながら，自由民主党内部にもクビッキのように保育手当に賛成する有力者がいたために，自由民主党はまとまりきれずにいた。とりわけレスラーが党首になってからは，リーダーシップの欠如から，自由民主党党内が混乱状況に陥っていく。レスラーは具体的な対案を示そうとし，キリスト教社会同盟と対峙する構えを見せたが，結局は党を統御できなかったために失敗に終わった。その後も対立は続くが，メルケルは基本的に保育手当の導入を支持していたため，キリスト教社会同盟の要求が基本的に認められることになった。ただ，連立協定とは違って，2013年からは月額100ユーロ，2014年からは150ユーロの支給として，若干ではあるが支給額を引き下げることになった。こうして，保育手当は可決され，家族政策への支出は拡大するのだが（表9-6参照），ガブリエル・社会民主党党首は連邦憲法裁判所への提訴をも示唆し，社会民主党が2013年連邦議会選挙で勝利した場合，保育手当を廃止する意向を示したのだった。

　2011年の家族介護時間法の制定プロセスについても見ていこう。保育手当とは違って，ここではK・シュレーダー家族相がリーダーシップを発揮した。すで

243

表9-6 社会支出の内訳 (単位：%)

	1991年	2012年
保　健	32.5	33.6
障がい	7.7	7.9
老　齢	30.3	33.2
遺　族	10.7	7.1
家　族	9.1	11.2
失　業	8.4	4.2
住　宅	1	2.2
その他	0.4	0.6

注：四捨五入の数値により合計で100にならない場合がある。
出所：BMAS (2013) *Sozialbericht 2013* より作成。

に連立協定で，家族による介護を促進するような介護休業を拡充することが決まっていたために，与党内部では導入に関して合意が見られたものの，細部を詰める必要があった。自由民主党が求めたのは，使用者の負担とならないことであった。家族相は，法的請求権ではなく，使用者の同意を得た場合にのみ家族介護時間を利用できるとして自由民主党の同意を得た。自由民主党の女性・高齢者政策担当議員であるブラハト＝ベントは，被用者と企業の結びつきを強める効果もあるとして，K・シュレーダーの提案を高く評価した。一方で，キリスト教民主・社会同盟の議員たちからは大きな批判はなかった。こうした状況を受けて，家族相は草案の作成作業に入る。一方，野党は強く反対していた。社会民主党は，ケア労働の社会化を遅らせ，介護を家族の仕事として矮小化し，結局は使用者の同意が必要であることから，きわめて不十分な制度だと主張した。結局，野党が反対したまま，K・シュレーダー案は与党の賛成多数で可決されたのだった（近藤 2014）。

5　ドイツ福祉国家の組み直し

本章で見てきたように，ドイツ統一という歴史的出来事に直面して，ドイツの福祉国家は大きく揺らいだ。その後の政権は，福祉国家の切り詰めと「現代化」という2つの大きな課題に，同時並行で取り組んできた。

第9章　福祉政策

脱商品化
高

女性協会
（キリスト教民主・社会同盟）

伝統的社民主義者
（社会民主党）
左翼党
緑の党

社会委員会派
（キリスト教民主・社会同盟）

脱家族化　高 ──────────────────── 低

新しい中道グループ
（社会民主党）

自由民主党

経済派
（キリスト教民主・社会同盟）

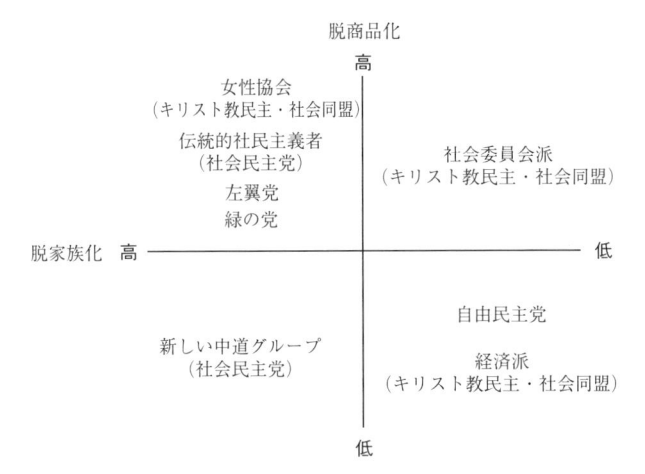

低

図 9-5　ドイツ福祉国家をめぐる対立軸（2013年時点）
出所：筆者作成。

　その中で，コール政権は介護保険を創設し，ケア労働の社会化を進めた。その一方で，解雇規制改革によって労働市場の規制緩和を行い，医療や年金の縮減改革を実施した。シュレーダー政権は，ハルツ改革によって失業手当Ⅱを創設し，失業時の所得保障を大幅に縮減した。また，積立方式の個人年金の導入を通じて，年金のパラダイム転換を推し進めた。同政権は，ドイツ福祉国家を縮減し，自己責任の原理を拡大したといえるだろう。メルケル政権は，医療保険改革によって保健基金を導入し，年金の支給開始年齢を引き上げるなど，社会保障費抑制のための縮減改革を行った。その一方で，労働者送出法改正によって部分的ではあるが最低賃金を導入し，児童助成法や両親手当などの家族政策改革を行った。福祉縮減改革だけではなく，貧困対策や脱家族化にも取り組んだといってよい。
　福祉国家がこのように移り変わっていった背景には，それを支えてきた福祉政治の変化があった。統一以前に福祉政治を主導してきたキリスト教民主・社会同盟の社会委員会派や社会民主党の伝統的社民主義者は弱体化しており，代わって経済的自由主義者や時の首相がイニシアチブを握るようになった。また，キリスト教民主・社会同盟のみならず，社会民主党内部にも福祉国家のあり方をめぐって対立軸が形成されることになった。ドイツの福祉政治はますます複雑化しており，党派を超えて亀裂が走るようになっている。現在の状況をまとめるなら，上

245

図のとおりとなる（図9-5参照）。

　長引く不況，社会保険料の高騰，財政赤字の増加。統一以後，ドイツ福祉国家は未曾有の危機に直面した。その中で，福祉縮減ばかりではなく，貧困対策や育児・介護の社会化が推し進められてきた。統一のインパクトによってもたらされた財政的逼迫と，時代とともに変わっていく福祉ニーズに，同時並行で対処してきたといえるだろう。そして，統一ドイツという新しい時代に相応しい福祉国家のあり方を模索してきたのである。

注
(1) 労働者翼やキリスト教民主労働者グループ（CDA）とも呼ばれる。
(2) つまり，政府，労組，使用者団体の3者の合意を基礎として改革を進めようとしたのだった。
(3) キリスト教民主同盟内部の派閥であり，経済構造の自由主義的改革を掲げている。
(4) 「1999年」年金改革と名づけられているが，コール政権下（1982～98年）での改革である。
(5) この改革では，「人口的要因」が盛り込まれており，高齢化が進むと同時に給付水準が低下するという仕組みが組み込まれていたのであった。
(6) 労働市場の二重構造化を進め，中核的な正規労働者を確保する一方で，景気の調整弁として非正規雇用を活用したという意味である。
(7) 連邦雇用庁の職業紹介に実態がなく，その約70％が虚偽報告であったというスキャンダルである。これによって，連邦雇用庁長官と副長官を輩出してきた社会委員会派と伝統的社民主義者への信頼が地に落ちることになる。
(8) ゼーホーファーとリュトガースが自由民主党と対決姿勢を鮮明にする一方で，社会委員会派の代表であるラウマンが表舞台に登場することは稀であった。

参考文献
魚住明代（2007）「ドイツの新しい家族政策」『海外社会保障研究』第160号，22-32頁。
近藤正基（2009）『現代ドイツ福祉国家の政治経済学』ミネルヴァ書房。
近藤正基（2013）「ドイツ――変わりゆく保守主義型福祉国家」鎮目真人・近藤正基編『比較福祉国家――理論・計量・各国事例』ミネルヴァ書房，224-243頁。
近藤正基（2014）「メルケル政権の福祉政治」『海外社会保障研究』第186号，4-15頁。
松本勝明（2008）「ドイツにおける2007年医療制度改革――競争強化の視点から」『海外社会保障研究』第165号，69-79頁。
横井正信（2009a）「メルケル大連立政権の改革政策と連立与党の停滞（Ⅰ）」『福井大学教

育地域科学部紀要』第64号,141-191頁。

横井正信 (2009b)「メルケル大連立政権の改革政策と連立与党の停滞 (Ⅱ)」『福井大学教育地域科学部紀要』第65号,13-78頁。

K. Dümig / M. Trefs / R. Zohlnhöfer (2006) "Die Fraktionen der CDU," in : P. Köllner / M. Basedau / G. Erdmann (Hrsg.) *Innerparteiliche Machtgruppen : Faktionalismus im internationalen Vergleich*. Frankfurt am Main : Campus, 99-126.

G. Esping-Andersen (1990) *The Three Worlds of Welfare Capitalism*, Princeton : Princeton University Press(岡沢憲芙・宮本太郎訳〔2001〕『福祉資本主義の三つの世界――比較福祉国家の理論と動態』ミネルヴァ書房).

P. Schindler (1999) *Datenhandbuch zur Geschichte des Deutschen Bundestages 1949 bis 1999*. Baden-Baden : Nomos Verlag.

K. R. Weaver (1986) "The Politics of Blame Avoidance," *Journal of Public Policy* 6 : 371-398.

第10章

家族政策

白川耕一

― この章で学ぶこと ―

　様々な管轄に及ぶにせよ，家族政策に関係する支出が連邦支出全体の3分の2にも匹敵するように，近年，家族政策の重要性が増している。連邦，州，自治体だけでなく，民間団体も家族政策に深く関与しているが，本章では連邦レベルの家族政策に焦点を合わせる。

　1980年代までドイツ連邦共和国（西ドイツ）の家族政策はむしろ貧弱だった。80年代半ばに子育てが社会的に承認され，これまでの児童手当，児童扶養控除に加えて，1986年に育児手当が導入された。それに対し，労働力不足に悩むドイツ民主共和国（東ドイツ）では働く女性のために託児所が整備されるなど，家族政策は積極的に実施されていた。ドイツ統一は家族政策の分野にも大きな衝撃をもたらし，東ドイツ地域に西ドイツの家族政策が拡大された。とはいえ，家族の在り方に関して，東西両ドイツ間の顕著な違いは現在でも残っている。

　東西両ドイツでは1970年代以降，1人親世帯の増加など，家族の多様化が進行しており，現在，正式な婚姻に基づく家族は全体の7割に過ぎない。こうした家族の変化に合わせて，1993年に夫婦別姓が，2000年に同性婚が連邦議会で承認された。

　2000年代に入り，家族政策は大きく変化し始めた。2007年，これまでの育児手当に代えて，出産と育児によって失われた所得の代替として見なされる両親手当が導入された。西ドイツでは子どもを親の手で育てる意識が強かったが，育児施設建設法等に基づいて，幼稚園や託児所を利用することは権利と見なされ，幼稚園や託児所は大幅に増設された。現在，ほとんどの子どもが幼稚園に通っているだけでなく，託児所を利用する子どもの割合も上昇している。

第10章　家族政策

1　2つの国家，2つの家族政策

西ドイツにおける家族政策のはじまり

　家族政策は連邦レベルでは連邦家族省の管轄下にある。しかし，家族政策に関係する部署は多岐にわたるだけでなく，任務も，連邦，州，自治体で分担されている。連邦は金銭給付や枠組みとなる法律制定を担当し，児童福祉や介護の分野では，州や自治体，半公共的福祉団体（カリタス，ディアコニーなど）が大きな役割を果たしている。連邦主義的なドイツにおいては，家族政策も州によって違いがある。こうした構造は，統一後にも継承されて現在に至る。

　本章では，連邦レベルの政策に注目したい。家族政策とは，子どもを持つ家族に対する政策であり，人口政策，所得再分配，家族制度改革など様々な局面を持つ。しかし，家族政策の成否は出生率の寡多で測られ，出生率が低下した場合，家族政策の転換が促される。

　近年の政策の位置をより明確にするために，1950年代までさかのぼって検討してみよう。（西）ドイツの憲法にあたるドイツ連邦共和国基本法（第6条第1項）は，家族が「国家的秩序の特別な保護の下に置かれる」ことを規定し，1953年に連邦家族省が創設された。とはいえ，家族は国家が介入すべきではない領域と考えられたため，家族に対する連邦の支援はきわめて貧弱だった。

　支援は児童扶養控除および児童手当から構成されたが，前者の児童扶養控除は，所得に比例して控除額が決定され，収入が多ければ，それだけ多くの控除を受けられる制度であった。そのため，もともと課税対象外であった低収入層は児童扶養控除の恩恵を受けられなかった。1955年1月に導入された児童手当は，収入による制限はなかったものの，第3子以降を対象にしており，給付額も少なかった。児童扶養控除および児童手当は後に拡充され現在に至る。

転機としての1980年代

　転機となったのは，1980年代である。1985年，西ドイツにおける特殊合計出生率（1人の女性が生涯で産む子どもの数）が1.28にまで低下した。家族への給付を財政支出削減の対象と見なしてきたこれまでの姿勢を連邦政府は転換し，児童手当

や児童扶養控除を拡充した。

それだけでなく，1986年には育児手当と育児休業が導入された。最大10か月間，母親または父親が子育てのために休職した場合，その間月額600マルクが支給される制度である。さらに，出産や育児のために退職・休職したとしても，年金保険料を支払いながら働いていたと見なされ，母親には将来の年金受給が約束された。子育ては社会的に承認され，それに対する国家による給付が行われ始めたのである。

1980年代，ハイナー・ガイスラー，リータ・ジュスムートという2人の連邦家族相の下で，女性の地位向上が図られた。女性政策と家族政策とが密接に結び付き，家庭と職業との両立はドイツ連邦共和国の家族政策を特徴づけることになる。子どもの負担調整，子育てに対する給付，家庭と職業との両立という家族政策の3つの柱が，80年代に形成された。

東ドイツにおける家族政策

西ドイツと同様に東ドイツ憲法にも家族の保護が掲げられていたが，東ドイツでは家族を育成するために包括的な政策が存在した。1961年以降人口が減少し始めた東ドイツでは，70年代以降，出生率向上を目指した政策が導入された。つまり，東ドイツにおいて，家族政策は人口政策的な性格が強いのである。また，技術革新が行われないまま，労働力を増やすことで生産を拡大させようとしたため，労働は義務と見なされ，より多くの女性を就業させることが目指された。家庭と職業労働との両立が目指された結果，パートタイムで働く女性が増加し，子どもを持つ母親のために託児所や幼稚園が建設された。

2　ドイツ統一と家族政策

2つの異なる社会

東西に分裂した40年間に，西ドイツと東ドイツは相互に異なる社会となった。いくつかの指標をあげよう。1990年前後の東西両ドイツ社会の違いを示す表10－1によれば，東ドイツに比べて，西ドイツにおける平均寿命は長い。東ドイツの人々はより若く結婚するが，離婚率は30％であり，西ドイツのそれと比べて遙か

第10章　家族政策

表10-1　西ドイツと東ドイツとの違い

	西ドイツ		東ドイツ	
	男　性	女　性	男　性	女　性
就業率（15〜65歳）（1990年）（％）	82.7	58.5	90.2	81.7
初婚年齢（1989年）	28.2	25.7	25.3	23.2
平均寿命（1989年）	72.6	79.0	69.8	75.9
特殊合計出生率（1990年）	1.45		1.52	

出所：“Familien und Familienpolitik im geeinten Deutschland (5. Familienbericht)”, *Verhandlungen des deutschen Bundestages. Drucksache, 12/ 7560*, 38, 49, 150 ; Rüdiger Peuckert (2008), *Familienformen im sozialen Wandel. (7. Auflage)*, Wiesbaden : VS Verlag für Sozialwissenschaften, 95 より作成。

に高かった。

　東西両ドイツを比較した時，女性の就業率に大きな違いがある。西ドイツの女性（15〜65歳）の就業率は約6割であったのに対し，東ドイツでは8割以上が就業し，ほとんどの母親が職業労働に就いていた。経済的な点においても，旧東ドイツ地域では世帯総数の60％の1か月あたりの収入が3,000マルク未満であったのに対し，旧西ドイツ地域では6割以上の世帯の1か月あたりの収入は3,000マルクを超えており，2つの領域の間で格差が大きかった。

統一後の家族政策

　1990年10月，東ドイツは西ドイツの一部となり，新しい連邦共和国がスタートした。2つのドイツ社会を統合する過程において，2つの異なる社会を相互に接近させるというよりも，東ドイツ社会を西ドイツの状況に合致させることが目指された。家族政策に積極的であった東ドイツ時代の法律は廃止され，家族政策に消極的だった西ドイツの法律が旧東ドイツ地域に適用された。

　東ドイツ時代の子育てを一瞥しておこう。住宅状況が悪く，さらに，母親が働かなければならなかった東ドイツでは，子どもの早い段階から託児所や幼稚園を利用することが一般化していた。幼稚園対象年齢の児童に対する幼稚園定員の割合は，1960年に4割以上，1980年にすでに9割以上に達していた。保育士1人当たりの児童数は10.2人（1989年）であり，その点でも手厚い幼児教育が実現されていた。

　表10-2は，1994年における，対象年齢の児童数に対する，託児所（0〜3歳

第Ⅱ部　ドイツの政策展開

表10-2 対象年齢の児童数に対する、託児所、幼稚園定員の比率
（1994年）
（単位：％）

	旧東ドイツ地域	旧西ドイツ地域
託児所	41	2
幼稚園	117	85
幼稚園（昼食付）	97	17

出所：Irene Gerlach (2007), "Familienpolitik," Gerhard A. Ritter (Hrsg.), *1989-1994. Bundesrepublik Deutschland. (Geschichte der Sozialpolitik in Deutschland seit 1945. Band 11)*, Baden-Baden：Nomos, 815 を抜粋して作成。

未満児対象），幼稚園（3～6歳未満児対象），幼稚園（3～6歳未満児対象，昼食付）の定員数の比率である。統一後、旧東ドイツ地域における幼稚園の数は大きく減少したが、それでも対象年齢の児童数以上の幼稚園定員数が確保されており、その点で旧西ドイツ地域よりも旧東ドイツ地域の方が充実していた。特に、託児所や幼稚園（昼食付）の定員数の充実度で、東西両ドイツ地域の間で大きな開きがあった。

東ドイツ時代、「家事の日」に見られるように、母親には労働時間を短縮することが認められており、母親は病気の子どもを看病するために年間4～13週間の休暇をとることもできた。統一後、休暇取得に制限が加えられ、東ドイツ時代に設置された多くの託児所や幼稚園が廃止された結果、子育てのために退職せざるを得なかった母親も少なくなかった。子どもの世話を家族が担う西ドイツにおける家族の在り方が旧東ドイツ地域の家族に強制されたと言えよう。旧東ドイツの女性が「統一の唯一の敗者」と呼ばれる理由の1つである。

家族政策と憲法裁判所

統一後もキリスト教民主・社会同盟主導の政権が維持された旧西ドイツ地域では、育児手当・育児休業の改善が行われ、1992年に育児休業期間は3年間に、1993年に手当支給期間は2年間に延長された。また、1992年には家族の負担調整として、児童手当が増額され、児童扶養控除の上限額がさらに引き上げられた。

こうした家族政策の改善に対して連邦憲法裁判所は大きな役割を果たしている。憲法裁判所は基本法の原則（人間の尊厳、平等など）に従って判決を下すが、その判決は家族政策を方向づける。1990年代以降、判決に従い、選挙結果や財政状況

にかかわりなく，制度や給付の改善が実現されることになる。

3 社会国家転換への起点

シュレーダー社会民主党政権

1998年9月の総選挙で勝利した社会民主党は16年ぶりに政権に返り咲き，ゲアハルト・シュレーダー（社会民主党）を首相として，社会民主党と緑の党とによる連立政権がスタートした。政権発足当初から，シュレーダー政権は家族政策を重視することを強調し，コール政権時代に実施された社会給付削減を批判し，一部の給付の復活や増額を行った。

家族政策上の給付に関しては，連邦憲法裁判所の判決に従って，児童手当がさらに増額され，児童扶養控除の上限も引き上げられた。2001年には育児手当・育児休業制度の改革が行われ，母親と父親が同時に育児休業を取得できるようになり，子育てのために労働時間を短縮することも権利として認められた。子育てと職業との両立が目指されたのである。次の大連立政権時代に導入される，両親手当と両親休業の検討も始まった。

家族の変容

シュレーダー政権下で，家族に関係する法律の変更が行われた。統一後の家族の変化を見てみよう。ここで言う家族とは，子供がいる2世代以上からなる生活共同体であり，正式な結婚に基づくもの，異性間または同性間の同棲，1人親世帯（父親または母親と子ども）も含んでいる。表10-3から，世帯総数に占める家族の割合が，1996年から2012年までの間に35％から28％に低下していることがわかる。家族の中でも多様性が大きくなっており，1996年から2012年までの間に，正式な結婚に基づく家族の割合が79％から69％に低下する一方，一人親と子どもから成る家族の割合は17％から23.2％に，子どもはいるが，正式の結婚に基づかない同棲の割合も3.8％から7.5％に上昇した（表10-4）。

さらに，統一後も，東西両ドイツ間で家族の在り方は大きく異なっている。旧西ドイツ地域に比べて，正式な結婚に基づく家族の割合がさらに低い旧東ドイツ地区では（表10-5），子どもと1人親からなる家族の割合も高く，たとえ子ども

第Ⅱ部　ドイツの政策展開

表10-3　世帯総数に占める家族，カップル，単身の割合
（1996年，2012年）

（単位：％）

	家　族	カップル	単　身
1996年	35	28	38
2012年	28	29	44

注：家族：子どもがおり2世代以上からなる生活共同体。正式な結婚，異性間，または同性間の同棲，1人親世帯（父親または母親と子ども）も含む。
　　カップル：子どもがおらず，1世代から構成される生活共同体。正式な結婚，異性間または同性間の同棲も含む。
　　合計が100％にならないが，数値は原資料のまま。
出所：*Statistisches Jahrbuch. Deutschland und Internationales*, Jg. 2013, 51 より作成。

表10-4　家族の構成（1996～2012年）

	家族総数（×1000）	正式な結婚による家族(％)	子どもがいる同棲		1人親家族(％)
			同性間(％)	異性間(％)	
1996年4月	13155	79.1	—	3.8	17.0
2001年4月	12672	76.2	—	5.2	18.6
2007年	12283	72.3	—	6.2	21.4
2008年	12115	71.4	—	6.5	22.0
2010年	11774	70.6	—	6.8	22.5
2011年	11710	69.8	—	7.2	22.9
2012年	11617	69.4	0.1	7.4	23.2

注：合計が100％にならないが，数値は原資料のまま。
出所：*Statistisches Jahrbuch. Deutschland und Internationales*, Jg. 2013, 51 より作成。

表10-5　正式な結婚に基づく家族の割合

（単位：％）

	旧西ドイツ地域	旧東ドイツ地域
1996年4月	81.2	72.1
2001年4月	78.8	66.6
2007年	75.3	60.1
2008年	74.3	59.4
2010年	73.5	58.0
2011年	72.7	57.0
2012年	72.4	55.9

出所：*Statistisches Jahrbuch. Deutschland und Internationales*, Jg. 2013, 51 より作成。

が生まれたとしても，結婚しない場合も多い。

　こうした家族の在り方の多様化を家族の不安定化や動揺としてだけ理解してはならない。結婚関係を解消した後も，同居を続け，親密な関係を続ける場合もある。結婚や家族が持つ伝統的な価値は現在でも失われていないとはいえ，全体的に見れば，結婚や家族内の関係はインフォーマルなパートナー関係にゆるやかに変化しているのである。

　以上の動きに対応して，すでにキリスト教民主・社会同盟政権時代の1993年に夫婦別姓が認められ，1997年には遺産相続に関して嫡出子と非嫡出子との間の同権化が行われた。シュレーダー政権下の2001年に同性婚法（「生活パートナー関係に関する法律」）が発効し，同性婚が連邦共和国基本法によって定められた「国家的秩序の特別な保護」の下に置かれただけでなく，姓の選択，社会保険，財産相続など，同性婚のための法的枠組みが作られた。

子どもの権利拡大

　西ドイツでは家族内の関係を法律で規制することを忌避する感情が強く，親の権利を制限することを否定的にとらえる傾向が強かった。しかし，シュレーダー政権下で，子どもの権利拡大が行われ，教育手段としての体罰が禁止され，伝統的な親の「折檻権」も廃止された。さらに，国連子ども特別総会の決議（2002年）の実現に向けて，2005年，政府，財界，NPOが協力して，行動計画「子どもにふさわしいドイツのために。2005-2010年」が作成され，子どもの機会均等，暴力追放，生活水準の向上が謳われた。

家族のための同盟

　第2次シュレーダー政権下で，家族政策は新たな展開を見せた。2003年，連邦家族省は工業団体と協定を結び，企業に家族に配慮した行動をとることを呼びかけた。それは「家族のための同盟」と呼ばれ，家庭と職業との間のより良いバランスを実現することが目指された。地域レベルでは，約250の「家族のための地域同盟」が結ばれた。この試みに連邦政府から財政的支援はなく，政府は助言と広報にのみ協力した。

4 メルケル政権下の家族政策

第1次メルケル政権

　社会保障改革プランに対する強い反対に直面して，2005年9月，シュレーダー首相は連邦議会選挙を繰り上げて実施した。僅差でキリスト教民主・社会同盟が勝利したものの，連立交渉の結果，アンゲラ・メルケル（キリスト教民主同盟）を首班とする，キリスト教民主・社会同盟と社会民主党による大連立政権がスタートした。メルケル政権は，シュレーダー政権下で進められたり，準備されたりしていた両親手当・両親休業，家族のための同盟，保育施設整備など諸構想を継承した。

両親手当・両親休業

　メルケル政権の家族政策の目玉は，2007年1月に導入された両親手当および両親休業制度である。北欧諸国の制度を参考に作られた両親手当は，出産と育児のために休職した場合，賃金の67％を月額1800ユーロまで補償し，手当が失われた給与所得の代替となることが意図されていた。両親手当においては，給付を賃金に連動させることで，出産・育児のために休職または退職した者の労働意欲を喪失させないことが意図された。

　興味深いのは受給期間である。受給期間は，夫婦合計14か月であり，夫と妻にはそれぞれ最低2か月間の受給期間が保障され，残る10か月間を夫婦の間で自由に配分できた。例えば，夫が2か月休職して両親手当を受け，妻は12か月間（夫の2か月と合わせて14か月）手当を受けることができた。これによって，1980年代半ばに導入された育児手当と育児休業は廃止された。

　給与を代替する性格を持つ両親手当制度から，就労している高学歴の女性が恩恵を受けたものの，学生，職業に就いていない女性，給与所得が少ない女性には，出産後の手当として月額300ユーロが提供されるに過ぎない。貧困者に対しては，児童手当が若干増額された。

第10章　家族政策

緊縮財政と家族政策

　2009年9月の連邦議会選挙において，キリスト教民主・社会同盟は，大勝した自由民主党と連立し，第2次メルケル政権が発足した。両党の連立協定「成長　教育　結束」には，家族や親の役割が強調され，両親手当の拡充が謳われているものの，家族政策上の給付の見直しの項目も含まれていた。

　シュレーダー政権以来の経済・社会保障改革路線を継承したメルケル政権は，2010年6月，社会給付の削減を含む財政政策を発表した。「自己責任と連帯，自由と責任との間のバランスをとること」を目的とし，メルケル首相は，ギリシャの財政危機の例を引きつつ，健全な財政を訴え，「2014年までに800億ユーロの財政支出を削減」する構想を披歴したのだ。家族政策に関して言えば，両親手当制度を変更して，母親に早期に職業労働に戻ることを促し，さらに託児所を整備することを通じて1人親世帯の親にも就業を促進するというものだった。

貧困・格差問題

　ところで，1990年代以降，経済のグローバル化の中で貧困問題が先進国でしばしばクローズアップされたが，それはドイツも例外ではなかった。国家による所得再分配にもかかわらず，貧富の格差が拡大した。ヨーロッパ全体の平均から言えば，ドイツにおいて子どもが貧困に陥る危険性は小さいとはいえ，平均的世帯収入の半分未満の収入しかない世帯で暮らす子どもの割合は，1985年の7％から2005年の16％に上昇した。

　貧困や格差の要因の1つとして，家族の多様化や不安定化が挙げられよう。とりわけ，1人親世帯，同棲カップル，子どもが3人以上いる世帯は，平均収入の8割程度の収入しか得られておらず，親が失業している場合も少なくない。

　西ドイツは1950年代末以降，イタリアやトルコなどから外国人労働者や，ソ連や東欧から「引き揚げ者」（ドイツ人の血統を有する者）を受けいれてきた。ドイツに帰化した場合，彼らは「移民の背景を持つ人々」と呼ばれるが，未成年者を含む「移民の背景を持つ人々」の世帯数は240万世帯もあり，未成年者がいる世帯総数の29％を占める（2012年）。「移民の背景を持つ家族」の間では，1人親世帯は少なく，3人以上の子どもを持つ場合が比較的多い。多くの場合で母親が働いていない彼らの世帯の平均収入は，子どもがいる世帯全体の平均収入の86％にと

どまる。平均よりも1割以上も低い収入で暮らす「移民の背景を持つ家族」の存在は、家族間の格差を助長することになった。

格差是正にむけて

児童手当、児童扶養控除などによる所得再分配が、子どもを持つ世帯の貧困を一定程度緩和したことは確かである。さらに、2005年、政府は、子どもが最低限の生活を送るために必要な収入を得ていない世帯に対し、補助金を提供する制度を導入した。しかし、子どもの格差を是正するまでに至っていない。週刊新聞『ツァイト』（2013年7月4日付）によれば、連邦政府の家族政策の重点が家族への現金給付に置かれてきた一方で、他国と比較して託児所や幼稚園などのインフラ整備に政府予算が使われない傾向があった。他の先進国に見られないほど、ドイツでは子どものチャンスは親のステイタスに依存していると言われており、親の格差や貧困が子どもの世代にも伝達される傾向が強いとすれば、家族間の格差をいかに是正するかという大きな課題がある。

5　家庭と仕事の両立

パラダイム・チェンジ

1970年代以降、西ドイツでは、連邦政府の家族政策や社会政策などを、研究者から構成される専門家委員会によって点検させる制度が定着している。第2次シュレーダー政権下で作成された第7次家族報告書『柔軟性と信頼性の間の家族――生涯にわたる家族政策のための視角』（2005年）は、ドイツの現状を工業社会から高度第3次産業社会、知識社会への移行期にあると理解し、工業社会の時代に形成された制度が改革されていないがゆえに、様々な諸問題が発生していると診断した。報告書は、これまでの家族政策のパラダイム・チェンジを連邦政府に促し、家族に対する現金給付よりも、むしろ「家族を支援するためのインフラ」を整備することを訴えた。すなわち、母親の職業労働を助け、より良く家庭と労働とを両立しうるような政策を重点的にとるように要請した。託児所・幼稚園の増設、家族に配慮した労働時間の設定、給付改善が意図されており、それらを軸として、出生率の上昇を図りつつ、同時に女性の職業労働も維持しようとす

る「持続的な家族政策」を，専門家委員会は提言した。

パラダイム・チェンジを求める声はマスコミからも上がった。例えば，家族政策を特集した『シュピーゲル』誌（2007年2月26日付）は，膨大な現金給付にかかわらず，ドイツの出生率はヨーロッパ諸国の中で最低レベルにあると指摘し，ドイツよりも出生率が高い北欧諸国やフランスを引き合いに出しながら，現金給付を増やすよりも，男女平等をさらに推進し，子どもを産みやすく，育てやすい環境を整備することを提言した（図10-1）。2013年2月4日付の『シュピーゲル』誌も，明確な目的がなく，コンセプトが欠如している家族政策を批判し，託児所の増設をさらに推し進めることを提案した（図10-2）。21世紀に入って浮上するのは，「家庭と職業の両立」という発想であり，そのために託児所や幼稚園が急ピッチで整備された。

図10-1　雑誌『シュピーゲル』（2007年2月26日号）表紙
（『シュピーゲル』誌は，「高価な檻」と題した特集を行い，政府が膨大な予算をつぎ込んで女性を職業から退かせて家庭に誘導し，出産を促しているにもかかわらず，出生率が上昇していないことをレポートした）

家族に配慮した労働時間

2011年3月，連邦家族省とドイツ工業商業会議所は協定「家族を意識した労働時間のための憲章」を結んだ。協定では，「人口上の構造転換から生じる要請を克服するために，職業と家庭とを両立する重要性」が確認され，そのために「家族を意識した労働時間」や「家族に優しい労働条件」の整備が謳われた。

2012年3月に発表された第8次家族報告書『家族のための時間――持続的な家族政策のチャンスとしての家族時間政策』は，時間政策に重点を置く内容だった。家族のための時間政策こそが家族政策の中心に位置すべきであり，家族がより主体的に時間を使えるようにすることが家族政策の役割と見なされた。親たちが子

図10-2 雑誌『シュピーゲル』(2013年2月4日号) 表紙
(『シュピーゲル』誌は「悩みの種。ドイツ家族政策の失敗」と題した特集を行い、成果の上がらない家族政策を批判した)

どもを授かりたいと決心したり，家族がより良く生活したりするためには，労働時間を削減する必要があり，人口が減少する事態にあって，高い資格を有する女性（母親）を労働市場に統合し続けるためにも，労働時間の調整が是非とも必要であると提言した。こうした専門家委員会の提言を，連邦政府も受け入れた。

統一後の託児所・幼稚園増設

幼児は親の手によって育てられるべきという考えが強く，託児所や幼稚園に対する社会的評価が低かった西ドイツでは，就学前の子どもを幼稚園に通わせずに，家庭で育てようとする傾向が強かった。表10-6は，1990年から2012年までの，託児所（0～3歳児対象）と幼稚園（3～6歳児対象）の入園対象年齢の児童数に対する，実際に託児所や幼稚園に通っている児童の数の割合を示す。統一後，託児所・幼稚園に通う児童の割合は低下したが，1990年代半ばよりその割合は上昇しはじめ，2010年以降にさらに上昇した。つまり，託児所や幼稚園に通う幼児が一旦減少した後，再び，増えているのである。その傾向は，近年，とりわけ顕著である。

1990年代，妊娠中絶に関する法律の一部として，子どもを産みやすい環境を整え，女性が中絶を選択することを回避させるために，託児所と幼稚園の整備が含まれた。1996年の法律では，幼稚園の利用が権利と見なされただけでなく，幼稚園定員のさらなる増設や全日制保育施設の拡充も規定された。1970年代の西ドイツでも，社会民主党政権が幼稚園教育の拡充を政策として掲げた。当時，幼稚園教育を拡充することを通じて，教育の格差縮小をはかり，貧困層の社会的地位を上昇させることが意図されていたのに対し，1990年代半ば以降の託児所や幼稚園設置を進める政策では子育ての負担を軽減し，女性が子どもを産みやすく，家庭

表10-6 託児所，幼稚園に通う子どもの割合（ドイツ全体，1990～2012年） （単位：％）

	0～3歳	3～4歳	4～5歳	5～6歳
1990年	—	36.3	74.6	88.0
1992年	12.3	44.0	73.7	89.5
1994年	7.8	38.9	72.1	92.1
1996年	7.5	40.2	74.1	86.1
1998年	7.4	50.8	82.8	89.6
2000年	9.5	56.3	82.9	89.8
2002年	10.2	58.6	85.8	92.5
2004年	11.0	61.2	83.6	89.6
2006年	12.1	3～6歳 86.6		
2008年	15.3	90.3		
2010年	19.6	91.7		
2012年	27.6	93.4		

注：1990年の数値は旧西ドイツの領域のみ。1991年以降はドイツ全体（旧西ドイツおよび旧東ドイツ）を対象。
出所：*Statistisches Jahrbuch für die Bundesrepublik Deutschland*, Jg. 1992, 510; Jg. 1998, 472; Jg. 2000, 472; Jg. 2005, 226; Jg, 2007, 225; Jg. 2007, 225; Jg. 2009, 229; Jg. 2011, 232; *Statistisches Jahrbuch. Deutschland und Internationales*, Jg. 2012, 61; Jg. 2013, 59 より作成。

と職業とを両立することが目的とされた。

表10-6によれば，1990年代末，すでに旧西ドイツ地域でも7割以上の幼児が幼稚園に通っていた。2000年代には，3歳未満の幼児を対象にした託児所の拡充が議論の焦点となった。2002年10月に成立した第2次シュレーダー政権において，連邦家族相に就任したレナーテ・シュミット（社会民主党）は，親の教育が不十分な家庭で子どもの貧困が発生していると見ており，子どもを不利な境遇から引き離すために，託児所や幼稚園の整備を訴えた。

育児施設建設法

2004年に制定された育児施設建設法は連邦法によって全国一律に託児所や在宅保育の定員を新たに23万人分整備することを規定し，一部で託児所利用の請求権を承認した。確かに，幼児の教育を親の手から奪うことに通じる託児所増設に対して，特にキリスト教民主同盟内の保守派からの批判の声が上げられた。しかし，託児所や幼稚園の増設は，与党議員だけでなく，野党のキリスト教民主同盟の議

員からも支持され，次のメルケル政権に継承された。2008年12月に制定された児童助成法は，2013年7月末までに，75万人分の託児所および在宅保育の定員（0～3歳児人口の約35％）を確保することを目標に掲げた。

託児所や在宅保育を整備して，母親が家庭と職業を両立することを支援することが，育児施設建設法の目的である。教育学者ヨハンナ・ミーレンドルフによれば，育児施設建設法はこれまでのドイツ福祉の伝統にない新しい内容を含んでいた。すなわち，同法は個人の能力を育成することを明記し，教育の質の保証を規定した。この点で，保育施設を設置する自治体や民間福祉団体に教育内容もゆだねられていた伝統から，すでに離れている。さらに，幼児期から十分な教育を行うことで将来の優秀な人材を確保し，東欧との経済立地競争を有利に進めたいという経済的な意図もあった。

6　家族政策の効果

家族政策支出の現状

表10-7は，連邦政府の2010年度の家族政策関連支出を表わしている。家族政策の支出総額は，2003億ユーロに達し，その額は連邦予算の3分の2に匹敵する。(a)に含まれる児童手当については，満17歳までの未成年者1,450万人（2012年）に1人あたり月額184ユーロ支給されており，総額は333億ユーロである（2012年）。(b)に含まれる両親手当は，年間約80万人に支給され，総額は46億ユーロである。託児所や幼稚園建設・維持等にも162億ユーロが支出されている。

家族に対する経済的支援，時間政策，託児所・幼稚園の拡充といった政府の家族政策は，市民によっていかに受け止められているのであろうか。世論調査機関アレンスバッハ研究所が2011年7月に実施した調査を見てみよう。面接調査を受けた1,751人には，子どもを持つ409人の父母が含まれていた。

国家からの支援に満足？

児童手当，児童扶養控除，両親手当など，国家から提供される様々な現金給付について，住民全体では，32％が国家は子どもがいる家族に対して経済的に十分に支援していると答えた。しかし，子どもがいる親の評価は厳しく，彼らの28％

表10-7 連邦政府の家族政策関係支出（2010年）　（単位：1億ユーロ）

家族関係	ⓐ 家族負担調整（児童手当，児童扶養控除）	456
	ⓑ 現金給付（両親手当，子育て者のための年金保険料支払いなど）	251
	ⓒ 社会保険（被加入者の妻，子どものための給付）	273
	ⓓ 施設（託児所，幼稚園）など	274
	合計（a＋b＋c＋d）	1,255
結婚関係	寡婦・寡夫年金など	748
	合　　　　　計	2,003

出所：連邦家族省ホームページ資料より作成。

が国家による経済的支援を「十分」と評価する一方，58％が「不十分」と感じていた。2006年の調査では，子どもを持つ親の16％しか「経済的に十分に支援されている」と回答しておらず，71％は「不満」を表明していたことと比較すれば，かつてよりも家族政策による給付に対する満足度は上昇しているといえる（表10-8）。経済的支援に「満足」と答える者が増加している原因をアレンスバッハ研究所は両親手当の導入にあると見ており，現実に受給者の約8割が両親手当導入を積極的に評価している。

家庭と職場との両立

両親手当は，出産直後の母親に十分な経済的支援を与えて，一定期間子育てに専念してもらい，給付終了後には彼女たちに早い段階で職場に復帰することを促すことも目的としている。連邦家族省の調査（2012年）によれば，1歳未満の子どもを持つ母親でも，母親の9％がすでに職場に戻っており，1〜2歳未満児を持つ母親の場合では，その割合は約40％に上昇する。母親が職場に復帰する場合，パートタイムで働く場合が多い。高いスキルを持つ労働力の不足を懸念する経済界も，母親の職場復帰を歓迎しており，約60％の企業が母親のために労働時間の短縮を認めている。出産後早い段階で母親を職場に復帰させるという両親手当の目標は達成されたと言えよう。

母親の早い職場復帰が実現されてはいるものの，「家庭と仕事の両立」について，6割（58％）が「両立ができていない」と答え，「両立できている」と考えたのは21％に留まった。子どもを持つ親の場合，家庭と職業とを「両立できてい

表10-8 「家族は、国家から十分な経済的支援を受けていますか」
(単位:％)

		不十分	十分
住民全体	2011年	43	32
	2006年	59	26
子どもを持つ父母	2011年	58	28
	2006年	71	16

出所：Institut für Demoskopie Allensbach, *Monitor Familienleben 2011*, 12.

る」とする者は17％に過ぎず、3人に2人（67％）は「両立できていない」と答えた。

両立を可能にする要素

家庭と仕事を両立できている場合、その要因として近くに住む親や兄弟の存在を挙げる者が多く（55％）、3人に1人（35％）は「柔軟な労働時間」を挙げた。職場が「家事や子育てを考慮していない」と考える者は全体で65％で、子どもがいる親の場合には4人に3人（76％）が「考慮されていない」と感じていた。以前と比較すれば、家庭と職業との両立に対する企業の理解がすすんだものの、2011年7月の調査では、企業からの両立支援を「十分」としている者はわずか5％であり、8割以上が不満を感じていた（表10-9）。

先に、託児所や幼稚園を建設することで、母親が職業と家庭を両立することを政府が支援していることについてみた。しかし、世論調査によれば、家庭と職業との両立を可能にする要素として、託児所などの施設を挙げた者は32％に留まった。たとえ両立可能であっても、託児所を利用することで問題が発生することが予想される場合には、退職や休職を選ぶと答えた者が24％もおり、その多くが女性であった。親の1人が職業労働を継続し、もう一方の親が退職または休職した場合、子どもの世話を見てもらう手段（近居の父母、兄弟など）があれば、親は託児所を利用しない。職業と家庭を両立しようという時、託児所は最重要の手段として見なされていないようだ。

表10-9 「ドイツの多くの企業は,従業員が職場と家庭とを両立することを十分に支援していますか,不十分ですか」(2011年6月)　(単位：％)

企業は十分に支援している	5
不十分である	84
わからない	11

出所：Institut für Demoskopie Allensbach, *Monitor Familienleben 2011*, 23.

託児所利用の差異

　より細かく見ていくと,託児所利用に関して,旧西ドイツ地域と旧東ドイツ地域との差は大きい。旧西ドイツ地域では,28％が職業と家庭とを両立する手段として託児所の利用を挙げる一方,旧東ドイツ地域でその割合は48％だった。表10-10は0～3歳未満,3～6歳未満の幼児のうち,託児所または幼稚園に通っている幼児の割合を,旧西ドイツ地域と旧東ドイツ地域とに分けて示している。0～3歳児の内,託児所に預けられている幼児の割合は,ベルリンを含む旧西ドイツ地域では平均26％である一方,旧東ドイツ地域では,半数の幼児が託児所に預けられている。託児所に通う幼児の割合は年々上昇しているとはいえ,旧東ドイツ地域に比べて,旧西ドイツ地域の住民は,託児所を利用することに抵抗感を持っていることがわかる。

　階層間の差異も明確である。ドイツ青少年研究所の調査（2009年）によれば,貧困層は保育料負担を嫌って託児所を利用しない傾向が強い。他方,上層の中間層,上層出身者,高い学歴や資格を持つ母親は,出産後早い時期に職場に復帰しようとする意志が強く,託児所を高い頻度で利用していた。

　家族が移民の背景を持つかどうかでも,託児所利用に差がある。2012年の連邦家族省の調査によれば,移民の背景を持つ家庭の子どもの6人に1人（16％）しか託児所を利用していなかった。その理由として,移民の背景を持つ家族では,父親のみが働き,母親は専業主婦の場合が多く,母親が自身の子どもの世話をしていることがある。さらに,言語の壁によって,彼女たちが託児所に関する情報を取得できない場合もある。

表10-10 同年齢の児童の内,託児所または幼稚園に通っている児童の割合(2012年3月)

(単位:%)

	0〜3歳	3〜6歳
旧西ドイツ地域平均値	25.9	92.5
旧東ドイツ地域平均値	52.1	96.1
ドイツ全体平均値	27.6	93.4

注:ベルリンは旧西ドイツ地域に含めている。
出所:*Statistisches Jahrbuch. Deutschland und Internationales*, Jg. 2013, 59 より作成。

表10-11 両親手当受給者の動向(2008〜11年)

	新生児数	両親手当を受給した父親	両親手当を受給した母親
2008年	682,514	141,936 (20.8%)	655,903 (96.1%)
2009年	665,126	156,810 (23.6%)	640,214 (96.3%)
2010年	677,947	171,736 (25.3%)	652,003 (96.2%)
2011年	662,685	180,967 (27.3%)	632,317 (95.4%)

注:( )内は,新生児総数に対する両親手当を受けた父親または母親の割合。
出所:*Statistisches Jahrbuch für die Bundesrepubik Deutschland*, Jg. 2012, 63 ; Jg. 2013, 61 より作成。

父親の子育て参加

表10-11は,その年の新生児の数,両親手当を受給した父親と母親の数の動向を表わしている。ほぼすべての母親が両親手当を受給する一方で,父親の場合,両親手当を受給する割合は27.3%(2012年)であるが,その割合は次第に上昇している。両親手当の導入以降,3人に2人(67%)が子育てに参加する父親が増えたと感じ,父親の育児参加も肯定的に受け止められている。

だが,両親手当の受給期間(2012年調査)を見てみると,父親の場合,受給期間は最低限の2か月間がほとんどで,他方,母親の場合,両親手当を12か月間受給している。こうしたことから,大部分の父親は短期間,職業労働を中断し,その後すぐに職場に復帰するのに対し,母親は,1年間,育児に専念しているのである。その他の育児においても,父親の参加は休日の余暇活動が中心であり,日々の子育ての大半は,依然として母親によって担われている。

7　家族政策の行方

　児童助成法の下で，託児所の建設が進められる一方，特に旧西ドイツ地域には施設に頼らず「親が自らの手で子どもを育てる」という考え方が根強く残っている。2012年3月，与党キリスト教民主・社会同盟と自由民主党は共同で，託児所を利用せず，自らの手で育児・教育しようとする母親への現金給付（保育手当）の導入を提案した。しかし，託児所建設を最優先課題と見なす社会民主党，緑の党，左翼党は，保育手当が女性の就業や職場復帰を抑制し，経済全体にも悪影響をもたらすとして反対した。最終的に法案は制定され，保育手当は2013年8月1日に導入された。

　同じ8月1日に児童助成法が発効した。全体としてみれば，同法で予定された「0～3歳児の数の35％」分の託児所および在宅保育の定員を確保できたとはいえ，農村部に比較して，都市部では，保育サービスを利用したい親もやはり多く，基準となる「0～3歳児の数の35％」を超えて託児所や在宅保育の需要が存在する可能性がある。さらに，保育サービスの定員が急速に拡充される一方で，保育士不足が深刻化している。

注
(1) 「連邦家族・高齢者・女性・青少年省」の名称は，管轄する任務の範囲に応じて変化した。連邦家族問題省（1953～57年），連邦家族・青少年問題省（1957～69年），連邦青少年・家族・保健省（1969～86年），連邦青少年・家族・女性・保健省（1986～91年），連邦家族・高齢者省（1991～94年），連邦女性・青少年省（1991～94年），連邦家族・高齢者・女性・青少年省（1994年～現在）。本章では，すべて「連邦家族省」で統一している。

参考文献
魚住明代（2007）「ドイツの新しい家族政策」『海外社会保障研究』第160号，22-32頁。
倉田賀世（2013）「メルケル政権下の子育て支援政策」『海外社会保障研究』第186号，39-49頁。
齋藤純子（2011）「ドイツの保育制度」『レファレンス』第721号，29-62頁。
須田俊孝（2006）「ドイツの家族政策の動向」『海外社会保障研究』第155号，31-44頁。

第Ⅱ部　ドイツの政策展開

中川聡史（1997）「旧東ドイツの人口問題に関する研究動向」『人口問題研究』第53巻第2号，31-42頁。

古瀬徹・塩野谷祐一編（1999）『ドイツ（先進諸国の社会保障4）』東京大学出版会。

三成美保（2009）「ドイツにおける家族・人口政策の展開とジェンダー」冨士谷あつ子・伊藤公雄編『日本・ドイツ・イタリア　超少子高齢社会からの脱却』明石書店，41-59頁。

Bundesministerium für Familie, Senioren, Frauen und Jugend (Hrsg.) (2013a) *Elterngeld-Monitor. Kurzfassung.* （連邦家族省のホームページからダウンロード可能）

Bundesministerium für Familie, Senioren, Frauen und Jugend (Hrsg.) (2013b) *Mütter mit Migrationshintergrund — Familienleben und Erwerbstätigkeit.* （連邦家族省のホームページからダウンロード可能）

"Familie zwischen Flexibilität und Verlässichkeit. Perspektiven für eine lebenslaufbezogene Familienpolitik 7. Familienbericht" (2005) *Verhandlungen des Deutschen Bundestages. Drucksache 16/1360.*

I. Gerlach (2007) "Familienpolitik," Gerhard A. Ritter (Hrsg.), *1989-1994. Bundesrepublik Deutschland. (Geschichte der Sozialpolitik in Deutschland seit 1945. Band 11).* Baden-Baden : Nomos : 804-830.

I. Gerlach (2010) *Familienpolitik. 2., aktualisierte und überarbeitete Auflage.* Wiesbaden : VS Verlag für Sozialwissenschaften.

Institut für Demoskopie Allensbach (2011) *Monitor Familienleben 2011. Einstellungen und Lebensverhältnisse von Familien.* (http://www.ifd-allensbach.de/uploads/tx_studies/Monitor_Familienleben_2011.pdf)

J. Mierendorff (2010) *Kindheit und Wohlfahrtsstaat. Entstehung, Wandel und Kontinuität des Musters moderner Kindheit.* Weinhein/München : Juventa.

R. Peuckert (2008) *Familienformen im sozialen Wandel. 7., vollständig überarbeitete Auflage.* Wiesbaden : VS Verlag für Sozialwissenschaften.

T. Rauschenbach / W. Bien (Hrsg.) (2012) *Aufwachsen in Deutschland. AID : A—Der neue DJI-Survey.* Weinheim/München : Beltz Juventa.

"Zeit für Familie. Familienzeitpolitik als Chance einer nachhaltigen Familienpolitik. 8. Familienbericht" (2012) *Verhandlungen des Deutschen Bundestages. Drucksache, 17/9000.*

第11章

脱原子力政策

西田　慎

---　この章で学ぶこと　---

　2011年3月に起きた日本の福島第1原子力発電所の事故は世界を揺るがした。やがて1979年のアメリカのスリーマイル島原発事故，86年のソ連のチェルノブイリ原発事故と並んで，「フクシマ」が語られるようになり，反原発の世論が各国で盛り上がるようになっていく。

　そうした世論に後押しされて，脱原発を決断した国は少なくない。スイスは11年5月，34年までに5つの原子炉を停止することに決めた。6月にはイタリアが国民投票で94％の賛成により，脱原発の継続を支持した。原発推進国のフランスですら，25年までに電力の原発依存率を75％から50％に削減する公約（減原発）を掲げた社会党のオランド候補が，12年5月の大統領選挙で当選を果たした。

　中でも注目を集めたのがドイツのケースである。メルケル首相がフクシマ後，すぐに古い原発7基を停止し，最終的に22年までの脱原発を決めたことは，日本でも大きく報道された。メルケル首相の決断そのものは高く評価されるべきだが，一方でそれまでエネルギー政策が迷走していたことも事実である。そもそも最初に脱原発を決定したのは98年に成立したシュレーダー赤緑連立政権（社会民主党と緑の党の連立政権）であった。ところが09年に成立したメルケル保守中道政権下で原発稼働期間の延長が決定され，原発を活用する方針に転換した。ところが11年3月のフクシマを受けて，再度方針が転換され，脱原発へ戻ったのである。

　それではなぜメルケル首相は，脱原発に転じたのか。メルケル政権の脱原発計画とはどのようなものか。今後，実施するにあたってどのようなハードルが横たわっているのか。本章ではこうした問題を見ていく。なおドイツでは脱原発を中心としたエネルギー政策の変更を，「エネルギー政策の転換（Energiewende）」と呼ぶ。それは単なる原子力からの脱却に留まらず，再生可能エネルギー拡大や省エネルギーも含んだエネルギー革命である。以下ではそうした面も念頭に置きながら，ドイツの脱原子力政策を分析していきたい。

第Ⅱ部　ドイツの政策展開

1　ドイツにおける原子力政策の展開

早くから注目された原子力の将来性

　ドイツ連邦共和国（以下西ドイツ）では早くから原子力の将来性について注目されていた。1956年には「第1次原子力開発計画」（1956～62年）が策定されている。しかしこの第1次計画では，民間主導で様々な型の原子炉開発が進められた結果，国民経済から見て効率が悪いことが問題になった。そこで63年に「第2次原子力開発計画」（1963～67年）が策定され，軽水炉と高速増殖炉の政府主導による集中的開発に転換された。

　そうした中，60年11月にグロースヴェルツハイムでカール実験原子力発電所が西ドイツ初の商業用原発として運転を開始した（送電開始は翌61年6月。図11-1）。しかしこの西ドイツ初の原発の稼動に対して危険性を指摘するような反対運動は生じなかった。西ドイツの核武装の動きには「核による死と闘う」という激しい反核運動が起きた一方，原子力の「平和利用」には，当時は概ね肯定的であったという。

　例えば原子力推進という点では，保守のキリスト教民主・社会同盟（CDU/CSU）と中道の自由民主党（FDP）からなる当時の連立政権も，野党の社会民主党（SPD）や労働組合も大して変わらなかった。59年12月には社会民主党も加わって，連邦議会で原子力法が成立している（正式名称は「原子力の平和利用及びその危険の防止に関する法律」）。69年には政権交代が生じ，新たに社会民主党と自由民主党からなる中道左派の連立政権がスタートしたが，原子力を安価なエネルギーゆえ経済成長や福祉政策の充実に寄与するものとして，保守政党に劣らず高く評価した。実際石油危機に前後して策定された73年の包括的エネルギー計画と，74年のその改定では，石油依存度の抑制，石炭・褐炭の優先的使用と共に原発の大幅増設といった原子力の野心的拡大が追求されている。例えば74年のエネルギー計画改定では，85年までに原発を8基から50基へ増設し，1次エネルギー消費に占める割合を73年の1％から85年には15％へ引き上げるとされたのである。

第11章　脱原子力政策

反原発運動の発生と展開

　このように60年代までは，西ドイツでは原発への大規模な反対運動はほとんど見られなかった。科学者や技術者による原子力への批判も，例外的だったという。それが一変するのが，西ドイツの原発建設が空前のブームを迎える70年代に入ってからである。70年代半ばのヴィールやブロクドルフの反原発闘争，70年代末のゴアレーベン総合再処理

図11-1　西ドイツ初の商業用原発カール実験原子力発電所
出所：http://einestages.spiegel.de/static/topicalbumbackground-xxl/22909/atomstrom_ja_bitte.html（アクセス日 2013.12.7）

センター反対闘争，80年代のヴァッカースドルフ再処理施設反対闘争が次々と起こり，一時は「エコロジー上の内戦」と呼ばれるほどの激しい状態に陥った。中でも73年7月に起きたヴィール反原発闘争は，西ドイツの反原発運動の原点として知られる。発端はバーデン・ヴュルテンベルク州にあるヴィールという村の住民が，当地が原発建設予定地になったことを唐突に知らされたことにあった。反発した住民は，原発建設予定地を占拠するという直接行動に打って出る。彼らの多くは，左翼や学生よりも農民であったという。その後当局は反対派の強制排除に乗り出すが，それが世論の批判を浴びたため，交渉路線へ切り替えざるを得なかった。そして75年3月，フライブルク行政裁判所が工事中断を命じる決定を下したことで，原発建設計画は事実上頓挫し，最終的に87年，州政府もヴィール原発計画を撤回するに至った。

　このヴィールの反原発闘争は，以下の3つの意味で西ドイツの反原発運動のターニングポイントになったとされる。第1に，闘争がメディアでも大きく報道され全国的な注目を喚起したことで，反原発闘争が反体制運動の象徴になった点である。以後，各地の反原発闘争は急速に活発化し，互いの連携が進んでいく。その結果，従来の局地的原発立地紛争は全国的な反体制的反原発運動へ性格を変えていくのである。

271

第2に，メディアの報道と世論の変化である。以前は，反原発運動はなかなか報道されなかったが，以後は運動に好意的な報道も出てくるようになり，世論でも70年代半ば以降は原発に対する賛否が伯仲状態へ変化した。

第3に，それまでエコロジー運動に距離を置いていた新左翼が，以後は反原発運動に大挙して参加してくるようになった点である。エコロジー運動には戦前以来の「褐色のエコロジスト」（エコロジー右翼）もいたため，新左翼はこれまでエコロジーに距離を置いてきたのだが，ヴィール反原発闘争の激しさとその「勝利」を見た彼らは，その中に連携相手を見出し，参加へ転じるようになったのである（西田 2012a：121-122）。

一方，76年8月に原子力法が改正され，原発の建設・操業時には，放射性廃棄物の処理や，各州が中間貯蔵場，国が最終処分場等を設置することが義務づけられるようになった。その結果，反原発運動は放射性廃棄物処分施設に対する抵抗へと向かっていく。処分施設の建設を阻止すれば，原発の稼働も阻止できるとの思惑からである。とりわけ標的となったのがゴアレーベンに建設が計画されていた使用済み核燃料再処理センター（全国の原発から出る使用済み核燃料を1か所に集めて再処理し，その過程で発生する放射性廃棄物を最終貯蔵）だった。79年のアメリカのスリーマイル島における原発事故が反対運動に油を注ぐ結果にもなり，最終的に使用済み核燃料再処理センター案は断念される。他方ゴアレーベン中間貯蔵場は84年に完成した。

80年代にはバイエルン州ヴァッカースドルフに使用済み核燃料再処理施設の計画が持ち上がり，激しい反対運動が起きた。しかし89年春に再処理会社側がコスト増もあって経営難に陥り，最終的に計画を断念している。連邦政府は，使用済み核燃料を国内で再処理することが出来なくなったために，イギリス・フランス両国と契約を結んで使用済み核燃料の再処理を委託することになった。

70年代の原発モラトリアムとチェルノブイリ原発事故の影響

政府の原発政策に戻ろう。政府の原発推進策は，70年代末から新規原発にストップがかかり，原発モラトリアムと言われる状況に陥る。

原因の1つは前述のように，連邦政府が原発の許可を使用済み核燃料の再処理・廃棄物除去と抱き合わせにすべきとしたことにある。もう1つは70年代中盤

から，裁判所や監督・許可官庁が原子力施設の安全性に関する法解釈や基準を厳格化したことである。具体的には監督・許可官庁は，原子力施設の許可手続きを法の予想する以上に厳格に実施する一方，許可に対する住民の異議申し立てについての手続法的制限を緩和したのである。

　こうした中，原発モラトリアムが続いたが，82年2月，4年ぶりに新規原発建設が連邦内務省により認可され，再び原子力に日が当たるかに見えた。ところがそれに冷や水を浴びせる出来事が起きる。86年にソ連で起きたチェルノブイリ原発事故である。この事故では南ドイツのバイエルン州を中心に，土壌や農作物，野生動物が拡散した放射性物質で汚染され，反原発の機運が盛り上がったのである。

　この事故は西ドイツの原子力政策や議論にどのような影響を与えたであろうか。第1に，社会民主党や労組が脱原発へ転換したことである。元々社会民主党はシュミット政権下で与党として原子力推進策を採っていたが，党内左派はそれに反発し，少なくとも原発の新規建設ストップを要求していた。82年に同党は下野した後，84年のエッセン党大会では高速増殖炉と再処理施設の計画継続に反対を表明し，原子力を過渡的エネルギー技術と位置づけた。そうした中，86年4月にチェルノブイリ原発事故が起きると，同年8月のニュルンベルク党大会で，10年以内の原発の段階的廃止を党の正式政策として採択し，脱原発に転換したのである。翌87年2月にはドイツ労働総同盟（DGB）も2000年から10年間のうちのいずれかの時点で，原子力を段階的に廃止する立場を正式に承認した。

　第2に，政府も原発の規制強化を迫られた点である。コール政権は事故を受け，86年5月に連邦環境省（正式には「連邦環境・自然保護・原子炉安全省」）を創設した。これは，従来内務省が管理していた原発の安全性監視を強化すべく，新たに設置されたものである。

　第3に，反原発運動が一時的に再活性化したことである。特に子どもの健康を心配する親が自発的にグループを結成し，放射能から守る方法を模索した。実際，原子力反対運動に参加した人の数は，85年は10万人前後だったのが，事故の起きた86年には50万人近くまで激増している。しかし翌87年には再び10万人前後に戻ってしまい，後が続かなかったと言えよう（Rucht 2008：257）。

第Ⅱ部　ドイツの政策展開

東ドイツにおける原子力政策

　ここでドイツ民主共和国（以下東ドイツ）における原子力政策についても，簡単に触れておこう。東ドイツで初めて原子力発電に関する研究開発が始まったのは，50年代半ばのことだが，最初の原発が稼働したのは66年に操業開始したラインスベルク原発である。ポツダム県北部シュテヒリン湖畔にある同原発は，ソ連を除くコメコン（経済相互援助会議）諸国で最初の原発でもあった。73年には，ロストック県グライフスヴァルト近郊のルプミンでノルト原発が稼働を始めた。両原発共，原子炉と濃縮ウランはソ連から供給されている。もっとも東ドイツでは，原子力発電量の総発電量に占める割合が最大の80年でも12.0％にすぎず，補完的な意味しか持たなかった（白川 2012：110）。ソ連のチェルノブイリ原発事故後は，当局も原発推進に慎重な姿勢を持つようになったとされる。

ドイツ統一の影響と核燃料サイクル政策の断念

　90年には東西ドイツの統一が実現した。ドイツ統一後，ドイツの原子力政策はどう変化したであろうか。
　まず安全基準が不十分なため，旧東ドイツで運転中だった原発6基はすべて停止され，91年9月に廃止が決められた。さらに同年3月，施設は完成済みだった旧西ドイツのカルカー高速増殖炉も廃止と決定している。これはドイツとして核燃料サイクル政策を断念したことになり，エネルギー政策の大きな転換点となった。
　一方90年代以降，反原発運動の焦点は，個々の原発反対よりもフランスの再処理施設から戻ってくる放射性廃棄物の輸送阻止へ移っていく。放射性廃棄物が鋼鉄コンテナに入れられ，貨物列車でドイツのゴアレーベンにある中間貯蔵場へ運ばれてくるのを，線路上で座り込みを行ったりして，妨害したのである。特に94年からは，毎年恒例行事のように阻止行動が実施され，メディアで報道されることで脱原子力の世論を喚起し続けることになった（図11-2）。

政府の脱原発への転換とさらなる転換

　政府が脱原発へ政策転換する契機になったのが，98年9月に行われた連邦議会選挙である。ここで多数派を得た社会民主党と緑の党（正式名称は「90年連合・緑の党」）による赤緑連立政権が選挙後発足し，シュレーダーが首相となった。連

立協定には原発の段階的廃止も盛り込まれている。

そして2000年6月，シュレーダー政権は，国内の原発全19基を2022年頃（原則として運転開始後32年）までに廃止することで電力会社と合意した。また原発の新設も禁止され，フランスへ委託していた使用済み核燃料の再処理も05年までとして，以後は国内の深い地層に埋める直接最終処分に限定することで電力業界と決着したのである。02年4月にはこうした合意が原子力法の改正案で法制化され，翌03年にはシュターデ原発が，05年にはオーブリヒハイム原発が停止している。

図11-2 ゴアレーベンへの放射性廃棄物輸送阻止のため線路上へ座り込む活動家（2005年）
出所：C. Amend/P. Schwarz (Hrsg.) (2011) *Die Grünen*. Hamburg: Edel Germany: 120.

ところが09年9月の連邦議会選挙を経て発足したメルケル保守中道政権は，再び原発を活用する方向へ転換した。与党となったキリスト教民主・社会同盟と自由民主党は，いずれも原発擁護派である。そして10年9月，メルケル政権は原発稼動期間の平均12年間延長を決定したのである。代わりに恩恵を受ける4大電力企業には核燃料税が11年から6年間課税されることになった。こうした内容を持つ原子力法の改正案が10年10月に連邦議会で可決され，12月に施行されている。原子力は二酸化炭素を出さないクリーンエネルギーであり，安定した電力だからというのが政策転換の理由であった。その背後には，電力会社をはじめとした原子力ロビーによる，巨額の資金と広告代理店を使ったメディアや世論への巧みな工作があったことが，現在では判明している。

2　メルケル政権の脱原発決定

福島原発事故とドイツ政府の対応

「3.11」の日本の福島第1原発事故はドイツでも大きく報道された。代表的週

刊誌『シュピーゲル』では、2週連続でフクシマが表紙になったほどである。メディアの論調は、日本のようなハイテク国家で原発事故が起こるとは信じられないというものだった。国民の間では事故後、脱原発を求める声が強まり、再生可能エネルギーだけを使った電力を売るエコ電力会社に乗り換える人も急増した（ドイツは98年に電力市場を自由化し、一般家庭も電力会社を変更することが出来る）。

これに対し、メルケル首相は比較的素早く対応したと言えよう。3月14日にメルケル首相は「原発モラトリアム（猶予期間）」を表明する。原発稼動期間の延長決定を3か月間凍結し、すべての原発の安全性について再調査することにした。翌15日には80年以前に稼動した古い原発7基と故障続きのクリュムメル原発を3か月暫定停止させることも決めた。これは「ローマ法王が突然、ピルを奨励するようなもの」と『シュピーゲル』誌に評されたほど唐突で急な方針転換であった。

こうした「原発モラトリアム」には反発も生じた。野党は間近に迫った州議会選挙対策だと批判し、電力会社RWEは原発の暫定停止は違法だとして国を相手に訴訟を起こしている。

そうした中、3月22日にメルケル首相がレトゲン環境相やブリュダーレ経済相、原発立地州の州首相と会談後、福島の事故以後の原発問題について2つの委員会に助言を求めることにした。

1つは、原子炉安全委員会（RSK）である。これは環境省の常設諮問機関であり、原子力に関する科学技術の専門家16名から構成される。同委員会が原発の安全性を調査することになり、特に従来の検査では重視されなかった地震、洪水、航空機の墜落、テロ攻撃、サイバー攻撃など、様々なシナリオに原子炉が耐えられるかどうか調査する「ストレステスト」（耐性検査）を実施することになった。

もう1つは、「安全なエネルギー供給のための倫理委員会」である。こちらはいわゆる賢人委員会であり、新たに設置された。社会のリスクの評価、具体的には原発の危険性が倫理的に受容されるか否かが判定される。委員長にテプファー元環境相とドイツ研究協会（DFG）会長クライナーが就任した。テプファーはキリスト教民主同盟所属の保守系政治家だが、再生可能エネルギー開発に熱心な脱原発派として知られる。他の委員は社会学者ベック、元ハンブルク市長フォン・ドーナニー（社会民主党）、カトリック、プロテスタント、労組の代表等から構成された。注目すべきは、電力業界の代表が含まれていないことであり、委員17人

の大半が原子力に批判的な見解を持っていた。さらにカトリックやプロテスタントといった宗教界の代表者が招かれたことも，特筆すべきであろう。カトリックやプロテスタントはすべての世代にとって見通しのきかない結果をもたらす技術は信用できないとして脱原発の立場を採っていた。

　一方，野党や労働組合は，どのような姿勢であっただろうか。まず社会民主党は，2020年までの脱原発を求め，メルケル首相が暫定停止させた原発8基の再稼動にも反対であった。次に緑の党は，暫定停止中の原発8基は即廃止し，それ以外の原発も17年までに停止することを求めた。もっともラディカルな立場を採ったのが左翼党であり，原発の即時廃止を要求した。

　労組も，脱原発支持の立場だった。ただしエネルギー産業で働く人への配慮も必要として，脱原発の結果，職場を失う従業員には別の仕事を用意するよう求めた。

脱原発世論の盛り上がりと緑の党の躍進

　福島の原発事故は，脱原発を求める世論や反原発運動の盛り上がりを招いた。例えば3月14日の世論調査結果では，原発停止の時期として，「直ちに」が11％，「5年以内」が52％，（シュレーダー前政権が予定していたように）「2022年までに」が20％，「原発は維持すべき」が17％であり，原発の縮小廃止を求める意見は83％にも上っている。

　こうした世論を背景に，反原発運動も興隆した。3月12日には，老朽化した原発を抱えるドイツ南西部ネッカーヴェストハイムの近郊で，反原発団体の約6万人が手をつないで原発閉鎖を要求する「人間の鎖」を実施している。参加者数は事前の予想を上回り，福島の事故が一因ではないかというのが主催者の見方である。

　3月21日には「フクシマは警告する。すべての原発を止めよ」というスローガンの下，全国600か所で反原発デモが行われ，11万人が参加した。さらに3月26日に首都ベルリン，ハンブルク，ミュンヒェン，ケルンの4都市で実施された反原発デモは，野党の社会民主党や緑の党幹部，労組関係者ら25万人が参加し，これまでで最大規模の反原発デモとなった。

　こうした脱原発世論の盛り上がりは，結党以来脱原発を訴えてきた緑の党を選

挙で躍進させた。とりわけメルケル政権に衝撃を与えたのが，3月27日に行われたバーデン・ヴュルテンベルク州議会選挙である。当選挙では，各党の得票率はキリスト教民主同盟39.0％（前回比5.2％減），自由民主党5.3％（同5.4％減），社会民主党23.1％（同2.1％減），緑の党24.2％（同12.5％増）となり，連立与党のキリスト教民主同盟と自由民主党は，獲得議席が過半数を割って政権を失う一方，緑の党が得票率を倍増させて第2党に躍進し，第3党の社会民主党と連立を組んで政権を担うことになったからである。ドイツでは，2大政党のキリスト教民主同盟（バイエルン州ではキリスト教社会同盟）と社会民主党が，州首相のポストを分け合ってきたため，小党の緑の党が州首相のポストを得るのは初めてである。逆にキリスト教民主同盟は58年間政権の座にあった保守王国バーデン・ヴュルテンベルク州を失うことになった。

　選挙の勝敗を分けたのは何か。メルケル首相も認めるように，福島の原発事故である。例えば事故を受け，原発4基を抱えるバーデン・ヴュルテンベルク州では原発政策が州議会選挙の最大争点になった。17年までの原発廃止を掲げる緑の党に対し，党内きっての原発推進派マップス州首相（キリスト教民主同盟）は防戦一方となる。実際世論調査でも，投票でもっとも重視するテーマに68％が原発政策を挙げ，47％がこの問題でもっとも解決能力があるのは緑の党と答えていた。

　この時期には国政レベルでの緑の党の支持率も急上昇した。4月半ばには同党の支持率は過去最高の28％と，福島の原発事故前の11％前後から3倍近くに跳ね上がっている。

政府と与党の脱原発への転換

　こうした脱原発世論の盛り上がりと，州議会選挙の敗北は，原発を活用する方針を採ってきた与党や政府に政策を転換させることになった。例えば3月末の州議会選挙の後，自由民主党は，暫定停止中の原発8基の廃止を求め，脱原発に転じた。キリスト教社会同盟党首でバイエルン州首相のゼーホーファーも，2020年までに州内から原発をなくすと語り，これまでの原発推進策を転換した。さらにメルケル首相も，「出来るだけ早く原子力から脱却する」と述べ，関連法を6月半ばまでに改正する意向を表明した。こうして20年までの脱原発を求める社会民主党，17年への前倒しを訴える緑の党，原発の即時廃止を掲げる左翼党に加え，

与党も脱原発に転じたことで，ドイツでは政府も与野党も，脱原発で足並みを揃えることになったのである。

ストレステストと倫理委の最終報告

　５月17日には，原子炉安全委員会がまとめた最終報告をレトゲン環境相が公表した。ドイツで稼働中の全原発17基のストレステストの結果である。要点は以下のとおりである。

① 　ドイツの原発は基本的には重大な欠陥はない。
② 　しかしジャンボ・ジェット機の墜落には，ドイツの全原発の安全性が不十分である。中型航空機の墜落には，10基が耐えられるが，小型航空機の墜落にも耐えられないのが４基ある。だがもっとも古い原発ですら，航空機墜落に向けた補強をすることは可能である。
③ 　ドイツの原発は地震には比較的安全であり，長時間の停電にも耐えられる。洪水にも安全であり，第２冷却装置の故障にも対処は出来る。結局ドイツの原発は，日本の福島第１原発のような欠点はない。大地震の際も非常用電気はしばらく供給されるし，冷却システムも稼動する。しかし巨大な津波の際は，バッテリーや冷却システムが止まる恐れもある。

　ストレステストの結果の特徴として以下の点が挙げられよう。１点目は特に新しい知見がなかったことである。例えば航空機墜落への不十分な備えは以前から指摘されていた。２点目は日本の福島第１原発の安全設計への批判も盛り込まれたことである。「現時点で分かっていることから言えば，福島第１原発で起きたことは，想定外の事でも予測外の事でもなかった」「これまでのその地域での津波の経験から，そのような災害の可能性を，標準の安全設計においても顧慮しておかなければならなかった」と言及されている。３点目は特定の原発への閉鎖勧告はなかったことである。

　こうしたストレステストの結果に，野党やグリーンピースのような環境保護団体は反発した。「テストの期間が短すぎる。原発１基調査するのでも普通１年から１年半かかる」「30年前の古い安全基準で測っている」との批判が噴出し，

もっとも古い原発7基と故障続きのクリュムメル原発の即廃止を改めて求めた。

一方5月28日には，倫理委員会の最終報告がまとめられている。最終会合が開かれ，「ドイツのエネルギー政策の転換——未来のための共同作業」のタイトルを持つ報告書が完成した。その要点は次の4点にまとめられる（安全なエネルギー供給に関する倫理委員会 2011＝2013）。

① 脱原発は「10年以内に可能」である。遅くとも2021年までの脱原発を求める。
② 建設中の石炭火力発電所を稼動させると共に，石炭燃焼をクリーンな技術にするためにドイツが研究の主導権を取るべきである。
③ 「脱原発の時期に関係なく」放射性廃棄物の最終処分場を早期に確保すべきである。暫定的に決められていたゴアレーベンにこだわってはいけない。
④ 脱原発の進行を監視するために，連邦議会における「エネルギー政策の転換のための議会全権委員」の任命や「エネルギー政策の転換のための国民フォーラム」の設置を求める。

政府としての脱原発方針

これを受け，翌29日には連立与党が協議を行っている。自由民主党とキリスト教社会同盟間で対立があったためである。前者は脱原発の時期を明確化することに反対しており，後者は倫理委最終報告に沿って，10年以内の脱原発を求めていた。結局政権としての具体的な脱原発方針を決定することになり，内容は倫理委の報告に概ね沿った形だが，現実的な選択肢として原発稼働期間の1年延長を認めた。その後野党を首相府に招き，結果を報告している。

それでは政府として決められた脱原発方針はいかなるものであっただろうか。まず原発の多くは2021年までに停止することになった。ただし最新の原発3基は代替エネルギーへの転換が遅れて供給不足が生じる場合は，22年まで稼動を認めた。結局，原発1基あたりの平均稼動期間は32年となる。また18年には，21年までに全原発を停止できるか，22年まで必要かを一旦検証することになった。

次に一時停止中の旧式原発7基と故障続きで停止中のクリュムメル原発は再稼動しないと決められた。しかし内1基は冬場の電力不足（寒さの厳しいドイツでは

冬に電力需要がもっとも多くなる）に備え、「予備用」として13年まで再稼働できる状態にしておくことになった。

そして原発を運営する４大電力会社への核燃料税は16年まで廃止しないことにした。予算に大きな不足が生じるのを防ぐためである。

それ以外は、送電網の構築を進める、20年までに電力における再生可能エネルギーの割合を35％まで上昇させる、野党の協力も得て超党派で脱原発を進めるといったことが盛り込まれている。

野党や電力業界の反応

こうした政府の脱原発方針に野党や電力業界はどう反応しただろうか。まず社会民主党は、一定の譲歩と引き換えに政府に協力の用意を示した。一方緑の党は当初、政府との協力をためらった。原発から脱却する時期が2022年では遅すぎるし、再生可能エネルギー拡大の規模も小さすぎる、石炭火力発電所への逆戻りが大きすぎるというのが理由である。さらに一時停止中の原発８基は完全に廃止すべきで、１基を13年まで再稼働できる状態にしておくのも受け入れられなかった。しかし党として反対を貫くと孤立しかねない。そこで後に政府との協力に転じた。

他方、政府との協力を拒んだのが左翼党である。もっと早期の原発脱却も技術的に可能として、14年までの脱原発に固執した。さらに送電網と電力会社の国有化を求めるだけでなく、基本法（憲法）を改正して脱原発を憲法上明記することも要求した。

別の立場から政府の脱原発方針に批判的だったのが、電力業界である。例えば電力会社 RWE のグロスマン社長は、政府の脱原発方針は性急過ぎであり、単なる行動主義だと批判した。また脱原発が電力会社への相談なしに行われたことにも不満を隠さなかった。

脱原発の立法化

６月３日、メルケル首相は全州首相と会談し、脱原発について協議した。脱原発のような大きなテーマは野党や州と相談して決めるという彼女のコンセンサス重視のスタイルからである。州首相側は事前に、原発１基を冬場の電力不足に備え2013年まで再稼働できる状態にしておくことの中止、新しい原発を21年または

22年にまとめて停止するのではなく，段階的に停止することを要求していた。具体的に停止日時を明示しておかないと原発維持派に再び先送りされかねないと懸念したためである。これに対しメルケル首相も譲歩し，原発を段階的に停止することを決めた。

　6月6日には，脱原発方針が閣議決定されている。具体的には22年までに脱原発を実現するための原子力法改正案や再生可能エネルギーの普及拡大を促進する再生可能エネルギー法改正案等が決定された。

　原子力法改正案が連邦議会（下院）を通過したのが，6月30日である。賛成513票，反対79票，棄権8票だった。与党と大半の野党の賛成で成立したことで，一段と早い原発脱却を求める左翼党を除き，与野党が脱原発で「大連立」を形成した格好となった。当日は原子力法改正案だけでなく，再生可能エネルギー法の改正など関連法案も含め全体で8つの法案が可決されている。そして7月8日には，連邦参議院（上院）が原子力法改正案に同意し，8月1日にヴルフ大統領が署名して，8月6日に発効している。

3　メルケル政権の脱原発計画

計画の概要

　決定したメルケル政権の脱原発計画とはどのようなものだろうか。

　まず一時停止中の原発8基はそのまま廃止することになった。なお内1基は2013年初めまで冬場の電力不足に備え再稼動可能状態にするとされていたが，後に石炭とガスによる火力発電所5か所を必要があれば再稼働させることに決まったので，その必要はなくなっている。運転を続ける残り9基も22年までに段階的に停止（15, 17, 19年にそれぞれ1基，21年に3基，22年に3基を廃止）することが決められた。

　原発廃止で不足する電力は，長期的には風力や太陽光といった再生可能エネルギーで代替する。そこで再生可能エネルギー拡大にも取り組み，消費電力に占める風力，太陽光，バイオマス，地熱など自然エネルギー発電の比率を20年までに35％と現在の17％から2倍にする。太陽光発電や洋上風力発電促進のため設備の許可手続きを簡素化・迅速化することも盛り込まれた。30年までに政府は2万

第11章　脱原子力政策

5,000メガワットの電気を洋上風力発電所から得る計画である（図11-3）。また短期的には石炭や天然ガスに頼らざるをえないが、そのために発電所の増設、特に天然ガス火力発電所に力を入れる。天然ガスは、石炭等に比べて燃焼効率が高く、温室効果ガスによる環境への負荷が比較的少ないからである。焦点となっていた核燃料税は16年まで続行することになった。

さらに送電網の増強である。特に高圧送電網（「電力アウトバーン」）を迅速に整備し、20年までに3,600キロが新たに建設

図11-3　シュレースヴィヒ・ホルシュタイン州の洋上風力発電所（Offshore-Windpark）
出所：http://www.schleswig-holstein.de/Portal/DE/LandLeute/ ZahlenFakten/ Wirtschaftsstandort/ Kompetenzfelder/ kompetenzfelder_node.html（アクセス日　2013.12.11）

される。連邦政府は計画と建設期間をこれまでの約10年から4年間に短縮し、これまで州の管轄領域だったのを大部分連邦へ移して、州は共同決定権のみとなった。

そして省エネである。断熱効果を高めるための建物の改修促進が目指され、1995年以前に建設された建物には改修時における税制上の優遇措置が盛り込まれた。節電にも取り組み、電力使用量も20年までに10％削減する計画である。

最後に核廃棄物最終処分場については11年末までに法律上の規定を策定する。今まで暫定的に決められていたゴアレーベンだけでなく、ドイツ全土で適地を調査することになった。

　　脱原発を決断した理由

それではメルケル首相はなぜ脱原発を決断したのだろうか。2011年5月の外国メディアとの記者会見では「福島の映像が深く脳裏に焼き付いている」「福島の事故によって原子力とその危険性についての考えが変わった」と、脱原発に転換

283

した理由をもっぱら福島の原発事故に帰している。しかしメルケル首相は物理学者であり，原発事故の危険性を知らなかったはずはない。それ以外の理由もあったと見るべきだろう。

まず筆頭に挙げられるのは，日本の原発事故を受けたドイツにおける脱原発世論の高まりである。事故直後の3月14日に行われた世論調査で，原発の縮小廃止を求める意見は83％にも上ったことは前述した。

次にこうした世論を受けて脱原発を訴える緑の党が，州議会選挙で大躍進し，支持率も急増したことが挙げられよう。3月末に行われたバーデン・ヴュルテンベルク州議会選挙では，メルケル政権の与党が敗北する一方，緑の党が大勝し，州首相のポストを獲得するまでになった。直後の世論調査でも，同党の支持率は前週から7ポイント増の28％となり，一躍野党第1党になったのである。

そして脱原発世論の高まりや選挙での敗北を受け，連立与党が次々と脱原発に転換したことも背景にある。特にこれまで経済界寄りと見られ，原発を推進してきた自由民主党やキリスト教社会同盟が，原発の廃止を求め，脱原発路線に転じたことは，世間を驚かせた。

さらにメルケル首相の政策転換の裏には，緑の党との連立可能性の追求もささやかれている。メルケル首相の与党であるキリスト教民主・社会同盟は，中道の自由民主党と連立を組んでいるが，自由民主党は支持率低迷で，次の連邦議会選挙での議席獲得も危ういと言われていた。そこで緑の党との連立の可能性も探るため，両党間でもっとも対立する原発問題を取り除いておく必要があるというわけである。

逆に脱原発は緑の党潰しという見方もある。そもそも緑の党は，反原発運動を母体に誕生し，一貫して脱原発を訴えてきた。その目標が実現してしまうと，存在理由を失いかねないからである。

4　脱原発計画の抱える問題

経済界の反発

こうしてドイツでは脱原発が決まったが，実現までに多くの問題を抱えているのも事実だ。まず経済界が脱原発はコストの上昇や雇用喪失，ブラックアウト

(大停電)の危険性を招くとして反発した。例えばダイムラー社長ツェッチェは,「ドイツの産業立地にリスクとなる。金銭的に支払い可能なエネルギー供給からの脱却は危険だ」「日本の原発事故後のドイツの政治の決定は,感情で動かされている」と脱原発を批判している。日本の経団連に相当するドイツ産業連盟(BDI)の委託でドイツ経済研究所(IW)が企業100社に行ったアンケートでも,51％が脱原発はエネルギー価格の上昇と供給の不安定さで投資に否定的に作用すると答え,投資の上昇につながると答えたのは20％のみだった。

とりわけ激しく反発したのが,原発を運転する4大電力会社のエーオン(E・ON),RWE,EnBW,バッテンフォール・ヨーロッパ(VE)である。例えばRWE社長グロスマンは,脱原発に伴うコスト上昇で85万人の雇用が失われかねず,加えて1日中ブラックアウトの危険性があり,国民経済への損害は300億ユーロにも上るとして,メルケル首相に「エコ独裁」という激しい言葉を使って警告した。さらにエーオンは,連立与党が脱原発で合意したにもかかわらず,原発稼働延長の条件になっていた核燃料税を廃止しないのは「違法だ」として,ドイツ政府などを提訴している。

こうした経済界の反発に対しては,脱原発がむしろチャンスになりうるとの反論も存在する。風力発電機製造等で新しい産業や雇用も生まれ,家の断熱への需要増や家電,建物,車での省エネ技術への需要も増えるとの見方である。さらにドイツの多くの産業にとってエネルギーコストの割合は10％未満であり,脱原発で電気料金が上がっても負担はわずかとの試算もある。

与党内保守派の反発

経済界に加えて,与党内保守派も激しく反発した。とりわけキリスト教民主同盟の長老政治家や,原発を推進してきた経済界寄りの政治家はメルケル首相の脱原発方針を一斉に批判した。口火を切ったのはコール元首相である。彼は3月25日,大衆紙『ビルト』に寄稿し「競争能力があり,環境にやさしい代替選択肢がない以上,世界的な脱原発などない」「日本の事故によって,ドイツの原子力利用が以前より危険になったわけではない」として,メルケル首相の当時の「原発モラトリアム」を暗に批判した。

その後脱原発方針が正式に決まると,批判はさらに強まった。キリスト教民主

同盟のメルツ元連邦議会議員団長は,「これほど突然の政策転換はなかった」と非難し,同党所属のビーデンコプフ元ザクセン州首相も,「例えばバイエルンでは電力の57％を原発で賄っている。脱原発後,これらの電力をどうやって調達するのかもっと強く議論を」と指摘して,連邦参議院は原子力法改正案を拒否すべきとした。

こうした党内の原発推進派を,脱原発派の筆頭レトゲン環境相が絶滅寸前の恐竜ディノサウルス呼ばわりして波紋を呼ぶ一幕もあった。

周辺諸国の懸念

周辺諸国の懸念も問題として挙げられよう。隣国のフランスやチェコは,ドイツの脱原発の波及を気にしている。それが自国での電力事情逼迫や電気料金値上げを招きかねないからだ。というのは,ドイツはフランスから電力を輸入するだけでなく,フランスもドイツから電力を輸入するなど,逼迫時には隣国同士で電力を融通しあっている現状がある。むしろ近年は,フランスがドイツから輸入する電力の方が多いぐらいだ。実際フランスのベッソン産業・エネルギー相は,「ドイツは主権を有した独立国家だが,決定されたことの帰結は欧州に及ぶ」と,ツイッターでドイツの脱原発を批判した。これに対しドイツのレトゲン環境相は,「各国のエネルギーミックスは,各国が決定すること。だからドイツの隣国でもオーストリアは脱原発をし,フランスは原発に依存し,ポーランドは石炭に頼っている」と反論している。

周辺諸国との関係では,ドイツは国内で脱原発を掲げる一方,原発に依存するフランスやチェコから電気を輸入するのは矛盾しているとの指摘もある。それゆえドイツの脱原発は原発からの脱却(Ausstieg)ではなく,乗り換え(Umstieg)だとの批判も浴びた。しかしこの批判は正当とは言えない。例えばフランスの対ドイツ電力輸出入の収支を見ると,2004年以来フランス側の入超,すなわち輸入量が輸出量を上回る状態が続いている。さらにこうした2国間の収支には,例えばフランスからドイツの送電網を経由して北欧に送られるような「トランジット電力」も含まれており,そもそも複雑な欧州電力市場を見るのに,こうした2国間の収支だけで見るのは意味がないという指摘もある(真下 2012:341)。

コスト増大への懸念

　脱原発に伴うコスト増大も懸念材料だ。例えばバーゼル予測研究所は，2010年から23年までの間に，産業界の大口需要家にとって電気料金が41％上昇すると試算している。その主な原因は再生可能エネルギー法によるエコ電力のための上乗せ負担額であり，現在1キロワット時あたり3.5セントだが，数年で6セントにまで上昇するとしている。これに対し，ポツダム気候変動効果研究所とライプツィヒ大学の調査は，電気料金の上昇はそれほどでもないと見る。すなわち政府の予定する22年までに脱原発の場合，電気料金は一旦上がるが30年までに10年の水準に戻るという。さらに再生可能エネルギーの拡大が料金を押し下げる方向に作用するので，結局脱原発でドイツの産業競争力が妨げられるというのは恐れるほどではないとしている。また脱原発を進めたレトゲン環境相も，電気料金は次の10年で1キロワット時当たり0.1〜0.9セントの上昇に留まり，平均的家庭で1か月あたりコーヒー1杯程度の負担と見ていた。

再生可能エネルギー拡大に伴う問題

　脱原発計画には，再生可能エネルギーの拡大や，送電網の増強なども盛り込まれた。再生可能エネルギーについては消費電力に占める風力，太陽光，バイオマス，地熱など自然エネルギー発電の比率を2020年までに35％と，現在の17％から2倍にすることを目標としている。特に政府は原発に代わる再生可能エネルギーとして風力を重視しているが，問題は山積だ。風力発電の風車を建設する際も，「騒音がひどい」「鳥が巻き込まれて死ぬ」と，ドイツ全土で700以上もの反対運動が起きているという。また風力発電は北ドイツに多いが，原発は南ドイツにも多いので，原発廃止の場合，北から南へ電力を運ぶ送電網増強，とりわけ高圧送電線「電力アウトバーン」が必須になる。ここでも新たな送電線と送電鉄塔の設置に対して，「景観を損なう」「電磁波が体に影響を与える」と，住民の反対運動があちこちで生じている。そのため3,600キロの送電網増設が必要なのにもかかわらず，11年6月時点においてもこの5年間で90キロしか進んでいないという。

　これに対して高圧送電線は不要という反論もある。高圧送電線で遠い地域に電力を送るよりも，特定の地域だけに電力を供給する非集中型の発電所を増やせばよいというわけだ（熊谷 2012：171）。例えば環境団体は，従来の中央集権的なエ

ネルギー供給構造を続けるのではなく，風力発電装置を電力需要の多い地域の近くに設置することで，地域分散型の発電を拡充したほうがいいと主張している（今泉 2013：27,167）。いわばエネルギーの地産地消である。

使用済み核燃料最終処分場の建設問題

使用済み核燃料最終処分場をどこに建設するかという問題も，議論は数十年続いているが，未だ決着していない。ゴアレーベンは中間処理場（一時貯蔵施設）に過ぎず，メルケル政権や産業界はここを最終処分場にしたがっているが，野党の社会民主党と緑の党，環境保護団体等が「ドイツ全土で適地を探すべき」と反対している。もっとも近年は与党の一部からも柔軟な声が出てきている。例えばキリスト教社会同盟のゼーホーファー党首は2011年6月，ゴアレーベンにこだわらず，他の地域でも最終処分場の適地を探すべきとの見解を示した。その後，同年11月にレトゲン環境相が全州首相らとの会議で，最終処分場の適地を全国で探すことで合意している。そうした内容を持つ「最終処分場立地選定法」が，13年6月に連邦議会で，7月には連邦参議院で可決され，成立した。

ブラックアウトの可能性

ブラックアウトの可能性も問題として指摘された。ブラックアウトとは，大都会での突発的な大規模停電のことである。電力需要が供給能力を上回った場合に送電システムが自動的に停止することなどで起きるとされる。特に緯度の高いドイツでは冬場に日照時間が減り，太陽光発電に過度の期待が出来ない。それゆえ原発を一気に止めた場合，冬の電力不足が懸念された。実際送電網の会社は政府に警告の文書を送り，冬にブラックアウトが起きると経済界に数十億ユーロの損害をもたらし，人が死亡する事態もあると指摘している。これに対して，モラトリアム時に原発8基が停止したが，ブラックアウトは起きていないという反論もある。

政府の脱原発計画への世論の反応

こうした問題を抱えながらも，メルケル政権の脱原発計画は世論に好意的に受けとめられた。例えば2011年6月に実施された世論調査では，政府の22年までの

脱原発方針を44％が正しいとする一方，遅すぎるは31％，早すぎるは19％にすぎない。また脱原発が実現するなら，３分の２が電気料金が上がっても構わないとし，71％は高圧送電線や風力発電用の風車が隣地に立ってもいいと答えている。

5　脱原発は既定路線へ

　このようにドイツの原子力政策は一旦2000年に赤緑連立政権の下で，22年頃までの脱原発が決定された後，09年に発足したメルケル保守中道政権で原発をより活用する方向へ転換が図られた。しかし11年の福島の原発事故を機に，再度22年までの脱原発が決まるなど，21世紀に入ってから目まぐるしく変わった。最後に，13年時点での脱原発計画の進展具合と課題を挙げておきたい。

　まず心配されたブラックアウト（大停電）は起きていない。それどころか12年には過去最高の電力の輸出過剰を記録した。ドイツ連邦統計庁が13年４月に発表したところによると，12年の電力輸出量は666億キロワット時であり，輸入を228億キロワット時上回ったという。原発８基の閉鎖にもかかわらず，輸出の超過量は11年の約４倍に増加しており，太陽光や風力発電などの再生可能エネルギーの急速な普及が大きな要因と見られている（今泉　2013：32）。

　実際，再生可能エネルギーは急速に普及している。消費電力に占める再生可能エネルギーの割合は2000年にはわずか７％だったが，11年には20％，12年には23％（暫定値）まで増加した（図11‐4）。これを政府は20年には35％，50年には80％まで高めることを目標としている。こうした急速な普及の裏にあるのが，2000年に施行された再生可能エネルギー法の存在だ。この法律により再生可能エネルギーによる電力（エコ電力）を送電網に取り込むことの義務化と，固定価格による全量買い取りが定められた。これにより再生可能エネルギーの発電施設に出資する投資家にとって，投資額を回収できなくなるリスクが大幅に減り，再生可能エネルギーが急速に普及する結果になったという（熊谷　2012：139）。

　一方，再生可能エネルギー普及に伴う電気料金の値上げも問題になっている。例えば13年の時点で３人からなる平均的家庭の電気料金は，月83.80ユーロと５年前に比べ３割強増えている。その主な要因は，再生可能エネルギー法によるエコ電力のための上乗せ負担額だ。その額は13年２月時点で１キロワット時あたり

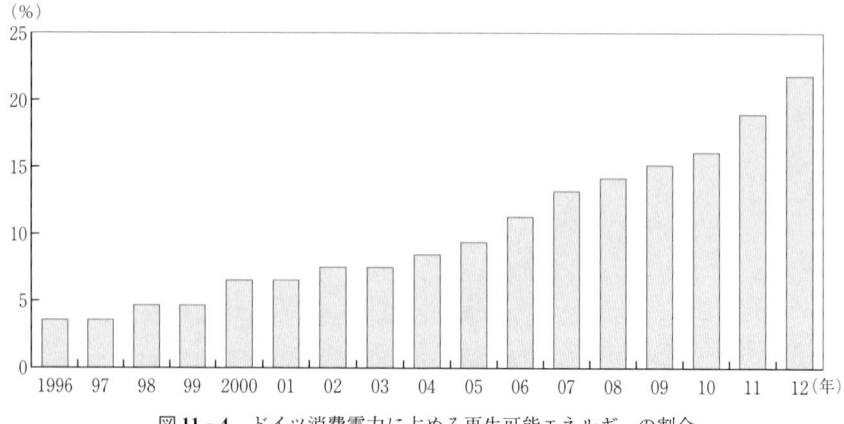

図11-4　ドイツ消費電力に占める再生可能エネルギーの割合

注：2012年は暫定値。
出所：ドイツ・エネルギー水道事業連邦連合会（BDEW）ホームページ（http://www.bdew.de/）（アクセス日 2013.12.2）を基に筆者作成。

5.28セントに達している。もっともこれに対しては，上乗せ負担額が公平に分担されていないという批判もある。政府は国際競争力の維持を名目に，アルミや鉄鋼，化学業界などのエネルギーを大量に消費する企業には電気料金の減免措置を設けているからだ。こうした企業への優遇措置がなくなれば，上乗せ負担額は1キロワット時あたり3.3セント弱に下落するとの見方もある。それゆえ野党や環境団体は，電気料金値上げの主因は企業へのこうした優遇措置にあるとして，その縮小・廃止を求めている。

しかし国政レベルで議席を持つ主要政党では，脱原発は既定路線になっており，これを見直す動きはまったくない。例えば13年の連邦議会選挙の各党の公約を見てみると，すべての政党は脱原発に代表される「エネルギー政策の転換」で一致している。再生可能エネルギーの拡大を掲げるのも共通である。各党の違いが出てくるのは，それをどう実現するかである。保守中道系の与党は再生可能エネルギーの普及を出来るだけ市場原理に委ねようとする。例えば保守のキリスト教民主・社会同盟は，再生可能エネルギーは将来，国の助成なしに自立しなければならないとする。エネルギーを大量に消費する企業に負担がかからないようにするための優遇措置も続けられる。環境に影響を与えると一部で批判されているシェールガス採掘時のフレッキング法も，人間や飲用水に害がないならば許可さ

れなければならない。同様に中道の自由民主党も，再生可能エネルギーが国の助成なしに自立する時期の前倒しを求める。そして電力税の減税も要求される。

　これに対し，再生可能エネルギー普及のためには引き続き国の関与が必要とするのが野党だ。例えば中道左派の社会民主党は，「エネルギー政策の転換」を総括的に担当するエネルギー省の設置を求める。電力供給の際も，再生可能エネルギーは引き続き優先されなければならない。緑の党も再生可能エネルギーの優先供給を求め，さらにドイツが30年までに再生可能エネルギーによる電力だけで賄えることを目標に掲げる。最左派の左翼党は，エネルギー供給の国有化を求め，すべての国民が一定の電力の割り当てを無料で受けられることを要求する。

　本章で見てきたように，脱原発に至る道のりは決して平坦ではない。それでも多くの国民は脱原発に理解を示している。例えばドイツ全国消費者センター連盟（vzbv）が13年8月に公表したアンケート調査では，82％の国民は脱原発への「エネルギー政策の転換」を正しいと答えている。メルケル首相も9月に行われた野党首相候補とのテレビ討論で，福島の原発事故を機に脱原発を決断したのは正しかったと改めて主張した。今のところ，脱原発を再び転換して原発推進を唱えるような政治勢力は，主な政党では見当たらない。ドイツは今後も脱原発に伴う様々な課題に直面しながらも，それを解決しつつ進んでいくことになろう。

参考文献

安全なエネルギー供給に関する倫理委員会（2011＝2013）『ドイツ脱原発倫理委員会報告――社会共同によるエネルギーシフトの道すじ』（吉田文和／ミランダ・シュラーズ編訳）大月書店。

今泉みね子（2013）『脱原発から，その先へ――ドイツの市民エネルギー革命』岩波書店。

熊谷徹（2012）『脱原発を決めたドイツの挑戦――再生可能エネルギー大国への道』角川SSC新書。

白川欽哉（2012）「東ドイツ原子力政策史」若尾祐司・本田宏編『反核から脱原発へ――ドイツとヨーロッパ諸国の選択』昭和堂，105-115頁。

西田慎（2012a）「反原発運動から緑の党へ――ハンブルクを例に」若尾祐司・本田宏編『反核から脱原発へ――ドイツとヨーロッパ諸国の選択』昭和堂，116-154頁。

西田慎（2012b）「ドイツ緑の党と脱原発の動き」渡邊直樹編『宗教と現代がわかる本2012』平凡社，158-163頁。

真下俊樹（2012）「フランス原子力政策史——核武装と原発の双璧」若尾祐司・本田宏編『反核から脱原発へ——ドイツとヨーロッパ諸国の選択』昭和堂，302-359頁。

ヨアヒム・ラートカウ（1983/1993/2012＝2012）『ドイツ反原発運動小史——原子力産業・核エネルギー・公共性』（海老根剛・森田直子訳）みすず書房。

若尾祐司・本田宏編（2012）『反核から脱原発へ——ドイツとヨーロッパ諸国の選択』昭和堂。

D. Rucht (2008) "Anti-Atomkraftbewegung," R. Roth / D. Rucht (Hrsg.) *Die sozialen Bewegungen in Deutschland seit 1945 : Ein Handbuch*. Frankfurt/Main : Campus, 245-266.

ドイツ・エネルギー水道事業連邦連合会（BDEW）ホームページ　http://www.bdew.de/ （アクセス日　2013.12.2）

第12章

移民政策

佐藤成基

---- この章で学ぶこと ----

　1990年代まで，ドイツはヨーロッパの中で最も閉鎖的な移民政策をとる国の一つとされてきた。連邦政府は「ドイツは移民国ではない」という標語を掲げて移民を制限する政策を続けた。1913年制定の純然血統主義に基づく国籍法が戦後もそのまま維持されたため，外国人への国籍付与も進まなかった。統一前後に庇護請求者の数が急増したことが国内での外国人嫌悪の風潮を高めた。外国人に対する暴力事件の頻発や極右政党の勢力伸張など，ナチス時代への回帰を予感させる光景が展開した。

　しかしその後，ドイツの移民政策は大きく変化していくことになる。まず1993年には帰化請求権が導入され，ドイツ国籍を取得する外国人の数が徐々に増加するようになった。そして1999年には，社会民主党と緑の党の連立政権の下で出生地主義を加味した新しい国籍法が制定された。これにより，一定の条件を満たした外国人の子供には自動的にドイツ国籍が付与されるようになった。

　さらに2004年には新たに移民法が制定された。これにより「移民・難民庁」が設置され、ドイツ語とドイツの歴史や文化を学ぶ「統合コース」が全国で開講されるようになった。2005年に成立したメルケル政権は，移民の統合政策をさらに積極的に進めた。こうして，ドイツ社会への「移民の背景を持つ人々」の統合が，国家レベルの重要な政策課題として位置づけられるようになる。それととともに，移民たちを受け入れるドイツ社会の集合的アイデンティティもまた変化しつつある。

　しかしその一方で、人口減少や専門技術者の不足が指摘されているにもかかわらず、EU外からの一般の労働移民に関しては閉鎖的な政策をとり続けている。

　本章では、連邦共和国（西ドイツ）建国から統一までの移民政策を簡単に概観した後で，統一以後のドイツの移民政策がどのような変化を遂げてきたのかを、国内における意見・立場の対立にも留意しながら解説していく。

1 統一以前の移民政策

戦後ドイツ連邦共和国と移民

今世紀に入るまで「移民」という語が公式に使われることはなかったものの，建国から現在まで，ドイツ連邦共和国の歴史は移民流入の歴史であった。移民は様々な経路で流入し，それぞれに呼称も異なっていた。

まず第2次世界大戦終結後から1950年までのあいだ，ナチス・ドイツの敗戦によって生じた中東欧や旧東方領土からドイツ人「避難民」ないし「被追放者」が，約800万人西側占領地域および連邦共和国（1949年に建国）に到来した。その後も「帰還者（アウスジードラー）」としてその流入は続いた。他方で，1950年代末からは，産業界からの要請で2国間協定による外国人労働者の募集が開始された。イタリア，スペイン，ポルトガルなどの南欧諸国，1961年にはトルコ，1969年にはユーゴスラヴィアと協定を結び，相手国からの労働者を受け入れていった。「外国人被雇用者」「ガストアルバイター」などと呼ばれたこれらの労働者は，その後の経済復興を支える重要な労働力の源となった。

ドイツ国籍や「民族帰属」を持つ避難民・被追放者・帰還者に対して，連邦共和国は「ドイツ国民」として受け入れ，戦争での被害に対して社会経済的な援助を行うことを通じて，彼らを連邦共和国社会に統合していく政策をとった。経済成長の効果もあり，1960年前後には連邦共和国の総人口の2割弱を占めた避難民・被追放者たちは，その後次第に西ドイツ社会へと統合されていった。

それに対し，外国人労働者に関しては，募集開始の時点からその受け入れの前提がまったく異なっていた。彼らは一時的に滞在するだけの労働者にすぎず，数年間滞在した後に祖国に戻るものと考えられていた。だが実際，事態は想定通りには進行しなかった。外国人労働者を新たに雇用することから来る余計なコストを避けるため，雇用者は一度雇用した労働者の契約を延長することが多かった。その結果，滞在期間が長期化する外国人労働者の数が増大した。また，連邦政府もそれをあえて制限しようとはしなかった。経済の発展にとって，彼らの労働力が不可欠だったからである。

しかし1970年代に入ると，オイルショックで経済成長が鈍化し，国内での失業

問題も発生するようになる。そのような中，1973年に連邦政府は外国人労働者の募集を停止した。この「募集停止」により，新たな外国人労働者の流入はなくなったが，その決定が予想外の結果ももたらすことになった。ドイツ国内に滞在している外国人労働者，特にトルコ人労働者たちの多くが，祖国に帰ることなく滞在許可・労働許可を更新しながら，逆に祖国から家族（配偶者と子ども）をドイツに呼び寄せ始めたのである。労働者としての移民は停止されたが，それに代わり「家族呼び寄せ」という形での労働者の妻や子どもの流入が増大した。そのため，結果として国内の外国人の数はそれほど大きくは減少しなかった。連邦政府も，基本権に関する基本法第 6 条「婚姻と家族の保護」の規定に基づき，配偶者と16歳以下の子どもの入国と滞在を認めた。しかも彼らは，連邦共和国の社会保障制度を通じて児童手当を受給することもできた。国内の外国人の数は，1978年以後やや増加に転じ，1980年には外国人の数が全人口の 7 ％台に達するのである（表12‐1）。

　もう 1 つの移民の回路は，基本法第16条第 2 項に規定された庇護権（「政治的に迫害された者は庇護権を享受できる」と規定される）を請求する人々（「庇護請求者」と呼ぶ）の流入である。1970年代初頭まで庇護請求者の数はそれほど多くなく，その出国元も東欧社会主義圏のケースがほとんどだった。しかし1970年代中頃から第三世界からの庇護請求者の数が徐々に増え，1980年には一時的に10万を超えた（表12‐2）。さらに1980年代後半から1990年代初めにかけて，東欧社会主義圏の自由化と解体，中東・第三世界での戦争や内戦により，庇護請求者の数は劇的に増加した。1981年から91年までのあいだ，難民受け入れの絶対数ではドイツ連邦共和国は他のどの先進諸国よりも多かった。1993年に基本法の庇護権規定の改定があり，庇護請求者の数は急速に減少する（この経緯については後述する）。しかしその後も，毎年ほぼ数万件の規模で庇護請求が行われている。

　庇護請求者の中で正式に庇護権を認められる者の数は限られている。1985年で約 3 割，1990年には 4 ％台だった。認定されれば無期限の滞在許可と労働の権利が得られ，家族を呼び寄せることもできた。しかし，一度庇護請求が却下された場合でも裁判所に異議申し立てができた。また，庇護権が得られなくても国際人権上・人道上の理由から，あるいは送還に支障があるとされた場合，滞在が「黙認」されるケースが少なくなかった。たしかに彼らの法的地位は不安定ではあっ

第Ⅱ部　ドイツの政策展開

表12-1　ドイツ連邦共和国における外国人数とその対人口比（1961年および1970年以後）

	外国人数（千人）	対人口比（％）
1961	686	1.2
1970	2,738	4.5
1971	3,188	5.1
1972	3,554	5.8
1973	3,991	6.4
1974	4,050	6.5
1975	3,901	6.3
1976	3,852	6.3
1977	3,889	6.3
1978	4,006	6.4
1979	4,350	6.9
1980	4,566	7.4
1981	4,721	7.7
1982	4,672	7.6
1983	4,574	7.5
1984	4,406	7.2
1985	4,482	7.3
1986	4,662	7.6
1987	4,287	7.0
1988	4,624	7.5
1989	5,007	8.0
1990	5,582	7.0
1991	6,067	7.6
1992	6,670	8.2
1993	6,978	8.6
1994	7,118	8.7
1995	7,343	9.0
1996	7,492	9.1
1997	7,419	9.0
1998	7,309	8.9
1999	7,336	8.9
2000	7,268	8.8
2001	7,318	8.9
2002	7,348	8.9
2003	7,342	8.9
2004	7,288	8.8
2005	7,289	8.8
2006	7,256	8.8
2007	7,257	8.8
2008	7,186	8.8
2009	7,131	8.7
2010	7,199	8.8
2011	7,410	9.1

注：(1)1961年は6月6日，1970年は5月27日，その他は12月31日の数字。
(2)1990年以後は統一ドイツの領域。
出所：Statistisches Bundesamt, *Bevölkerung und Erwerbstätigkeit* (2012), 26-27 および Statistisches Bundesamt, Destasis, GENESIS-Online Datenbank, "Bevölkerung：Deutschland, Stichtag, Nationalität" (2013) より作成。

表12-2　庇護申請数（1971年以後）

	初回申請のみ	初回申請と事後申請の合計
1971		5,388
1972		5,289
1973		5,595
1974		9,424
1975		9,627
1976		11,123
1977		16,410
1978		33,136
1979		51,493
1980		107,818
1981		49,391
1982		37,423
1983		19,737
1984		35,279
1985		73,832
1986		99,650
1987		57,379
1988		103,076
1989		121,315
1990		193,063
1991		256,112
1992		438,191
1993		322,599
1994		127,210
1995	127,937	166,951
1996	116,367	149,193
1997	104,353	151,700
1998	98,644	143,429
1999	95,113	138,319
2000	78,564	117,648
2001	88,287	118,306
2002	71,127	91,471
2003	50,563	67,848
2004	35,607	50,152
2005	28,914	42,908
2006	21,029	30,100
2007	19,164	30,303
2008	22,085	28,018
2009	27,649	33,033
2010	41,332	48,589
2011	45,741	53,347
2012	64,539	77,651

出所：Bundesamt für Migration und Flüchtlinge, *Das Bundesamt in Zahlen 2012. Asyl, Migration und Integration* (2013), 11, 13 および Bundesamt für Migration und Flüchtlinge, *Asyl in Zahlen*, 15.Auflage (2006), 11 より作成。

たが、「事実上の難民」としてドイツ国内に滞在し続けることができた。

「非移民国」の「外国人」政策

1950年代に連邦政府が外国人労働者の募集を始めた頃、国民世論のムードは好意的であった。戦後の急速な経済成長期を支える外国人労働者は、連邦共和国にとってまさに「金の卵」だったのである。「ガストアルバイター」という言葉は、それまでの「よそ者労働者（Fremdarbeiter）」に代わって用いられるようになったもので、彼らを「客」として歓待する当時のムードを表わしている。

図12-1 歓迎される100万人目のガストアルバイター、ポルトガル人のアルマンド・ロドリゲス（1964年）
出所：http://www.news.de/fotostrecke/850694314/deutschland-das-gelobte-arbeitsland/1/

しかし、その歓待的ムードは1970年代に一変した。オイルショック後の不況が外国人労働者を直撃した。1973年以前にはドイツ人労働者よりもむしろ低かった外国人労働者の失業率は、1970年代後半以降、ドイツ人労働者のそれを上回るようになる。そのような中、前述したように連邦政府は外国人労働者の受け入れを停止することになり、それがかえってすでにドイツにいた外国人労働者の滞在を長期化させる結果となった。彼らは祖国から呼び寄せた妻子とともに暮らしはじめ、子どもを産み、次第にドイツ社会に生活基盤を築いていったのである。「労働者を呼んだのに、来たのは人間だった」というスイスの作家マックス・フリッシュの有名な言葉は、ドイツの外国人労働者にもあてはまる。その結果、外国人労働者家族の医療や社会保障、学校での子どもの教育などの問題が発生することになる。当初外国人労働者を歓迎した多くのドイツ人は今や、外国人の存在をドイツ社会の「負担」と見なすようになっていくのである。連邦政府も、更なる外国人の流入の制限と国内の外国人人口の削減を基本的な方針として打ち出すようになった。「ドイツは移民国ではない」という標語はこのような中で生まれたも

のである。

　1978年頃から，国内世論における外国人への嫌悪の感情が高まっていった。その直接の原因は庇護請求者の急激な増加だった。しかし嫌悪の対象は，庇護請求者だけでなくトルコ人を含む外国人全般に広がった。特に庇護請求者が急増した1980年には，外国人排斥の市民運動が台頭し，極右暴力事件も多発し，「外国人出て行け（Ausländer raus）！」の落書きが街中で頻繁にみられるようになった。政治家の演説やメディアの報道においても，「外国人の過剰」や「負担能力の限界」などが「外国人問題」としてさかんに語られるようになった。

　連邦政府は庇護請求者の数を減らすため，庇護請求者の労働許可を入国後1年間停止した。また庇護手続き法を改正して庇護手続きを簡略化し，「明らかに根拠のない」請求者は強制送還することを可能にした。その結果庇護請求者の数は減少したが，外国人嫌悪の風潮が解消されることはなかった。当時の世論調査では，「外国人が多すぎる」と答える回答が8割近くにのぼっていた。野党のキリスト教民主・社会同盟はこのような風潮を政治的に利用するようになった。両党は，外国人嫌悪を鎮めるためには外国人の数の削減が必要であるとし，政府の無策を批判した。

　1982年末の政権交代によりヘルムート・コールを首相とする保守中道政権が成立すると，コール政権は早速自らの主張を実現すべく「外国人政策」を開始した。まず「帰国促進法」を1983年に可決させた。これは，外国人への経済的援助と年金の先払いにより，彼らの祖国への帰還を促すというものである。この帰国促進政策は一定の効果をあげ，1983年から数年間，外国人の数は微減している（表12-1）。その後もコール政権は，「ドイツは移民国ではない」という標語を強く打ち出し，内務省が中心となって外国人の流入制限と国内の外国人数の削減を基本方針とする保守的・閉鎖的なスタンスを一貫して取り続けた。

　しかしながらその一方で，定住化しつつある外国人をドイツ社会に統合していくための政策や実践が，様々なレベルにおいて行われていたことも忘れてはならない。

　まず1978年から1979年の間の短い期間，連邦政府が外国人の統合政策を積極的に進めようとしていた時期があった。その間，1978年に外国人の5年間滞在を要件とする無期限滞在資格および8年間の滞在を要件とする永住権（ともに行政の

裁量による）が導入された。また同年，外国人問題に関して連邦政府に助言を行う機関として「外国人問題専門官」という役職が労働省内に創設されている。これは現在の「移民・難民・統合専門官」の前身になる役職である。また，初代の外国人問題専門官となった社会民主党ハインツ・キューンは，1979年に「キューン・メモ」と呼ばれる画期的な内容の文書を発表している。この「メモ」は，外国人が「事実上の移民」であることを認め，学校教育や法的地位の改善を通じた統合政策を議論し，外国人の地方参政権をも提唱している。しかし1980年以後西ドイツ社会全体にドイツ人嫌悪の世論が高まってくると，この文書は省みられなくなってしまった。

　1980年代に入ると，民間や一部の地方自治体のレベルで外国人の統合に向けた具体的な対策が進められていく。民間では，教会，福祉団体，労働組合の一部，親移民市民団体などが社会事業の一貫として外国人に対するカウンセリング，職業教育，補習教育等に従事するようになった。またそこでは，ドイツ人と「外国人共市民（ausländische Mitbürger）」との開かれた共存と共生により社会を豊かにしようと主張する「多文化社会」の理念が掲げられ，ドイツ社会の民族的同質性を維持しようとする連邦政府の保守的・閉鎖的な姿勢と対峙した。

　州レベルで外国人の地方参政権に向けた大きな動きがあった。シュレースヴィヒ・ホルシュタイン州とハンブルク市で外国人に参政権を与える法案が成立したのである。しかしこれは，連邦憲法裁判所で違憲判決が出されたため実現されなかった。外国人の人口比がもっとも高いベルリン市やフランクフルト市でも，独自の統合政策が試みられた。特にフランクフルト市では「多文化社会局」や「外国人代表者会議」が設けられた。

　政党のレベルでも，1980年末になると社会民主党員の一部と緑の党が，「多文化社会」の理念を打ち出して連邦政府の閉鎖的外国人政策を批判した。また，与党の自由民主党も「市民的平等」を尊重するリベラルな立場から，連立を組むキリスト教民主・社会同盟と対立するようになっていく。特に外国人に対する寛容を主張する外国人問題専門官のリーゼロッテ・フンケと，厳しく閉鎖的な立場を維持する内務大臣のフリードリッヒ・ツィマーマンが，子ども呼び寄せの年齢制限の引下げをめぐって対立した。

　こうして1980年代末には，連邦政府（特に内務省）の閉鎖的政策と様々なレベ

ルでの左派・リベラル勢力による開放的な主張や実践が鋭く対立した。両者の対立は膠着状態に陥り，結果として外国人政策は停滞した。しかしその中，「多文化社会」を掲げる左派・リベラルの影響力が次第に広まりつつあることも確かだった。キリスト教民主同盟内においても，ハイナー・ガイスラーのように「多文化社会」を提唱する政治家が出現していた。このような変化を，外国人政策における「真のイデオロギー的ブレークスルーの寸前だった」(Chin 2007 : 264) と見ることもできる。しかしそこでは外国人が原住ドイツ人と同等の「市民」ではなく，依然として「外国人共市民」と見なされていたところに限界もあった。

外国人法の改定

　ドイツ統一以前の外国人政策をめぐる保守派と左派・リベラル派の対立を象徴していたのが，外国人法の改定をめぐる問題だった。1965年に制定された外国人法はすでに実情に合わず，コール政権もすでに成立時からその改定を課題に掲げていた。内務省は1984年と1988年の2回にわたって改定案を公表したが，左派・リベラル派の批判にさらされて失敗した。特に1988年にメディアを通じて公表された内務省の改定草案は，家族呼び寄せの制限を強化し，滞在を8年に限定する等，反動的な内容だった。それは野党や教会，福祉団体などの民間の親移民諸団体からの抵抗を受けただけでなく，連立与党の自由民主党からも厳しく批判された。その結果，閉鎖的な「連邦政府の外国人政策に対抗する結束した戦線」(Bade 1994 : 62) が形成されることになった。

　しかし1989年にツィマーマンに代わって新たに内務大臣に就任したキリスト教民主同盟のヴォルフガング・ショイブレは，短期間の間に法案をまとめ，それを議会に提出した。与野党間の交渉で修正が加えられた後，ドイツ統一直前の1990年6月に新たな外国人法が成立することとなった。

　この新外国人法は左右両翼からの批判にさらされ，制定当時あまり評判のよいものではなかった。国内の外国人の数を減らし，ドイツの民族的な同質性を維持したい保守派から見れば，この法律は外国人の流入を制限する効果が弱すぎた。ドイツを外国人に開かれた「多文化社会」へと転換させたい左派・リベラル派からすれば，この法律は依然として「非移民国」としてのスタンスを崩していないという点で不十分だった。

しかしこの新外国人法によって，外国人の法的地位の安定化がかなり進んだ。家族呼び寄せなどに関し，それまでの行政の裁量によって決められていたことの一部が，外国人自身の法的要求に置き換えられた。例えば外国人労働者の配偶者や子どもにも，彼ら自身の滞在権が認められたのである。また帰化の要件が緩和され，16歳から23歳までの第2世代以後の帰化が容易になり，以後帰化者の数は少しずつ上昇していく。だがその反面で，期限付きの滞在許可の延長は依然として行政の裁量とされ，しかも住居の十分な広さが滞在許可の条件になった。また，外国人は社会の潜在的危険として公的な監視の対象とされ，国家の強制退去権限も強化された。

またこの外国人法により，「季節被雇用者」「契約被雇用者」「客員被雇用者」というカテゴリーで短期滞在の外国人労働者が導入された。この規定により，新たな「ガストアルバイター」たちが再び流入することになる。

2　ドイツ統一と庇護権問題

庇護請求者の急増と外国人嫌悪

1980年代末から90年にかけておきた東欧社会主義諸国の自由化と解体は，ドイツに「統一」という歴史的恩恵をもたらしただけではなく，庇護請求者と帰還者の急増をももたらした。1987年に57,379人だった庇護請求者は1988年に103,076人，そして1992年には438,191人にまで増えた（表11-2）。その多くは，内戦に陥ったユーゴスラヴィアからやってきた人々だった。他方，帰還者の数も1987年に7,523人，1988年には20,673人，そして1990年には397,083人にものぼっている。

このような移民の急増は原住ドイツ人からの反発を招いた。とりわけ外国人嫌悪の対象となったのは庇護請求者の方だった。彼らがドイツの庇護権を経済的目的のために「乱用」する「偽装庇護民」であり，ドイツ人から雇用と社会保障費を奪っているという反発が高まった。庇護請求者の庇護権認定率が5％を切っていたという事実が，そのような反発の声をさらに高めた。

庇護請求者への反感は，彼らに対する極右的な反外国人運動へと発展した。特に旧ドイツ民主共和国の新諸州（つまり東側）では，庇護請求者への暴力事件が頻発した。統一により，社会主義時代にはベトナムやモザンビークから協定によ

図 12-2 燃え上がる庇護請求者住宅
（1992年ロストック）
出所：http://www.sueddeutsche.de/politik/jahre-rostock-lichtenhagen-tage-der-schande-1.1443392-9

る外国人労働者を少数受け入れていた以外（しかも彼らは原住ドイツ人からは隔離されていた）ほとんど外国人と出会う機会のなかった東側諸州にも，庇護請求者の収容が割り当てられることになったことがその一因だった。庇護請求者に対する暴力行動は，彼らの滞在する収容施設へと向けられた。1991年の9月にはホイヤースヴェルダ，1992年8月にはロストックにおいて，ドイツ人の若者が庇護請求者の滞在する建物に放火する事件が起きた。それを見物していた他のドイツ人住民も，若者の行為を黙認し，あるいは拍手をもって歓迎した。その光景はメディアによって報道され，多くの人々にショックを与えた。

　西側でも同様の外国人に対する暴力事件が発生した。しかし西側旧諸州の場合，その嫌悪の対象は庇護請求者だけに留まらず，「外国人」全体へと拡大した。すでにドイツに長く滞在するトルコ人もまた暴力の犠牲となった。例えば，1992年11月にはメルンでトルコ人家族が極右グループに襲われ，10代の少女2名を含むトルコ人が殺害されるという衝撃的な事件が発生した。

　このように統一以後，外国人嫌悪による極右的暴力事件は増加し，その数は1991年に1,489件，1992年に2,639件，1993年には2,232件に上った。そこでの死者の数も1992年に6人，1993年には20人を数えた（*Verfassungsschutzbericht* 1993）。それに加え，西側旧諸州では共和党やドイツ民族同盟などの極右政党も台頭し，バーデン・ヴュルテンベルク州やハノーファー市等では議会にも進出するようになった。

　ナチス時代以後最悪とも思われるこのような極右の高まりと，それに対する政治の無策は，ドイツの評価を国際的にも悪化させることになった。

基本法第16条の改定

 与党のキリスト教民主同盟と社会同盟は，増加する庇護請求者の流入と反外国人暴力事件や極右勢力の台頭を押し留めるためには，基本法第16条第2項を改訂し，庇護権の「乱用」を減らすことが必須であると主張した。彼らによれば，庇護権の乱用が横行していることこそが，外国人嫌悪を増強させる原因だった。そのような保守派の主張を，社会民主党と緑の党，教会・福祉団体・市民団体等の左派リベラル勢力が厳しく批判した。彼らによれば，このような保守派の主張は，ドイツ人の反外国人感情の高まりの責任を外国人に押し付ける暴論であり，保守派の庇護権改定政策こそが外国人嫌悪を激化させている原因だと主張した。こうして基本法第16条をめぐり，国民世論は真二つに分裂し，激しい論争が展開された。

 政治的迫害を受けた者に無制限の庇護権を認めた基本法第16条第2項は，多くの政治難民を生み出したナチスへの反省の上に制定された条項で，ナチス時代のドイツを否定し，新たなリベラルで民主的な国家として出発したドイツ連邦共和国の国家的アイデンティティの中核をなすものだった。それだけに，庇護権に制限を加えようとする保守派の提案には抵抗が強かった。

 しかしながら，地方自治体レベルでは庇護請求者の数がすでに収容の限界を超えていて，それへの対応が困難を極めていた。地方住民からの庇護権に対する反発も強まっていた。そのため，社会民主党内でも基本法第16条の改定を求める意見が出されるようになっていた。庇護請求者の数が多すぎるという見方が国内全体に広まっていった。1992年9月に第2ドイツ公共放送（ZDF）が行った世論調査によれば，69％が16条の改定に賛同していた（*Südduetsche Zeitung*, 1992/12/12）。

 だが，ドイツの基本法の改定には連邦議会と連邦参議院で3分の2以上の同意が必要だった。そのためキリスト教民主同盟と社会同盟にとって，連立与党の自由民主党だけでなく，野党の社会民主党の協力が必要だった。キリスト教民主・社会同盟は，基本法改定に同意しない社会民主党こそが反外国人暴力を激化させる元凶であると批判することで，社会民主党に圧力をかけ続けた。1992年夏以後のさらなる難民の流入と極右的暴力事件の発生を受け，11月にはコール首相は「国家の緊急事態」であると称し，もし社会民主党が基本法の改定に反対し続けるのであれば，基本法の改定なしに庇護権請求に制限を加える法案を通過させる

用意があるとまで発言した。社会民主党内では意見が対立したが、次第に基本法改定を受け入れる意見が多数をしめるようになる。そして1992年12月6日、連立与党と野党社会民主党とのあいだで、歴史的な「庇護妥協」が成立するに至った。

基本法第16条第2項の改定は1993年の5月に連邦議会で承認され、6月1日から発効することになった。新たに追加された16a条では、政治的迫害や人権侵犯のない「安全な第三国」から入国する者には庇護請求権が認められないとされた。ドイツの隣接国はすべてこの規定に該当していたので、陸路でドイツに入国する場合、基本法上庇護権は請求できないことになったのである。空路で入国して庇護権を請求する者に対しては、空港内のトランジット・エリア内に収容施設が設けられ、そこで庇護権請求の審査が行われるようになった。

庇護妥協の持つ意味

この基本法第16条の歴史的改定は、左派・リベラル派の人々から、極右への屈従だとして激しく批判された。庇護妥協に応じた社会民主党に対しては、党内左派からも失望の声が上がった。

しかし改定の効果は覿面だった。庇護請求者の数は1993年以後著しく低下した（表12-2）。また、改定直後にゾーリンゲンでの暴力事件はあったものの、外国人に対する極右的暴力事件の数もその後減少し、一時伸長した極右政党も勢力を弱めた。第16条改定推進派の意図は、ほぼ達成されたというべきだろう。

現在の水準から見て、1992年の約44万という庇護請求の数はやはり異常に高い（シリアからの難民による庇護請求の増加が問題になった2012年でも、初回請求の数は6万台である）。これは他のヨーロッパ諸国と比較しても突出した数字であり、イギリスの約13倍、フランスの約15倍に及んでいた。このような状況が、ドイツのきわめて寛容な庇護権規定によってもたらされていたことを否定することは難しい。第16条改定は、庇護請求者の絶対数を「正常化」しただけでなく、ヨーロッパ内で共通の基準に基づいて難民負担を均衡化したという点で、一定の意義を持っていたということができるだろう。

しかしこの改定は、庇護請求者の人権という観点からみて様々な問題をはらんでいた。例えば、庇護申請が拒否されて強制送還された難民の数は、1992年の10,798件から1993年には36,165件にも増加している（ただし、その数は以後いくぶ

ん減少している）（久保山 2003：143）。また，基本法第16条改定と同時に制定された庇護請求者給付法で，庇護請求者への社会的給付は削減され，給付の方法も現金からクーポンや現物支給に置き換えられた。庇護権を「乱用」から守るための変更である。しかしこの変更は，庇護請求者自身の生活条件を悪化させることにもなった。

　また，庇護妥協は基本法第16条改定だけの合意ではなかったことも忘れてはならない。基本法改定の他に，帰還者の数の制限（社会民主党は庇護請求者よりも帰還者の制限を主張していた）についても合意された。年間の「後期帰還者」の数は22万人を上限とすることがこの合意によって決められた（帰還者に関しては，すでに連邦被追放者法の改定により，1993年1月から帰還者という地位が「後期帰還者」に置き換えられ，その適用範囲が狭められることになっていた）。さらに具体性には欠くが，国籍取得の緩和と国籍法の改定，移民法の制定に関しても合意されていた。この合意を踏まえて，1993年の基本法第16条改定と同時に，外国人法第85条が改定されて帰化請求権が導入され，一定の条件を満たす外国人には行政の裁量によるのではなく，権利としての帰化が認められるようになった。このことは，ドイツでの帰化政策に大きな転換をもたらしたと言ってよい。実際にこれ以後，ドイツでの帰化者の数は徐々に増加していったのである（表12-3）。

　国民世論の多数派は基本法の庇護権規定の改定を受け入れた。しかしそれは，必ずしもドイツ国民全体が「右傾化」したことを意味するわけではない。庇護妥協が行われたのと同時期に，極右暴力と外国人嫌悪に反対する「光の鎖」と呼ばれる市民デモが急速に全国へ拡大していったことは注目に値する。それは市民が平和のシンボルであるロウソクを持って夜に街へくり出し，静かに歩むデモンストレーションである。1992年12月6日（「聖ニコラウスの日」で庇護妥協の当日）にミュンヘンで始まったこのデモは，他の大都市でも行われ，全国で合わせて約100万人の市民が参加したと言われている。それは，反極右・反レイシズムへの市民の意志の表明として記憶に留められることになる。

表12-3 帰化の数（帰還者は含まない）

年	帰化数
1981	13,643
1982	13,266
1983	14,334
1984	14,695
1985	13,894
1986	14,030
1987	14,029
1988	16,660
1989	17,742
1990	20,237
1991	27,295
1992	37,042
1993	44,950
1994	61,709
1995	71,981
1996	86,356
1997	82,913
1998	106,790
1999	143,267
2000	186,688
2001	178,098
2002	154,547
2003	140,731
2004	127,153
2005	117,241
2006	124,566
2007	113,030
2008	94,470
2009	96,122
2010	101,570
2011	106,897
2012	112,348

注：2000年以後、国籍法第7条により後期帰還者は帰化によらず国籍を取得。
出所：1981年から1999年まではBeaftragte der Bundesregierung für Migration, Flüchtlinge und Integration, *Daten—Fakten—Trends. Einbürgerung* (2005), 20。
2000年以後は Statistisches Bundesamt, *Bevölkerung und Erwerbtätigkeit. Einbürgerung* (2012), 15。

3　国籍法の改定

帝国籍・国籍法の継承

　戦後西側占領地区において，統一までの暫定的な国家として建国されたドイツ連邦共和国では，ドイツ帝国時代の1913年に制定された「帝国籍・国籍法（Reichs- und Staatsangehörigkeitsgesetz）」がそのまま継承され，1999年まで効力を持ち続けた。それは戦後の国家的分断にもかかわらず，第2次世界大戦以後も「ドイツ国民」は一体のものとして存続しているという法的な前提を，連邦共和国が保持し続ける必要があったからである。1970年代以後，ドイツ国民を一体のものとするこの法的前提は，次第にフィクショナルなものになっていった。しかしながら，1990年のドイツ統一の過程において，旧国籍法が持っているドイツ国民の一体性という法的前提が，決定的に重要な役割を果たすことになる。2つの国家が単一の国家に統一され，連邦共和国が民主共和国の人民を編入するという過程が，国籍法をまったく変更することなく可能になったからである。

　しかしこの国籍法は純然たる血統主義（すなわち親子関係という「血の繋がり」によって国籍が付与される方法）を採用したものだった。それはドイツ国民の一体性を，世代を超えて再生産することには役立ったが，ドイツで生まれた外国人労働者や庇護民の子どもや孫を，「ドイツ国民」として編入することに関しては障害として働いた。つまり，この国籍制度の下では，外国人は帰化申請が

認められない限りドイツ国籍をとることができない。ドイツ統一が達成された時点で，すでに多くの外国人（特にトルコ人）がドイツに定住し，第2世代も育っていた。1990年代前半には，外国人の新生児数の割合が全体の13%を越えるようになった（近藤 2013：143）。しかし彼らにはドイツ国籍が付与されないから，国民には認められている様々な権利や機会が与えられない。それは彼らの社会統合を妨げる重大な要因になってしまう。このような第2世代以降の外国人の不利な状況を改善し，統合を促進するため，国籍法を改定することの必要性が次第に認識されるようになっていく。すでに1980年代後半には，出生地主義（出生地に基づいて国籍を与える方法）と重国籍の導入を盛り込んだ国籍法改定案が，社会民主党によって何度か連邦参議院や連邦議会に提案されていた。だが，キリスト教民主・社会同盟の反対に阻まれて実現するには至らなかった。

国籍法改定への動き

ドイツ統一により，1913年の国籍法を維持する理由が消滅すると，コール政権は国籍法の「包括的改革」を課題として掲げるようになった。先に触れたように，1992年12月の庇護妥協でも国籍法の改定の必要性が確認されていた。社会民主党や緑の党からは，出生地主義と重国籍の導入を盛り込んだ改訂法案がさらに何度も提出された。しかし，ドイツ社会の民族的一体性を維持したい保守派からは根強い抵抗が続いた。

そのため，改定が実現するまでには時間がかかった。1994年秋に成立した第5次コール政権は，第2世代の帰化を容易にするために「児童国家帰属」という他に例を見ない新たな概念を打ち出した。これは，子どもの出生前10年間合法的にドイツに滞在していた親が，子どもが12歳になるまでに届け出た場合，その子どもに与えられる地位のことであり，18歳に達した後1年以内に親の国籍を放棄することを条件に国籍へと切り替えることができるという複雑な制度である。出生時での自動的な国籍付与（出生地主義）と重国籍の発生を阻止したい保守派から出された苦肉の策であった。しかしこの案には与党内からも批判が相次いだため，成立をみなかった。その後キリスト教民主同盟は，児童国家帰属を発展させた「帰化保証」という概念で党内の方針をまとめた。

一連の論争を通じて，キリスト教民主同盟主流派とキリスト教社会同盟は，国

籍取得は「統合の最終段階」であるという立場を崩さなかった。それに対し社会民主党や緑の党は，国籍取得を統合を促進するために必要な前提条件として捉えていた。だが，キリスト教民主同盟の側でも，外国人第2世代以降の増加という現実の前に，彼らをいかにドイツ社会に統合していくのかという問題を認識するようになっていった。それとともに，「ドイツは移民国ではない」という従来のスローガンが次第に用いられなくなっていく。1998年の総選挙の前，ついにこの文句がキリスト教民主・社会同盟の共同選挙プログラムの中から姿を消すことになった。その代わりに用いられたスローガンは「ドイツは外国人に親切な国である」。いかにも苦肉の文句だが，保守派の側にも変化が現われつつあったことが見て取れる。

新国籍法の成立

　1998年秋に成立した社会民主党と緑の党の連立政権（シュレーダー政権）は，1913年の帝国籍・国籍法を廃止して新たな連邦共和国の国籍法を制定したこと，従来の外国人法を廃して移民法を制定したことの2点において，ドイツの移民政策を大きく転換させたと言える。しかしそのどちらもが野党の抵抗にあい，達成に困難を極めただけでなく，大幅な妥協を強いられた。

　国籍法の改定は，シュレーダー政権が成立直後から取りかかった課題である。両与党は当初，出生地主義の導入と共に重国籍の容認を基本方針としていた。野党のキリスト教民主・社会同盟は，世論が割れていた重国籍問題を争点にして国籍法改定を阻止しようと目論んだ。そして1999年の年初，両党は「統合にイエス，ダブル・パスポートにノー」という標語を掲げ，重国籍反対の署名運動を開始した。このポピュリスト的な運動の成果は，2月のヘッセン州議会選挙においていち早く現われた。社会民主党が優勢と見られていたこの州で，大方の予想を裏切って与党が敗北し，政権はキリスト教民主同盟と自由民主党に移った。その敗因が重国籍問題にあったことは明らかだった。

　ヘッセン州での敗北により，連邦参議院での多数派を失った連邦政府与党は苦境に立たされた。そこで浮上してきたのが，もう1つの野党自由民主党が提案していた「オプション・モデル」である。これは，外国人の子どもに対し出生時に重国籍を認め，成人に達した時にドイツ国籍か親の国籍のうちどれか1つの選択

を求めるという案だった。社会民主党は，この案を採用して連邦参議院での多数派工作を開始する。全面的重国籍容認から後退したこの案に対し，緑の党は抵抗を示したが，参議院で国籍法改定案を通すためには「オプション・モデル」を採用せざるを得なかった。結局，1999年3月に「オプション・モデル」による国籍法改革法案がまとめられ，連邦議会に提出された。法案は5月には連邦議会と連邦参議院の双方を通過して成立し，2000年から施行されることになった。

　政府与党は重国籍容認を実現することはできなかった。しかし新しい国籍法では，1913年以来の純然血統主義が廃止されて出生地主義が導入された。この点において，この国籍法改定は歴史的な意義を持っている。血統的出自には関係なく，ドイツの領土内での出生に基づいて国籍が付与されるようになった。それは「血統共同体」としての「エスニック」なネーション概念から決別することを意味していた（佐藤 2009）。

　新国籍法では，外国人を両親とする子どもは「両親の一方が8年間合法的に国内に滞在している場合，出生によりドイツ国籍を取得する」（第4条）こととなった。これにより外国人の子どもはまた，血統主義の原理で親から引き継いだ国籍と，新たに付与されるドイツ国籍との二重国籍の状態になる。その場合その子どもは，18歳から23歳までの間に，ドイツの国籍をとるか親の国籍をとるかを選択しなければならない（第29条）。これが「オプション・モデル」である。

　また，この国籍法改定と同時に外国人法が改定され，8年間合法的に滞在している外国人に対して帰化請求権を与えた。その他に，「自由で民主的」な価値への忠誠と「十分なドイツ語の知識」が帰化の要件に加えられたことも注目に値する（第85条。これは後に外国人法が廃止された際，国籍法第10条に引き継がれた）。後に重要になる移民統合政策の基準が，ここに法的に明記されたのである。

4　移民法の制定

移民法に向けた言論動向

　国籍法改定の後，移民をめぐる国内世論の動向に変化が見られた。1980年以来，「外国人」や「庇護請求者」は，その数を削減し，流入を制限すべき対象として否定的に語られることが多かった。だが，2000年に入り，移民に対する世論の構

えは肯定的・積極的なものに転じていた。

その転換の端緒は，ITブームの中でシュレーダー首相が打ち出した「グリーンカード」構想だった。2000年2月にシュレーダーは，外国人IT技術者を期限付きで受け入れる「グリーンカード」制度の構想を発表した。IT技術者不足に悩むIT関連の業界からの要望を受けて提唱されたもので，言うまでもなくその名称はアメリカの永住権を意味する「グリーンカード」から来たものである。期限付きながら国外から専門技術者を移民として導入しようというシュレーダーの提案は大きな反響を呼び，その中で移民はドイツ経済の国際的競争力を高める力として世論から肯定的に受け止められた。その後8月には，グリーンカード制は5年間の滞在・労働許可として実施に移された。

これと並行して内務大臣のオットー・シリーは，7月に移民問題に関する独立委員会を設置した。それは，野党キリスト教民主同盟のリータ・ジュスムートを委員長，社会民主党の元党首ハンス・ヨッヘン・フォーゲルを副委員長とし，元外国人問題専門官のシュマルツ・ヤコブセン（自由民主党所属）の他，ドイツ駐在国連高等弁務官事務所の副所長，地方政治家，経済界の諸団体や労働組合の代表，教会，ユダヤ人団体，学術研究者など様々な分野から集められたメンバーによって構成される委員会であり，委員長の名前をとって「ジュスムート委員会」とも呼ばれる。キリスト教民主同盟のリベラル派で知られる前連邦議会議長をトップに据えたのは，野党対策的な意味合いがあったことは間違いない。9月に始まった審議の過程では，研究機関からの専門意見書が提出され，公聴会も開催された。

翌2001年7月，ジュスムート委員会はその審議の成果として『移民の形をつくり，統合を促進する』と題する300頁にも及ぶ大部な報告書を公表した。この報告書はメディアでも大々的に取り上げられ，大きな注目を浴びた。

この報告書はその題名通り，ドイツに移民受け入れのシステムを形成し，ドイツを「移民国」へと転換することを提唱する画期的な内容を持つもので，「ドイツは移民を必要としている，ドイツへの移民をコントロールし，移民したものを統合することは，これからの数十年間のもっとも重要な政治課題になるだろう」という文章から始められている（Unabhängige Kommission "Zuwanderung" 2001：11）。

報告書は移民が必要である理由として，ドイツの人口減少と高度専門技術者の不足をあげる。そのためには，適切なコントロールの下での移民の導入と，ドイ

ツに住む移民の統合が政策的な課題になる。報告書は，教育水準，ドイツ語能力，職業資格，年齢などを総合して点数化し，その点数を基準として移民を受け入れる「ポイント制」の導入（カナダをモデルとしている）を提唱する。移民の統合に関しては，ドイツ語やドイツの歴史や文化，社会のルールなどについて学習するための講習（「統合コース」）を設置し，その受講を義務づけることが提案された（オランダをモデルとしている）。また移民と難民の問題を包括的に扱う「移民・難民庁」を連邦政府内に設置することも提案されている。この報告書が公表された直後，早速シリー内相はそこでの提言を大筋で踏まえた最初の移民法草案を，2001年8月に公表することになった。

　移民問題でのパラダイム転換が進む中，野党のキリスト教民主同盟もまた，移民問題に関する独自の概念の構築に取り組み始めた。同党はまず，ザールラント州首相のペーター・ミュラーを座長とする移民委員会をつくり，「わが国の利益と，ここに暮らす人々に配慮する，理性的な移民政策」の方針について審議を始めた（CDU Deutschlands 2001）。さらに2000年10月には，幹事長のフリードリッヒ・メルツがメディアを通じて「主導文化（Leitkultur）」という概念を提起し，論争を喚起した。この概念は，移民の統合において尊重されるべきドイツ社会共通の文化的基盤（つまり文化的アイデンティティ）のことを意味するもので，「キリスト教的・西洋的」な文化とドイツ基本法の「自由で民主的」な価値観からなるものとされている。1980年代以来左派・リベラル派が移民政策の理念として掲げてきた「多文化社会」に対抗するものとして，保守派の側から掲げられた新たな移民政策の理念であると見なすことができる。

　移民が従うべきドイツ社会の価値観を示した「主導文化」概念は，与党や左派・リベラル系の人々から「ドイツ民族中心的」であると批判を受けた。しかしながら「主導文化」をめぐる論争を通じて，移民問題の関心の焦点が次第に「統合」に向けられるようになった。そして，ドイツ語習得と基本法に示された「自由で民主的」な価値が，移民が原住ドイツ人と共有すべき基準として，党派を超えた合意を得るようになっていったのである。

　2001年5月に『移民と統合』と題されたキリスト教民主同盟の移民委員会の最終報告書が公表された。そこでは「主導文化」という論争的な概念は採用されなかったが，ドイツの憲法的秩序およびその言語・歴史・文化への適応を移民に求

めるものになっている。

移民法をめぐる攻防

しかしながら，移民法の成立は困難を極めた。まず，シリー内相が2001年8月に公表した移民法草案は，多少の修正を経た後，同年11月に連邦議会に提出された。しかしキリスト教民主・社会同盟はそれに強硬に反対した。特に法案に盛り込まれていた労働移民のポイント制の導入については，絶対に認められないというのがキリスト教民主・社会同盟の立場だった。法案は与党が多数を占める連邦議会は通過したものの，与党が多数を確保していない連邦参議院では審議が難航し，結局与党は強行採決の方法をとらざるを得なかった。野党はその採決方法に異議を唱え，憲法違反の訴えを連邦憲法裁判所に起こした。連邦憲法裁判所は，訴え通り「違憲」の判断を下した。その結果2001年の移民法は無効となり，移民法の制定は振り出しに戻されてしまうのである。

法案は2003年に再度議会に提案され，審議された。しかし，連邦参議院において，与党は前回以上に不利な状況にあった。というのはこの間，ニーダーザクセン州の議会選挙で社会民主党が敗北し，連邦参議院は野党のキリスト教民主・社会同盟が多数を確保している状況だったからである。移民法を成立させるために，与党は野党に大幅に譲歩せざるを得なかった。そのため，移民法の目玉であるはずだった労働移民のポイント制は削除を余儀なくされた。それに加えキリスト教民主同盟と社会同盟は，ニューヨーク，ロンドン，マドリッドなどでのテロの勃発を受け，テロの容疑者への国外退去命令を可能にする条項を移民法に加えることも要求するようになった。与党はその要求もまた受け入れざるを得なかった。

こうして当初の案から大きく変更された移民法が，2004年7月にようやく両議会を通過し，2005年1月から施行されることになった。

移民法の内容と意義

新たに制定された移民法の要点は以下のようなものである。

まず，外国人法では複雑に分かれていた移民の地位が，期限付きの「滞在許可」と無期限の「定住許可」の2つに単純化され，それぞれの条件が明記された。また，それまで別々だった労働許可と滞在許可が1つにまとめられた。

第2に，高度専門技術者（学者，エンジニア等）や自営業者（投資家）への門戸が開かれた。高度専門技術者には入国の時点から無期限の定住許可を付与することが可能となった。これによりグリーンカード制は廃止されたが，高度専門技術者導入の枠は拡大されたことになった。また，100万ユーロの資金ないし10人の被雇用者を持つ自営業者には3年間の滞在許可が与えられ，事業が成功している場合は3年後に滞在許可を定住許可に切り替えることが可能となった（第21条）。さらに，留学生には卒業後1年間の滞在許可が与えられるようになった（第16条）。

第3に，移民に対してドイツの歴史や文化，法秩序について教える「統合コース」が設置された（第43条）。キリスト教民主・社会同盟の主張により，コースの受講はドイツ語能力が不十分な者に対して義務化された。統合コースは600時間のドイツ語講習と，歴史・文化・法秩序についての30時間（後に45時間に延長）の「オリエンテーション・コース」からなっている。また，それまで別扱いであった後期帰還者（その人数は2000年代に入り急速に減少しつつある）が，他の移民と同じ講習を受講するようになったことも注目に値する。

第4に，国家による政治的迫害だけでなく，性的な迫害や非国家的主体による迫害を受けた者にも難民としての地位が与えられるようになった（第60条）。これには，キリスト教民主・社会同盟の反対があったが，EUの難民に関する方針が優先されたため実現された。

第5に，テロリストの容疑のある外国人，ドイツの治安を侵害する恐れのある外国人を政府が強制送還できるようになった（第55条）。

第6に，庇護権は認められなかったが滞在が「黙認」されている難民に，滞在許可が与えられる道が開かれた（第25条）。

そして第7に，移民・難民を統括する移民・難民庁が連邦政府内に新設された（第75条）。

移民法の制定と同時に，従来の外国人法は廃止された。しかしながら移民法は，必ずしも移民を積極的に受け入れることを目指すものではなく，むしろ移民の「管理と制限」を目的にした法律である。ジュスムート委員会が提案していたポイント制の導入は見送られ，1973年の「募集停止」以来の移民労働者の一般的停止という基本方針に基本的な変更はなかった。よって，この法律をもってドイツが「移民国」に転換したとは言いにくい。

むしろ，この法律の画期的な点は統合政策の方にあるといえるだろう。統合コースの設置と義務化により，移民の統合は全国レベルの政策課題に位置づけられることになったのである（合法移民の「精力的な統合」は1999年タンペレでの欧州理事会以来の EU 諸国全体の方針でもあった）。

また，この法律の制定後，連邦政府が公式に「移民」という言葉を用いるようになったことの意義は少なくない。それは2005年以後の国勢調査の人口統計の取り方にも反映されている。これまでの「ドイツ人」「外国人」に代わり，「移民の背景を持つ人」「移民の背景を持たない人」というカテゴリーが用いられるようになった。ここで「移民の背景を持つ人々」とはドイツに自ら移民してきたかドイツで生まれた外国人，および両親の一方がドイツに移民してきたかドイツで外国人として生まれたドイツ国籍保持者の総称である。このカテゴリーはその後（「政治的に正しい」表現として）広く用いられるようになっている。

5　「統合の国」としてのドイツ

統合政策の前進

2005年秋にキリスト教民主・社会同盟と社会民主党との「大連立」により成立したアンゲラ・メルケル政権は，移民の統合を重要な課題として掲げ，成立直後から積極的な政策を次々と打ち出していった。まず，それまで家族省に属していた「移民・難民・統合専門官」を首相府に移し，国務大臣に格上げした。2006年7月には，メルケル首相が自らのイニシアチブで「統合サミット」という名の会議を開催した。ここでは連邦・州・地方自治体の政府，移民諸団体，教会，労働組合，経済界，福祉団体，連邦議会の諸政党等，各界からの代表に数名の学者など含めた総勢86人が招かれ，移民の諸問題について話し合われた。当事者であるはずの移民が6人しか参加していなかったことが批判されはしたが，首相が移民の統合に積極的な姿勢を示す政治的パフォーマンスとして広く国民的な注目を浴びた。さらに同年9月には，内務大臣のショイブレが連邦・州・地方自治体からの代表15名とイスラム教徒の代表15名を集めて「イスラム会議」を開き，イスラム教徒の「よりよい統合」のための「対話」を行った。会議直前のインタビューの中で，ショイブレは「イスラム教はドイツとヨーロッパの一部になった」と

し，「われわれは啓蒙されたイスラム教徒を望んでいる」と発言した。

2007年7月には第2回の統合サミットが開かれ，前年の第1回のサミットで設置された6つの作業部会での審議の結果をまとめた大部の報告書『国民統合計画』が公表されることになった。

図12-3　統合コースの風景
出所：http://www.bamf.de/DE/Willkommen/DeutschLernen/Integrationskurse/integrationskurse-node.html

『国民統合計画』の巻頭言でメルケルが書いている次の記述は，ドイツ連邦政府の「統合」に向けた基本的な姿勢を明らかにしている。

> 移民の背景を持った約1,500万人の人々がここに生活している。……しかし不幸なことに，依然として明らかに統合が不十分な人々も相当数存在している。……統合の共通の理解を発展させることが重要だ。いうまでもなく，それはドイツの法秩序と基本法で守られた価値の承認のことである。われわれのなかで継続的に生活し，われわれの国に貢献するような多様なチャンスを手にしたいのであれば，ドイツ語を十分に習得することを避けて通ることはできない（Bundesregierung 2007：7）。

ドイツ語の習得とドイツの法秩序・憲法的価値の受容。これが移民統合の共通前提であることが明らかにされている。統合を推進する方法として，連邦政府は特に統合コースに力を入れた。2008年にはそのための予算が1,400万ユーロ増額され，年間1億5,400万ユーロが支出されることになった（Klusmeyer／Papademetriou 2009：270）。

これと並行して，州政府から帰化テストの導入が提案されるようになった。まず2006年にヘッセン州とバーデン・ヴュルテンベルク州が100題からなる帰化テストの案を出した。だが，問題が難解すぎること，宗教的信条を詮索するような問題が含まれていることなどが批判され，この案が実現されることはなかった。

その後2006年5月には，州内務大臣会議において，「国家市民の基本知識」と「憲法の原則と価値」が習得されているかどうかを試すための統一帰化テスト導入が決議された。これを受け，連邦政府は統一帰化テストの導入を決め，2008年9月から実施されるようになっている。テストはドイツの歴史や法制度等に関する四択問題が33題出題され，17題正解すれば合格となる。

統合政策と反イスラム主義

移民の中にはトルコをはじめ，中東・アフリカ諸国から来たイスラム教徒がかなり多く含まれている。そのため，移民統合政策はイスラム教という問題に直面した。これはドイツに限らないヨーロッパ全体に共通する状況である。

そのような中，今世紀に入って続出したイスラム原理主義によるテロリズムは，ヨーロッパ諸国における反イスラム的感情を高めることになった。ドイツ国内では目立ったテロ行為は発生しなかったものの，オランダで映画監督テオ・ファン・ゴッホがイスラム過激派に殺害された事件（2004年11月）はドイツの世論を震撼させ，イスラム教の「暴力性」に対する警戒感が一挙に強まった。それとともに，イスラム教徒たちによる「名誉殺人」や「強制結婚」などの「旧弊的」な習慣が，西洋の「自由で民主的」な価値に一致しないものとして問題視されるようになった。また，ベルリンのような大都市の基幹学校に集中するイスラム系移民の生徒達の暴力的行動も顕在化するようになった。

こうして高まった反イスラム的な論調に，移民の統合政策全体が強い影響を受けるようになった。移民の統合が，西洋的・ヨーロッパ的な文化とイスラム教文化との対立の枠組みで捉えられ，イスラム系移民による「並行社会」の形成を防ぎ，彼らをドイツの「自由で民主的」な価値秩序へと適合させていくことがその課題とされるようになった。

連邦政府は2007年6月に，「強制結婚を防ぐ」という名目で移民法を改定し，非EU諸国から配偶者として移民する場合，その夫婦双方が18歳に達していること，入国前に簡単なドイツ語能力を有することを滞在資格付与の条件とした（第30条）。これは明らかにイスラム諸国からの移民を対象にした法改定だった。

イスラム教はまた，国内での治安や法秩序の問題だけでなく，移民たちのあいだでの教育レベルの低さや失業率の高さ，彼らの社会保障への依存度の高さをも

第12章　移民政策

表12-4　移民の背景を持つ人々／持たない人々の数

(単位：千人)

年	総人口	移民の背景を持たない人々	移民の背景を持つ人々
2005	82,465	67,133 (81.4%)	15,057 (18.2%)
2006	82,369	67,225 (81.6%)	15,143 (18.4%)
2007	82,257	66,846 (81.3%)	15,411 (18.7%)
2008	82,135	66,569 (81.0%)	15,566 (19.0%)
2009	81,904	65,856 (80.4%)	15,703 (19.2%)
2010	81,715	65,970 (80.1%)	15,746 (19.3%)
2011	81,754	65,792 (80.5%)	15,962 (19.5%)
2012	81,913	65,570 (80.0%)	16,343 (20.0%)

注：四捨五入により数値は合計100％にならない場合がある。
出所：Bundesministerium des Innenn, *Migrationsbericht des Bundesamtes für Migration und Flüchtlinge im Auftrag der Bundesregierung* (Migrationsbericht 2012), 136.

たらす原因であると見なされるようになった。2010年秋に発生した「ザラツィン論争」は，ドイツ社会におけるこのような反イスラム主義の広がりを示すものだった。

　この論争は，当時ドイツ連邦銀行の理事で，以前にベルリン市の財務長官を長く務めていたこともある社会民主党の政治家ティロ・ザラツィンが『ドイツは消滅する』という本を出版したことをきっかけに発生したものである。ドイツの知的・経済的な生産力の低下に警告を発したこの本は，その原因が人口的に増加しつつあるイスラム系移民が十分にドイツ社会に統合していないこと，そしてイスラム教文化が彼らの「統合と業績達成への意志を阻害している」ことにあるとする挑発的な議論を展開している（Sarrazin 2010）。この本は大きな論争を巻き起こし，出版から2か月で110万部を超える大ベストセラーになった。

　ザラツィンの反イスラム的議論に対し，メルケル首相やクリスティアン・ヴル

フ大統領を含む中央の政治のエリートたちは「人種差別的」であるとして批判した。しかし一般のドイツ人の多くがザラツィンのイスラム批判に対して支持ないし共感を示した。ザラツィンは「タブー」を恐れず，移民統合の現実を正確に指摘している，と。

このような「ザラツィン論争」に対する世論の関心の高まりを受け，与野党の政治家たちやメディアに登場する有識者たちもまた，移民に統合への「意志」や「努力」を強く求めるようになった。そのような風潮はまた，イスラム教に関するステレオタイプを強化し，移民の統合に対する否定的・悲観的な見方を（少なくとも一時的には）助長することにもなった。

しかしながら現在，イスラム系移民を含めた「移民の背景を持つ人々」の割合はドイツの総人口の約2割に達している（表12-4）。また，約400万人と推定されるイスラム教徒の数は，総人口の約5％にのぼる（Deutsche Islam Konferenz o.J.）。ドイツはもはや，白人でキリスト教徒の原住ドイツ人だけからなる社会ではなくなりつつあるのである。ドイツ社会は増加しつつある「移民の背景を持つ人々」をいかに統合していくのか。これは教育，雇用，社会保障，政治参加など，ドイツの内政全般に関わる重大な問題になっている。と同時にそれは，ドイツ社会のアイデンティティ（「ドイツ人とは誰なのか」という問題）にも大きな変化をもたらすことになるだろう。ザラツィン論争は，そのようなドイツ社会とその集合的アイデンティティの変化への不安から生まれた現象の1つとして理解することができる。

6 「移民国」へ

最後に，今後争点となる可能性の高い移民政策上の問題をいくつかあげておこう。いずれも，ドイツがこれから「移民国」へ向かうのかどうかが試される課題である。

第1は，ジュスムート委員会の報告書が指摘していた労働移民の全般的導入の問題である。今後急速に進む人口減少を補うため，その必要性は一層高まるものと考えられる。2010年のユーロ危機以後，南ヨーロッパや東ヨーロッパから，職場を失った教育レベルの高い移民が経済的に安定しているドイツに流入し，ドイ

ツの経済に貢献する労働力になっている。今後もますます専門技術者が不足してくれば，労働移民の受け入れはEU圏外へと拡大していかざるを得ないだろう。本格的な「移民国」時代の到来である。しかしそれには，保守派からの政治的抵抗が予想される。

　第2は，ルーマニアやブルガリアから来る「貧困移民」と呼ばれる人々の問題である。ユーロ危機以後，その数もまた増加した（その多くはロマの人々である）。フランクフルト，ハンブルク，ミュンヒェン，ドルトムント，デュイスブルク等，各地の大都市では，ホームレス化した彼らに対する住宅支援や社会保障関連の負担がすでに問題になっている。2014年には両国のEU加盟8年目ということで，移民規制が完全に撤廃されたため，さらに両国からの移民の数が増加することが予測され，反外国人感情が再燃することが懸念される。

　第3に，国籍法改定の時に実現できなかった重国籍容認の問題である。外国人の帰化を促進し，彼らの統合をさらに容易にするために考えられている次の課題が重国籍の容認である。また，新国籍法の「オプション・モデル」によって国籍選択を迫られる重国籍状態の若者が，今後急速に増加することになる。これに対して政府がどう対応することになるのかが，いずれ大きな問題になるだろう。

参考文献
久保山亮（2003）「ドイツの移民政策——移民国型政策へのシフト？」小井土彰宏編『移民政策の国際比較』明石書店。
久保山亮（2009）「ドイツの移民政策における自治体と中間的組織——1990年代後半からの政策転換と"統合"から締め出される「事実上の定住者」」庄司博史編『移民とともに変わる地域と国家』（国立民族学博物館調査報告83）。
近藤潤三（2002）『統一ドイツの外国人問題——外来民問題の文脈で』木鐸社。
近藤潤三（2007）『移民国としてのドイツ——社会統合と平行社会のゆくえ』木鐸社。
近藤潤三（2013）『ドイツ移民問題の現代史——移民国への道程』木鐸社。
佐藤成基（2009）「「血統共同体」からの決別——ドイツの国籍法改正と政治的公共圏」『社会志林』第55巻第4号。
佐藤成基（2011）「「統合の国」ドイツの統合論争——変化するドイツ社会の自己理解」『社会志林』第57巻第4号，173-205頁。
佐藤成基（2013）「ドイツの排外主義——「右翼のノーマル化」の中で」小林真生編『移

第Ⅱ部　ドイツの政策展開

民・ディアスポラ研究 3 ――レイシズムと外国人嫌悪』明石書店。
矢野久（2010）『労働移民の社会史――戦後ドイツの体験』現代書館。
K. Bade (1994) *Ausländer, Aussiedler, Asyl : Eine Bestandsaufnahme*. München : Beck.
K. Bade (2013) *Kritik und Gewalt. Sarrazin-Debatte, 'Islamkritik' und Terror in der Einwanderungsgesellschaft*. Schwalbach : Wochenschau.
Bundesregierung (2007) *Der nationale Integrationsplan. Neue Wege, neue Chance*.
CDU Deutschlands (2001) *Abschlussbericht der Komission "Zuwanderung und Integration."*
R. Chin (2007) *The Guest Workers Question in Postwar Germany*. Cambridge MA : Cambridge University Press.
Deutsche Islam Koferenz (o.J.) "Etwa 4 Millionen Muslime in Deutschland" (http://www.deutsche-islam-konferenz.de/DIK/DE/Magazin/Lebenswelten/ZahlMLD/daten-und-fakten1-hidden-node.html，アクセス日2016.6.6)
S. Green (2004) *The Politics of Exclusion : Institutions and Immigration Policy in Contemporary Germany*. Manchester : Manchester University Press.
U. Herbert (2003) *Geschichte der Ausländerpolitik in Deutschland. Saisonarberiter, Zwangsarbeiter, Gastarbeiter, Flüchtlinge*. Bonn : Bundeszentrale für politische Bildung.
D. B. Klusmeyer / D. G., Papademetriou (2009) *Immmigration Policy in the Federal Republic of Germany : Negotiating Membership and Remaking the Nation*. New York : Berghahn Books.
P. O'Brien (1996) *Beyond the Swastika*. New York : Routledge.
T. Sarrazin (2010) *Deutschland schafft sich ab. Wie wir unser Land aufs Spiel setzen*. München : Deutsche Verlag-Anstalt.
K. Schönwälder (2007) "Reformprojekt Integration," in Jürgen Kocka (Hrsg.) *Zukunftsfähigkeit Deutschlands. Sozialwissenschaftliche Essays* (BZW Jahrbuch 2006). Berlin : Edition sigma.
Unabhängige Kommission "Zuwanderung" (2001) *Zuwanderungs gestalten, Integration fördern*.

現代ドイツ政治関係資料

ドイツ全図

シュレースヴィビ・ホルシュタイン
ハンブルク
メクレンブルク・フォアポンメルン
ブレーメン
ニーダーザクセン
ベルリン
ブランデンブルク
ノルトライン・ヴェストファーレン
ザクセン・アンハルト
ザクセン
ヘッセン
テューリンゲン
ラインラント・プファルツ
ザールラント
バーデン・ヴュルテンベルク
バイエルン

ドイツ連邦共和国の歴代首相

首相名	所属政党	在任期間
コンラート・アデナウアー	キリスト教民主同盟	1949〜1963
ルートヴィヒ・エアハルト	キリスト教民主同盟	1963〜1966
クルト・ゲオルク・キージンガー	キリスト教民主同盟	1966〜1969
ヴィリー・ブラント	社会民主党	1969〜1974
ヘルムート・シュミット	社会民主党	1974〜1982
ヘルムート・コール	キリスト教民主同盟	1982〜1998
ゲアハルト・シュレーダー	社会民主党	1998〜2005
アンゲラ・メルケル	キリスト教民主同盟	2005〜

ドイツ連邦共和国の歴代大統領

首相名	所属政党	在任期間
テオドア・ホイス	自由民主党	1949〜1959
ハインリヒ・リュブケ	キリスト教民主同盟	1959〜1969
グスタフ・ハイネマン	社会民主党	1969〜1974
ヴァルター・シェール	自由民主党	1974〜1979
カール・カルステンス	キリスト教民主同盟	1979〜1984
リヒャルト・フォン・ヴァイツゼッカー	キリスト教民主同盟	1984〜1994
ロマン・ヘアツォーク	キリスト教民主同盟	1994〜1999
ヨハネス・ラウ	社会民主党	1999〜2004
ホルスト・ケーラー	キリスト教民主同盟	2004〜2010
クリスティアン・ヴルフ	キリスト教民主同盟	2010〜2012
ヨアヒム・ガウク	所属政党なし	2012〜

ドイツ民主共和国の歴代国家元首

名　前	役　職	在任期間
ヴィルヘルム・ピーク	大統領	1949〜1960
ヴァルター・ウルブリヒト	国家評議会議長	1960〜1973
ヴィリー・シュトフ	国家評議会議長	1973〜1976
エーリヒ・ホーネッカー	国家評議会議長	1976〜1989
エゴン・クレンツ	国家評議会議長	1989
マンフレート・ゲアラッハ	国家評議会議長	1989〜1990
ザビーネ・ベルクマン＝ポール	人民議会議長	1990

現代ドイツ政治関係資料

連邦議会選挙の結果

選挙年月日	投票率	キリスト教民主同盟		キリスト教社会同盟		社会民主党		自由民主党		緑の党[1]		民主社会党左翼党[2]		その他
		得票率	議席数	得票率	議席数	得票率	議席数	得票率	議席数	得票率	議席数	得票率	議席数	議席数
1949・8・14	78.5	25.2	117	5.8	24	29.2	136	11.9	53	—	—	—	—	80[3]
1953・9・6	86.0	26.4	197	8.8	52	28.8	162	9.5	53	—	—	—	—	45[4]
1957・9・15	87.8	39.7	222	10.5	55	31.8	181	7.7	44	—	—	—	—	17[5]
1961・9・17	87.7	35.8	201	9.6	50	36.2	203	72.8	67	—	—	—	—	
1965・9・19	86.8	38.0	202	9.6	49	39.3	217	9.5	50	—	—	—	—	
1969・9・28	86.7	36.6	201	9.5	49	42.7	237	5.8	31	—	—	—	—	
1972・11・19	91.1	35.2	186	9.7	48	45.8	242	8.4	42	—	—	—	—	
1976・10・3	90.7	38.0	201	10.6	53	42.6	224	7.9	40	—	—	—	—	
1980・10・5	88.6	34.2	185	10.3	52	42.9	228	10.6	54	1.5	—	—	—	
1983・3・6	89.1	38.2	202	7.0	35	38.0	202	5.6	28	5.6	28	—	—	
1987・1・25	84.3	34.5	185	9.8	49	37.0	193	9.1	48	8.3	44	—	—	
1990・12・2	77.8	36.7	268	7.1	51	33.5	239	11.0	79	5.0	8[6]	2.4	17	
1994・10・16	79.0	34.2	242	7.3	50	36.4	252	6.9	47	7.3	49	4.4	30	
1998・9・27	82.2	28.4	198	6.7	47	40.9	298	6.2	43	6.7	47	5.1	36	
2002・9・22	79.1	29.5	190	9.0	58	38.5	251	7.4	47	8.6	55	4.0	2	
2005・9・18	77.7	27.8	180	7.4	46	34.2	222	9.8	61	8.1	51	8.7	54	
2009・9・27	70.8	27.2	194	6.5	45	23.0	146	14.6	93	10.7	68	11.9	76	
2013・9・22	71.5	34.1	255	7.4	56	25.7	193	4.8	—	8.4	63	8.6	64	

注：(1)1994年から90年連合・緑の党。
　　(2)2005年から左翼党。
　　(3)ドイツ共産党が15議席，バイエルン党が17議席，ドイツ党が17議席，中央党が10議席，経済復興協会が12議席，ドイツ保守党―ドイツ帝国党が5議席，南シュレースヴィヒ有権者連合が1議席，無所属が3議席。
　　(4)「故郷被追放者と権利剥奪者の連合」が27議席，ドイツ党が15議席，中央党が3議席。
　　(5)ドイツ党の議席。
　　(6)旧西ドイツ地域の緑の党がドイツ全土で得票率3.8％，旧東ドイツ地域の90年連合・緑の党が同じく得票率1.2％だったが，この選挙限りの特例で東西別々に5％条項が適用されたため，後者のみ8議席獲得（旧東ドイツ地域で6.2％）。

欧州議会選挙の結果

選挙年月日	投票率	キリスト教民主同盟 得票率	議席数	キリスト教社会同盟 得票率	議席数	社会民主党 得票率	議席数	自由民主党 得票率	議席数	緑の党[1] 得票率	議席数	民主社会党・左翼党[2] 得票率	議席数	その他 議席数
1979・6・10	65.7	39.1	32	10.1	8	40.8	34	6.0	4	3.2	—	—	—	—
1984・6・17	56.8	37.5	32	8.5	7	37.4	32	4.8	—	8.2	7	—	—	—
1989・6・18	62.3	29.6	24	8.2	7	37.3	30	5.6	4	8.4	7	—	—	6[3]
1994・6・12	60.0	32.0	39	6.8	8	32.2	40	4.1	—	10.1	12	4.7	—	—
1999・6・13	45.2	39.3	43	9.4	10	30.7	33	3.0	—	6.4	7	5.8	6	—
2004・6・13	43.0	36.5	40	8.0	9	21.5	23	6.1	7	11.9	13	6.1	7	—
2009・6・7	43.3	30.7	34	7.2	8	20.8	23	11.0	12	12.1	14	7.5	8	—

注：(1)1979年は「それ以外の政治的結社・緑の党」，1984年と1989年は緑の党，1994年から90年連合・緑の党。
(2)2009年から左翼党。
(3)共和党の議席。

現代ドイツ政治関係資料

ドイツ統一後年表

年	月 日	出来事
1990	10・3	ドイツ統一。
	12・2	東西ドイツ統一後初の連邦議会選挙。連立与党が圧勝。コール保守中道政権続投へ。
1991	1・18	第4次コール政権発足。旧東ドイツ地域からメルケルら3人入閣。
	4・1	ローヴェッダー信託公社総裁がドイツ赤軍派に暗殺される。
	5・14	旧東ドイツ地域再建のための連帯付加税導入をドイツ連邦議会可決。増税なき統一の公約破られる。
	6・20	連邦議会が,首都機能のベルリン移転決定。
	9・29	ブレーメン州議会選挙で社会民主党大敗。選挙後,同党,自由民主党,緑の党による州レベルでは初の信号連立へ。
	12・23	ドイツがスロヴェニアとクロアチアの独立承認。
1992	5・11	ドイツが「人道援助」を名目に国連カンボジア暫定統治機構 (UNTAC) にドイツ連邦軍の医療部隊派遣。
	5・18	ゲンシャーが外相を辞任。後任はキンケル。
	8・22	ロストックで難民収容施設に極右が放火。各地で極右による外国人への放火・暴行事件相次ぐ。
	11・8	ベルリンで極右に抗議する30万人デモ。ヴァイツゼッカー大統領,コール首相,エングホルム社会民主党党首ら参加。
1993	1・12	ホーネッカー裁判,健康悪化のため中止。ホーネッカーは翌日チリに出国。
	5・14	緑の党と90年連合が合同。党名を「90年連合・緑の党」に。
	5・26	連邦議会が難民流入を規制する基本法改正案を可決。
	6・25	社会民主党党首にシャーピング選出。初の党員投票で。
1994	5・23	連邦大統領にキリスト教民主同盟のヘルツォーク選出。
	7・12	ドイツ連邦軍のNATO域外派兵に連邦憲法裁判所が合憲判決。
	8・31	旧東ドイツに駐留していたソ軍の撤退完了。
	10・16	連邦議会選挙。連立与党が辛勝。コール保守中道政権が続投。
	11・17	第5次コール政権発足。
1995	1・1	介護保険施行。
	3・26	EU,シェンゲン協定発効。
	6・10	キンケルが自由民主党の党首辞任。党勢不振で引責。コール政権の副首相兼外相にはとどまる。
	6・30	連邦議会がドイツ連邦軍のボスニア・ヘルツェゴヴィナへの派遣を可

325

	11・16	決。社会民主党や緑の党の一部も賛成。 社会民主党の新党首にラフォンテーヌ選出。現職のシャーピング敗れる。
1996	4・25	コール政権、連立与党代表者会議で社会保障費の大幅な削減計画に合意。労働界からは激しい非難。
	5・5	ベルリン州とブランデンブルク州の合同計画が住民投票で否決。背後に旧東ドイツ市民の反発。
	6・15	政府の社会保障費削減への抗議デモがボンで実施。労組主催で35万人が参加。戦後最大規模。
	10・31	コール首相、アデナウアー旧西ドイツ首相の在任記録（14年1か月）抜く。戦後最長に。
1997	2月	ドイツの失業者は467万人、失業率は12.2％。戦後最悪の雇用状況に。
	4・3	去就が注目されていたコール首相、次期連邦議会選挙への出馬表明。首相続投に強い意欲。
	10・15	キリスト教民主同盟の党大会でコール首相が党首の後継者にショイブレ連邦議会議員団長を指名。交代時期は明言せず。
	12・11	連邦議会が、郵便事業を段階的に自由化する改正郵便法を可決。競争企業の参入認める。
1998	3・1	ニーダーザクセン州議会選挙でシュレーダー州首相率いる社会民主党が圧勝。シュレーダーが連邦首相候補に。
	4・26	ザクセン・アンハルト州議会選挙でドイツ民族連合（DVU）が躍進。極右政党が初めて旧東ドイツの州議会で議席獲得。
	9・27	連邦議会選挙。社会民主党が大勝し、緑の党との連立政権誕生へ。コール保守中道政権に幕。
	10・27	第1次シュレーダー政権発足。
	10・31	メクレンブルク・フォアポンメルン州で社会民主党と民主社会党による初の赤赤連立政権成立。
	11・7	キリスト教民主同盟の新党首にショイブレ選出。
	12・7	「雇用のための同盟」発足。第1回会議開催。
1999	1・1	経済通貨同盟（EMU）発足。欧州単一通貨ユーロが導入される。
	3・11	ラフォンテーヌが財務相と社会民主党党首を辞任。背後にシュレーダー首相との確執。
	3・24	コソヴォ危機でNATO軍がユーゴスラヴィア空爆開始。ドイツ連邦軍も参加。戦闘行為への参加は戦後初。
	5・23	連邦大統領に社会民主党のラウ選出。
	6・8	シュレーダー首相がイギリスのブレア首相とロンドンで会談し、共同宣言「欧州の新しい道」発表。小さな政府の「新中道路線」打ち出す。
	11・5	キリスト教民主同盟のヤミ献金疑惑発覚。後にコール前首相らへ疑惑

現代ドイツ政治関係資料

		拡大。
2000	2・16	ヤミ献金疑惑でショイブレがキリスト教民主同盟の党首と連邦議会議員団長の辞任表明。
	4・10	キリスト教民主同盟の新党首にメルケル選出。同党初の旧東ドイツ出身・女性党首。
	6・15	シュレーダー首相，国内の原発全19基を原則として運転開始後32年で廃止することで電力会社と合意。
	6・29	ヤミ献金疑惑でコール前首相を連邦議会の調査委員会が証人喚問。コールは疑惑への関与を否定。
	10・3	ドイツ統一10周年の記念式典。フランスのシラク大統領，アメリカのオルブライト国務長官ら出席。コール前首相は出席辞退。
2001	5・4	ヴェスターヴェレが自由民主党党首に。
	5・11	2001年年金改革成立。積立方式の個人年金，導入決定。
	7・4	ジュスムート委員会，報告書「移民を形づくり，統合を促進する」発表。
	9・11	アメリカで同時多発テロ。シュレーダー首相，アメリカとの無条件の連帯を表明。
2002	1・1	ユーロの流通開始。
	3・17	緑の党，綱領「未来は緑」採択。
	8・16	ハルツ委員会，報告書を公表。
	9・22	連邦議会選挙。連立与党辛勝。社会民主党と緑の党の連立政権，継続へ。
	9・24	メルケルがキリスト教民主同盟議員団長に。党首と兼任。
	10・22	第2次シュレーダー政権発足。
2003	3・14	「アジェンダ2010」発表。
	3・20	イラク戦争勃発。シュレーダーは不関与の姿勢崩さず。
	6・30	金属産業労働組合（IG Metall）がストを中止。ストの目標，達成されず。
	8・31	ペータースが金属産業労働組合（IG Metall）の新委員長に。
	11・30～12・2	キリスト教民主同盟，ライプツィヒ党大会。ライプツィヒ決議が採択。大規模な福祉縮減が掲げられる。
	12・24	ハルツ第Ⅲ法・第Ⅳ法が成立。失業手当Ⅱの創設など決定。
2004	3・21	シュレーダー首相が社会民主党党首辞任。後任にはミュンテフェリングが選出。
	5・1	EU 第5次拡大。東方拡大により加盟国が15から25に。
	1・1	新移民法施行。統合コースの実施へ。
	1月	失業者数が500万人突破。
	2・22	「選挙オルタナティヴ・雇用と社会的公正」（WASG）結成。

327

年	月・日	事項
2005	5・24	ラフォンテーヌ，社会民主党を離党しWASGに入党。
	5・27	欧州憲法条約批准。
	5・29	フランス，国民投票により欧州憲法条約批准が否決。
	6・1	オランダ，国民投票により欧州憲法条約批准が否決。
	7・1	シュレーダー首相，不信任案を可決させることで連邦議会を解散。
	9・18	連邦議会選挙。キリスト教民主・社会同盟と社会民主党の大連立政権へ。
	11・22	メルケル首相就任。
2006	1・13	メルケル首相，訪米。ブッシュ大統領と会談。
	5・14	ベックが社会民主党党首に。
	7・14	第1回統合サミット開催。
	12・5	両親手当の導入可決。
2007	1・1	ドイツがEU議長国に（6月30日まで）。
		付加価値税が16％から19％に。
	3・9	年金保険支給開始年齢調整法が成立。
	6・17	WASGと左翼党―民主社会党が正式に合併。左翼党が誕生。
	7・12	「国民を統合する」公表。統合コースの強化へ。
	8・27	メルケル首相，訪中。温家宝首相と会談。人権問題を提起。
	11・6	金属産業労働組合（IG Metall），フーバーを新委員長に選出。
	12・3	キリスト教民主同盟，原則綱領「自由と安全」採択。
	12・13	リスボン条約調印。
2008	5・7	ハンブルクでキリスト教民主同盟と緑の党の連立政権が誕生。州レベルで初の黒緑連立。
	8月	失業者数320万人に。
	9・15	リーマン・ブラザーズ破たん。世界金融危機の引き金に。
	9・26	児童助成法が成立。育児の社会化を促進。
	9・28	バイエルン州議会選挙。キリスト教社会同盟の得票率が約17％下落。第1党の座は守る。
	10・25	ゼーホーファーがキリスト教社会同盟党首に。
2009	2・13	最低賃金関連2法案が可決。
	9・27	連邦議会選挙。キリスト教民主・社会同盟と自由民主党の連立政権へ。
	11・13	ガブリエルが社会民主党党首に就任。
	12・17	第2次メルケル政権発足。
2010	5・2	EUと国際通貨基金（IMF）が第1次ギリシャ支援発表。
	5・9	ノルトライン・ヴェストファーレン州議会選挙。赤緑連立政権が成立し，連邦参議院で与党過半数割れ。
	5・31	ケーラー，大統領を辞任。アフガニスタンにおけるドイツ連邦軍の活動をめぐる失言が背景に。

	10月	失業者数が300万人を下回る。1992年以来の低水準に。
2011	3・27	緑の党、バーデン・ヴュルテンベルク州議会選挙で第2党に躍進。第3党の社会民主党と緑赤連立へ。
	5・13	レスラーが自由民主党党首に。
	7・1	徴兵制の停止。
	7・8	第13次原子力法改正。2022年までに段階的に原発停止。
	9・18	海賊党、ベルリン市議会選挙で15議席獲得。
	10・23	左翼党、党大会にてエアフルト綱領採択。
2012	2・17	ヴルフ大統領が辞任。自宅購入をめぐる汚職が引き金に。
	2・21	EUのユーロ圏財務相会合、第2次ギリシャ支援で合意。
	3・18	ガウクが大統領に就任。
	5・19	フランクフルトでオキュパイ・デモ。2万人が集結。
	11・9	保育手当の導入可決。施行は2013年8月1日。
2013	1・1	EUの新財政協定発効。ユーロ圏の財政規律強化。
	2・2	「ドイツのためのオルタナティヴ」（AfD）結党。ドイツのEU脱退を標榜。
	7・5	最終処分場立地選定法成立。
	9・22	連邦議会選挙。キリスト教民主・社会同盟と社会民主党の大連立へ。
	12・17	第3次メルケル政権発足。

索　引
(＊は人名)

ア　行

赤赤緑連立　116, 124, 125
赤赤連立　113, 115, 117, 121, 124, 125
赤緑連立　110-113, 115-117, 123-125, 127
アジェンダ2000　210
アジェンダ2010　11, 67, 68, 114, 120, 169, 192, 238
新しい社会運動　4, 60, 94
新しい中道　66, 67
＊アッシュ, ティモシー・ガートン　176
アッハベルガー・クライス　85
＊アデナウアー, コンラート　2, 32, 134, 177-180, 182, 183, 190, 191, 203
アムステルダム条約　211
アラブの春　216
アルカイダ　71
安全なエネルギー供給のための倫理委員会　276
安定成長協定（SGP）　188, 189
＊アンドレオッティ, ジュリオ　182
EU コンゴ・ミッション　215
域外派兵　64, 65, 206, 209
育児休業　250, 252, 253, 256
育児施設建設法　248, 261
育児手当　26, 248, 250, 252, 253, 256
イスラム会議　314
一律最低賃金法制　170
一律保険料制度　239, 241, 242
移民・難民庁　313
移民・難民・統合専門官　314
移民の背景を持つ人々（家族）　257, 258, 265, 314, 317, 318
移民法　309-314
移民問題に関する独立委員会　310
イラク危機　212

イラク攻撃　212, 213, 216, 220
イラク戦争　25, 214
イランの核問題　79
＊ヴァイゲル, テオドア　33, 35-37, 40
＊ヴァイスバント, マリーナ　21
ヴァイマル連合　31
ヴィール反原発闘争　84, 271
＊ヴェーナー, ヘルベルト　3
＊ヴェスターヴェレ, ギド　140, 142, 217
＊ヴルフ, クリスティアン　282
＊ウルブリヒト, ヴァルター　6
＊エアハルト, ルートヴィヒ　3
エコ基金　100
エコ社会主義者　104
エコ・リバタリアン　104
NPO　255
エネルギー政策の転換　22, 269
＊エバーマン, トーマス　104
円卓会議　8
欧州安全保障協力機構（OSCE）　65
欧州安全保障防衛政策（ESDP）　66, 70, 73, 210, 215
欧州安定メカニズム（ESM）　218
欧州懐疑主義　219, 222
欧州議会選挙　116, 126
欧州共同体（EC）　175, 176, 179, 181, 203, 205
欧州金融安定基金（EFSF）　218
欧州経済共同体（EEC）　179, 180
欧州原子力共同体（EURATOM）　179
欧州憲法条約　25, 73, 186, 187, 191, 194, 213, 215
欧州司法裁判所　160
欧州石炭鉄鋼共同体（ECSC）　174-176, 179, 213
欧州中央銀行（ECB）　218
欧州連合（EU）　207, 208, 210, 211, 213-215,

索　引

218, 219
横断的労働協約　164
横断的労働協約の分権化　168
オバマ政権　217
オプション・モデル　308, 309
オリエンテーション・コース　313
オルタナティヴ・リスト　85

カ 行

カール実験原子力発電所　270
改革の停滞　62
外国人嫌悪　298, 301, 302
外国人政策　297-300
外国人の地方参政権　299
外国人法　300, 301, 309
外国人問題専門官　299
外国人労働者　257
＊ガイスラー，ハイナー　35, 250, 300
海賊党　17, 117, 126
開放条項　165
拡張的賃金政策　154
核燃料税　275
過去の克服　58
ガストアルバイター　294, 297
家族のための同盟　255, 256
家族報告書　258, 259
家族呼び寄せ　295
＊カダフィ，ムアンマル・アル　216, 217
＊カッツェンスタイン，ピーター　183
＊ガブリエル，ジグマール　22
＊ガリ，ブトロス　206
カルカー高速増殖炉　274
環境税　69
監査役会　150, 153
＊キージンガー，クルト・ゲオルク　4
議員職と党の役員職の兼任禁止　100
帰化　301, 305, 309
議会外反対派　4
帰化テスト　315, 316
帰化の数　306
帰還者（アウスジードラー）　294, 301

危機コーポラティズム　172
企業別労働協約　164
帰国促進法　298
北大西洋条約機構（NATO）　175, 178, 179, 181, 183, 203-206, 209, 210, 214, 215, 220
＊キッチェルト，ヘルベルト　83
基本法　2, 204-206, 249, 252, 255
基本法第16条　303, 304
90年連合　8, 86
＊キューン，ハインツ　299
＊キュナスト，レナーテ　89
＊ギュルナー，マンフレート　92
教育政策　133
競合的立法権　15
協調行動　4, 151, 155, 156
共通外交安全保障政策（CFSP）　65, 207
共同決定　148
共同決定法　157
極右政党　302
ギリシャ　217-219, 221
キリスト教民主・社会同盟（CDU/CSU）　131, 252, 255-257, 267
キリスト教民主同盟（CDU）　256, 261
＊キンケル，クラウス　138
金属産業労働組合　147, 163
＊クーン，フリッツ　89
クオータ制　100
＊クライナー，マティアス　276
＊クライナート，フーベルト　104
グリーンカード　310
＊クリントン，ビル　206
＊グルール，ヘルベルト　86
＊クレッチュマン，ヴィンフリート　104
＊クレンツ，エゴン　8
クロアチア　205
グローバル化　158, 159
＊グロスマン，ユルゲン　281
黒緑連立　93, 116, 117
経営組織法　153, 157
景気・雇用対策サミット　68
経済政策　133

331

経済通貨同盟（EMU）　207
経済の立地条件としてのドイツ　159
ケインズ主義　120, 121
血統主義　306
月曜デモ　8
＊ケリー，ペトラ　85
＊ゲンシャー，ハンス＝ディートリヒ　135, 138, 180, 181, 183, 204, 207, 219
原子力発電所の段階的廃止　69
原子力法　270
原子炉安全委員会（RSK）　276
建設的不信任　13, 59
原発モラトリアム　272
ゴアレーベン　272
後期帰還者　305
公契約法制　171
鉱山・化学・エネルギー労働組合　147
ゴーデスベルク綱領　3
コーポラティズム　151, 155, 164, 171
＊コール，ヘルムート　5, 32, 33, 35-38, 40, 44, 48, 54, 138, 180-183, 190, 191, 201, 204, 207, 212, 219, 229-232, 245, 253, 273, 298
小切手外交　62-64, 205
国際治安支援部隊（ISAF）　78
国籍法　10, 26, 306-309
国民政党　58, 80
国民政党の危機　33, 54
『国民統合計画』　315
国民民主党（NPD）　4
国連　255
国連レバノン暫定駐留軍（UNIFIL）　78
個人年金　233, 245
コソヴォ危機　105, 210
コソヴォ紛争　23, 69, 113, 123, 209, 220
5％条項　86, 87
5％のハードル　111, 112
雇用のための同盟　66, 151, 170
＊ゴルバチョフ，ミハイル　7, 181
コンストラクティヴィズム　184

サ　行

財政安定成長協定　141
再生可能エネルギー　120
再生可能エネルギー法　289
最低賃金　240, 245
債務ブレーキ規定　189
サッカー・ワールドカップ　75
左派フォーラム　104
左翼党　267
＊ザラツィン，ティロ　317
ザラツィン論争　317, 318
＊サルコジ，ニコラ　187, 193, 215
産業別の労使団体　147
産業別労働協約　148
産業別労働組合　147
＊シェール，ヴァルター　5, 135
＊シコルスキ，ラドスワフ　190, 219
失業手当Ⅱ　235, 245
児童国家帰属　307
児童助成法　240, 245, 262, 267
児童手当　248, 249, 252, 253, 256, 258, 262
児童扶養控除　248, 249, 252, 253, 258, 262
シビリアンパワー　203, 204, 215, 220
司法内務協力（JHA）　207
社会委員会　152
社会委員会派　227, 229, 232, 236, 242
社会国家　59
社会主義統一党（SED）　32
社会的市場経済　3, 59, 155
社会的対話　162
社会的パートナーシップ　150
社会民主党（SPD）　135, 253, 256, 261, 267
ジャマイカ連立　93, 124
従業員代表委員会　149
重国籍　307, 308
＊シューマン，ロベール　179
シューマン・プラン　179, 193
自由民主党（FDP）　131, 257, 267
自由民主同盟　8
週労働35時間　157

索　引

首相政党　48
＊ジュスムート，リータ　250, 310
シュタージ　1
＊シュタインブリュック，ペーア　17
＊シュタインマイヤー，フランク＝ヴァルター　22
＊シュタム，ミヒャエル　104
出生地主義　307, 308
＊シュトイバー，エドムント　39, 45-48, 51, 55
主導文化　311
＊シュトラウス，フランツ・ヨーゼフ　33, 35
＊シュトレーゼマン，グスタフ　2
＊シュトレーベレ，クリスティアン　98
＊シュミット，ヘルムート　5, 87, 180, 183
＊シュミット，レナーテ　261
＊シュレーダー，ゲアハルト　10, 49, 50, 88, 111, 113, 114, 185, 190-193, 208-214, 217, 220, 221, 233-235, 238, 239, 245, 253, 255-258, 261, 274
＊ショイブレ，ヴォルフガング　18, 37-39, 41, 45, 47, 48, 188, 300, 314
使用者団体　160
職業別組合　163
＊シラー，カール　4
＊シラク，ジャック　193
新移民法　27
新自由主義　114, 119, 121, 127
新東方政策　135, 180
新フォーラム　8
スレブレニツァ　64, 70
スロヴェニア　205
政権交代　137
政権担当能力　142
政治家育成機能　139
＊ゼーホーファー，ホルスト　46, 47, 278
世界金融危機　76
石炭・鉄鋼共同決定法　153
セルビア　205
選挙オルタナティヴ・雇用と社会的公正（WASG）　24, 68, 110, 114, 115, 120, 121, 124-126

専属的立法権　15
戦闘的民主主義　14
組織率低下　163
阻止条項　13
それ以外の政治的結社・緑の党（SPV）　85

タ　行

第三の道　66, 67
対テロ戦争　71, 72
第2次世界大戦　174, 177, 178, 181, 191
第2次メルケル政権　141
大連立　111-113, 115-117, 124, 125, 127
大連立政権　58, 74, 76, 77, 80, 253, 256
多国間主義　203, 211, 212, 215, 217, 220
多国籍軍　205
多色のリスト　85
脱原発　116, 120
多文化社会　299, 300
男性稼ぎ手家族　227
チェルノブイリ原発事故　273
力の政策　134
地球温暖化　120
中央党　31, 32
頂上会議　169
＊ツィマーマン，フリードリッヒ　299, 300
通貨交換レート　158
＊ツェッチェ，ディーター　285
帝国籍・国籍法　306, 307
低賃金協約　166
＊ディトフルト，ユッタ　104
底辺緑　105
＊デーラー，トーマス　132
＊デスタン，ヴァレリー・ジスカール　180, 183, 213
＊テプファー，クラウス　276
＊デメジエール，トーマス　194, 217
デュッセルドルフ綱領　155
天安門事件　7
ドイツ株式会社　162
ドイツ産業連盟（BDI）　133, 161
ドイツ社民主党と緑の党による中道左派ブ

333

ロック　137
ドイツ使用者団体全国連合（BDA）　66, 147, 161
ドイツ条約（1955年）　2
ドイツ条約（1990年）　9
ドイツ党　2
ドイツ統一　63, 135, 158
ドイツのためのオルタナティヴ（AfD）　17, 126, 144, 194
ドイツの道　71, 212, 217, 220
ドイツ民主共和国（東ドイツ）　134
ドイツ問題　174, 176-178, 181, 221
ドイツ連合　8
ドイツ労働総同盟（DGB）　66, 147
＊トイフェル，エルヴィン　186
統一サービス労働組合　147, 163
統合コース　311, 313, 315
統合サミット　314
統合政策　314-318
東西ドイツ統一　60, 79
同時多発テロ　67, 69, 70, 210
同性婚　248
同性婚法　26, 255
党複数代表制　100
東方外交　4, 5
東方政策　58, 72, 74
独仏友好条約（エリゼ条約）　2
独立ドイツ人行動共同体（AUD）　85
＊ド・ゴール，シャルル　183
＊ドラギ，マリオ　189
＊トランペルト，ライナー　104
＊トリッティン，ユルゲン　88
トルコ人労働者　295
トルコのEU加盟　77
＊ドロール，ジャック　181

ナ 行

ナチス　64, 178, 190
ナチス・ドイツ　63
ニース条約　186, 211
西側統合（路線）　58, 177-180, 184, 203, 204, 208, 217, 220
二重決定　5, 87
二重国籍を容認　69
二重の利益代表　167
妊娠中絶　260
ネオナチ　4, 10
ねじれ　61, 67, 75
年金　250

ハ 行

＊ハーゼンクレーヴァー，ヴォルフ＝ディーター　104
バーベルスベルガー・クライス　105
＊バーロ，ルドルフ　104
ハイリンゲンダム・サミット　79
＊パターソン，ウィリアム　177
パリ諸条約　2
ハルシュタイン原則　2
ハルツⅣ　68, 69
ハルツ改革　26, 169, 235, 236, 238, 245
反イスラム主義　316
反核運動　203
＊ピーク，ヴィルヘルム　6
＊ビーデンコプフ，クルト　286
光の鎖　305
引き揚げ者　257
非公式ストライキ　156
庇護権　295, 303
庇護権問題　301-305
庇護請求者　295, 298, 301, 303
庇護妥協　304, 305
非常事態法　4
＊ビスマルク，オットー・フォン　2
被追放者　294
＊ヒトラー，アドルフ　132, 209
＊ビュティコファー，ラインハルト　89
貧困・格差問題　251, 257, 258, 260, 261
貧困移民　319
＊フィッシャー，アンドレア　88
＊フィッシャー，ヨシュカ　10, 87, 186, 187, 194, 208, 209, 213

夫婦別姓　248, 255
＊フォルマー，アンチェ　104
＊フォルマー，ルートガー　91
＊フォン・デア・ライエン，ウルズラ　47, 49, 240, 243
＊フォン・ドーナニー，クラウス　276
　不朽の自由作戦（OEF）　210
　福祉コーポラティズム　158, 172
　福島第1原発事故　12, 26, 275
　普通の国　73
　物質主義　110, 117, 120
＊ブッシュ（父），ジョージ　204
　プフォルツハイム協定　165
＊フュックス，ラルフ　104
＊ブラント，ヴィリー　3, 135, 180
　ブラントの孫　62
＊ブリューム，ノルベルト　36, 43, 44, 229-231, 239
＊ブリュダーレ，ライナー　276
　古いヨーロッパ　72
＊フンケ，リーゼロッテ　299
　フンディス　104
　ヘアツォーク委員会　48
　並行社会　316
　平和主義　59, 63, 64
　平和政党　59
＊ベック，ウルリヒ　276
＊ベッソン，ヴァルデマール　180
＊ベッソン，エリック　286
＊ヘルマン，グンター　194
　ベルリンの壁　3, 60
＊ヘンツェ，ラルフ　106
　保育手当　267
＊ホイス，テオドア　132
　ポイント制　311, 312
＊ホーネッカー，エーリッヒ　7
　募集停止　295
　保守主義型福祉国家　226
　ボスニア・ヘルツェゴヴィナ　206
　ポピュリスト政党　143
　ポピュリズム　110, 125

マ 行

　マーシャル・プラン　3
　マーストリヒト条約（欧州連合条約）　25, 65, 174, 181, 183-185, 188, 191, 192, 207, 219
＊マップス，シュテファン　278
＊ミッテラン，フランソワ　181-183, 207
　緑の行動・未来（GAZ）　85
　緑の出発88　104
　緑の党　137, 253, 267
　緑のリスト　85
　緑のリスト・シュレースヴィヒ・ホルシュタイン（GLSH）　85
　ミニ・ジョブ　235
＊ミュラー，ケルスティン　105
　ミュンヒェン綱領　152
＊ミロシェビッチ，スロボダン　209
　民主主義の赤字　185, 186
　民族浄化　64
＊メルケル，アンゲラ　9, 38, 39, 44-50, 52, 54, 111, 117, 127, 187, 189-191, 193, 194, 214-221, 241, 256, 257, 275, 314, 315
　メルケル大連立政権　140
＊メルツ，フリードリッヒ　39, 45, 55, 286, 311
　モスクワ条約　5
　モダナイザー　233, 234, 236
　モデル・ドイツ　58, 60
＊モドロウ，ハンス　8
＊モネ，ジャン　179

ヤ・ラ・ワ行

　ユーゴスラヴィアでの民族紛争　63
　ユーロ危機　80, 174, 176, 182, 187-189, 191-194, 216, 219-221
　ユダヤ人の大量虐殺　202
　ヨーロッパ統合　144
　ヨーロッパの将来に関するコンベンション　211, 213
　ヨーロッパのドイツ　201, 207
＊吉田茂　2
　ライプツィヒ決議　46, 48, 49, 237

ラインスベルク原発　274
＊ラシュケ，ヨアヒム　89
＊ラフォンテーヌ，オスカー　23, 37, 233
　リースター年金　233
　リーマン・ショック　187
　リスボン条約　25, 187, 191, 192, 216
　リビア問題　216, 221
　流動的 5 党制　127
　両親休業　253, 256
　両親手当　26, 240, 248, 253, 256, 257, 262, 266
　両親手当および両親休業制度　256
　両独基本条約　5
＊ルッケ，ベルント　20
　レアロス　104
　冷戦　133, 135, 174, 175, 178
＊レーンツ，ユルゲン　105
＊レスラー，フィリップ　47, 143, 241-243
＊レトゲン，ノルベルト　276
　連帯付加税　9

連邦家族省　249, 255, 259, 263, 265, 267
連邦議会　248, 257
連邦共和国基本法　255
連邦憲法裁判所　132, 174, 185, 187, 192, 252
連邦主義　249
連邦制　139
連立　136
労働協約自治　148
労働協約適用率　164
労働協約の拡張機能　166
労働協約非適用の会員資格（OT 会員）　161
労働者送り出し法　167
ローテーション制　100
＊ロート，クラウディア　102
68 年運動　4, 83
68 年世代　10, 69, 83, 208
ワルシャワ条約　5
湾岸戦争　61, 63, 64, 204, 205, 219

執筆者紹介（執筆順）

西田　慎（にしだ・まこと）はしがき・序章・第3章・第11章
　編著者紹介欄参照。

近藤正基（こんどう・まさき）はしがき・序章・第1章・第9章
　編著者紹介欄参照。

妹尾哲志（せのお・てつじ）第2章
　現　在　専修大学法学部准教授。
　主　著　『戦後西ドイツ外交の分水嶺──東方政策と分断克服の戦略, 1963〜1975年』晃洋書房, 2011年。
　　　　　Ein Irrweg zur deutschen Einheit?: Egon Bahrs Konzeptionen, die Ostpolitik und die KSZE 1963-1975, Peter Lang, 2011.
　　　　　「デタントと動揺する欧米世界──ニクソンとブラント」益田実・小川浩之編著『欧米政治外交史──1871〜2012』ミネルヴァ書房, 2013年。

小野　一（おの・はじめ）第4章
　現　在　工学院大学基礎・教養教育部門准教授。
　主　著　『ドイツにおける「赤と緑」の実験』御茶の水書房, 2009年。
　　　　　『現代ドイツ政党政治の変容──社会民主党，緑の党，左翼党の挑戦』吉田書店, 2012年。
　　　　　『緑の党──運動・思想・政党の歴史』講談社選書メチエ, 2014年。

安井宏樹（やすい・ひろき）第5章
　現　在　神戸大学大学院法学研究科教授。
　主　著　「ドイツ──ブラント政権の成立」高橋進・安井宏樹編『政治空間の変容と政策革新4──政権交代と民主主義』東京大学出版会, 2008年。
　　　　　「ドイツの分割政府と立法過程」日本政治学会編『年報政治学──民主政治と政党制度』木鐸社, 2009年。
　　　　　「ドイツ」馬場康雄・平島健司編『ヨーロッパ政治ハンドブック』第2版, 東京大学出版会, 2010年。

大重光太郎（おおしげ・こうたろう）第6章
　現　在　獨協大学外国語学部ドイツ語学科教授。
　主　著　*Konvergenz der Interessenvertretungen durch Globalisierung? Ein Vergleich der Funktionsmechanismen der Arbeitnehmerinteressenvertretungssysteme in Deutschland und Japan am Beispiel der Elektroindustrie.* Peter Lang. Frankfurt/Main et al. 1999.
　　　　　「1990年代以降のドイツにおける労働協約体制の変容——国家の役割に注目して」『大原社会問題研究所雑誌』631号，2011年。
　　　　　「ドイツにおける産別労働組合と事業所の関係——産別機能の図式的理解を超えて」労働運動総合研究所『労働総研クォータリー』89号，2013年。

板橋拓己（いたばし・たくみ）第7章
　現　在　成蹊大学法学部教授。
　主　著　『中欧の模索——ドイツ・ナショナリズムの一系譜』創文社，2010年。
　　　　　『アデナウアー——現代ドイツを創った政治家』中央公論新社，2014年。
　　　　　『複数のヨーロッパ——欧州統合史のフロンティア』（遠藤乾との共編）北海道大学出版会，2011年。

葛谷　彩（くずや・あや）第8章
　現　在　明治学院大学法学部政治学科准教授。
　主　著　『20世紀ドイツの国際政治思想——文明論・リアリズム・グローバリゼーション』南窓社，2005年。
　　　　　「60年代西ドイツの「国家理性」論——ヴァルデマール・ベッソンの議論を手がかりに」『明治学院大学法学研究』83号，2007年。
　　　　　「「二人の臆病な巨人？」再読——戦後日独外交安全保障政策比較試論」『明治学院大学法学研究』92号，2012年。

白川耕一（しらかわ・こういち）第10章
　現　在　国学院大学文学部他兼任講師。
　主　著　「1970年代後半における若者と西ドイツ社会国家——連邦議会の討論を中心に」川越修・辻英史編『社会国家を生きる——20世紀ドイツにおける国家・共同性・個人』法政大学出版局，2008年。
　　　　　"Die Familie und der Sozialstaat im Wandel: Aus der Debatte der CDU in der zweiten Hälfte der 70er Jahre"『社会科学』（同志社大学）第42巻第1号，2012年。
　　　　　「子どもに注がれる視線——1960〜70年代西ドイツにおける子育て」川越修・辻英史編『歴史のなかの社会国家——20世紀ドイツの経験』山川出版社，2016年。

執筆者紹介

佐藤成基（さとう・しげき）**第12章**
 現　在 法政大学社会学部教授。
 主　著 『ナショナル・アイデンティティと領土——戦後ドイツ東方国境をめぐる論争』新曜社，2008年。
    『国家の社会学』青弓社，2014年。
    『国際社会学』（宮島喬・小ヶ谷千穂との共編）有斐閣，近刊。

《編著者紹介》

西田　慎（にしだ・まこと）
現　在　奈良教育大学教育学部准教授。
主　著　*Strömungen in den Grünen (1980-2003): Eine Analyse über informell-organisierte Gruppen innerhalb der Grünen*（緑の党の党内潮流1980-2003年：緑の党内に非公式に組織された集団についての分析），LIT Verlag（ドイツ），2005年。
『ドイツ・エコロジー政党の誕生──「六八年運動」から緑の党へ』昭和堂，2009年。
「反原発運動から緑の党へ──ハンブルクを例に」若尾祐司・本田宏編『反核から脱原発へ──ドイツとヨーロッパ諸国の選択』昭和堂，2012年。

近藤正基（こんどう・まさき）
現　在　神戸大学大学院国際文化学研究科准教授。
主　著　『現代ドイツ福祉国家の政治経済学』ミネルヴァ書房，2009年。
『ドイツ・キリスト教民主同盟の軌跡──国民政党と戦後政治 1945-2009』ミネルヴァ書房，2013年。
『比較福祉国家──理論・計量・各国事例』（鎮目真人との共編著）ミネルヴァ書房，2013年。

　　　　　　　　　　　　　現代ドイツ政治
　　　　　　　　　　　　　──統一後の20年──

| 2014年11月15日　初版第1刷発行 | 〈検印省略〉 |
| 2016年 6月30日　初版第2刷発行 | |

定価はカバーに表示しています

編著者	西田　　慎
	近藤　正基
発行者	杉田　啓三
印刷者	坂本　喜杏

発行所　株式会社　ミネルヴァ書房
607-8494　京都市山科区日ノ岡堤谷町1
電話代表　(075)581-5191
振替口座　01020-0-8076

© 西田・近藤ほか，2014　冨山房インターナショナル・藤沢製本

ISBN 978-4-623-07204-0
Printed in Japan

近藤正基 著
ドイツ・キリスト教民主同盟の軌跡　　Ａ５判／304頁／本体5000円
●国民政党と戦後政治 1945〜2009

近藤正基 著
現代ドイツ福祉国家の政治経済学　　Ａ５判／320頁／本体6500円

鎮目真人・近藤正基 編著
比較福祉国家　　Ａ５判／384頁／本体3500円
●理論・計量・各国事例

新川敏光 著
日本型福祉レジームの発展と変容　　Ａ５判／450頁／本体4000円

新川敏光 編著
福祉レジームの収斂と分岐　　Ａ５判／348頁／本体5000円
●脱商品化と脱家族化の多様性

宮本太郎 著
社会的包摂の政治学　　Ａ５判／296頁／本体3800円
●自立と承認をめぐる政治対抗

――――― ミネルヴァ書房 ―――――

http://www.minervashobo.co.jp/